芸術・スポーツ文化学研究

北海道教育大学岩見沢校
芸術・スポーツ文化学研究編集部会　編

大学教育出版

まえがき

　北海道教育大学岩見沢校は平成26年4月、「芸術・スポーツ文化学科」を設置しました。これに先立ち、北海道教育大学は平成18年に大学再編によって道内5キャンパスにあった教員養成課程、ならびに新課程を改組し、岩見沢校は「芸術課程」と「スポーツ教育課程」の芸術・スポーツのみに特化されたキャンパスとなりました。以来9年になりますが、その間、芸術やスポーツの分野においてはさまざまな学生たちの活躍が見られました。

　この2つの課程を土台として、このたび新たに開設された新学科は、「音楽文化専攻」「美術文化専攻」「スポーツ文化専攻」に加えて「芸術・スポーツビジネス専攻」の4専攻からなっています。

　これまでの芸術課程とスポーツ教育課程が同居しているキャンパスは、実技科目という点で共通性をもっているため、何となくその共存理由が理解されそうですが、今回それをひとつの括りとした単一学科とした根拠はなにかということが問われると思います。

　大学における学問単位としてのまとまりは、なんらかの学問上の共通項の上に成立します。芸術とスポーツのあいだに学問的共通項など存在するかという問題にどう答えられるのでしょうか。芸術における音楽と美術のあいだでも共通性を見つけることは難しいかもしれません。実技があるというだけでは学問的土台とは認められません。

　そこで意味をもってくるのが「文化」という概念です。新学科の専攻名に文化が附されているのは、音楽や美術、スポーツの専門技能を備えたスペシャリストを養成することが目的ではなく、文化としての芸術やスポーツの喜びを地域の人々に伝え、共有することをねらいとしているからです。そこにわれわれは共通性があると考えています。もちろん、芸術とスポーツだけが文化なのではありません。しかし、芸術やスポーツのような、とくに生きたからだと人間固有の感性の統合を問題とする文化は、伝え方に他の領域とは異なる独自の方法論を必要とします。その基盤となる学問体系を構築することをねらいとして本書の出版が企

画されました。

　文化を地域の人々に伝えるということを専門に学ぶ専攻として開かれたのが「芸術・スポーツビジネス専攻」です。ビジネスという名前がついていますが、教育大学の中にある専攻である以上、専門的な経済学や経営学、単純にいえばお金儲けの仕方を学ぶわけではありません。ビジネスの手法を使って芸術やスポーツの文化を普及、啓発する仕方を考えていくことを目的とする専攻です。つまり、マーケティングによって顧客、社会のニーズを調査し、それに対応する商品を開発し、情報を広め、効果的な販売の方法を考えていくというビジネスの常道は、まさにわれわれの課題と合致します。

　とはいっても、話し方が上手でも話の内容がなければ相手にされないのと同様、肝心の芸術やスポーツの専門能力が不十分であれば、学科としても、また「芸術・スポーツ文化学」という研究領域としても生き残っていけるはずはありません。芸術とスポーツそのものに対する深い造詣が育まれてはじめて存在の意義が認められます。

　さいわいにも、北海道教育大学岩見沢校には音楽、美術、スポーツ科学におけるすぐれた研究者が集結し、これまでに実践的な研究成果を数多くあげてきています。それぞれの分野での研究力は備わっているので、これからは分野を超えて協力できる研究体制を整えていくことが課題となります。

　これらのことから本書には多彩な内容の論文が織り込まれています。専門分野は多様でも、それぞれに共通する領域ごとに分類され、全体として「芸術・スポーツ文化学」という大きな一本の木となっています。

　たとえば、文化としての芸術やスポーツの根幹のところを研究する「文化資源研究領域」、芸術スポーツにとって極めて大きな力を持つ指導法に関する「指導研究領域」、地域との関わりを探求する「地域文化研究領域」、芸術とスポーツが融合して活動する可能性を探る「複合文化研究領域」、そして芸術・スポーツ文化を社会に広め、喜びを作り出していく仕方を研究する「芸術・スポーツビジネス研究領域」の5領域から構成されています。それぞれの領域の内容については後ほど詳しく説明されますが、このような全体像を描きながら本書をお読みいただければ、個別の論文の関心を超えて、「芸術・スポーツ文化学」という学問体系を構築する基盤が理解されるのではないかと思います。

本書の企画が、「芸術・スポーツ文化学」という新しい学領域として形成される萌芽となれば幸いです。

北海道教育大学　岩見沢校担当副学長　佐藤　徹

芸術・スポーツ文化学研究

目　次

まえがき ……………………………………………………… 佐藤　徹… i

文化資源研究領域

Wer ist der "Grand Uomo" der Eroica-Sinfonie Beethovens?
………………………………………………… Friederike　Kienle… 3
  1. Einleitung　*4*
  2. Analyse der verschiedenen Betitelungen der 3. Sinfonie　*5*
    1. Ferdinand Ries　*5*
    2. Anton Schindler　*6*
    3. Das Titelblatt beim Wiener Musikverein　*7*
    4. Brief an Breitkopf und Härtel:　*9*
    5. Erstausgabe（Oktober 1806）　*9*
  3. Beethovens biografische Situation zur Entstehungszeit der Eroica　*10*
  4. Der Aufbau der 3. Sinfonie　*11*
  5. "Christus am Ölberg", ein verkanntes, aber relevantes Werk Beethovens in Bezug auf die Helden-Gestalt, wie sie in der "Eroica" dargestellt wird　*14*
  6. Projektionsobjekte seiner Erfahrung　*16*
  7. Universalität der Eroica　*17*
  8. Fazit　*18*
  Zitierte Literatur　*18*

視覚心理の観点による抽象絵画の構造理解
  ― 視覚の生理的メカニズムから生じる画面構造のしくみ ― …… 新井　義史… 22
  はじめに　*22*
  第1節　生理的システムとしての力動的恒常性　*23*
    （1）感覚における恒常性のしくみ　*23*
    （2）絵画空間の力学＝視覚的力動性　*24*

第2節　画　面　*26*

　　（1）　画面枠の機能　*26*

　　（2）　基礎平面の基本的特性　*27*

　　（3）　心理バランスの構造図　*28*

　第3節　図　*31*

　　（1）　地と図の性質　*31*

　　（2）　図＝視的要素がもつ内面的性質　*32*

　　（3）　東洋的表現にみる律動性　*35*

　第4節　美的形式原理　*36*

　　（1）　バランス　*36*

　　（2）　リズム　*39*

　第5節　分析事例　*40*

　おわりに　*42*

メイカーズムーブメントが映像表現に与える影響　……………　倉重　哲二…*46*

　はじめに　*46*

　第1節　メイカーズ ムーブメント　*46*

　　（1）　メイカーズムーブメントとは　*47*

　　（2）　ツール　*48*

　　（3）　スペース　*49*

　　（4）　サービス　*49*

　　（5）　コミュニティ　*49*

　　（6）　ものづくりの「民主化」　*50*

　第2節　映像とアマチュアイズム　*52*

　　（1）　フィルム「メイカー」　*52*

　　（2）　個人向け映像メディアの変容　*52*

　　（3）　フィルムメディアの終焉　*53*

　第3節　DIGITAL-CINECALLIGRAPH　*54*

　　（1）　フィルムを MAKE する　*54*

　　（2）　DIGITAL-CINECALLIGRAPH の概要　*55*

（3）諸問題と結果　*57*
　　（4）展開　*58*
　おわりに　*58*

大学資源活用によるアダプテッド・スポーツの振興とその意義
　── 共生社会の実現を目指す視点から ──……………………………大山　祐太…*62*
　はじめに　*62*
　　第1節　障害者を取り巻く社会環境の変化　*62*
　　（1）障害者権利条約と法制度の整備　*62*
　　（2）より身近になるスポーツ　*64*
　　第2節　「アダプテッド・スポーツ」とはなにか　*64*
　　（1）アダプテッド・スポーツの基本的な考え方　*64*
　　（2）アダプテッド・スポーツの例　*66*
　　第3節　障害者に対する意識変容の手段としてのアダプテッド・スポーツの
　　　　　可能性　*67*
　　（1）障害者に対する「偏見」という障壁　*67*
　　（2）接触経験が障害者に対する意識にもたらす影響 ── 肯定的変容 ──　*68*
　　（3）接触経験が障害者に対する意識にもたらす影響
　　　　── 肯定的変容を示さない例 ──　*68*
　　（4）問われる接触経験の「質」　*69*
　　（5）アダプテッド・スポーツの可能性　*71*
　　第4節　大学におけるアダプテッド・スポーツの実践報告
　　　　　── 北海道教育大学岩見沢校の事例 ──　*72*
　　（1）大学資源活用の意義　*72*
　　（2）アダプテッド・スポーツクラブの概要　*73*
　　（3）具体的な活動内容　*74*
　　（4）大学生の参加形態　*76*
　　（5）今後の展望　*76*
　おわりに　*77*

指導研究領域

ピアノ演奏に関する研究
― ピアノを演奏すること、ピアノを指導すること ― ……………水田　香…83
　はじめに　*83*
　　第1節　ピアノ、その音の魅力と楽器の能力　*84*
　　　（1）「聴き手」として魅力を感じる点　*84*
　　　（2）「弾き手」として魅力を感じる点　*85*
　　第2節　ピアノ作品の魅力　*85*
　　第3節　「音楽として」演奏するために　*89*
　　　（1）発音の研鑽　*89*
　　　（2）ピアノへの期待を理解すること　*91*
　　　（3）音楽的表現のための準備　*92*
　　第4節　ピアノを指導すること　*96*
　　　（1）指導の段階　*97*
　　　（2）作品を活かすための演奏法　*98*
　　　（3）演奏者の耳になること　*102*
　　第5節　ピアノ研究の活用とその成果　*103*
　おわりに　*104*

ピアノ指導における音
― 楽音と噪音のボーダー ― ………………………………松永加也子…*106*
　はじめに　*106*
　　第1節　日本人の音感覚　*107*
　　第2節　噪音＝ノイズ、騒音　*108*

第3節　ケージ、サティ、アンタイル、ルッソロ、シェーファーらの取り組み　*108*

第4節　レッスンでできる取組みや考え方　*110*

（1）ピアノから生まれる様々な音を楽しんで聴こう　*111*

（2）ピアノの音が消える瞬間を聴こう　*116*

（3）無音を聴こう　*116*

おわりに　*118*

思考力・判断力・表現力を伴った日本の音文化理解の学習効果の考察
― 箏二重奏曲「丹頂鶴　誕生そして旅立ち」の楽曲を通して ―

………………………………………………………………………………尾藤　弥生…*121*

はじめに　*121*

第1節　研究の背景と目的　*121*

第2節　日本の音文化について　*122*

（1）日本の音文化の特徴　*122*

（2）箏を通して体験できる日本の音文化　*123*

第3節　思考力・判断力・表現力の定義　*123*

第4節　先行研究　*125*

第5節　箏二重奏曲「丹頂鶴　誕生そして旅立ち」の楽曲を活用した実践概要　*126*

（1）実施概要と教材　*126*

（2）研究対象者と研究方法　*128*

第6節　実践結果及び考察　*128*

（1）日本の音文化の特徴と箏の奏法の理解と体感の状況に関する考察　*129*

（2）鑑賞のみと演奏して体感した場合での音文化の理解の違いの考察　*130*

（3）思考・判断を伴った日本の音文化と箏の奏法の特徴の関連づけに関する考察　*134*

第7節　結論　*136*

アートマネジメント手法を導入した「複合的鑑賞教育モデル」からみるコンピテンシー
― 北海道立近代美術館との連携授業プログラムから ― ………三橋　純予…*138*

　はじめに　*138*

　第1節　北海道立近代美術館との連携授業プログラム　*139*

　　（1）プログラムの概要　*139*

　　（2）展覧会までの授業プロセス　*140*

　第2節　複合的鑑賞教育の理論的考察　*150*

　　（1）中心となる鑑賞行為からの分類　*150*

　　（2）鑑賞行為における2つの段階　*151*

　　（3）アートマネジメント手法の系統性と可逆性　*152*

　第3節　能力観（コンピテンシー）からの考察　*154*

　　（1）能力観における美術文化　*154*

　　（2）授業モデルとの比較　*156*

　おわりに ― アートマネジメント手法の有効性 ―　*157*

野外教育の理論と実践 ……………………………………… 山田　亮・能條　歩…*160*

　はじめに　*160*

　第1節　野外教育とは　*160*

　　（1）野外教育の定義　*160*

　　（2）野外教育における環境教育と冒険教育　*165*

　　（3）野外教育と組織キャンプ　*169*

　第2節　野外教育の現状と課題　*170*

　　（1）学校教育における野外教育　*170*

　　（2）学校教育における野外教育の現状と課題　*172*

　　（3）学校外教育における野外教育　*174*

　　（4）民間団体における野外教育　*176*

　第3節　野外教育の研究の動向　*178*

　おわりに　*180*

地域文化研究領域

高齢者とコミュニティダンス ……………………………………岩澤　孝子…185
　はじめに　185
　第1節　コミュニティダンス　186
　　（1）コミュニティダンスとは　186
　　（2）コミュニティダンスの実践者　187
　　（3）コミュニティダンスにおけるコミュニティ　189
　第2節　アメリカにおける高齢者の芸術文化・創造的活動「アンコール」　190
　　（1）老年学とアンコール　190
　　（2）アンコールとコミュニティダンス　190
　　（3）アンコール・クリエイティビティ2013・シャトーカ・インスティテューション　191
　　（4）参加者の傾向　193
　第3節　コミュニティダンスの実践　195
　　（1）ダンス・エクスチェンジとコミュニティダンス　195
　　（2）ダンス・エクスチェンジ独自のメソッド「ツールボックス」　197
　　（3）創作ワークショップのプロセスとツールボックスの役割　199
　第4節　高齢者とコミュニティダンス　201
　　（1）高齢者と記憶　201
　　（2）ダンスにおける「共有」と「模倣」　202
　おわりに　204

地域にアート拠点を創出するコミュニティ
　─室蘭市民美術館と三笠プロジェクトの事例から─ ……………三橋　純予…209
　はじめに　209
　第1節　室蘭市民美術館と新しい公共　210
　　（1）室蘭市の文化行政の特徴　210

（2）　室蘭市民美術館設置運動の経緯　*211*
　　（3）　室蘭市民美術館の特徴　*214*
　　（4）　「市民が創設した美術館」の課題と可能性　*216*
　第2節　現代アート拠点の創出：三笠プロジェクト　*217*
　　（1）　三笠市と川俣正　*218*
　　（2）　「北海道インプログレス」の拠点としての三笠　*219*
　　（3）　市民による支援団体「三笠ふれんず」　*224*
　第3節　地域におけるアートコミュニティ　*227*
　　（1）　地域におけるアートコミュニティの意義　*227*
　　（2）　地域コミュニティとアートマネジメント　*228*
　おわりに　*229*

北海道におけるサッカー文化
― その現状と課題 ―　………　越山　賢一・山本　理人・曽田　雄志・濱谷　弘志…*232*
　はじめに　*232*
　第1節　「アスリート」の現在、未来　*233*
　　（1）　日本サッカーの進化　*233*
　　（2）　アスリートのセカンドキャリアに関する意識　*235*
　　（3）　アスリート還流事業の現状と課題（学校への指導者派遣事業）　*237*
　　（4）　まとめ　*239*
　第2節　コンサドーレ札幌の観戦文化　*239*
　　（1）　北海道における「観るスポーツ」の隆盛と観戦文化　*239*
　　（2）　コンサドーレ札幌の観戦者数　*240*
　　（3）　コンサドーレ札幌の観戦文化　*244*
　　（4）　インタビュー調査の結果から　*245*
　　（5）　まとめ　*247*
　第3節　「支えるスポーツ」の現在 ― 地域における実践事例 ―　*248*
　　（1）　岩見沢ジュニアFC1985の取り組みから ― 次世代の育成 ―　*248*
　　（2）　サッカーカレッジの取り組みから ― 大学から発信するサッカー文化 ―　*252*
　おわりに ― 未来への展望 ―　*257*

芸術・スポーツ文化と「まちづくり」
―大学の資源を活かした「複合型地域アート＆スポーツクラブ」設立の取り組み― ……………………………………山本 理人…260
 はじめに　*260*
 第1節　理念の構想―芸術とスポーツに関わる理論的背景―　*262*
  （1）文化という視点から　*262*
  （2）「遊び」という視点から　*264*
 第2節　実践事例の検討―大学と地域―　*265*
  （1）大学を拠点とした「総合型地域スポーツクラブ」を対象として　*265*
  （2）大学を拠点とした「総合型地域スポーツクラブ」の課題　*266*
  （3）ハイデルベルク大学の視察　*266*
 第3節　北海道教育大学岩見沢校の取り組み　*267*
  （1）あそびプロジェクト　*267*
  （2）「いわみざわ芸術・スポーツユニオン（通称：i-masu）」の設立　*269*
 まとめにかえて―今後の展望―　*270*

複合文化研究領域

音楽遂行スキル向上に纏わるスポーツ・コーチング科学からのアプローチ
―芸術とスポーツの融合を目指して― ……………寅嶋　静香・越山　賢一…275
 はじめに―芸術文化とスポーツ文化の融合を目指して―　*275*
 第1節　音楽遂行スキル熟練者の関節運動メカニズム　*275*
 第2節　関節間制御→筋活動の制御→筋コンディショニングケアの利用へ…　*277*
 第3節　motor unit の視点からみた音楽遂行スキル　*279*
 第4節　動きと呼吸の支えにシンメトリーの概念も　*280*
 第5節　コーチングとティーチングは芸術・スポーツスキル向上に不可欠　*282*
 おわりに　*283*

社会の劇場化装置としてのイベント論（序説） ……………高尾　広通…286
　はじめに　*286*
　第1節　『1955 DAVID OISTRAKH Live in Japan』　*287*
　第2節　日本初のイベントプロデューサー・小谷正一　*288*
　第3節　イベント"学"への道　*291*
　第4節　イベントとはなにか　*293*
　第5節　イベントのひろがり　*295*
　第6節　イベントの分類　*297*
　第7節　万国博覧会とオリンピック　*302*
　第8節　仮設と常設　*306*
　おわりに　*308*

芸術・スポーツ団体によるコラボレーション事業の新たな可能性を探る
　― P3 HIROSHIMA の事例研究を通して ―
　………………………………… 宇田川耕一・閔　　鎭京・角　美弥子・福原　崇之…*310*
　はじめに　*310*
　第1節　広島市の概要　*311*
　　（1）広島市の現在　*311*
　　（2）広島市の歴史　*313*
　　（3）広島市の芸術・スポーツ文化　*314*
　第2節　P3 HIROSHIMA について　*315*
　　（1）概要、組織の目的及びその設立趣旨　*315*
　　（2）P3 HIROSHIMA を構成する3大プロ　*316*
　　（3）P3 HIROSHIMA の成立の経緯　*322*
　　（4）P3 HIROSHIMA の事業内容、活動事例　*323*
　第3節　P3 HIROSHIMA 事例のインプリケーション　*326*
　おわりに　*328*

芸術・スポーツビジネス研究領域

文化・芸術を通して、顧客との絆をつくる
― 人びととの共通価値を、地域社会の中で生み出すために ― …臼井　栄三…335
　はじめに　*335*
　　第1節　世の中と顧客を幸せにするために企業活動がある　*336*
　　第2節　毎月一度、店舗がコンサートホールに変身する　*337*
　　第3節　お菓子から食文化を広め、定着させていく　*339*
　　第4節　55年間発行され続けている児童詩誌　*340*
　　第5節　広大な柏林の中に点在する美術館　*341*
　　第6節　北海道の自然が美術と建築を際立たせている　*343*
　　第7節　企業の活力を生むダイバーシティ・マネジメント　*344*
　　第8節　本業を基盤にして、企業の文化的価値を高めていく　*346*
　　第9節　インターナル・マーケティングで従業員の特性を活かす　*348*
　おわりに　*349*

オーケストラ指揮者に学ぶリーダーシップの本質
― 小澤征爾はいかにして世界のオザワになったのか ― …………宇田川耕一…351
　はじめに　*351*
　　第1節　オーケストラにおける指揮者と楽団員の関係　*352*
　　　（1）リーダーシップ研究対象としての指揮者　*352*
　　　（2）インタビュー記事による楽団員の意識分析　*353*
　　　（3）プロフェッショナル組織としてのオーケストラ　*355*
　　第2節　多元的知性SPEED（スピード）モデル　*355*
　　　（1）指揮者の多元的知性SPEED（スピード）モデルとは　*355*
　　　（2）多元的知性SPEEDが発揮されるステージ　*357*
　　第3節　指揮者と楽団員のキャリア形成モデル　*358*
　　　（1）指揮者と楽団員との4つの関係性　*358*
　　　（2）指揮者と楽団員のキャリア形成モデル　*361*

（3）事例研究〈小澤征爾　世界のオザワ〉　*363*
　おわりに　*365*

Ｊリーグクラブの順位と収入の関係
──パネル分析を用いて── ··福原　崇之…*370*
　はじめに　*370*
　第1節　目的　*372*
　第2節　先行研究　*373*
　第3節　モデルの理論的枠組みおよび実証分析　*375*
　　（1）モデルの特定化　*375*
　　（2）データ　*378*
　第4節　推定結果とその解釈　*379*
　おわりに　*387*

アスリートの2次的活用に関する有効性と将来性 ················曽田　雄志…*391*
　第1節　日本におけるスポーツ競技環境と欧米の比較　*391*
　　（1）日本の実業団スポーツとプロスポーツの比較　*391*
　　（2）欧米におけるクラブスポーツの意義　*392*
　第2節　種目におけるアスリートの特性差　*394*
　　（1）種目による性質差　*394*
　　（2）アマチュアとプロフェッショナルの性質差　*396*
　　（3）アスリートの長所、短所　*398*
　　（4）社会のニーズと元アスリートが持つ可能性　*399*
　　（5）スポーツ教育の可能性　*400*
　第3節　キャリアサポートの充実によるスポーツ産業活性の可能性　*402*
　　（1）キャリア形成システムの現状　*402*
　　（2）アスリートの自立のためのキャリア形成サポートによる産業創造　*403*
　おわりに　*405*

あとがき ……………………………………………………………… *407*

著者紹介 ……………………………………………………………… *408*

文化資源研究領域

文化資源研究領域

　これまでの音楽・美術・スポーツにおける各専門での研究領域は、そのまま地域社会発展のための文化的な価値を生み出す「資源」として捉える事ができる。芸術・スポーツ文化学における基盤的研究として、地域の魅力を創出するための実体を形成する研究領域である。その探求の方向性は、音楽、美術、スポーツの現代的課題を、実技、理論共に深く追求する事で、各分野における文化的な価値を高めていく事にある。

Wer ist der "Grand Uomo" der Eroica-Sinfonie Beethovens?

Friederike　Kienle

和文要約
ヴェートーヴェンの「エロイカ」交響曲における「英雄」とは誰か

ヴェートーヴェンは元来、第3交響曲「エロイカ／英雄」を「ナポレオン・ボナパルト」と名付けるか、あるいはそれをナポレオンに献げようとした。しかし、ナポレオンが1804年に自らを皇帝の座に据えたときにこの試みは崩壊し交響曲のタイトルは次の中立的な言葉で置き換えられる Sinfonia eroica…, composta per festiggiare il sovvenire un Grand Uomo「ある偉大な人間の到来を祝して作曲されたる……英雄的交響曲」。この「偉大な人間」とは一体誰か。本論は、その「原型」を、1802年の「ハイリゲンシュタットの遺書」「オリブ山におけるキリスト」および「英雄交響曲」の創作過程の分析を通して跡づけようとする。

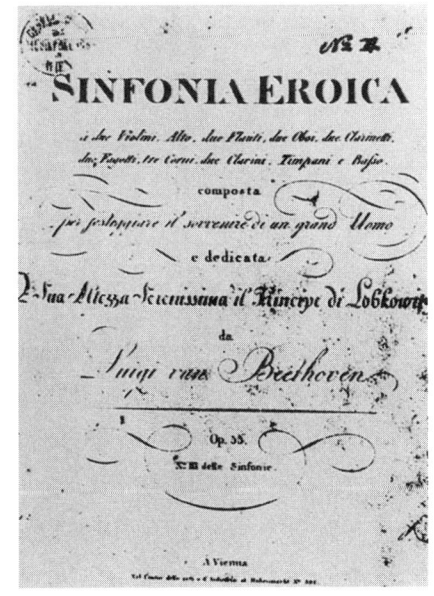

1. Einleitung

Beethovens 3. Sinfonie ist, in ihrer 1806 herausgegebenen Gestalt, mit der berühmten Betitelung überschrieben: **Sinfonia Eroica, composta per festiggiare il sovvenire di un grand Uomo e dedicata A Sua Altezza Serenissima il Principe di Lobkowitz da Lugi van Beethoven**[1].

Übersetzt wird der o.g. Titel der Sinfonie generell: "Heroische Sinfonie. Komponiert, um das Andenken eines großen Mannes zu feiern …"[2]. Diese Übersetzung des italienischen Wortes ins Deutsche ist aber nicht glücklich, denn das Wort "sovvenire" hat keine Entsprechung im Deutschen. Das deutsche Wort "Andenken" bezeichnet eine vergangene Sache, an die man zurück denkt. "Sovvenire" muss sich jedoch nicht unbedingt auf eine vergangene Erinnerung beziehen; es hat auch die Bedeutung "venire in mente", "in den Sinn kommen" (e mi sovvien l'eterno / e le morte stagioni)[3]. Da dieser mehrdeutige Sachverhalt im Deutschen (bzw. im Englischen[4]) mit einem Wort nicht ausreichend in den Satz eingegliedert werden kann, entsteht eine unvermeidliche Verengung des Sinnes des Wortes "sovvenire", wenn es als "Andenken" oder "Gedenken" übersetzt wird.

Diese Verengung des Sinnes des ursprünglichen Wortes ist aber auch dadurch vorbestimmt, dass generell angenommen wird, dass der "grand Uomo" wie in den vorausgehenden Betitelungen Beethovens, sich auf Napoleon Bonaparte beziehe. Dementsprechend geht die Deutung der modernen Musikforschung fast einstimmig in die Richtung, Napoleon Bonaparte als den Helden der 3. Sinfonie anzusehen.

Constantin Floros argumentiert in seinem Buch "Beethovens Eroica und Promotheus-Musik", dass im Finale der 3. Sinfonie eine Verschmelzung von Napoleon und Promotheus stattfindet, dass Napoleon als ein moderner "Prometheus" in der "Eroica" gefeiert wird[5]. Weiter beweist er in genauer Anlyse, dass zwischen einzelnen Szenen des Balletts "Die Geschöpfe des Prometheus" und der Eroica enge Bezüge bestehen[6].

Jedoch ließ Beethoven in der Endfassung 1806 die frühere Betitelung "Napoleon" oder "Bonaparte" gänzlich fallen[7]. Auf wen sollte also – nach Beethovens Vorstellung – der "grand Uomo" wirklich bezogen werden? Was liegt hinter dieser neuen Betitelung? Treibt Beethoven hier etwa ein Stück Ironie? – nämlich: 1806 lebte Napoleon noch, aber im Auge Beethovens war er wohl nur noch ein vergangener Mann, quasi tot in seiner wirklichen Bedeutsamkeit, daher: "im Andenken" an einen Mann, der einmal groß war aber heute nur noch ein lebendiger Toter ist[8]. Reicht aber diese ironische Bezugnahme auf den disqualifizierten Napoleon als "großen Mann" der Vergangenheit wirklich aus, um den diesbezüglichen Sinn Beethovens zu eruieren?

Mit dieser Fragestellung wird unsere Untersuchung die Sachlage der oben genannten Betitelung genauer besprechen; zugleich wird der Prozess der musikalischen Schöpfung Beethovens in der Periode 1801 –1805 eigens untersucht, in der Zeit nämlich, in der die Eroica-Sinfonie entstanden ist.

2. Analyse der verschiedenen Betitelungen der 3. Sinfonie

Es gibt fünf Dokumente, die relevante Informationen zur Betitelung der 3. Sinfonie Beethovens enthalten.

1. Ferdinand Ries

Ferdinand Ries, Beethovens Freund und Schüler, war Augenzeuge von Beethovens heftiger Reaktion auf die Nachricht, dass Napoleon sich zum Kaiser hatte ausrufen lassen (Mai 1804). Ries beschreibt diese Begebenheit in "Biografische Notizen über Ludwig van Beethoven":

> *Bei dieser Sinfonie hatte Beethoven sich Buonaparte gedacht, aber diesen, als er noch erster Konsul war. Beethoven schätzte ihn damals außerordentlich hoch, und verglich ihn den größten römischen Konsuln. Sowohl ich, als mehrere seiner nächsten Freunde haben diese Symphonie schon in Partitur abgeschrieben, auf seinem Tische liegen gesehen, wo ganz oben auf dem Titelblatte das Wort "Buonaparte", und ganz unten "Luigi van Beethoven" stand, aber kein Wort mehr. Ob und wie die Lücke hat ausgefüllt werden sollen, weiß ich nicht. Ich war der erste, der ihm die Nachricht brachte, Buonaparte habe sich zum Kaiser erklärt, worauf er in Wuth gerieth und ausrief: "Ist der auch nichts anders, wie ein gewöhnlicher Mensch! Nun wird er auch alle Menschrechte mit Füßen treten, nur seinem Ehrgeize fröhnen; er wird sich nun höher wie alle Andern stellen, ein Tyrann werden!". Beethoven ging an den Tisch, faßte das Titelblatt oben an, riß es ganz durch und warf es auf die Erde. Die erste Seite wurde neu geschrieben und nun erst erhielt die Symphonie den Titel: Sinfonia eroica.[9]*

Laut Ries muss es sich bei diesem Exemplar um eine Abschrift der Partitur – "in Partitur abgeschrieben" – , nicht um das Autograph selbst gehandelt haben. Von einem "neu geschriebenen" Titelblatt hören wir nichts Konkretes. Ob darauf schon der Titel "Sinfonia eroica" stand, ist unsicher. Leider gibt es kein handschriftliches Dokument zu dieser Betitelung.[10]

2. Anton Schindler

Schindler, Beethovens Bekannter und erster Biograf, bekam die Nachricht über das gleiche Ereignis durch Graf Lichnowsky und schrieb:

> *Die Reinschrift der Partitur mit der Dedication an den ersten Consul der französischen Republik, die blos aus den beiden Worten "Napoleon Bonaparte" bestanden, sollte eben dem General Bernadotte zur Absendung nach Paris übergeben werden, als die Nachricht nach Wien kam, Napoleon*

Bonaparte habe sich zum Kaiser der Franzosen ausrufen lassen. Dem Tondichter ward diese Nachricht durch Graf Lichnowsky und Ferd. Ries überbracht. Kaum hatte er sie angehört, als er mit Hast diese Partitur ergriff, das Titelblatt abriß und sie mit Verwünschungen über den neuen Franzosen-Kaiser, "den neuen Tyrannen", auf den Boden warf.....

Erst nach längerer Zeit hatte sich der heilige Zorn unsers demokratischen Tondichters, nicht ohne Zuthun seiner Freunde, gelegt und sein aufgeregtes Gemüth ruhigen Betrachtungen über das Geschehene wieder Zugang verstattet. Er gab demnach zu, dass dieses neue Werk unter dem Titel "Sinfonia eroica" mit der darunter sich befindlichen Devise: "per festeggiare il sovvenire d'un gran uomo" der Öffentlichkeit vorgelegt werden solle. Doch erfolgte die Herausgabe erst volle zwei Jahre nach diesem Vorgange. Aber mit der Bewunderung für Napoleon war es für alle Zeit aus, sie hatte sich in lauten Haß verwandelt; erst das tragische Ende des Kaisers auf St. Helena konnte Beethoven zur Versöhnung stimmen.[11]

Weitgehend bestätigt diese Nachricht das Geschehnis, das Ries selbst berichtet – also war das Wutereignis Beethovens weitgehend historisch. Wann die Bezeichnung "Sinfonia eroica" aber zustande kam, wird auch hier nicht deutlich. Wichtig bei der Erzählung Schindlers ist die zuletzt zitierte Bemerkung: Beethovens Bewunderung für Napoleon fand hiermit ihr Ende.

3. Das Titelblatt beim Wiener Musikverein

Diese berühmte Titelseite der Sinfonie ist eine Manuskript-Kopie, die von Beethoven selbst benutzt wurde[12]. Jedenfalls trägt das Titelblatt folgende Aufschrift: *Sinfonia grande intitolata Buonaparte.*

Dabei sind die Wörter "intitolata Buonaparte" heftig ausradiert, sodass ein Loch im Papier entstand. Offenbar stammt dieses Verfahren von Beethoven selbst. Zeitlich muss das in der unmittelbaren Nähe der bei Ries und Schindler erwähnten Wut-Eruption Beethovens stehen (ca. Ende Mai 1804[13]); sonst wäre diese Vehemenz der Ausrottung

8 文化資源研究領域

von "intitolata Buonaparte" unerklärbar. Ferner: oben und unten steht jeweils eine Nebenbemerkung in der Handschrift Beethovens. Rechts ist ein Text ausgestrichen. Dies sind sehr wahrscheinlich Anweisungen für einen Verleger, der die Sinfonie veröffentlichen sollte. Vielleicht von einer anderen Handschrift stammt die Notiz in einer anderen, viel schwärzeren Tinte unterhalb der ausgestrichenen Stelle: "804 August", also "August 1804".

Zuletzt steht folgende Notiz mit Bleistift in der unteren Hälfte des Blattes: "geschrieben auf Bonaparte". Stammt dieser Bleistift-Eintrag wirklich von Beethoven selbst[14]? Oder wurde er vielmehr von anderer Hand ergänzend hinein geschrieben, so dass das, was Beethoven heftig ausradiert hat, sinngemäß nachvollziehbar würde?

4. Brief an Breitkopf und Härtel:

Beethoven schrieb in einem Brief vom 26. August 1804 an Breitkopf und Härtel:

die Simphonie ist eigentlich betitelt Ponaparte.

5. Erstausgabe (Oktober 1806)

Hier taucht der volle Titel auf, den wir anfangs zitiert haben. In Stimmen erschienen im Kunst- und Industrie-Comptoir Wien.

Wenn wir nun in den oben genannten Punkten 3 bis 5 zusammenstellen, so wären folgende Vermutungen möglich:

Es ist gut denkbar, dass das Titelblatt des Musikvereins Wien jene Fassung der Sinfonie darstellt, die Beethoven an Breitkopf und Härtel im August 1804 schickte. Die in anderer Tinte vermerkte Notiz auf dem Blatt "804 August" stimmt mit diesem Zeitpunkt überein. Möglicherweise war das eine administrative Notiz des Verlags.

Beethovens Brief an den Verlag versucht zu erklären, was die ausradierte Stelle eigentlich hieß, damit dem Verlag keine weiteren Fragen offen bleiben würden. Das stellt aber keine Anordnung Beethovens dar, die Sinfonie jetzt "Bonaparte" benennen zu lassen. Die mit Bleistift angemerkte Handschrift auf dem Titelblatt nimmt bloß diese Bemerkung Beethovens wahr – ohne eine konkrete Anweisung geben zu wollen.

Jedenfalls ist im August 1804 der neue Titel "Sinfonia eroica" sehr wahrscheinlich noch nicht gefasst. Die Titelfindung hat Beethoven mehr Zeit und Überlegung gekostet als das im Bericht von Ferdinand Ries angedeutet wird.

Unabhängig davon, ob diese Vermutungen stimmen, ist eines klar geworden. Der Ausdruck "grand Uomo" in der Erstausgabe der Eroica-Sinfonie 1806 kann der Intention Beethovens nach *nicht* Napoleon Bonaparte bedeuten. Beethoven muss klar erkannt haben, dass was er früher bei Napoleon zu erblicken versuchte und weswegen er die Sinfonie ihm sogar widmen wollte – das war (mit einem modernen psychologischen Terminus gesprochen) eine mißglückte "Projektion" seines eigenen Idealbildes[15]. Was jener Ausdruck "grand Uomo" beinhaltet und wie Beethovens "Heldenbild" strukturiert ist, muss grundsätzlich frei von Napoleon neu befragt werden.

3. Beethovens biografische Situation zur Entstehungszeit der Eroica

Bevor wir eigens auf die 3. Sinfonie eingehen, wollen wir etwas Biographisches über Beethoven kurz anführen.

Beethoven ist 1803, als die Eroica-Sinfonie geschrieben wurde, ein junger "Star" in Wien, der sich die breite Anerkennung des Publikums und der Musikwelt errungen hat[16]. Er ist auf dem Gebiet der Instrumentalmusik schon die unumstrittene Autorität seiner Zeit. Seine Werke sind gefragt, denn sie versprechen Erfolg und finanziellen Umsatz[17]. Er hat mehr Anträge als er annehmen kann und genießt es, in der Lage zu sein, Forderungen zu stellen[18]. Er verkehrt in höchsten aristokratischen und gesellschaftlichen Kreisen[19] und hat einflussreiche Mäzene und Freunde, die ihn auch finanziell unterstützten[20].

Reziprok zum beruflichen Erfolg hat Beethoven mit gesundheitlichen und dadurch auch großen psychologischen Problemen zu kämpfen. Sein Hörleiden verschlimmert sich immer mehr. Da er dies aus Angst, dass es seiner Karriere als Musiker schaden könnte, seinen Freunden verschweigt, schottet er sich von der Welt ab. Dies führt zu sozialer Isolation und Einsamkeit[21].

Das Wissen, dass dieses Leiden unheilbar ist stürzt ihn im Herbst 1802 in die tiefste Krise seiner Biografie. Er steht am Rande zum

Selbstmord[22]. Jedoch bringt er sich nicht um, aus Verpflichtung der Kunst gegenüber[23]. Er ringt sich dazu durch, sein Schicksal anzunehmen und weiter für die Musik zu leben.

Beethovens Krise um 1802, welche im Heiligenstädter Testament dokumentiert ist, muss als Schlüsselerlebnis angesehen werden für die Wende in Beethovens Kompositionsstil von der Ersten Wiener Schaffensperiode (1792-1802) zur Mittleren Wiener Kompositionsphase (etwa 1802-1812). Dass die 3. Sinfonie als eines der frühesten Werke dieser Mittleren Periode Beethovens entstand, heißt also, dass die Sinfonie eine tiefe Botschaft unmittelbar aus dieser Krisenzeit mit sich tragen muss. Tatsächlich entspricht die Grundstruktur der Komposition der Sinfonie (wie oben gesehen) - Ringen, Leiden, Schmerz und Tod, sodann Übergang zur Wiederbelebung, Lebensfreude und Tanz - im Großen und Ganzen dem Erlebnis, das er repräsentativ im Jahre 1802 radikal durchlebte.

4. Der Aufbau der 3. Sinfonie

Damit kommen wir dazu, über die Struktur der "Eroica"-Sinfonie selbst zu sprechen. Die vier Sätze können wie folgt charakterisiert werden:
1. Satz: innerer Kampf
2. Satz: "Tod" und "neues Leben"
3. Satz: Übergang zum Leben
4. Satz: Der freudige Tanz des Lebens (Prometheus-Melodie)

1. Satz
Der Satz ist durchaus heroisch und strahlt in kraftvollem Es-Dur Erhabenheit und Stärke aus.
Die Musik weist jedoch von Anfang an harmonische Spannungen,

bzw. Dissonanzen auf und sie ist von den ersten Takten an geprägt von innerem Konflikt. Schon die beiden kurzen, harten Anfangsakkorde, die nur zweimal erklingen, erzeugen eine eigenartige Asymmetrie. Der ganze Anfangsteil, den man auch als Einleitung zum Hauptthema in Takt 37 bezeichnen könnte ist voller Unsicherheiten:
1. *Harmonisch* zeigt sich das im Ausweichen auf das cis in T7;
2. *Melodisch* darin, dass das Anfangstthema auf die Celli und 1. Geigen aufgeteilt ist, wobei man nicht genau sagen kann, in welchem Augenblick die Geigen das Thema eigentlich übernehmen, denn sie schleichen sich in Synkopen ein und laufen erst parallel zu den Celli, bis sie schließlich die Führung übernehmen;
3. *Rhythmisch* vergleiche man starke Synkopen und rhythmische Verschiebungen von zwei gegen drei ab T25.

Der Satz steht in großangelegter Sonatenhauptsatzform mit auffällig langer Coda. Der Dreiertakt an sich ist wohl eher unmilitärisch, es gibt auch sonst wenig militärisches, keine Fanfaren, keine militärischen Rhythmen, die Musik ist fließend. Trotzdem ist die Musik durchaus männlich und von der Stimmung her heroisch zu nennen.

2. Satz
Der Satz gliedert sich in die folgenden vier Abschnitte:
1. "Trauermarsch", c-moll T1-68
2. "Hymne" C-Dur T69-104
3. "Ringen" c-moll, As-Dur T105-208
4. "Neues Leben" Coda, As-Dur, danach Rückkehr zum fragmentierten 1. Thema (T209-247)

Der 2. Satz ist der Brennpunkt der Sinfonie. Hier findet die größte Umwandlung und Entwicklung statt. Wir haben den Trauermarsch in c-moll, auf den der hymnenartige C-Dur-Teil folgt. Im daran anschließenden 3. Teil beginnt das hochdramatische Ringen, ein Kampf auf Leben und Tod, der schließlich nach As-Dur führt und die Wendung der Sinfonie in hellere Klangfarben und in Richtung Prometheus-Finale einleitet.

3. Satz

Weil wir die Sinfonie schon so oft gehört haben, müssen wir uns den riesigen Kontrast, der zwischen dem 2. und 3. Satz besteht, immer wieder neu bewusst machen. Nach dem tieftragischen Trauermarsch wirkt dieser huschende, schnelle Tanz völlig überraschend. Dieser Satz findet kaum seine Berechtigung in einer heroischen Sinfonie. Er hat seinen Schauplatz an einem irrealen Ort, weit entfernt von den Klängen des 2. Satzes.

Der 3. Satz ist gegliedert in Scherzo-Trio-Scherzo.

4.Satz

Das Finale der Eroica ist ein Variationssatz[24], aufgebaut auf dem Thema des Finales des Balletts "Die Geschöpfe des Prometheus".

Für die Interpretation der Sinfonie ist es wichtig, einen kurzen Blick auf die Handlung des Balletts zu werfen:

> Der griechische Gott "Prometheus" erweckt zwei menschliche Statuen zum Leben. Sie beginnen zwar physisch wie Menschen zu leben, jedoch haben sie weder Gefühl noch Verstand. Verzweifelt über diesen animalen Zustand bringt Prometheus sie auf den Parnass und bittet die Göttinnen und Götter, sie in Musik und Kunst zu unterrichten, sodass sie menschliche Gefühle und Verstand entwickeln, was auch gelingt. Nun erst erkennen die Menschen in Prometheus ihren Schöpfer und werfen sich ihm vor Dankbarkeit zu Füßen[25].

Das Thema, das in der Eroica verwendet wird, entnimmt Beethoven dem Finale "Danze festive", der Szene, wo Prometheus stolz auf sein gelungenes Werk blickt, nämlich, zwei auf die Höhe ihrer Entwicklung gebrachte Menschen, erschaffen zu haben.

Ferner verarbeitet Beethoven im 4. Satz zwei Themen – das Bassthema und das Diskantthema – , die in insgesamt 10 Variationen durchgeführt werden. Hier kann man nicht von einem "heroischen" Thema im napoleonisch-militärischen Sinne sprechen. Das Bass-Thema, eingeführt mit Pizzikati und später synkopisch repitiert von den Bläsern wirkt humorvoll, spielerisch. Das Diskant-Thema in T76 ist tänzerisch und voll sprühender Lebenslust. Das Leben ist Spiel, Freude, Tanz und Humor – das ist die Schlussvision des 4. Satzes.

5. "Christus am Ölberg", ein verkanntes, aber relevantes Werk Beethovens in Bezug auf die Helden-Gestalt, wie sie in der "Eroica" dargestellt wird

Anfang des Jahres 1803, also direkt nachfolgend auf die Lebenskrise im Oktober 1802 und vor der Komposition der 3. Sinfonie, schreibt Beethoven das Oratorium "Christus am Ölberg". Das Libretto wurde zwar von Franz Xaver Huber hergestellt, aber in starker Zusammenarbeit mit Beethoven selbst. Beethoven schreibt später an den Musikverein, dass er und der Dichter (d.h. Huber) das Stück in 14 Tagen angefertigt hätten und, da der Dichter sehr musikalisch war, Beethoven jederzeit Huber um Rat bitten konnte[26]. Also ist anzunehmen, dass in diesem Stück nicht nur die Musik, sondern auch das Libretto selbst stark die Sichtweise Beethovens widerspiegelt.

Das Oratorium handelt von der biblischen Szene im Garten Gethsemane, wo Jesus mit der Angst vor dem bevorstehenden Leidensweg ringt (Recitativo und Arie des Christus "Meine Seele ist erschüttert") und schließlich sein Schicksal annimmt (Duetto Christus-Seraph "So ruhe denn mit ganzer Schwere auf mir, mein Vater, dein Gericht...").

Beethoven setzt sich bemerkenswerterweise nicht mit der "Auferstehung" oder der Lehre des "Sühnetodes" auseinander. Die typisch christliche Verkündung ist also quasi außer Acht gestellt; "stattdessen wird mit der mehrfach dargestellten Angst vor Leid und Schmerz ein menschliches Bild von Jesus gezeichnet, das von der Vorstellung des erhabenen Gottessohnes stark abweicht und in der Oratorientradition der Zeit weder bekannt war noch akzepiert wurde"[27].

D.h.: Die persönliche Identifikation Beethovens mit dem Leidensweg Jesu sowie der eigenen Erfahrung der Krisenüberwindung durch entschiedene Annahme des Schicksals, hat Beethoven kurz vor der 3. Sinfonie in seinem Werk "Christus am Ölberg" eindrucksvoll dargestellt. Die textlichen und thematischen Bezüge zwischen dem Oratorium und dem Heiligenstädter Testament sind signifikant. Thematisiert werden:

a. Schicksalsergebenheit, und die Bereitschaft, die heftigen Kämpfe, die bevorstehen, auf sich zu nehmen, auch wenn sie mit dem Tod enden[28].

b. Während des Kampfes und Leidens bleibt jedoch der Wunsch, Gutes für die Menschheit zu tun[29].

c. Es gibt die Erwartung des endgültigen Triumphs über alle Widrigkeiten, mit dem Kampf und Qual in ewige Freude aufgelöst werden[30]. Dieses Thema findet aber im HT eigentlich noch kaum ein sinnvolles Pendant, jedoch ist dies gerade das Hauptthema des 3. und des 4. Satzes der 3. Sinfonie.

Somit ist die Mittler Rolle des "Christus am Ölberg" zur 3. Sinfonie spürbar.

6. Projektionsobjekte seiner Erfahrung

Sein Entschluss, dem Schicksal zu trotzen, sein Schaffen als Komponist fortzusetzen und allein "für die Kunst" zu leben war das Ergebnis eines lang anhaltenden Leidensprozesses. Diese Erfahrung verarbeitete er Anfang 1803 in seinem Oratorium "Christus am Ölberge".

Diese Projektion des eigenen Schicksals auf Jesu ist gelungen. "Christus am Ölberg" und die 3. Sinfonie sind strukturell dieselbe Schilderung. Allerdings geht die Eroica anders als das Oratorium im 4. Satz nicht nur zur Akzeptanz sondern darüber hinaus zur Freude, zur Auferstehung, zum Prometheus-Thema des sich voll entwickelten Menschen.

Die Heldenbild-Projektion von Napoleon als Held der 3. Sinfonie ist dagegen unglücklich und misslungen. Beethoven bewunderte wie all seine Zeitgenossen, Napoleons Aufstieg aus einfachen Verhältnissen bis an die Spitze der französischen Regierung. Napoleon war der Hoffnungsträger, alle konservativen Formen zu sprengen und neue, faire, republikanische Verhältnisse in Europa herzustellen.

Jedoch entpuppte sich Napoleon schon bald als Feldherr mit rein militärischen und machtpolitischen Interessen. Die Kaiserkrönung war nur der letzte Schritt zu seiner Diktatur. Dies schien an Beethoven vorüber gegangen zu sein und so war das Erwachen für ihn um so härter und seine Reaktion entsprechend emotional.

Schindler schreibt: "Aber mit der Bewunderung für Napoleon war es für alle Zeit aus, sie hatte sich in lauten Hass verwandelt; erst das tragische Ende des Kaisers auf St. Helena konnte Beethoven zur Versöhnung stimmen"[31].

Die Eroica ist daher keine musikalische Darstellung von Napoleon selbst.

7. Universalität der Eroica

Die Eroica basiert zwar auf Beethovens persönlichem Bekenntnis, aber gleichzeitig hat sie Universalität. Sonst stünde hinter dem "grand Uomo" nur Beethoven. Aber in Wirklichkeit hat die Vision der Eroica eine überpersönliche, anthropologische Dimension. Sie spricht alle Menschen an.

Die Sinfonie kreiert zwar das Idealbild eines Helden, durch Beethovens eigene Erfahrung gewonnen, die aber gleichzeitig eine Aufmunterung an alle leidenden Menschen darstellt. Die Sinfonie appelliert an die Zuhörer, über Schwierigkeiten hinauszuwachsen und heldenhaft zu werden. Erst durch das Leiden im 2. Satz kommt man zur heiteren Freude des 3. und des 4. Satzes. Sie muss erst errungen werden. Alle Menschen können Geschöpfe des Prometheus werden.

Die Grundstruktur ist also ähnlich wie bei der 9. Sinfonie: Man muss zur Freude gelangen, aber dafür muss man durch das dunkle Tal des Todes einmal hindurchgehen. Erst danach kommt man zur auflösenden Freude. "Durch Leiden zur Freude". Er wollte dieses Idealbild in Bonaparte verkörpert sehen und sah zu spät, dass Napoleon diesem Heldenbild nie entsprochen hatte.

Die Musik ist heldenhaft, weil sie darstellt, wie ein Mensch wirklich ein Held werden kann. Was heisst Held im Beethovenschen Sinne? Nicht das kriegerische Besiegen eines Feindes mit Waffen. Ein Held ist ein Mensch, der sein eigenes Negativum auf Kosten seines Lebens überwindet. Der Feind liegt in jedem Menschen selbst. Der Grand Uomo besiegt sich selbst.

Könnte man den Titel der Eroica-Sinfonie frei übersetzen?:
Heroische Sinfonie.
Komponiert um die Vision[32] eines wahrhaft großen Menschen zu feiern.

8. Fazit

Der Terminus "grand Uomo" in der Betitelung der Eroica-Sinfonie Beethovens bezieht sich nicht auf Napoleon, der als Projektionsgegenstand für Beethoven seine Relevanz bald nach der Komposition des Werkes radikal verlor. Stattdessen bezieht sich der Ausdruck auf alle Menschen, die "heroisch" ihre dunklen Bestimmungen überwinden und zur Freude gelangen. Diese Vision gewann Beethoven durch seine eigenen Kämpfe mit dem Schicksal 1802. Die Erfahrung fand sodann zunächst in seinem Werk "Christus am Ölberg" ihren deutlichen Niederschlag. Das Thema wurde aber voll und ganz in seiner 3. Sinfonie 1803 entwickelt, welche einige Jahre später 1806 – befreit vom unechten Heldenbild von Napoleon – alle notleidenden Menschen anzusprechen wusste als "grand Uomo" – wahrhaft großer Mensch.

Zitierte Literatur

Floros, C., Beethovens Eroica und Promotheus-Musik, Wilhelmshaven 2008.
Geck, M., Ludwig van Beethoven, Reinbek bei Hamburg 1996.
Kalischer, A.C., Beethovens Sämtliche Briefe, Berlin und Leipzig 1906.
SHARP, Dizionario Elettronico, Italiano, Modello PW-E520.
Lockwood, L., Beethoven. The Music and the Life, New York, London 2005.

Mühlenweg, A. (Hg.), Christus am Ölberge. Henle Studien-Edition, München 2008.

Ries, F., Biografische Notizen über Ludwig van Beethoven, Koblenz 1838.

Robbins Landon, H.C., Beethoven, Zürich 1970.

Schindler, A., Ludwig van Beethoven, hg. Von F. Volbach, Münster 1927.

Thayers, A.W. – Forbes, E., Thayer's Life of Beethoven, Princeton 1964.

Brauneis, W., Studien zur Wiener Geschichte, Jahrbuch des Vereins für Geschichte der Stadt Wien Band 52/53, hg. F. Oppl und K. Fischer.

注

1) So die Endfassung, die im Jahre 1806 veröffentlicht wurde. Vgl. Lockwood "Beethoven", S.211. Das Foto stammt aus: https://www.awesomestories.com/asset/view/Beethoven-s-Eroica-Original-Score (Akzess am 7.9.2014).
2) Martin Geck, "Ludwig van Beethoven", S.96
3) Art. "sovvenire", in: SHARP, Dizionario.
4) Oder auf Englisch: "the memory" (Lockwood, Beethoven, S.211)
5) Vgl. Floros, Beethovens Eroica und Promotheus-Musik, Kapitel VII "Der Titan Prometheus-Bonaparte in der Auffassung Beethovens und seiner Zeit."
6) Vgl. Floros, Beethovens Eroica und Promotheus-Musik, Kapitel VI
7) Lockwood, "Beethoven", S.210.
8) Vgl. z.B. Martin Geck, "Ludwig van Beethoven", S.96: "Auf dem Titelblatt der Ende Oktober 1806 erschienenen Originalausgabe der Stimmen hat Beethoven die Sinfonie dann dem Andenken eines großen Mannes gewidmet, was deutlich auf einen Toten hinweist..."
9) Koblenz 1838, S. 92 f.
10) Lockwood, Beethoven, S.211: "The trail between August 1804 and October 1806 runs cold…we have neither letters nor documents to show us how Beethoven reached the final wording."
11) A. Schindler, I, S.107ff.

12) So zB. H.C. Robbins Landon, Beethoven, Zürich 1970, S. 78.
13) Am 18. Mai 1804 wurde öffentlich angekündigt, dass Napoleon Kaiser sein sollte. Am 2. Dezember 1804 saß Napoleon offiziell auf dem Kaiserthron. Lockwood vermutet, dass die oben genannte Ausradierung der Widmung erst nach 2. Dezember 1804 geschah (Lockwood, Beethoven, S.), aber dies ist unwahrscheinlich. Mit Vehemenz reagierte Beethoven wohl auf die erste Ankündigung, deren Nachricht schon gegen Ende Mai 1804 Wien erreicht haben muss.
14) So Floros, Beethovens Eroica und Prometheus-Musik, S. 12: "der Vermerk "geschrieben auf Bonaparte", mit Bleistift notiert, stammt aus Beethovens Hand".
15) Dass Beethoven mit dieser Wendung Napoleon quasi ironisch und rachedürstend erwähnen wollte, wäre theoretisch möglich, würde aber zu Beethovens Manier gar nicht passen und wäre de facto völlig unglaublich.
16) Lockwood, "Beethoven", S. 187
17) Kalischer, "Beethovens Sämtliche Briefe", S.48: "...meine Compositionen tragen mir viel ein, und ich kann sagen, dass ich mehr Bestellungen habe als fast möglich ist, dass ich befriedigen kann. Auch habe ich auf jede Sache 6, 7 Verleger, und noch mehr."
18) Kalischer, "Beethovens Sämtliche Briefe", S.48: "man accordirt nicht mehr mit mir, ich fordere und man zahlt."
19) Vergl. hierzu Lockwood, "Beethoven", S.194-195
20) Vgl. hierzu Lockwood, "Beethoven", S.195: "His financial support came from the princes Kinsky and Lobkowitz, and from Archduke Rudolph."
21) Kalischer: "Beethovens Sämtliche Briefe", Brief an Wegeler, Wien Juni 1800: "Ich kann sagen, ich bringe mein Leben elend zu, seit zwei Jahren fast meide ich alle Gesellschaften..."
22) Kalischer, "Beethovens Sämtliche Briefe", Heiligenstädter Testament, S.92: "es fehlte wenig, und ich endigte selbst mein Leben..."
23) Kalischer, "Beethovens Sämtliche Briefe", Heiligenstädter Testament, S.92: "nur sie, die Kunst, sie hielt mich zurück, ach es dünkte mir unmöglich, die Welt eher zu verlassen, bis ich das alles hervor gebracht, wozu ich mich aufgelegt fühlte..."
24) Floros, "Beethovens Eroica und Prometheus-Musik", S.113
25) Vergl. Floros, "Beethovens Eroica und Prometheus-Musik", S.59ff.

26) Thayers – Forbes, Beethoven I, S. 328 (zu 1803).
27) Anja Mühlenweg, Vorwort zur Henle Studien-Edition, München, 2008, S.V.
28) Christus am Ölberg: "Willkommen, Tod, den ich am Kreuze zum Heil der Menschheit blutend sterbe!" Heilgenstädter Testament: "mit Freuden eil ich dem Tode entgegen."
29) Christus am Ölberg: "Groß sind die Qual, die Angst, die Schrecken, die Gottes Hand auf ihn ergießt: doch größer ist noch seine Liebe, mit der sein Herz die Welt umschließt!" (Rezitativ des Seraphs). Heiligenstädter Testament: "es dünkte mir unmöglich, die Welt eher zu verlassen, bis ich das alles hervorgebracht, wozu ich mich aufgelegt fühlte".
30) Christus am Ölberge: "Meine Qual ist bald verschwunden, der Erlösung Werk vollbracht, bald ist gänzlich überwunden und besiegt der Hölle Macht." (Christus) Heiligenstädter Testament: "o Menschen, wenn ihr einst dieses leset, so denkt, daß ihr mir unrecht gethan, und der unglückliche, er tröste sich, einen seines gleichen zu finden, der trotz allen Hindernissen der Natur, doch noch alles gethan, was in seinem Vermögen stand, um in die Reihe würdiger Künstler und Menschen aufgenommen zu werden".
31) Schindler, Biografie von L.v. Beethoven I, 1860, S. 108.
32) Neulich hat W. Brauneis nach einer fundierten historischen Untersuchung eine interessante These geltend machen wollen, dass die Eroica in Wirklichkeit als Hommage des Fürsten von Lobkowitz für Prinz Louis Ferdinand von Preußen sein sollte, der 1806 ums Leben gekommen war. Aber Brauneis konnte leider nicht klar machen, warum diese Identität versteckt bleiben musste; wenn der "grand Uomo" tatsächlich Prinz Ferdinand von Preußen gewesen wäre, warum schrieb Beethoven nicht einfach "...im Andenken an Seine Hoheit den Prinzen Louis Ferdinand von Preußen" oder "Geschrieben auf Prinz Louis Ferdinand von Preußen"? Es ist auch unwahrscheinlich, dass er in diesem Fall den Titel italienisch belassen hätte. Hier muss eingesehen werden, dass diese Anonymität von "grand Uomo" eine an und für sich besonders qualifizierte Relevanz besitzt, wie wir unten argumentieren.
33) Das Wort "sovvenire" ist hier als "Vision" wiedergegeben im Sinne von "Gewahrwerdung/Sichtbarwerdung" (in den Sinn kommen).

視覚心理の観点による抽象絵画の構造理解
― 視覚の生理的メカニズムから生じる画面構造のしくみ ―

新井　義史

はじめに

　19世紀までの伝統的絵画は、描写芸術としての本質をもち、遠近法をもとに現実世界の仮象＝イリュージョンを作りだし、そこに意味論的世界を生じさせるものであった。具象絵画は、事件・出来事の表示、普遍的なものの象徴、感情表出などを内包し、そこに描かれる「モティーフ自体が持っている意味」を組み立てることにより現実世界に類似した意味を構成する。

　それに対して20世紀の抽象絵画は、造形的特性以外のあらゆる在外的に規定されていた約束事を排除し、線や、形や、色彩などの純粋に造形的な要素によってのみ語る画像となった。物理的視点にたてば「平面」と「絵の具（色彩）」という物質に従って制作されるもの、すなわちキャンバスと絵の具から成り立つ「モノ＝事物」として捉えることができる。そもそも絵画がなにかを語るということと、絵画が美的価値をもつということとは別のものである。抽象絵画は、純粋な感性的美を求めるものであり、そのための有意義的構造が明らかにされる必要がある。

　本稿では、抽象絵画が課題として担っていると考えられる非可視的な内容を、知覚や認知の基本的なメカニズムの観点から検討した。考察の筋道を示しておきたい。まず、感情の生理学的メカニズムの基本には恒常性があることを指摘した。そこから生じる緊張＝視覚的力動性こそが抽象絵画の作品内容を担っているものと考え、カンディンスキー Wassily Kandinsky、アルンハイム Rudolph Arnheim、ケペシュ Georgy Kepes の三者の知見を確認した。それに続き、画

面構造の基底にある物理的平面＝画面に関する基礎平面および構造地図について紹介し、その後に「図」にあたる視的要素がもっている内面的性質＝力動性について私見を述べた。第4節では、バランスおよびリズムの二種類が、生理学的見地から美的形式原理の基本となるべき感情効果であると位置づけて解説した。第5節では、以上の内容を踏まえた具体的な作品に関する構造分析事例を示した。（図1）は、本稿で解説した抽象絵画の構造が「重層的」であることを図解したものである。

第1節　生理的システムとしての力動的恒常性

（1）感覚における恒常性のしくみ

　人間の内部環境の究明において、決定的な役割を演じたとされるキャノンW.B.Cannonは、身体の構造的本質は力動的恒常性 dynamical constancyにあると考え、これにギリシャ語を組み合わせたホメオスタシス（恒常性）homeostasis という名称を与えた。いわゆる生体のホメオスタシス機能は自律神経によって無意識的に維持されている。そして一旦その平衡 balance が破られると、自動的な生理的反応によって平衡が回復＝フィードバックするところに、生理学的次元における動的平衡の根本的特徴がある。ホメオスタシスは、まわりの環境が変動しても、安定にほぼ一定の化学的状態を保つことであり、この化学的な調節とフィードバック機構により、あらゆる生活環境の多様を貫いて統一的生命を維持することができる。そしてこの身体的力動的恒常性の場の平衡が、外部から刺激され、その破れを感知したところに違和感を覚えそこに「意識」が生まれる[注1]。教育人間学の提唱で知られる下程勇吉（1992）[*9]は、「魂・意識の次元における人間の本質的構造」の中で、意識に関して次のように述べている。

　　異質・不平衡・不均衡等が全然なくて、一切の現象が一様に停止するか、または一様に運動するところでは、事物の知覚や意識は現成せぬ…生活の場の平衡の破れを力動的に鋭敏に感知して欲望を抱き行動を起こし生活の場を再組織して、日々これ新なる力動的恒常性の場を開くところに、人間のあらゆる文化的活動が動機づけられるのである[注2]。

図1

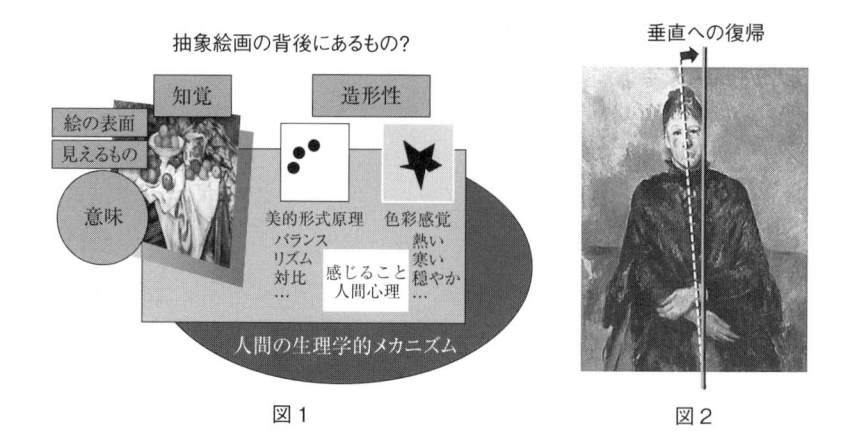

図2

　もともと広く感覚刺激とは、心身両面の生活の場の平衡を破るものという意味をもっている。この点で、意識の問題は身体的生理学的知見からも多くの示唆を得ることができるといえる。

　人間にとって最も敏感なバランス感覚は水平・垂直である。セザンヌ Paul Cézanne の後期の作品は、いずれも左に５度の傾斜が見られる。(図2)では、人物の中心軸のズレを垂直に復帰させようとする意識が誰にでも生じるはずである。セザンヌが軸を傾斜させた目的は、鑑賞者の心の中に刺激＝テンションを与えるためだと考えられる。均衡状態へ復帰させようとするこの意識は視覚の恒常性維持によるものである。

（２）　絵画空間の力学＝視覚的力動性
　心理学では、人の感覚器官に感受されるエネルギーまたはエネルギーの変化を「刺激 stimulus」という。人体の感覚器への刺激によって大脳に起こされた感覚神経による力は、筋肉や関節をうごかす物理的な力＝運動感覚によるものではなく、力動的恒常性の場の平衡の破れにより生じた生理学的性格のものである。絵画作品に関する視覚表現の理論を最初に究明したのは、画家でありかつバウハウスの教育者のカンディンスキーである。カンディンスキーは、絵画作品における力動性を、力と運動とは別のものであり、前者は後者なしで生起しうる、すなわち「運動不在の力」＝「方向のある緊張」と呼び表した。彼は抽象絵画の諸原

則を説明する中で、力動的な傾向を次のように述べている（カンディンスキー、2000）[*6]。

> ほとんど一般化している〈運動〉なる概念の代わりに、わたしは〈緊張〉という言葉を用いたい。〈緊張〉とは、要素に内在する—ただし創造的な〈運動〉の一部を意味するにすぎぬ—力のこと。別の一部を形づくるのは、これまた〈運動〉によって規定される〈方向〉。そこで絵画の要素は、運動の現実態として、〔1．緊張と、2．方向とを〕プラスしてできる形態にあるわけである。

「緊張」は、ドイツ語ではシュパヌング spannung といい、広義では五感に働きかける何らかの感覚刺激すべてを意味し、造形的には事象の間に派生する緊張関係を意味する。この言葉は、カンディンスキーがバウハウス時代の1926年に出版した『点・線・面』のキー・ワードでもあった。

ゲシュタルト理論を背景にした芸術心理学を専門としたアルンハイムは、「物は方向のある力をもっているので、それをダイナミックという…それは、形、色と色との関係、運動を生きいきさせるものである」と述べ、カンディンスキーが名付けた「方向のある緊張」のことを「知覚的ダイナミックス」と呼んだ（アルンハイム、1987）[*1]。音楽ではダイナミックスという言葉は演奏の音の大きさを言うが、彼はそれを美術ではもっと広い意味で視覚について用いたいと述べ、形、大きさ、色、テクスチャなどの「物理的特質から知覚されたものがダイナミックであるという心」であるとした。また、同様の意味を「方向力」「力のパターン」とも呼んでいる。

> われわれは、あらゆる知覚的形態が力動的であることを考察することから研究をはじめたのだった。こうした基本的な属性は芸術上にもっとも重要であることがわかる。絵画にしろ彫刻にしろ、力動的緊張がなければ、それは生命をうつすことができないからだ。…われわれが受け取る個々の映像について体験する力の形態は普遍的なものであるからである（アルンハイム、1964）[*2]。

アルンハイムの心理学的思考の原理は、主としてゲシュタルト理論からきている。しかし、彼はその一般的な知覚論を超え、より情動的な観点からの芸術表現の分析をおこなった。『美術と視覚 — 美と創造の心理学 — 上・下（1963/64）』では、心理学の方法と成果を芸術研究に応用し、心理学の専門用語を平易に解き

ほぐし、具体的な事例を用いて解説している。アルンハイムが本書で採り上げている項目は、バランス、形、形式、成長、光、色彩、運動、緊張、表現の10項目である。カンディンスキーの直感的・主観的な分析内容を、アルンハイムが心理学的にその原理を説明している箇所を見出すことができる。

その後、主として写真・広告デザインにおけるグラフィック・イメージを分析対象にし『視覚言語』を著したのがケペシュ（1981）[*7]であった。彼は、「あらゆるイメージ経験は、人が受ける外的な物理的力と、それを自己の尺度に合わせて同化し秩序づけ形作る彼の内的な力との相互作用によるものである」と述べ、視覚情報に影響するさまざまな生理的心理的反応を「内的な力」と表現した。この内的な力とは、環境が及ぼす諸力を、一つの全体に統合しようとする神経の力であり、この平衡に達しようとする傾向をもつ主観的な力を、ケペシュは「力動的な傾向」と呼んだ。

「視覚的力動性＝緊張体験」は、人間にとっては生得的・自然な能力であり学習により後天的に獲得すべきものではない。したがって、すべての人間に共通な基本的な視知覚系であり、そのことによって「普遍性」を備えているといえる。

第2節　画　　面

（1）画面枠の機能

芸術記号論の分野で新生面を拓いたマイア・シャピロM.Schapiroは、視覚芸術においてまず問い直すべきは「長方形の紙と、人がその上で描いたり書いたりする明瞭に限定されたその紙の滑らかな平面」であると言う[注3]。ルネサンス以後の現実イメージのイリュージョンを映し出す具象絵画に慣れ親しんだわれわれは、画面という存在をほとんど意識せず「透明視」してしまっている。しかし、この枠によって整えられた画面の囲いと平滑さは、「人類の比較的新しい段階の発明物」であり、イメージは先史時代の壁画やレリーフと対照的に「それ自身のための明確な空間」を獲得した。「平面＝画面」は、最も根底的に問いかえされなければならない「意味論的単位」である。

画面の枠取りからさらに進め、「額縁」に関してはツアロサーH.Zaroscerの論考が詳しい。彼女は額縁を一般に考えられているように、絵画の装飾品と考え

るのではなく、絵画の内在的機能と考える。ツアロサーの指摘によれば、額縁の「枠取りする原理」を本質的だと最初に認識したのはフィッシャー R.A.Fisher だとされ、その後リップス T.Lipps は額縁の機能を彫刻の台座機能と類比的にとらえ、それ自身画像の一部をなすという画像的性格と、周囲の環境と結合してゆく装飾的性格との二面性をもつことを指摘した。画面枠および額縁は画面の最も周辺的な限界である。しかし、画家にとっては画面が形成されるための空間＝絵画の、「形を支える形」としての重要な内的要素なのである[注4]。

（2） 基礎平面の基本的特性

　カンディンスキーは、四角の枠に限定された画面を「基礎平面」という語で呼びその性格を明らかにしようとした。基礎平面とは、作品の内容を受け入れるべき物質的平面のことである。これはいわゆるキャンバスや画用紙といった、通常の絵画作品に多く見られる矩形（四角形）の画面を指している。外部の要素として客観的に基礎平面を眺める限り、それはただの「白紙の四角形」にすぎない。しかし、この白紙の平面は実は「生き物」であり、「息吹が感じられ」「生命をもつ有機体」であるとカンディンスキーは強調する。

　基礎平面はその基本的特性として、二組の水平・垂直線により四角形が取り囲まれていることから生じる冷暖の感覚をもつ。横長の長方形は冷たい性格をもち

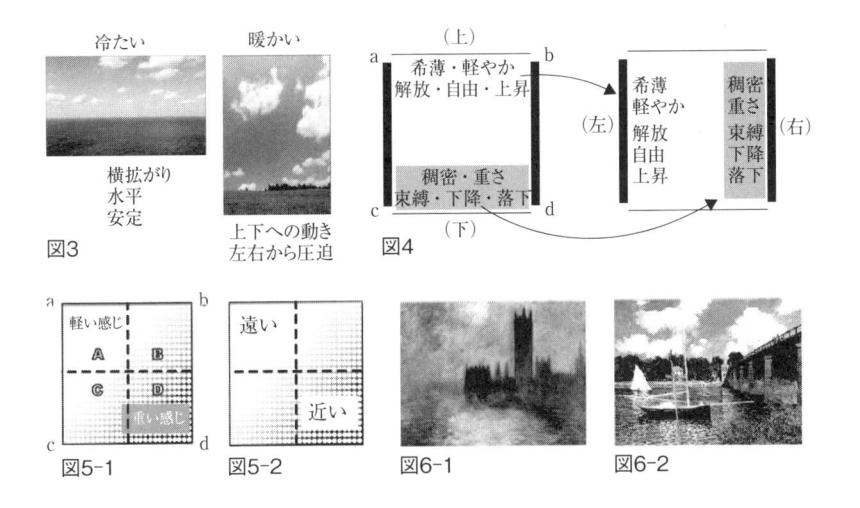

図3　冷たい　横拡がり　水平　安定
　　　暖かい　上下への動き　左右から圧迫

図4　（上）希薄・軽やか　解放・自由・上昇　／　（下）稠密・重さ　束縛・下降・落下
　　　（左）希薄　軽やか　解放　自由　上昇　／　（右）稠密　重さ　束縛　下降　落下

図5-1　軽い感じ　A B C D　重い感じ
図5-2　遠い　近い
図6-1
図6-2

縦に長い長方形は暖かい性格をもつとされる。これは水平線や空を見上げる日常的な生活感覚から生じるものであろう（図3）。縦横が異なるサイズだけで、作者がまったく関与しないうちから、独特の音色を与えることができるとされる。

画面の上・下・左・右に関しては、さらに決定的な感覚・情動性をもつ（図4）。重さ・濃密さ・束縛・重力・あるいは逆に軽さ、上昇、解放、自由といった一般的な感覚が、基礎平面の各部において領域的特性として認められる。したがって、上・下・左・右のそれぞれがもつ感覚を相乗させると（図5-1）のように、画面左上部（A）は軽い感じ、画面右下部（D）は重い感じとなる。

基礎平面がもつ軽・重の感覚は空間的には遠・近の感覚の相違となる。それは、モネの風景画における構図からも理解できる（図6-1・6-2）。

基礎平面に関するこれらの非凡な認識の根拠は、カンディンスキーの著作の中では明確に示されてはいない。しかし、その後に展開された知覚心理学分野の諸研究から判断するに、長さや空間の隔たりに関する「幾何学的錯視」、あるいは「視空間の異方性」[注5] による効果が影響していることが推測される。現実の物理的空間とは異なり、人間の視空間把握は、上下・左右・斜めの方向により一様ではない。方向によるこの非等質な性質は、視空間の非等方向性あるいは異方性と総称されるものである。これは動物がもつ生物的な要因からくるといわれ、形の知覚に影響を与えるとされる。

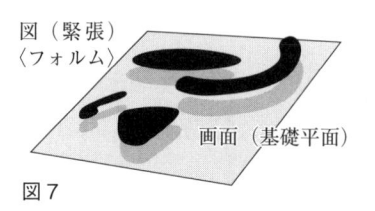

カンディンスキーは、基礎平面に潜在的なこれらの要素を生かし、この上に描かれるもろもろのフォルムがもつ緊張の質を意識的に制御することで、彼特有の抽象芸術を生み出したものともいえる（図7）。

図（緊張）
〈フォルム〉
画面（基礎平面）
図7

（3）心理バランスの構造図

リード H.Read（1958）[*18] は構図の原則を次のように簡潔に述べた。「構図にとって明らかに必要なことは、何かの法則に従わねばならないということである」。アルンハイムは、「中心性」が視覚芸術の構成に欠くことのできない構造特性である点に注目した。彼によれば、造形の基本的な軸には2種類ある。水平―垂直を表す感覚的な軸は、2つの体系のうちの一つにすぎない。水平―垂直

図 8-1　　　　図 8-2　　　図 8-3

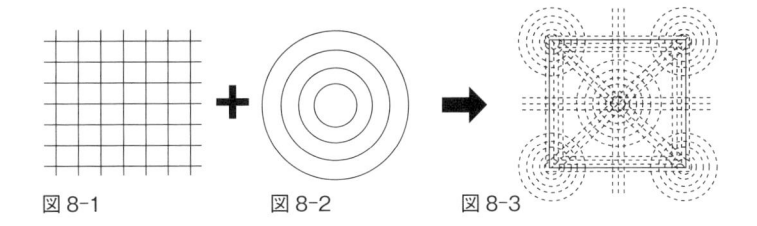

は地球の重力による生態学的軸であり、もう一つには地球の引力の及ばない領域にある「中心の力」による宇宙的な系がある。

　垂直―水平の枠組みは中心を持たないという欠点がある。そこでこの軸に加えて、中心に向かって放射状に集中する重力そのものにそった軸（中心系）が必要となる。これは惑星の宇宙モデルに対応する。同心系が中心のまわりに組織され、各層が中心からの距離によって限定され、階層を生み出している。この水平―垂直軸と、中心の力の系とを結びつけると、われわれの必要に完全に役立つ図 8-3 のようなグリッドが出来上がる（村山、1988）[16]。アルンハイムに、このような宇宙論的ビジョンによる心理的効果を思考させたのは、精神物理学の創始者で実験心理学の基礎を築いたフェヒナー G.T.Fechner の神秘的な自然哲学だった（松田、1995）[15]。フェヒナーの、身体と精神、物的エネルギーと心的強度の関係の精神物理学研究は、当時の科学界にとっては異質な存在であった。アルンハイムは、科学者でありながら汎神論的な世界観をもつフェヒナーの思想から多大な影響をうけて、宇宙的な円の構図などからアプローチすることで、枠内の「見えない視覚的な力の分布構造」を説明した。

　アルンハイムによる「心理バランスの構造図」は、感覚的な軸に沿った水平、垂直に斜線が加わったものと、この軸をグリッド化した正方形、および宇宙的な円の構図などの角度から成り立っている。彼は構図の心理的効果を、配置された「図形」に働く力の拮抗、すなわちバランスと関連させて次のような特徴をあげている（アルンハイム、1964）[2]。

・正方形の枠内に配置された図形を見る際、図形への重さの印象を受ける
・上方の物は軽いものでも見かけ上重く見える
・左右の関係では右が重く左が軽い
・枠の中心に配置された図形を見る場合は安定した印象をうける（図 9-1）

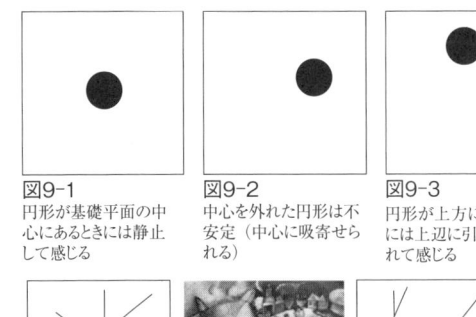

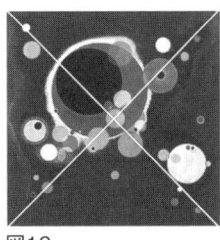

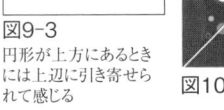

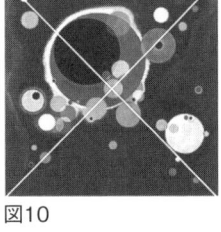

図9-1
円形が基礎平面の中心にあるときには静止して感じる

図9-2
中心を外れた円形は不安定（中心に吸寄せられる）

図9-3
円形が上方にあるときには上辺に引き寄せられて感じる

図10

図11-1
叙情的な響き

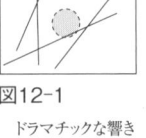

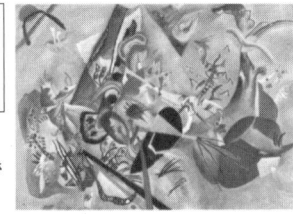

図11-2

図12-1
ドラマチックな響き

図12-2

・中心を外れた図形を見る場合は不安定な印象を受ける。中心にひきよせられる緊張感を感じるためである（彼はこれを心理的な力または視覚的な力と呼んだ）（図9-2)
・知覚者の視野の垂直と水平は、知覚に強く影響する
・枠の四つの頂点が枠内の円板を引き寄せるように見える
・水平・垂直の4つの辺には図形を惹きつける力を感じる（図9-3）

　これらの状態から、画面内で図形が安定する箇所は、枠の中心を通過する垂直線・水平線そして二本の対角線の交点が安定する点であるといえる。

　（図10）は円形のみの構成によるカンディンスキーの作品である。大小さまざまな円が一見無造作に置かれているようにみえるが、補助線を引くと、画面中央あるいは対角線に沿って小円が配置され、バランスが考慮されていることがわかる。（図11・12）は画面の中央を配慮した画面と、あえて中央を外した作品を比較したものである。カンディンスキーはこの配置を、叙情的な響きとドラマチックな響きと呼んで区別した。アルンハイムの中心の力の言説は、絵画の構図一般における感情効果の重要な観点でもある。

第3節　図

(1) 地と図の性質

　画面に描かれるものには、主体となるものと、サブ的な背景になるものとがある。一般的に主体になるものが知覚され、背景はそれほど意識されない。「主体と背景」の関係は、ルビン E.Rubin によって提出されたゲシュタルト心理学の「地と図」にあたる。ルビンは、図形に相当する領域が「図」となり、それ以外の領域が「地」になっていると定義し、図と地の現象的特徴を次のように要約した[注6]。

(1) 図となった領域は形をもつが、地は形の印象を伴わない
(2) 共通の境目に生じる輪郭は図に帰属して知覚される
(3) 地は図の輪郭の背後にまで拡がって感じられる
(4) 図は物の性格を有し、地は形状のない素材の性格をもつ
(5) 図はより豊かで個性的
(6) 図は色が堅く面色、密で定位が確定的
(7) 図は前面、地はその後方にひっこんで見えがちである
(8) 図は地よりも印象的で意味を担いがちで一層記憶されやすい

　地と図の性質を考える上で最も重要なことは「地」として意識された部分は、見えているにも関わらず「見えているという意識が無い」ことである。

　抽象絵画の地と図の扱いの相違を、作品を元に見てみたい。(図13) ポロック Jackson Pollock のドリッピングによる画面を覆い尽くした表現は、地と図の区別が判然としない代表的な事例である。オールオーバーと呼ばれるこうした表現は、焦点の意識を感じさせず中心を持たない。(図14) はマチュー G.Mathieu の筆による無意識的・感覚的表現はポロックとの比較において語られることが多い。マチューの画面には明らかな「地」が存在し、そのことによってタッチが瞬時に鑑賞者の眼に捉えられ、ダイナミックな律動感を感じさせている。通常は、分量が広い方が「地」として感じられ、明るい面の方が「図」として意識される。モノトーンの強いコントラストで描かれたマザウェル R.Motherwell (図15) やスティル C.Still の作品 (図16) は、地と図の関係を

図13　　　　図14　　　　図15　　　　図16

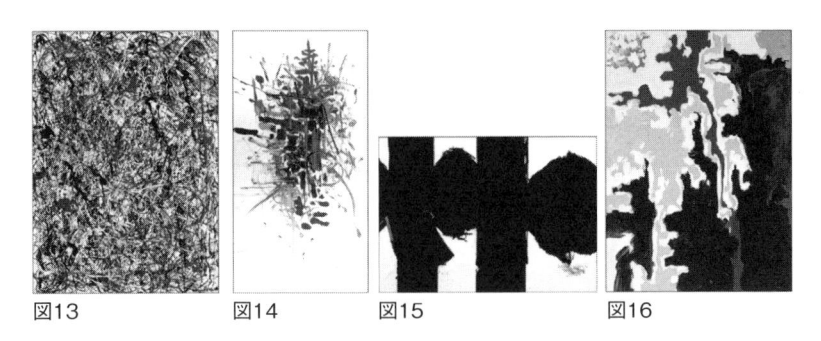

曖昧に提示した事例である。もともと黒色が持つ象徴性は鑑賞者の心理に不安を生じさせる。色彩の排除と地と図の不安定な関係性による効果を活用した画面であるといえる。

(2) 図＝視的要素がもつ内面的性質

　視的要素とは材料や媒体つまり木や粘土、紙や絵の具などのことではない。それは人の手によって描かれた画面の表面に見るものの基本的実体である。すなわち点、線、形、方向、明階、色、テクスチュア、奥行き、大きさ、運動である。抽象絵画は、これらの要素を視覚情報の素材として、ある要素の強調や要素の技法的操作を通してそこに感情あるいは雰囲気を相互に関係づけて作品の意図を計画する。ドンディス D.A.Dondis による『形は語る ― 視覚言語の構造と分析 ―』は、ビジュアル・リテラシーに関する基本的マニュアルとされる。彼女はその中で、視的形式における意味の理解のための指標 ― 視的リテラシーにおける構文論 ― の多くは人間の知覚過程の研究に由来するとして、抽象的表現に関して次のように述べている（ドンディス、1979）[11]。

　　視的構造の心理生理学的要素は抽象的ながらその一般的性格について定義することができる。抽象的表現に内在する意味は強力である。それは知性を短絡し、情動と感情に直接ふれる。本質的意味を内包し、意識から無意識へと貫通するのである。（中略）〈抽象的〉というのは基本的な視的要素に還元した視的事象の運動的性質のことであり、より直接的な感情的な、さらには原初的なメッセージ生成の方法を強調する。

　伝統的絵画においてわれわれが見ていると思っていたものは、風景や肖像、神

話や宗教的出来事といった既存のモデルに従属して現れたなにものかであった。絵画活動が目に見えるものの絵画であることをやめれば、絵画活動が課題とするものは一体何なのか。具体的イメージを用いずに何を描くことができるのだろうか。つまりそれは、目に見えないもの、カンディンスキーが〈内部〉と呼ぶものなのである。カンディンスキーの主著『点・線・面』は次のように始まっている（カンディンスキー、2000）[*6]。

> どのような現象も、二種の方法により体験される。この二種の方法は、任意のものではなく、現象とは不可分離のもの――現象の本質、つまり現象の二つの特質、〈外面性〉－〈内面性〉に由来するものである。

「点・線・面」は、彼が「フォルムの基本的要素」と呼ぶものである。カンディンスキーによると、フォルムとしての点や線は、外部要素としては眼に見える形象ではある。しかし、それらは「外面的形態のうちに働いている種々の力＝緊張」を持つものである。そしてその形態にみなぎっている「内面の緊張」こそが本来の〈要素〉であるとされる。感覚的で純粋な〈内部要素〉は、視的要素から感情（エネルギー、緊張感、方向性等）を直接、純粋に普遍的に感じ取れること、つまり主観的に体験できること、言い換えれば、それに同化し心も通して動くという性質を感じることと理解できる（図17・18）。

カンディンスキーが表明した理論によれば、「点」は、もっとも簡潔な形態・瞑想・沈黙を意味し、最高度の抑制を伴った一種の主張であり、その位置にあって毅然と自己を主張し、水平・垂直のいかなる方向に対しても動く気配すら示さない。内面的理解として、点は基礎平面に喰い込んで永遠に自己を主張しつづける「求心的緊張」の性質をもつ要素であると要約できる。

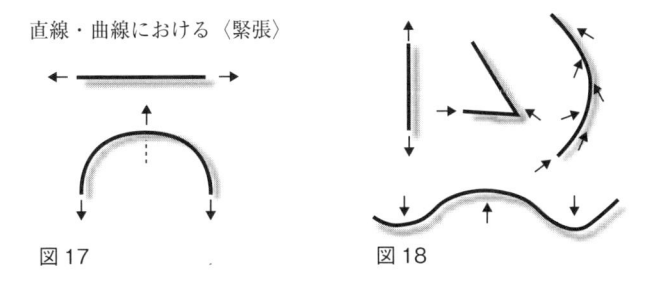

直線・曲線における〈緊張〉

図17　図18

分類	線に関する分析（カンディンスキー『点・線・面』より）	ページ
水平垂直対角線	水平線は無限の冷たい運動性を表す最も簡潔な形態（基線）	61
	垂直線は無限の暖かい運動性を表す最も簡潔な形態	61
	対角線は、冷と暖とを含む、無限の運動性を表す最も簡潔な形態	62
	純公式的な直線以外の直線は、平面に融合密着していない感じを与える	64
	正方形の中心を通る水平線・垂直線による構成は、力強い根源的な響きを発し、コンポジションの原型である	69
直線曲線	直線は、明確で単純な2つの緊張を持つ（第一・二の緊張）	
	直線は平面の完全な否定（方向のみをもち面的広がりをもたない）	85
	曲線は、平面へと発展する核を包蔵している	86
	螺旋は、線である（円が平面であるのに対して）	86
	曲線にとり主役となる緊張は、弧に潜んでいる（第三の緊張）	87
	曲線は円の緊張を内蔵している	85
	弧には円熟したエネルギーが潜んでいる	91
	アクセントが減じてゆく曲線は緊張度が高められる	91
	短い直線の肥大は、点が拡大する場合と類似の意味をもつ	96
角度ほか	滑らかな、ギザギザした、凸凹した等の性質は、必ず観念のうちにある種の触感覚を呼び覚ます	95
	直角は、最も冷たい感じの角、自制、冷静さと感情の抑制	97
	鋭角は、最も緊張感があり、最も暖かい感じの角でもある。尖鋭さと極度の能動性	75
	鈍角は、当惑と優柔不断、受動、無力感	75
	鈍角は、角度が増大してゆく場合、そこにできる形態は円に近づこうとする強い傾向がでてくる	75
	時間の要素は、点より線にはるかに認められる（長さはすでに時間観念なのだから）	85

図19

　それに対して「線」は、点が内蔵している完全な静止を破壊し、静的なものから動的なものへの飛躍があるとし、カンディンスキーは線の限りない表現力の可能性について言及した。彼は『点・線・面』の中で、直線、曲線、折線、およびその変動に関し、およそ考え得るかぎりの線を採り上げ、それに対して多様な変動と変形を加えて詳細な検討を行った。

　（図19）は、『点・線・面』で扱われた、線に関する分析を一覧したリストである。ここには「無限の暖かい（冷たい）運動性」「力強い根源的な響き」「円熟したエネルギー」など、直観的・主観的な用語が多く含まれている。用語のこ

のような特殊な使い方はカンディンスキーの創意であり独特の手法である。そして、これらの「内面的分析の語彙」こそが、通常の形象表現を類型的に区別しただけのフォルム分類を超えて、形象内部の眼に見えない情動性（音色となっている力の情念）を分析的に説明することを可能にしたものといえよう。

（3） 東洋的表現にみる律動性

カンディンスキーがおこなった線の内部要素に関する分析は、東洋に発達した水墨画や書芸術の中に、より明確にその特質を読み取ることができる。

> 東洋画では線が特に重要な意義を有する。というのは東洋では古来「書画一致」などといわれているように、運筆法や筆触・筆勢が重んじられているからで、個々の線は物象の形を描くものとしての機能を有するのみならず、作者の精神の表出としての効果をもっている…現代では西洋画においても抽象絵画の傾向として線の意義が重要視され、書事の研究を行う一派さえあらわれている（竹内、1961）[10]。

東洋的表現における線の特質は、毛筆を用いることによる線質の変化によるところが大きいとして、平山は『書の芸術学（1971）[12]』において次のような分析をおこなった。まず、書線の形体には長短、縦横、太細等の変化があり、線質

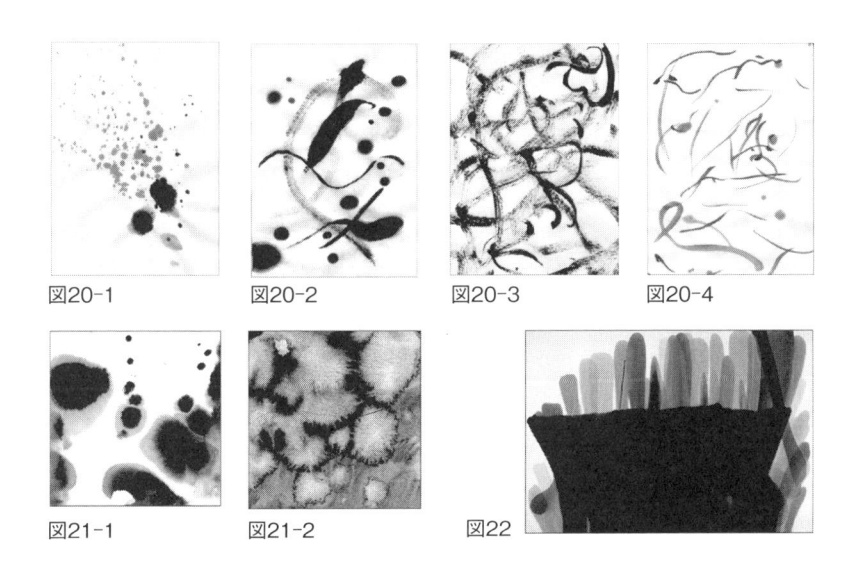

図20-1　図20-2　図20-3　図20-4

図21-1　図21-2　図22

には遅速、柔剛、流動、潤渇、濃淡等の多様性があり、多様な変化の妙を尽くすことができる。そもそも文字の属性なるものは抽象的、線描化、平面的ということができる。文字は抽象的形式であるところの線と形によって成され、したがって文字を書く場に成り立つ書は、自己の内なる生命を線と形とに託して表現する芸術、すなわち抽象芸術なのであり、「書」の特質は抽象性と象徴性および一回性と律動性にある。筆の跡は心につながる直接の反映である。人間の生命の律動が、紙という小天地に、みずからの平面的空間を構成してゆくことが、すなわち書を書くゆえんなのである。

　毛筆や水墨画に親しんだ日本人にとっては「滲み」がもたらす感覚を特殊なものとは感じない（図20-1 〜 21-2）。ところが西洋画にあっては、その長い歴史の中でも滲みを用いた表現はほとんど見られず、西洋人にとっての滲みは汚れに近いものであった。矢代幸雄は、水墨画について考察する中で、西洋と東洋の絵画表現を比較しながら滲みの感覚について次のように述べている（矢代、1991）[17]。

　　水墨画は、色彩を欠くが故に、その表現はすべて筆線と墨暈しとに託され、比類なき線と濃淡とによる純粋なる芸術を発達させて東洋絵画一般に甚大なる影響を及ぼした。滲みの感覚は、その最も主なる根源を、墨色の変化ある面白さ、あるいは意味深さに胚胎するのであった。…ぼかしやにじみのムラムラが適当に加えられると、平面図案にいっぺんに奥行きがつき、厚みがでたように感じられる。

　滲みやボカシの効果が西洋絵画の表現の手法として受け入れられるようになったのは、大戦後に水墨等の日本の絵画の影響をうけたサム・フランシスやルイスによるカラーフィールドペインティング（図22）からである。

第4節　美的形式原理

（1）バランス

　美学上の概念では、ある対象の美しさを左右する条件を形式的に見ていく場合、これを「美的形式原理」という。通常それらは、統一・調和・リズム・バランス・比例・プロポーションなどをさす。中でも「多様における統一の原理」は

あらゆる形式法則の根底をなすものとされる。この統一の原理は、美的対象が構成要素に関して可能なかぎり複雑多様でありながら全体として統一されていることを要求するものであり、これが美感の前提条件といわれる。統一とは秩序づけられた状態である。諸素材の空間的配置の仕方が均衡である場合に美しく感じられる。人間の知覚に対する最も重要な心理的および物理的影響は、恒常性の面からも均衡＝バランスであることは明らかであるとして、ドンディス（1979）[*11]は次のように述べた。

> バランスは人間のもっとも確固とした強い視的基準、視的判断のための意識的無意識的基準である。人間の知覚におけるバランスの直観的感覚ほど速く、正しくかつ自動的な計算法は他にはない。水平―垂直の構成は人間と環境との基本的関係であり、バランスは人間においても自然においても基本的で、それは崩壊に対抗する状態である。

地球の重力を受けて生活する動物がもつ生物的な要因から、見るという行為における、見えないけれども支配的な重力による垂直軸が存在する。さらにそこから水平の二次的基準が与えられ、それらがバランスを規定する要因となる。通常われわれがシンメトリー symmetry、ハーモニー harmony、コントラスト

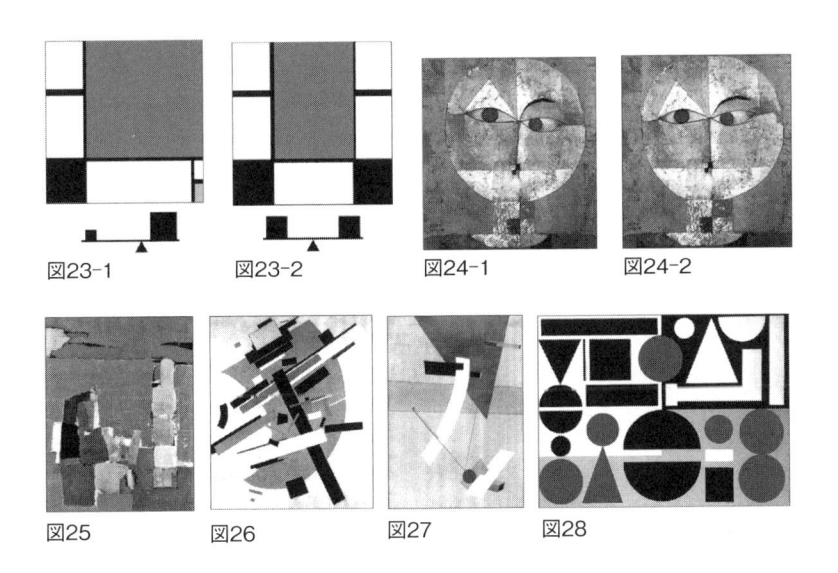

図23-1 図23-2 図24-1 図24-2

図25 図26 図27 図28

contrastなどと呼ぶ造形的な感情効果の用語は、原理的に「平衡＝バランス」を元に検討することができる。シンメトリーは、今日では左右対称の意味をもつが古代にはプロポーションと同義で部分相互間の配置が調和していることを意味した。ハーモニーは、二つ以上のものが対立しながらも相まって統一感を与えることを表し、安定＝均整＝静的な状態をさす。それに対して対比＝コントラストは、緊張＝不均整＝動的の意味をもつ。これら美的形式原理は、自然界のさまざまな領域、鉱物結晶の構造、植物の組成のうちに類似した形態を見いだすことができる。『抽象芸術』の著者マルセル・ブリヨンは、抽象芸術の野心のひとつには、あらゆる自然の形態を支えているように思える〈原型的な形態〉をみいだそうとすることにあったと述べ、ハーバート・リードの次のような記述を引用している（ブリヨン、1968）[*13]。

　抽象芸術家はつぎの事実をはっきり示している。すなわちかれらの創造する形態は、適当な素材、適切な尺度によって、宇宙の構造に本来そなわっており、また人体の成長をも含めて有機体の成長を支配しているある種の比例、ある種のリズムを再現しているという点で、装飾的な意味以上の意味をもっているということである。こうしたリズムや比例と同調することによって、抽象芸術家は大宇宙を反映する小宇宙を創造し、世界をひとにぎりの砂によってとは言わぬまでも、少なくとも石のかたまりや色の集積のうちに把握することができる。なぜならかれは自然の世界が提示するあらゆる偶然的な変化の下にひそむ原型的な形態に近づいているからだ[注7]。

（図23-1）は、大中小3つの色面からなるモンドリアン P.Mondrian の代表作である。（図23-2）は、元絵の左右のアンバランスをシンメトリーに改変したものである。また（図24-2）は、図形を顔に見立てたクレー P.Klee の作品（図24-1）の、眼の位置のズレを修正してある。両者を比較してみると、視覚的にバランスがとれていることは実は退屈であり、むしろアンバランスによる訴えかけ＝心理的刺激が、作品の魅力になっていることが分かる。ド・スタール N.De.Stael（図25）は風景イメージを平面的な絵の具の塗り面に置き換えた作風で知られる。叙情的雰囲気の背後には、自然がもっている水平・垂直によるバランス感覚が控えている。マレービッチ K. Malevich（図26）、リシツキー El Lissitzky（図27）、エルバン A.Herbin（図28）は、幾何学的な図形と単純な色彩とを組み合わせた作風で知られる。シンプルな円・矩形の形態がリズミカルに配置されたこ

れらの画面には、バランス・シンメトリー・リズム・コントラスト・反復など、さまざまな美的要素がもちいられている。幾何学的抽象は、造形要素を理性の支配下において秩序を作り出すものであり、バランスによる美的構成がその基本にある。

(2) リズム

　リズム＝律動は、人体を含めた動植物の有機体の成長を支配している生理現象とも深く関わる、基本的な形式原理のひとつである。自然界のリズムは四季の移り変わり、昼夜の変化、潮の満ち引きなど、時間の流れのなかで一定のパターンが規則的に表れることでリズムを刻んでいる。リズムに関する研究は知覚心理学の中の時間知覚において研究されてきた。通常は音楽や身体の動きに関する感覚として扱われる場合が多い。

　視覚においては、反復された形態や配置、連続線や断続する線、配色や風合いなどの多様な要素に認められる。基本的には規則性や一貫性、繰り返しによって視覚以外の運動感覚的な共感覚が生じることでリズムが発生する。したがって反復＝リピテーションやグラデーションとも深く関係している。また、全体における部分間の快適な比例関係を意味するプロポーションを生み出す要因でもある。単一性（秩序の簡潔さ）、有機的なテンポ、間の感覚、基調と強調により生じたリズムは心の内に快感を生じさせる。

　視覚的なリズムと音楽のリズムとの間には単なる比喩を超えた関係がある。伝統的な芸術の範疇を超えた「メルツ芸術」を作ったシュヴィッタースK.Schwittersは、戦後になってからの現代美術の中で広く受け入れられるようになったのであるが、彼の構成原理には、以下のように一貫してリズムという概念が持ち出されている（大河内、2014）[4]（図29・30）。

図29 　　図30 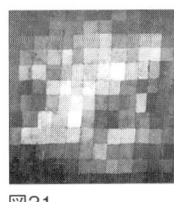　　図31 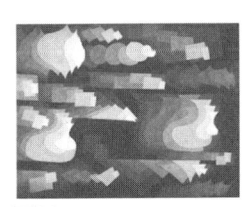　　図32

絵画において重要なことはリズム、線や面における、明暗における、そして色彩におけるリズム、要するに芸術作品の諸部分のリズム、素材のリズムである。リズムは抽象作品においてもっとも明瞭になる[注8]。

このように述べたシュヴィッタースにとって、絵画のリズム、言語のリズム、そして音楽のリズムは類縁関係にあり、相互に転移可能な現象だった。カンディンスキーは主著『芸術における精神的なるもの』において、シェーンベルク A. Schönberg の『和声論』に言及しているし、クレーのバウハウス時代の講義用の著作の『造形思考』（1956）には音楽のポリフォニーを造形的なものに移し入れようとする試みが記述されている。当時のバウハウスが、新たな造形を構築するためには諸芸術間の壁を取り払うことが求められた。ポリフォニーや対位法といった音楽的概念の絵画分野での受容は、抽象芸術における動的なフォルムの形成のための重要な造形原理となったと考えられる（図31・32）。

第5節　分析事例

前節まで、恒常性・力動性・心理バランス・形式原理など、抽象絵画を組み立てている重層的構造について概観してみた。ここでは、これらの観点を講義で解説した後に学生に課した「作品分析の課題レポート」を紹介する。このレポートには、講義解説に使用した用語を有効活用して作品構造を分析することを求めた。関連した用語が使われている個所は下線で示した。

〈分析事例1〉（図33）
『On White Ⅱ』カンディンスキー（1923）

一見ごちゃごちゃとした色の塊に見えるが、少し冷静に見ると、線や色面で構成されていることがわかる。最初に目が行くのは、直角に重なる2本の黒い線だろう。ひとつは画面左上からだんだんとはねて右下へ下降し、もうひとつ

図33

は画面左下から右上へすっと上昇していく。動きのある2つの線が、ちょうど画面を対角線状に分けているように見える。

しかし、ここで気になるのが、正対角線上に配置していないところだ。角をわずかに避けていることがわかる。この微妙な変化は、ホメオスタシスの効果が出ていると言って間違いないだろう。「対角線が垂直水平線からごくわずかでもズレていることが、抽象芸術において極めて重要。基礎平面上の個々の形態が持つ全ての緊張は、そのズレに応じて、その都度変化と違った音色を帯びる」と彼自身が言っている。

次に色面のことについて書きたい。線の黒、原色の黄、赤、水色、橙、紫に目が行きやすいが、この絵を支えている土台は、少し透明な黒の色面だ。画面の真ん中に配置していることで、重なる他の構成物をばらつかせないように下支えをしている。黒い線の対角線の交点が色面と重なっていることも大きいだろう。故にこまごまとした要素が自由な動きをしていても、ちぐはぐな印象を持つことはなく、安心して視線を動かすことができる。

最後に再びカンディンスキーの言葉を借りたい。「基礎平面の中心近くに集まっている形態は、構成に抒情的な響きを与える」と言っている。抒情的、つまり感情的、有機的ということになる。しかしこの絵の要素だけを見ると、無機的な線と色面だ。おそらくカンディンスキーは、線と色面という無機的な要素を、配置や構成によって、いかに有機的に見せるかを、画面の中で探求していたのかもしれない。

〈分析事例2〉（図34）
『神酒』モーリス・ルイス M.Louis（1958）

ふわふわと浮かぶような、それでいて安定感のある不思議な感覚にさせられる絵画だ。重さが上にあることで、目線が上に引かれる。上に行くにつれて太くなる色帯が、キャンバスの端ぎりぎりでピタッと止まっている。端に接する訳でなく、微妙な隙間をあけることで画面に緊張感が生まれている。

図34

色帯は横長の画面に対し、縦に配置されており、垂直的要素があるが、下部の中央に向かっての緩やかな傾斜があるため、あまり重さを感じさせない。この作品をぱっと見た際に、左右にあいた三角形の空間や中心の垂直に近い白い地の線から、一見左右対称の構成に見える。しかし細かい部分を見ていくと中心が微妙にずれていたり、左右の色帯の数や見える地の面積の違いなどが目に入り、均衡状態への復帰がなされ、画面にテンションが生まれる。ホメオスタシスの効果によって、絵画が揺れ動くような心地よい動勢を感じる。また、下にいくにつれて細くなるという線の強弱によっても動勢が生まれているのではないか。なだらかなゆっくりとした動きを感じる。ルイスの絵の魅力の一つは傾斜なのだろう。人為的な雰囲気を感じさせず、どこかやさしい曲線に感じる。絵の具を流すことによってできた自然の曲線によって、やわらかな暖かみを感じることができる。

　上記の、抽象絵画の構造分析の２事例には、いわゆる「造形言語」に類する言葉が適宜用いられている。抽象絵画が何を意味しているのか理解すること、あるいは作者のさまざまな感覚や感情を呼び覚ますためには、鑑賞者の側にそれを読み取るための見方が要る。だから抽象的表現による作品を読むためには、それを読むための「言語」に関する知識を要するのではないか。そうした用語＝造形言語を介してこそ抽象絵画の重層的構造を、さまざまな観点から分析的に解きほぐし、その作品を理解することが可能になる。「作品分析レポート」は、そのための有効な方法だと考える。

おわりに

　われわれの眼は外界をそのまま映し込む装置である。しかし、そこから呼び込まれた光学的視覚情報は、脳の中では外界像を創り上げるための非常に巧妙な組み立て作業が行われている。「知覚過程」と呼ばれるこの作業の中から、脳との連動によって視覚世界に意味づけを与え、さまざまな感情が生じることになる。現実空間における知覚・認知も絵画の知覚・認知も、その基本的なメカニズムは変わらない。

　色彩やフォルムなど、目に見える要素を用いて組み立てられている抽象絵画が何を意味しているのかを理解することは、画面に見えるものの底を流れる心の響

きを聴き取ることでもある。だから究極においては、作者の体験に鑑賞者が同化することを目標におくことになる。作品を読む主体はあくまでも、いま生きている鑑賞者である。視覚的力動性や心理バランスは、精神のものであると同様に身体的なものでもある。そこにこそ作者と鑑賞者との結びつきを見いだすことができる。

　本稿では、抽象絵画から感じるあいまいな渾然とした生理的感覚内容を、その背後にあるメカニズムや形式原理の観点から分類して述べた。古典的な具象絵画の画面構造に関する分析手法では、もはや抽象絵画においては説得力ある解説に適用しえない。鑑賞者が、抽象絵画にむけて能動的にアプローチしうる仕方をさらに検討する必要があるだろう。

注

注1) 生体全体の恒常性は、何重もの調整メカニズムによって保たれている。下程勇吉はキャノンにおける生体の調整機能としてのホメオスタシスを人間の精神構造のしくみに適用した。この内容に関しては下程勇吉（1991）、下程勇吉（1992）において詳細が述べられている。

注2) 下程勇吉「魂・意識の次元における人間の本質的構造」、モラロジー研究 No.36、1992、p.14

注3) M.Schapiro: On some problems in the semiotics of visual art、金田 晋『絵画美の構造』p.57 からの引用による。

注4) 金田　晋は、『絵画美の構造』の中で、ツアロサーの「画枠（額縁）の現象学試論」（『美学芸術学誌』第19巻、1974　H.Zaroscer: Versuch einer Phanomenologie des Rahmens, in: Zeitschrift fur Asthetik und Kunstwissenschaft, XIX/2 1974, S.199）からの論考を引用して、額縁がもつ画面の意味論価値を述べている。

注5) 異方性 anisotropy of spaceha は、空間内に置かれた事物の長さや大きさが、その位置や方向によって同一の物とは知覚されない非等質性（ひずみ）現象をさす心理学用語。

注6) 心理学では、地と図の現象的差異と呼んでいる。平面に描かれたものであっても奥行きをもった三次元的分化であることが特徴的である。

注7) リード『芸術と社会』Art and Society, p.260、ブリヨン『抽象芸術』p.26 からの孫引

注8) Schwitters: Der Rhythmus im Kunstwerk, p.245、大河内朋子（2014）「クルトシュビッタースのメルツ芸術作品における音楽的なもの」p.133 からの孫引

引用文献

* 1 アルンハイム　R.『芸術心理学』（関計夫訳）、地湧社、1987、p.258
* 2 アルンハイム　R.『美術と視覚：美と創造の心理学（下）』（波多野・関訳）、美術出版社、1964、p.588
* 4 大河内朋子「クルト・シュヴィッタースのメルツ芸術作品における音楽的なもの」、人文論叢：三重大学人文学部文化学科研究紀要、2014、p.133
* 6 カンディンスキー『カンディンスキー著作集2』（西田秀穂訳）、美術出版社、2000、pp.59-60
* 7 ケペシュ　G.『視覚言語：絵画・写真・広告デザインへの手引』（グラフィック社編集部 訳）、グラフィック社、1981、p.18
* 9 下程勇吉「魂・意識の次元における人間の本質的構造」、モラロジー研究 No.36、1992、p.14
* 10 竹内敏雄 編『美学事典』、弘文堂、1961、pp.239-240
* 11 ドンディス　D.A.『形は語る ― 視覚言語の構造と分析 ―』、（金子隆芳訳）、サイエンス叢書、1979、pp.27-28
* 12 平山観月『書の芸術学』、有朋堂、1971、p.69
* 13 ブリヨン　M.『抽象芸術』、（瀧口修造訳）、紀伊国屋書店、1968、p.26
* 15 松田隆夫『視知覚』、培風館、1995、p.83
* 16 村山久美子『視覚芸術の心理学』、誠信書房、1988、pp.46-47
* 17 矢代幸雄『水墨画』岩波新書、1991、p.99
* 18 リード　H.『芸術の意味』（滝口修造訳）、1958、p.43

挿入作品図版

図2　　　セザンヌ《セザンヌ夫人の肖像》1885-7　89×71 cm
図6-1　　モネ《国会議事堂　霧を貫く陽光》1889-1901　オルセー M
図6-2　　モネ《アルジャンツイユの橋》1874　69×80 cm　ワシントン NG
図10　　　カンディンスキー《いくつかの円》1926　140×140 cm　グッゲンハイム M
図11-2　　シャガール《私と村》1911　192×151 cm　Moma
図12-2　　カンディンスキー《灰色の中で》1919　129×176 cm　ポンピドーセンター
図13　　　ポロック《Number 19》1948
図14　　　マチュー《BOULOGNE SUR MER》1921
図15　　　マザウェル《Elegy for the Spanish Republic、#126》1965　177×335 cm　G.フィリップス蔵
図16　　　スティル《PH-455》1949　Clyfford Still Estate
図22　　　ルイス《 Floral V》1959-60　250×350 cm　Private collection、Denve
図23-1　　モンドリアン《赤、黄および青のコンポジション》1930　51×51 cm　テートギャラリー

図 24-1	クレー《セネシオ》1922　40.5×38 cm　バーゼルM
図 25	ド・スタール《海のそばの像》1952　162×130 cm　E.ペイレル蔵
図 26	マレービッチ《シュプレマティスム　黄と黒　58番》1916　80×70 cm　ロシアM
図 27	リシツキー《プロウン 12 E》1923　57×42 cm　ハーバード大学付属M
図 28	エルバン《金曜日 I》1951　96×129 cm　パリ国立近代M
図 29	シュヴィッタース《Mz 410 irgendsowas（something or other）》1922 Collage
図 30	シュヴィッタース　Untitled from Merz Mappe 3 by Kurt Schwitters
図 31	クレー《いにしえの響き》1925、38×38 cm、バーゼル美術館
図 32	クレー《赤のフーガ》1921　パウル・クレーセンター
図 33	カンディンスキー《On White II》105×98 cm　ポンピドーセンター
図 34	ルイス《神酒》1958　248×365 cm　東京国立近代美術館

メイカーズムーブメントが
映像表現に与える影響

倉重　哲二

はじめに

　メイカーズムーブメントと呼ばれるデジタル機器を利用した「ものづくり」の潮流が広がり始めている。このムーブメントの現状を把握しつつ、この運動が、すでに90年代にデジタルによる変革の波をうけた映像表現の分野において、どのような影響を与えるか考察をおこなう。

　また、このムーブメントがきっかけで生まれた拙作「DIGITAL-CINE-CALLIGRAPH」を取り上げながら、今後広がっていくだろうムーブメントが与える映像分野における変革の可能性を俯瞰してみたい。

第1節　メイカーズ ムーブメント

　雑誌『ワイアード』の編集長だったクリス・アンダーソン（Chris Anderson）の著書『MAKERS』[1]がきっかけとなって「メイカーズムーブメント」というキーワードが様々なメディアに取り上げられ、熱を帯びた言葉として世間をにぎわし始めている。

　「メイカーズムーブメント」は、デジタル時代に対応した「DIY」や「ものづくり」の新しい形態とよべるもので、クリスはこの潮流の先に「誰でも起業できる時代」（多くの個人やアマチュアが製造業に参入することが可能となり産業の形が変わる時代）の到来を予見する。

(1) メイカーズムーブメントとは

「メイカーズムーブメント」における「メイカー」は、「MAKER」であり、文字通り何かを「作る人」というニュアンスである。日本で「メーカー」というと、どうしても製造業を行う企業のイメージを持ってしまうが、ここで語られる「メイカー」は、ものづくりを行う人々と考えていい。

ムーブメントの発端となった雑誌『Make:』の創設者の一人であるデール・ダハティ（Dale Dougherty）は、2011年1月のTED Conferenceにおける講演で「私たちは皆、生まれながらに『MAKER』である」と宣言した[2]。

デールの講演を挙げるまでもなく、「作る」行為はことさら特別なことでなく人々が日々の生活の中で行う日常的な営みの一つだ。「料理」や「ガーデニング」、ちょっとした工作など、日常の中でも人々は必要に応じて「作る」行為を行っている。

経済活動が盛んになった現代において、生活の中で必要なものを手に入れるのに、各々が「作る」だけでなく「購入」するという手段もあり、多忙な日々を過ごす現代人にとって、後者の手段は不可欠になってくる。それでも、休日には、ホームセンターへ出かけ、材料を購入し、棚を作ってみたり、テーブルを作ったりすることを楽しむ人々は、以前から一定数いて、「日曜大工」や「DIY」と称してポピュラーな「趣味」として認識されてきた。

では、2010年代に入ってことさら「メイカーズムーブメント」というキーワードで、新たな潮流として扱われている背景には何があって、これまでの「日曜大工」や「DIY」とは何が違うのだろうか？「メイカーズムーブメント」を考察したいくつかの書籍や言説を眺めると、以下の2点がこれまでの「ものづくり」と大きな違いのように思える[3]。

- 「ファブリケーション（製造）」を支えるデジタル工作機器をはじめとする「ツール」や「サービス」が出現したこと。また「ツール」を集めた「スペース」も登場し、個人が容易にアクセスできるようになりつつあること。
- インターネット上のコミュニティでアイデアや知識、プロジェクト、あるいはデータそのものを共有する場が出来上がってきたこと。

上記に挙げた点の中から「ツール」「スペース」「サービス」「コミュニティ」

といった要素を掘り下げて「メイカーズムーブメント」の実態を具体的に挙げてみる。

（2）ツール

　3Dプリンターは、まさにこのムーブメントの象徴として扱われることが多いが、その他にもアイデアを手軽に形にすることのできる工作機器が出現している。CNCミリングマシン、レーザーカッター、カッティングプロッタ、デジタルミシン等々、コンピュータでモータを制御して加工していくいわゆるCNCを応用したマシンは古くから存在したが、ほとんどは、プロユースで、個人用途のモノではなかった。特に3Dプリンターが取り上げられる所以は、デジタル工作機器の中でもひときわ安価なモデルがたくさん登場し始めたからだと思う。

　安価な3Dプリンターが市場に出てきた契機は、2005年にバース大学のエイドリアン ボイヤー（Adrian Bowyer）のブログで発表されたREPRAPプロジェクトにある[4]。REPRAPの基本思想は「自己複製」と「オープンソース」で、多くの人が安価に3Dプリンターに触れることができるようにすることにある。

　3Dプリンター同様に、デジタル工作機器を安価にして、多くの人が活用できるようにしようという動きはREPRAPほど明確でないにしろ存在する。例えば、INVENTABLESは、650ドルという安価な値段でCNCミリングマシンのキットを発売した[5]。CNCミリングマシンは以前からあるが、値段は自動車を購入するのと同じくらいの値段であった。またミリングマシンに切削の手続きを命令する専用のソフトウエアであるCAMについてもプロユースの高価なものが多かったが、INVENTABLESは2014年にEASELというWEB上で動作するソフトを開発し、現在は無料で使用することができるようになっている[6]。

　また、「Kickstarter」などのクラウドファウンディングサイトでは、「レーザー加工機」や、「射出成型機」など工場にしかなかったような機器類を個人のデスクトップで使えるように再デザインしたものが提案され、そのいくつかは市場に登場しはじめている[7]。ムーブメントが大きくなれば、こういった工作機器も家庭で気軽に使えるようになるかもしれない。

（3）スペース

やがてデジタル工作機器は、ホームセンターにおいてある電気工具と同じような感覚で手にすることができるようになるだろう。しかし2014年現在において、上記のようなデジタル工作機器は、高価なマシンも多く、既存の日曜大工の機器類と比べると、個人がいくつものツールをそろえる事は、現実的ではない。

そこで、こういった工作機器を集めた市民工房、つまり「ハッカースペース」や「メイカースペース」とよばれる場所が、世界中あらゆる地域に存在している。いわゆるメイカースペースの一つである「FABLAB」は400か所以上存在するとされる[8]。ただのレンタル工房というだけでなく、啓蒙、教育、コミュニケーションといった機能を担っている場合もあり、このムーブメントを推し進める力をもった場所となっている。

（4）サービス

また、デスクトップ上でデータを作ってしまえば、それを実際の「もの」に起こしてくれるオンライン上のサービスも充実してきている。「Shapeways」[9]の様な3Dプリンティングのサービスは、日本国内でも何社か参入しており、気軽に活用できるようなりつつある。それ以外に、「Proto labs」[10]は切削加工や射出成型をオンラインで受け付けてくれるし、「FusionPCB」[11]ではデジタルで設計したデータから、実際の電子回路（プリント基板）を制作してくれる。

このように一時代前まで個人の顧客は、門前払いされていた様な「製造」業種でも、オンラインで少数のロットに対応し、個人向けのサービスを開始する企業も見かけるようになってきた。

（5）コミュニティ

このムーブメントを支えるものとしてインターネット上のコミュニティの恩恵も大きい。2005年に開設された、ものづくりコミュニティサイト「Instructables」[12]では、ユーザーが行った様々なDIYのケースが登録されていて、たくさんの"つくり方"を閲覧できるようになっている。

こういった専門のサイトができる以前も先人のMAKERたちが、何かを作った際の「レポート」や「コツ」、などの「知識」をWEB上に残している。この

様な「レポート」を残すことで同種のプロジェクトに興味を持っている人々がアドバイスをくれることもある。オンライン上で同好の士のコミュニティができるのはインターネット黎明期から醸造されてきた文化であるが、デジタル工作機器の一般化は、知識だけでなく、デジタルデータそのものも WEB 上で共有することを可能にした。田中浩也の著書『FAB に何が可能か』の中には、鎌倉でデザインされたスリッパが、ケニアでサンダルとして改変されながら使われたエピソードが紹介されている[13]。上記にあるようなデジタル工作機器はデータを基に工作をするため、一つのデータがあれば同じものをたくさん複製することができる。データの共有という点はこれまでの「ものづくり」とは一線を画するものではないだろうか。

WEB 上のコミュニティが一つの特徴だというが、メイカーズムーブメントの発端の一つを担ったメディアは、紙の媒体だった。2005 年に刊行された雑誌『Make:』は、文字通り「メイカー」という言葉を生み出すきっかけとなる。『Make:』はこれまでの DIY の枠では収まらないようなプロジェクトやそれに携わっている「メイカー」たちを紹介してきた。これまでは個人が手を出せないようなジャンルですら開拓していく MAKER がいることを紹介した功績は大きかった。

『Make:』は、雑誌だけでなく「お祭り」も企画し、このムーブメントを牽引した。2006 年から開かれている「MAKE Faire」は、メイカーたちが作った物を持ち合ってお披露目をする場所として定着してきた。2013 年 5 月にカリフォルニア、サンマテオで行われた「MAKER FAIRE BAY AREA」には 800 組を超える「MAKER」と 12 万を超える入場者が訪れた。またこのお祭りは世界中にも広がり、2013 年には、98 もの「MAKER Faire」が世界各国で開かれた[14]。

(6) ものづくりの「民主化」

上記に挙げたムーブメントの具体例は、2000 年代中ごろから胎動し、現在大きく盛り上がり始めている。ただし、もう少し早い段階でこのムーブメントを予見していた人がいる。マサチューセッツ工科大学の教授であるニール・ガーシェンフェルド（Neil Gershenfeld）である。ガーシェンフェルドはこのムーブメン

トを語るときによく引き合いに出される伝説的な授業「(ほぼ) 何でも作る方法」を 1998 年に開き、メイカースペースである「FABLAB」を世界に広めた人物である[15]。ガーシェンフェルドの著書『Fab』によれば、この「(ほぼ) 何でも作る方法」を始めたとき対象として考えていたのは、工学部の学生で、目的は、そのころまだ極めて高価だったレーザー加工機や、ウォータジェットカッターなど、この種の工作機器を、学生たちが活用できるようになることだった。いざ開講してみると定員 10 名のところ 100 名を超える学生が希望した。希望者の半分は専門以外の学生で、彼らの受講理由は研究の為ではなく、自分が必要としているがこの世にない製品を自分で作ることにあった[16]。

　ガーシェンフェルドは、学生たちの反応から「自分に必要なものを自分で作りたい」という「ものづくりにおける」個人的な動機が現在でも多くの人々の中に存在することに気づく。その後、ガーシェンフェルドは、「FABLAB」という形で、学外でもこの種の機械や技術 (すなわち、ほぼ何でも作る方法) が様々な条件の地域でどのように必要とされるのか調査をおこなった。市井の人々が必要としているのは、最新のテクノロジーで作ったお仕着せの大量生産品ではなく、テクノロジーを利用し自分たちのニーズに合わせることのできる「つくる方法」なのだという結論に至る。

　個人の手から離れてしまった「製造」という行為をもう一度民衆へと戻す変革が起きつつある。それはあたかも、90 年代にコンピュータが安価になり出版や音楽制作、映像編集などの分野において、個人でも制作し、発信できるようになった変革と似ている。ものづくりの民主化は、モニタの中で完結する**ビット**（情報）の世界から我々がふだん暮らしている**アトム**（物質）の世界へと拡張している。ガーシェンフェルドは、「コンピュータを使ったものづくりこそがコンピューティングの世界でこれから起きる最大のイベントなの」だとしている[17]。

第2節　映像とアマチュアイズム

（1）フィルム「メイカー」

　映画を作る人間のことを、フィルムメイカーと呼ぶ。映画制作は、たくさんの予算と人員を必要とする大きな産業というイメージの傍らで、個人や家族の記録、あるいは個人の自己表現を実現するのに適したメディアでもあった。

　産業としての映画に一般的に使われていたフィルムのフォーマットは、その幅長から「35ミリフィルム」と呼ばれる。アマチュアや家庭での使用をにらんだ経済的な幅の狭いフィルムの発売は、映画フィルムの歴史の中でもかなり早い時期にある。35ミリフィルムより幅の狭いフィルムを指す言葉に「小型映画」(small gauge film)という言葉があるが、すでに1912年にはフランスのパテ社から「Pathé Kok」という28ミリ幅のフィルムが発表されている。実際に小型映画が家庭やアマチュアに受け入れられて大きく普及するのは、1921年にパテ社から発表された9.5ミリ幅の「Pathé Baby」からで、9.5ミリフィルムとその後に普及する16ミリ幅、8ミリ幅の三つが最も普及した「小型映画」だといわれる[18]。2012年3月に富士フイルムがシングル8フィルムの生産をやめるまで「小型映画」は、大衆の映像文化を担うメディアのひとつであった[19]。

（2）個人向け映像メディアの変容

　個人による映像制作は、（狭幅のフィルムメディアを使った映画という意味の）「小型映画」だけでなく、新しいテクノロジーの登場によって状況が変わっていく。80年代にはホームビデオが普及し、単純に「記録」という目的においては、フィルムメディアより扱いやすく経済的な「ビデオ」が一般的になっていく。ただし、映像制作という点においては編集のしやすさや大画面に投影した際の解像度の違いなど、フィルムメディアの優位な点も多かった。双方のメディアの得意とする点が異なるために、扱いやすい「ビデオ」が登場しても、アマチュアの映画制作において「小型映画」が、活用される場面も多かった。

　大きい転換点はやはり、90年代におこったデジタル革命ということになる。処理スピードが上がり価格も安価になり、一般家庭にも普及したパーソナルコン

ピュータは、視聴覚情報を扱っていた分野、すなわち音楽、映像、出版等に大きな変革をもたらした。それまでは、専門の業者や高価な機材を駆使することでしか実現できなかった作業が1台のコンピュータ上で可能になり、インターネットの興隆も手伝い、制作から発信まで個人でおこなうことが可能になっていく。映像の分野においても、コンピュータを使った映像の複製、編集、加工が（経済的にも技術的にも）簡単にできるようになった。また、1995年に発売されたデジタルビデオの規格の一つである「DV」は家庭向けでありながら、それまでのアナログビデオに比べると業務用機とも比肩しうる画質を実現した。コンピュータを使った映像の加工は、それを可能にするソフトウエア群が高価だったけれども時代を追うごとに安価なものや、オープンソースのものも出現し、個人が手を出せない作業ではなくなっていく。その後、WEB上で映像の発信も可能になり、多くの人々が気軽に映像を扱う時代となった。まさに「映像制作」における民主化である。もちろん家庭向けだけでなくプロユースも含め、デジタルの映像制作はあらゆる層に迎えられることとなる。

（3） フィルムメディアの終焉

デジタルでの映像制作が可能になった90年代、それでも、フィルムメディアの優位性はいくつかあった。例えば高速度撮影や解像度といった点においては、まだまだフィルムメディアのほうが信頼性のあるメディアだった。高解像度の映像をコンピュータで扱えるようになってきた2000年代中ごろからフィルムメディアの需要は急速に落ちていく。企業の対応はかなりラジカルであった。フィルム製造により映画文化の片翼を担っていた富士フイルムは、2013年3月を目途に映画用フィルムの生産を終了した。これによって映画用フィルムを生産する大手は、イーストマンコダックのみとなった。国内においても映画用フィルムに関する企業の業務は縮小傾向にある。数少ない映画用フィルムの現像所の一つであったヨコシネDIYはフィルム現像のサービスを終了した。

小型映画のメインフォーマットについても同様である。富士フイルムは日本初の8ミリフィルムのフォーマットである「シングル8」を1965年の発売以来、2012年まで47年間供給してきたが、2013年についに事業終了に踏み切った。シングル8フィルムの販売数量は、1973年の約1260万本をピークに減少を続

け、1991年では約10万本となり、2005年では1万本前後まで落ちる[20]。これまでも、富士フイルムから何度か販売と現像サービスの終了がアナウンスされたが、その都度、ユーザーや作家からの働きかけが起き、延命されてきたが、2013年9月の現像サービスをもって「シングル8」に関するすべての事業が終了となった。映画監督の大林宣彦らが発起人となった「フィルム文化を存続させる会」は2006年7月に発足し、富士フイルムに対しシングル8のサービス継続の働きかけを行った。会の主張は、「フィルム文化を存続させる会」のブログに詳しい[21]。

　企業として製品に対する需要の減少は、サービス終了を決断するに足る理由である。フィルム以前に、小型映画においては、カメラや映写機といった製品はもうすでに生産を終了していて、90年代には、中古でしか手にはいらなかった。しかしそのことに対して危機感を覚えるユーザーはほとんどいなかった。一部のユーザーは故障した古い製品をオーバーホールし、あるいは改造して、自身に必要な機能を追加しながら稼働をしていた。中古の品を見つけるのも修理するのも「小型映画」の文化そのものであった。ここには「MAKERS」の精神と通底するものがある。ただし、フィルムそのもののサービス終了は、映像制作を行っている人々にとって大きな震撼として受け止められた。そこで初めて、フィルムもまた"製品"であることに気づかされる。「製品」であるがこそ企業の原理に左右されるものだと気づかされる。しかし、本当に企業による供給がなければフィルムを手に入れることができないのだろうか。メイカーズムーブメントが謳われるように、コンピュータで物質（ATOM）の世界にも言及できることであれば、「製品」であるフィルムもまた個人が（自分好みに）製造することが可能になるということにならないだろうか。

第3節　DIGITAL-CINECALLIGRAPH

（1）フィルムをMAKEする

　1節と2節で述べたように、「メイカーズムーブメント」というものづくりを民主化しようという動きが興っている状況と、その反面、企業の都合で利用が難しくなる表現の材料（ここではフィルムメディア）があるという状況、そして自

分自身がアニメーションという分野で表現活動を行ってきたという三つの状況を踏まえて、次のような試みを行った。すなわちそれは、「縮小傾向にあるフィルムメディアを、デジタル工作機器を活用して自作できないか」という試みである。試みの結果は、「DIGITAL-CINECALLIGRAPH」という作品に具現化し、2013年5月、東京で行われた「イメージフォーラムフェスティバル2013」に出品した。

(2) DIGITAL-CINECALLIGRAPH の概要

きっかけは、「Craft ROBO」というカッティングプロッタがグラフテック株式会社から2005年に発売され話題になったことであった。それまでは、カッティングプロッタ自体業務用で、個人用に購入できるような金額の機械はなかった。「Craft ROBO」は数万円程度で販売され[22]たくさんの愛好家を生んだ。

本来「Craft ROBO」は、紙やカッティングシートを様々な形に切り出すものであるが、この製品を見たときにフィルムメディアも同じように切り出せるのではないかと考えた。家庭向けの製品で、精度を必要とする工業製品である（正確な寸法とピッチを必要とするパーフォレーション[23]を持った）フィルムを切り出し、実際の映写機にかけることは可能なのだろうか？ 16ミリフィルムと同じ0.13mm程度の厚さのPET（ポリエチレンエタフレート）フィルムを実際に購入して確認をしてみた[24]。フィルムの厚さを切断するのに「Craft ROBO」は、非力だったが複数回重ねて切断することでどうにかパーフォレーションの穴も切り抜くことができた。肝心の精度も良好で、何度かデータを調整したのち切り出したフィルムはあっけなく映写機で映写することができた。形状としてフィルムメディアのようなものを切り出すことはできたが、内容となる映像についても、折角プロッターがあるのでプロッターを使用してフィルム表面に画を作ることを考えた。カッティングプロッタによる「キネカリグラフ」である。「キネカリグラフ」は、現像済みのフィルムの乳剤面を針などで削り取り直接フィルムにイメージを描きこんでいく手法で、カメラを必要としない映像表現の一つである。「キネカリグラフ」は、微小なフィルムの面に手作業で一コマずつイメージを描いていくため、複雑なイメージや精緻な絵を作ることは難しく、フィルムの表面を削り取った線のディテールや、原始的で素朴なイメージが特徴的でもある。今回は

コンピュータでカッターの刃を制御するカッティングプロッタを利用するため、複雑なイメージや正確なラインが表現可能ではないかと考えた。

　実際の作業としては、カット用とキネカリ用に別々のデータを作り、フィルムの表面を削るキネカリ作業は、カット圧を低く調整してフィルム表面のみに傷をつけてイメージを作る。アニメーションのデータは「イラストレータ」を使用して平面上にイメージを並べて配置していく（図1）。

図1　イラストレータ上のデータ

　キネカリグラフを使って表現する内容については、フィルムの模倣から段々にデジタルならではの表現に変化していくように構成を考えた。具体的には、フィルムメディア特有の縦傷や「埃」を刻印することから始まり、フィルム傷を雨に見立て、雨の中を走る人や蛙を描いた。（図2）雨は風を受け斜めに降り、やがてフィルム上のたくさんの水平な線となり、枯山水風の景色を構成する。次に水平の線は、カメラが回り込み奥行き方向へ進む無数の線が表現される。最後のシーンは水たまりに映った揺れる月を映すカメ

図2　DIGITAL-CINECALLIGRAPHの1シーン

ラがティルトアップして空に浮かぶ月を映す。回り込みのシーンや手ぶれしながらカメラがティルトアップするシーンは特に、デジタルで作ったことの特徴が、色濃く出ているシーンである。

（3）諸問題と結果

　上記の通り、当初は、カッティングプロッタ「Craft ROBO」を使って実験を行っていたが、カット圧が足りないのか、パーフォレーション穴のカットにむらがあり、部分によって切り抜けない部分が出てきた。当初は抜け落ちていない部分を手作業で切り抜いていたが、作業効率のため、グレードの高いカッティングプロッター（CE6000-40）を導入した。これにより安定してフィルムの切断をすることができた。

　また、コンピュータ制御で動かすカッターによって精緻な画像が得られるかと予想していたが、カッターの刃で傷をつけた画面は拡大すると結構稚拙で、イメージを構成する線も野太く無骨だった。そのうえ、斜め方向に向かう線は、時折ゆがむこともあり、想像しているものとはまた違う出来上がりだった（図3）。

　カッターの刃の厚みはおよそ0.2ミリで、16ミリフィルムの受像部は、約9.7ミリ×7.2ミリの寸法となる。線の太さも0.2ミリ程度と考えればデジタルに置き換えた解像度は485×360ピクセル程度となるだろうか。デジタルデータなので、同じ画像を数コマにわたって配置すると、映像的には静止したイメージを得られるはずだが、（データ上では同じでも）実際のフィルムに出来上がった画像は微妙に一コマ一コマ違いが出ることもあった。

図3　ゆがんだ線の人物

　人の手によるキネカリグラフとの違いは出せたかと思うが、デジタルで制御された精緻なイメージともかけ離れた映像となった。

（4）展　開

キネカリグラフだけでなく、もう少し鮮明な画像を既存の方法でなくメイカーズムーブメントにのっとった形でフィルムメディアに定着する方法を考えていきたい。

現時点での展望は次の三つである。

1. 35ミリフィルムの切り出しとキネカリを行う。
2. インクジェットプリンタでイメージのプリントを行い、切り出しを行う
3. 既存の写真用フィルムにプロジェクター投影しイメージを転写後16ミリフィルムの規格に切り出しを行う。

1. に関しては35ミリ幅にしたときに映写機等の調達にコストがかかる。または35ミリにしたところで劇的に鮮明な画像になるかは疑問が残る。

2. は手持ちのプリンタで16ミリ幅にインクジェットプリンタでプリントしてみたが、拡大してみると大粒の粒子の集合となり、鮮明な画像は得られなかった。フィルム幅の変更やプリントの方法によっては面白い表現になるかもしれない。

3. は自家用デジタルフィルムレコーダーの制作となる。写真用フィルムもいつまで販売されるかわからないが、切り出しにレーザーカッターなどを用いれば8ミリフィルムを作り出すことも可能かもしれない。

2. 3. に関してはサウンドトラックに音の情報を転写およびプリントすることで、音の再生が可能となる。

今後、3. を中心に制作を行っていきたいと考える。

おわりに

コンピュータを使ったものづくり、それは今までのように情報（BIT）の世界だけでなく物質（ATOM）の世界までも、民衆が言及できる世界となる。我々は、自由に自分の必要とする製品を生み出すことができるようになる。

一度デジタル革命の波をかぶったと思った映像の分野においても更なる変革が起きる可能性がある。これまでは、高価な機材がなければ手を出せなかった映

像表現も、個人の興味と工夫次第で実現する可能性が大きくなってくる。資本力のない個人が、そういったツールへアクセスすることができるようになるということは、映像文化のすそ野が広くなることである。表現者がもつアイデアが具現化する可能性が広がれば、見たこともない新たな映像表現が登場してくる可能性はより大きくなる。

　例えば、2004年に登場したGOPROというカメラはとても小さく頑丈にできていて、発売から約3年で300万台以上を出荷した[25]。GOPROを作ったニック・ウッドマン（Nick Woodman）はサーフィンが趣味の男で、彼の目的は、自身の興じる姿を撮るのに都合のよいカメラを作ることにあった。GOPROを販売するWoodman Labsはまったくのベンチャーで、カメラを作る老舗のメーカーのどこも市場に投入しなかったタイプの商品を作ることで、世界の寵児となった。彼がやったことは自分が必要としているものを作っただけのことである。GOPROは安価であり小型であったため、スポーツシーンだけでなくカイトフォトやマルチコプターを使った空撮によく使われた。札幌市に住む岩谷圭介は、風船を使って40km上空からの宇宙の撮影を行っている。彼の撮影にも「GOPRO」はよく使用されている[26]。空撮や成層圏の映像をアマチュアが自身のカメラで手に入れることのインパクトは大きい。

　これまであった技術でも個人がまず手にすることのできないものはたくさんあった。モーションコントロールカメラなどは、とても高価のものだったが、ステッピングモーターを制御するタイプの工作はWEB上にもたくさんのレポートが存在しているので、精密なものでなければ個人にも制作が可能であろう。

　アニメーションの分野であれば、特に立体を扱う人形アニメーションなどはこのムーブメントで恩恵を受けることも多いだろう。イギリスの制作会社であるDBLGが発表した「BEARS ON STAIRS」というストップモーションの作品は、少しずつポーズのちがうクマを3Dプリンターでプリントし、1コマずつ撮影し、制作されている[27]。

　新しい「ものづくり」の革命の大きな波の中で自分自身も新しい映像表現の可能性を探りつつ、どこからか生まれてくるであろう見たこともないような映像表現に驚かされることを期待している。

注

1) Chris Anderson 著 関美和訳、『MAKERS 21世紀の産業革命が始まる』、NHK出版、2014
2) Dale Dougherty (2011)「All of us are makers. We're born makers.」TED Conference における講演以下の URL にて視聴可能。
   http://www.ted.com/talks/dale_dougherty_we_are_makers/
3) メイカーズムーブメントの考察については以下の書籍を参照している。
   Chris Anderson 著 関美和訳、『MAKERS 21世紀の産業革命が始まる』NHK出版、2014
   Neil Gershenfeld 著 糸川洋訳、『FAB パーソナルコンピュータからパーソナルファブリケーションへ』、オライリージャパン、2012
   Mark Hatch 著 金井哲夫訳、『Maker ムーブメント宣言 草の根からイノベーションを生む9つのルール』、オライリージャパン、2014
   Mark Frauenfelder 著 金井哲夫訳、『Made by Hand ポンコツDIYで自分を取り戻す』、オライリージャパン、2011
   田中浩也 著『Fab Life デジタルファブリケーションから生まれる「作り方の未来」』、オライリージャパン、2012
4) REPRAP プロジェクトは公式 WIKI に詳しい。
   http://reprap.org/wiki/Main_Page
5) 「Inventables」https://www.inventables.com/technologies/desktop-3d-carving-cnc-mill-kit-shapeoko-2
6) 「EASEL」オンラインベースの CAM ソフト http://www.easel.com
7) レーザー加工機は、オーレーザー株式会社から40万円程度のものが発売されている。
   http://www.oh-laser.com/product/spec/
8) 全世界におけるファブラボの数の内わけ
   (欧州：237、北南米：107、アジア：43、アフリカ：17、オセアニア：5、2014.10現在)
   http://wiki.fablab.is/wiki/Portal:Labs
9) 「Shapeways」http://www.shapeways.com
10) 「Proto labs」http://www.protolabs.co.jp/?s=PM
11) 「FusionPCB」http://www.seeedstudio.com/service/
12) 「Instructables」http://www.instructables.com
13) 田中浩也 門田和雄 編著『FAB に何が可能か』、フィルムアート社、2013、pp.41-45
14) 「Maker faire」のサイトより引用。
    http://makerfaire.com/makerfairehistory/
    http://makezine.jp/event/mft2013/
15) 最初の FABLAB は、2002年にインド、コスタリカ、ノルウェー北部、ボストン、ガーナにできた。

Neil Gershenfeld 著 糸川洋訳『FAB パーソナルコンピュータからパーソナルファブリケーションへ』オライリージャパン、2012、p.21 より。

16) Neil Gershenfeld 著 糸川洋訳『FAB パーソナルコンピュータからパーソナルファブリケーションへ』オライリージャパン、2012、p.13
17) Neil Gershenfeld 著 糸川洋訳『FAB パーソナルコンピュータからパーソナルファブリケーションへ』オライリージャパン、2012、p.27
18) 郷田真理子著『研究紀要』17 号(「フィルムセンター所蔵の小型映画コレクション：9.5mm フィルム調査の覚書」)、東京国立近代美術館、2013、p.95
19) シングル -8 用フィルム販売および現像終了のご案内(富士フイルム社の WEB サイトより) http://fujifilm.jp/information/articlead_0011.html
20) 平成 18 年「フィルムを存続させる会」に送られた富士フイルムからの回答書より。http://homepage3.nifty.com/selavy/filmover/answer_from_fuji_20060831.pdf
21) 「フィルムを存続させる会」のサイト http://filmover.exblog.jp
22) 「Craft ROBO」は販売終了となり、2014 年現在は、後継機の「silhouette CAMEO」が 27,000 円程度で販売されている。
23) フィルムにあけてある送り穴のこと。
24) 実際に購入したものは、一般用 PET フィルム #125、1m×20m×0.125mm の寸法のもの http://featherfield.shop-pro.jp/?pid=18071610
25) 日本経済新聞 2013 年 2 月 27 日の記事より。http://www.nikkei.com/article/DGXNASFK25033_V20C13A2000000/
26) 岩谷圭介「ふうせん宇宙撮影」http://fusenucyu.com/
27) DBLG のオフィシャルページにてムービーを見ることができる。http://dblg.co.uk/

大学資源活用による
アダプテッド・スポーツの振興とその意義
― 共生社会の実現を目指す視点から ―

大山　祐太

はじめに

本稿では、「アダプテッド・スポーツ」の基本的な考え方や社会的意義について整理し、大学がアダプテッド・スポーツを通して地域社会にどのように寄与できるか、大学資源の活用方策・担うべき役割について考察をすすめる。また、アダプテッド・スポーツが個人・社会に及ぼす影響は様々考えられるが、今回は特に、「共生社会の実現」に寄与しうる側面に特化して論じる。

第1節　障害者を取り巻く社会環境の変化

（1）障害者権利条約と法制度の整備

昨今、国際的に障害者の権利や社会参加が大きな関心事となっている。とりわけ大きな出来事としては、2006年の第61回国連総会における「障害者の権利に関する条約（障害者権利条約）」の採択が挙げられる。障害者権利条約は、国際人権法に依拠するものであり、自己決定や社会参加など障害者の人権や尊厳の保障、あらゆる差別の撤廃、そのための措置等について謳われており、法的拘束力をもつ。特に重要な点としては、障害者の権利保障のために個々のおかれている環境を改善・調整する必要がある場合、その改善・調整がなされなければ差別とみなされることである。

我が国においても、障害者権利条約批准を視野に入れた国内法整備が推進されてきた（同条約に日本は平成26年批准）。例えば、平成23年には障害者基本法

が改正され、障害の有無によって分け隔てられることなく、相互に人格と個性を尊重し合う共生社会の実現が図られた。障害の定義も見直され、発達障害も含むことや、日常生活・社会生活を営むうえで障壁となる事物・制度・慣行・観念等、社会的障壁によって制限を受ける状態も包含された。障害を個人の問題と帰結させるのではなく、また社会環境のみに原因を求めるのでもなく、個人と社会との兼ね合いの中で生じる状態と捉えることは、WHOの国際生活機能分類（ICF）に準拠しているといえる（図1）[*1]。また、障害者自立支援法も一部を改正し名称を障害者総合支援法と変えている（平成25年施行）。具体的な変更点としては、第一条の目的が、自立支援法においては障害児者へのサービス提供に関して「自立した日常生活又は社会生活を営むことができるよう」と記載されていたのに対し、総合支援法では「基本的人権を享有する個人としての尊厳にふさわしい日常生活又は社会生活を営むことができるよう」と修正されたことが象徴的である。障害者権利条約の趣旨にならい、より個人としての権利の保障を明確にした変更であると考えられる。加えて、同条文において、障害児者の福祉の増進を図るためのサービスとして「地域生活支援事業」が明記され、「総合的」に行うことが加筆されている。教育分野においてもインクルーシブ教育が推進されているように、「誰もが」「地域で」という充実した生活を送る、すなわち共生社会の実現が強調されていると判断できる。他にも、障害者虐待防止法制定（平成24年

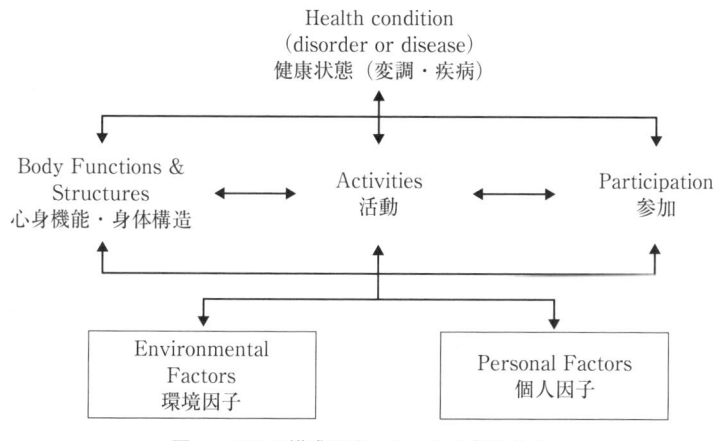

図1 ICFの構成要素とそれらの相互作用

施行)、障害者優先調達法制定(平成 25 年施行)、障害者雇用促進法改正(平成 25 年)、障害者差別解消法制定(平成 28 年より施行)など、障害に関連する多くの新法の成立・現行法の改正がなされている。

(2) より身近になるスポーツ

障害者の権利に関する社会的関心が高まるなか、スポーツに関連する法制度においても大きな変化が生じてきている。平成 23 年に施行されたスポーツ基本法の基本理念には、「スポーツは、障害者が自主的かつ積極的にスポーツを行うことができるよう、障害の種類及び程度に応じ必要な配慮をしつつ推進されなければならない」と明記され、障害者のスポーツ振興事業はこれまで厚生労働省の管轄であったが、平成 25 年には文部科学省に一元化されることが決定された。障害者のスポーツは医学的リハビリテーションを起源としているが、現在は実践者のニーズに応じて、エリートスポーツとしての側面や生涯スポーツとしての側面ももつなど、多面性ある活動となっている。内閣府発行の「障害者白書」において、スポーツ・文化芸術活動の推進が「日々の暮らしの基盤づくり」の章で扱われていることからも(内閣府、2013)[2]、スポーツは日々の生活と密接なかかわりがある活動であると解釈できる。2020 年には東京でオリンピック・パラリンピックが開催されることもあり、より一層のスポーツの普及、次世代を担うアスリートの発掘・育成に注力がなされ、今後、スポーツが障害者にとってもより身近な活動となってゆくことが考えられる。

第 2 節 「アダプテッド・スポーツ」とはなにか

(1) アダプテッド・スポーツの基本的な考え方

近年、障害者スポーツに代わる言葉として「アダプテッド・スポーツ」という言葉が用いられるようになってきている。アダプテッド・スポーツとは、ルールや用具を実践者の状態に adapt(適合)させることで、誰でも楽しむことができるよう工夫されたスポーツのことであり、矢部 (1997・2004)[3,4] が Adapted physical activity (APA) の訳語として提唱した造語である。「障害者スポーツ」が実践者が誰であるかによって定義される言葉だとすれば、「アダプテッド・ス

ポーツ」はスポーツ実践にあたっての方法論的概念といえる。中澤（2014）[*5]が指摘するように、今後より厳密な定義の整理が求められるであろうが、現時点では、障害者のスポーツも含み「実践者に合わせたスポーツ」として理解され浸透してきている。

　教育や保育の分野で、インテグレーション（統合）という言葉が広く用いられたこともあったが、統合とは複数のものを一つにする意味であり、「障害者」と「健常者」という障害の有無で二つの立場が生じる。アダプテッド・スポーツは、根本的にインクルージョン、つまり、障害状態にあるかどうかの二元論ではなく、多様性を前提とし「万人に」という考え方が基本である（図2）。これはスポーツを衣服に例えるとわかりやすいだろう。これまで特定の体格・体型の者しか着ることができない、またはサイズの合わない服を無理やり着ていたのが、フィットする服を選んだりリメイクしたりして自身に合わせて着るようになったイメージではなかろうか。そう考えると「合ったものを選ぶ・当事者に合わせる」ということが至極自然なことであることがわかりやすい。スポーツのルールや用具を実践者に合わせることによって、障害者、幼児、高齢者、妊娠中の女性など、誰でもスポーツを楽しむことができるようになる。

　アダプテッド・スポーツは勝敗を重視しないレクリエーションのようなスポーツも含むが、エリートの競技スポーツと相反するというものではないし、人道主義や障害者の権利擁護のためのプロパガンダでもない。パフォーマンスの高さや勝利を目指してトレーニングする、能力の高い選手が登り詰め、劣る選手は試合

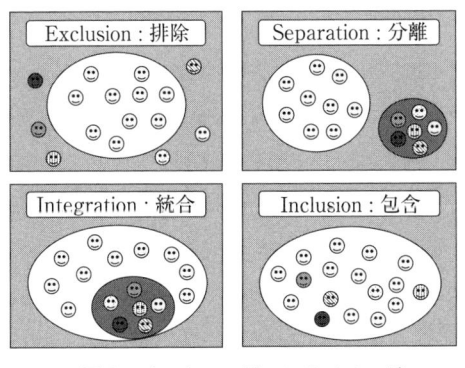

図2　インクルージョンのイメージ

への出場機会や練習環境において後れを取るといった実力・成果主義もスポーツの一側面である。しかし、実力・成果主義はその土俵に上がると覚悟した者同士においては非常に公平であるが、そういったスポーツしか選択肢がない、一握りの能力の高い人しか取り組むことができないとなると、障害が重度になればなるほどスポーツ参加が難しくなってしまう。心身の機能回復や余暇の活性、健康の維持、仲間づくりなど、スポーツを媒介にして何を得るか、何を求めるかは実践者の自由であるが、考え方としては、より多くの人がスポーツを楽しめるようにという「スポーツ文化の振興」が基本となる。

（2） アダプテッド・スポーツの例

　工夫の仕方によっては、体力や身体構造が大きく異なる者同士でも一緒にスポーツを行うことが可能である。例えば、パラリンピックの正式種目でもあるゴールボール[注1]は、選手全員がアイシェード（目隠し）を使用するため、普及も兼ねたオープン大会などは晴眼者との混合チームの出場を認めるケースも増えてきている（晴眼者はパラリンピック等の公式試合には出場できないが）。ゴールボールに限らず、目隠しをし、条件を揃えることで、誰もがブラインドサッカーやサウンドテーブルテニスなど、視覚に頼らないスポーツに取り組むことができる。同様に、下肢機能に障害がない者でも、車椅子に乗ることで車椅子バスケットボールやウィルチェアラグビーなど障害者とチームメイトとしてプレーすることが可能である。

　実際には、競技スポーツとして車椅子バスケットボールやウィルチェアラグビーに取り組む際は、選手の障害程度に応じた「持ち点」があり、より軽度の選手ほど持ち点が高くチームの合計点が規定以上になってはいけないと決められている。サッカーやバレー、テニスといった一般的なスポーツにも、当該スポーツにおける身体構造・機能の有利・不利、プレーの「質」の高低といった選手間の差は当然あるが、脊髄損傷者の場合、障害部位によって運動能力の制限や重篤さが大きく異なり、他の選手とはトレーニングでは覆すことができないような差が生じる。身長の高さによる有利・不利といった話ではなく、「プレーの質（精度）」でもなく、選手によって可能な動き、可能なプレーがそもそも違うのである。仮に持ち点制度がなかった場合、チーム構成が障害の程度の軽い選手に偏っ

てしまい、より動きに制限の多い選手が出場しにくくなる可能性がある。車椅子でプレーするツインバスケットボール[注2]も持ち点制を採用しているが、高さの違う2種類のゴールを設定することで、通常のゴールではシュートが届かない選手でもゴールを狙うことができるようになっている。また、フロアバレーボールなどは、フロア上でボールを打つことで6人制バレーのようにラリーを行うのだが、前衛3名は目隠しをし、後衛3名はボールを視認してプレーする。同様に、視覚障害者のブラインドサッカーも、クラスによってフィールドプレーヤー全員がアイマスクを着用するか、弱視者がそのままプレーするか異なるが、ゴールキーパーは晴眼者が務めるなど、視覚障害者と晴眼者がそれぞれ違った役割を務めながら同じチームでプレーすることができる。

　プレーする際の選手の条件を揃えることや、そのうえで個々の状態に応じた持ち点でチーム間のバランスを揃えること、障害の有無・程度によってそもそも異なる役割を設けることなど、どれも細やかかつ合理的な工夫がみられる。これらは、より多くの人がプレーできるように考案・修正された、アダプテッドなスポーツといえる。

第3節　障害者に対する意識変容の手段としてのアダプテッド・スポーツの可能性

（1）障害者に対する「偏見」という障壁

　障害者が社会参加する際、「物理的な障壁」「制度的な障壁」「文化情報面の障壁」「意識上の障壁」の4つの障壁があるとされ、中でも「意識上の障壁」が最も厚い壁となっている（藤田、2008）[*6]。偏見や忌避的な態度はもちろん、障害者を何もできない人・かわいそうな人と捉えたり、腫れ物に触るように接したりすることも意識上の障壁に含まれる。内閣府（2012）[*7]が平成24年度に実施した「障害者に関する世論調査」（n=1,913）では、世の中に障害を理由とする差別や偏見が「あると思う」とする者の割合が89.2％存在しており、平成19年の調査（n=1,815）よりも6.3％増加していた。また、差別・偏見の改善状況についても、平成24年度調査（n=1,706）と平成19年度調査（n=1,505）を比べると、「改善されている」という回答は57.2％から51.5％に減少し、「改善されていない」と

いう回答は35.3%から40.8%に増加する結果となっていた。背景には、障害者問題についての問題意識の高まりも影響しているのであろうが、共生社会を目指すうえでは、障害に対する社会の無理解や誤解は解消すべき課題といえる。

（2） 接触経験が障害者に対する意識にもたらす影響 ― 肯定的変容 ―

インクルーシブ教育が叫ばれるなか、障害についての理解を深めることを目的の一つとした障害児者との交流体験が一般的となってきている。これまで、障害者に対する意識や態度についての研究は多くされてきており、障害児者との接触・交流経験が障害者に対する意識を肯定的に変化したという例は少なくない。例えばJones et al. (1981)[8]は、精神的・身体的にハンディキャップがある人に対する児童の認識に関して検証している。結果、児童は、聴覚障害の中学生と指文字を使っての質疑応答、目が不自由な大学生との会話など、ハンディキャップがある人々のニーズや能力を観察したり、経験したりすることができるような活動を通じて、肯定的な変化を生じさせたことを報告している。また、生川 (1995)[9]は、高校生から40歳代の469名を調査対象として多次元的観点から精神遅滞児（者）に対する健常者の態度について検討をしており、精神遅滞児（者）との接触経験が有る人の方が、実際に関わろうとする気持ちが強く、地域での交流を推進しようという気持ちも強いことを報告した。山田 (2007)[10]の障害者スポーツにおいてボランティア活動をした者の調査においても、障害者に対して活動前よりも活動後の方が肯定的意識が高まり、障害者と直接的に関係する機会が多いほどその肯定的変容の程度が大きいことが指摘されている。その他にも、障害者に対する意識の肯定的変容に接触経験の影響を示唆する報告が複数確認できる（Thomas et al, 1985. 橋本、2000 など）[11,12]。

（3） 接触経験が障害者に対する意識にもたらす影響
― 肯定的変容を示さない例 ―

しかし、「接触する」ということが、障害者に対する否定的な認識を払拭させる絶対的な手段とは言えない。Okolo & Guskin (1984)[13]が、直接的接触が不愉快な経験となる場合は、むしろ忌避的な態度を形成すると示唆するように、障害者との接触経験が必ずしも障害者に対して肯定的意識をもつことにつながると

は言い難い。他の例を挙げると、Cobun（1972）[14]は障害者と関わった職業機能更生カウンセラーの態度の変容について、四肢の切断者、視覚障害者、特異的な容貌の者でネガティブな変化を示したこと、視覚障害者と特異的な容貌の者に対しては特に誤ったことを言ったり・したりすることを恐れることを報告している。また、Granofsky（1955）[15]も、障害があると視覚的に判断できる男性（車椅子、顔面の毀損、腕・脚の切断者）に対する女性の態度について調査し、社会的な接触は障害者へ対する潜在的な敵愾心を修正するための効果的な手続ではないことを指摘している。

これらは身体障害者との接触に関する報告であるが、中村・川野（2002）[16]は女子大学生の精神障害者に対する偏見の実態調査を実施している。結果、精神障害者に対して一般論としては受容的・理解的でありながらも個人としては忌避的な面があり、積極的かつ能動的な接触経験が精神障害者との社会的距離を縮めるのであって、必ずしも直接的な接触によって肯定的に変化するのではないことが示唆された。また、大谷（2001）[17]は、知的障害児と健常児の交流教育において、事前の情報提供と知的障害児に対する健常児の態度形成の関連について検討している。交流を予定している障害児の情報が事前に提供されることは、「話しかけることができる」「いっしょに遊ぶのは好きだ」といった障害児に対する態度形成に好影響を与えていたが、「わたしたちと同じくらい何でもできる」「明るい」「相手のことを考える」などの好意的イメージ項目の得点が交流活動後に低くなっていた。要因としては、健常児の障害者理解が不十分であったこと、交流活動において接触の機会が少なかったことが挙げられている。SoHyun Lee et al.（2003）[18]も、健常児に対して障害児（知的障害11名、ダウン症2名、LD2名）との友人関係についてインタビューを実施し、障害児を遊び仲間として認識している一方で、コミュニケーションの制限や行動問題が人関係の維持を困難にしていることを指摘している。

（4）問われる接触経験の「質」

では、接触経験は実際にどのような意味をもつのだろうか。生川・安河内（1992）[19]は、福祉・保育・教育等を専攻している女子大生の知的障害者に対する態度について、「接触経験」と、より主体性をもつ接触経験である「ボラン

ティア経験」の有無について着目し検討を行っている。その結果、接触経験もボランティア経験もない女子大生の場合、知的障害児者に対する態度の中に「総論賛成各論反対」という姿勢があり、「精神薄弱の人のためにボランティアをしたい」「精神薄弱の人と一緒に仕事をしてもよい」といった実践的な好意について意識が低かった。逆にボランティア経験を有する女子大生の場合は、精神薄弱児（者）との具体的かかわりについて尋ねた質問に対しても好意的回答が多く、実践的好意度も高かった。また、松村・横川（2002）[*20]は、知的障害者に対するイメージとその規定要因について調査し、知的障害者との接触経験について「見たことがある」と「話したことがある」の2つに分けて考察している。分析の結果、「話したことがある」群についてはポジティブな効果がみられたのに対し、「見たことがある」群についてはポジティブな効果と、ネガティブな効果の両方が確認されていた。「見る」という行為は偶発的である場合が多いが、「話す」という行為は知的障害者と対面する機会があっても回避し得る行為であることから、調査対象者には積極性・自発性があるといえる。同様に桐原（1999）[*21]も、主体的動機に基づいたボランティア活動の経験を有すること、ボランティア活動として障害者に対して直接的にかかわることが、障害者への情緒的理解を促すと述べている。さらに、田川・由良（1992）[*22]は、交流教育経験のある児童の方が、そうでない児童よりも障害児に対して必ずしも受容的意識・態度でなかったことを報告し、経験の「内容」の重要性について言及している。

一方で、接触経験がない状態でも肯定的変容を示す例も確認される。Sadlick & Penta（1975）[*23]は、看護学生に四肢麻痺者のリハビリテーションの様子を映像で17分間見ることによって、態度が肯定的に変化したことを報告している。藤田（2003）[*24]も、大学生に対する障害者スポーツの授業において、直接指導する機会はなくとも、障害者スポーツの体験や指導現場の見学を通して、大学生が身体障害者・知的障害者の能力を肯定的に捉えるようになったことを報告している。これらは、調査対象者の専攻が障害者に関係する領域であることから、障害についての理解を深めることへの自発性・積極性がうかがえ、提供された情報も、綿密な計画のもと意図的に効果的に与えられていることが推察される。

これら先行研究を概観するに、障害者との接触経験、いわば物理的に同じ空間にいることが重要なのではなく、情報を取り入れる際の主体性の有無や、具体

にどのような活動を通して関わったかといった、「質」の部分が重要であることがわかる。

(5) アダプテッド・スポーツの可能性

　ここで、アダプテッド・スポーツを通じた有意義な接触機会の提供を提唱したい。スポーツを通じて交流することは、障害児にとっても健常児にとっても、信頼関係・協力関係を築くこと、平等意識を醸成することなどに効果的であると言われている（Tripp et al, 1995)[25]。安井（2004）[26]は、車椅子バスケットボールを通して交流体験をした小学生の意識の変容について調査し、交流体験の前後で、「かわいそう」、「暗い感じ」、「生活が困難」といったネガティブなイメージが薄れ、「自分と違わない存在」として認識する傾向がみられたことを報告している。同様に松本（2014）[27]も、アダプテッド・スポーツを通じて大学生の精神障害者に対する理解が促進したことを報告しており、そのスポーツの影響力に言及している。

　共にプレイヤーとしてスポーツをするということは、相互に主体的に関わるということである。特に集団で取り組むスポーツは、集団が当該活動において十分に機能するためには、チームメイトや相手チームのメンバーを観察し、様子を把握し、そのなかで各人がいかにして役割を果たすことができるかといったことを意識することになる。偽悪的表現をするのであれば、障害理解の名のもと障害者を教材として利用するのでも、障害者の娯楽のために健常者を徴用するのでもなく、対等の立場で経験を共有し、相互理解を深めることができるのである。また、車椅子やアイシェードを利用することで、その状況下における困難性を実感することができ、当事者のパフォーマンスの高さやプレーの難度、社会的課題についても具体的に学ぶことができる。スポーツには、体力の増強、健康の維持・増進、肥満の改善といった身体的側面の他に、発達への影響（Winnick, J.P. 1992)[28]や快感情の改善（橋本ら、1991）[29]など、様々な効果を期待することができる。障害という枠を越えて、全員がプレイヤーとしてスポーツを楽しむことができれば、共生社会に向けた意識を涵養するだけでなく、心身の健康や社会性など、社会生活を営む上で大切な素養を獲得できるのではないかと考える。

第4節　大学におけるアダプテッド・スポーツの実践報告
――北海道教育大学岩見沢校の事例――

（1）大学資源活用の意義

望月（2007）[30]は、経済的要因、物的環境要因、人的環境要因によって、障害者はスポーツ活動への参加が妨げられていると指摘している。

物的環境要因としては、多目的トイレの有無や動線上の段差、専用器具・用具の設置状況など、練習できる設備が整った場所がまだまだ多くないことが挙げられる。また、これは障害者や障害者のスポーツに対する理解の問題とも関係するが、例えばウィルチェアラグビーなど、転倒の際にフロアが傷つくという理由で会場使用を断られるというケースも少なくない（よみうりオンライン、2014.7.29）[31]。

経済的要因について考えてみると、上記理由により、遠方の練習会場への移動費や、用具などを自前で用意することによる出費が挙げられる。多くの専門的な器具・用具は生産数の少なさもあって決して安価ではなく、特に競技専用の車椅

※厚生労働省「毎月勤労統計調査　平成25年分結果確報」
及び「障害者雇用実態調査（平成20年）」をもとに作成

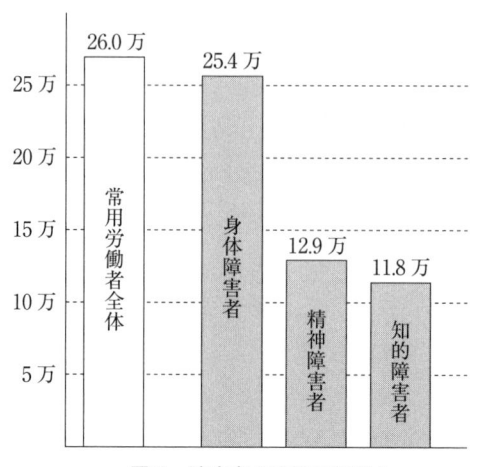

区分	平均月額賃金
常用労働者全体	26.0万
身体障害者	25.4万
精神障害者	12.9万
知的障害者	11.8万

図3　障害者の平均月額賃金

子などは、介助用車椅子と比べてはるかに高額で、直接的な経費としての出費はかさむ。また、直接的な経費の問題以外に、一般的に「収入」が低いことも課題である。障害者年金や諸手当はあるものの、特に精神障害者、知的障害者は賃金が少ない現状にあり（図3）[32・33]、お金の使い道としてスポーツを選択しにくい実状がうかがえる。

　人的環境要因としては、やはり指導者の不足が挙げられる。藤田（2004）[34]の調査によると、障害者スポーツ指導者の存在の認知度が低いことや、障害者スポーツ指導者が障害者スポーツ関連の大会に組織的に関われていない実態、資金的課題のクリアやマネジメント面の資質向上の必要性が明らかとなった。安井（1998）[35]も、地域の障害者スポーツイベントを開催する際、指導者の確保・育成が課題となり、特に在宅の障害者にとって指導者確保が難しいことを指摘している。そもそもスポーツ指導はボランティアによって支えられている、いわばボランティア依存の場合が多く、その状態では、VanYperen（1998）[36]が指摘するような、ボランティアの活動からの離脱やそれによる新たなボランティアの勧誘が常に課題としてつきまとうことになる。

　障害者がスポーツをする際は、上記のような課題が生じるが、大学の「施設」と「学生」という資源を活用することでこれを解決できるのではないだろうか。大学資源の活用と言っても、単なる場所貸し、マンパワーの提供に尽きるのではなく、研究活動とリンクさせ、学生教育と地域貢献を兼ねながらアダプテッド・スポーツを実践してゆくことができれば、教員・学生・参加者全員にとってメリットのある有意義な活動となると考える。

（2）アダプテッド・スポーツクラブの概要

　北海道教育大学岩見沢校では、地域の障害者施設と連携し、2014年6月から月2回程度、「アダプテッド・スポーツクラブ」の活動を展開している（2015年2月時点では参加費無料）。クラブの大きな特徴として、会員の「障害の種別・有無を問わない」ことが挙げられ、会員は特に知的障害者が多く、他に視覚障害、自閉症スペクトラム、難聴、高次脳機能障害、車椅子ユーザー、一般大学生など、心身の状態や年齢は様々である。スポーツ経験がほとんどない者、動くことに対する抵抗感・疲労感が強い者が多いため、参加者全員に同一プログラム

を提供するのではなく、様々な競技や用具に触れることができるよう環境設定をし、各人が希望に応じて活動できるよう配慮している。特に知的障害者に関しては、運動に取り組む動機は楽しみと満足に基づいている（Harada & Siperstein, 2009）[*37]ため、まず楽しむことを基本とし、当人が運動量を意識せずとも「楽しんでいたらいい運動になっていた」となるような活動の提供を目指している。

また、前述したように、研究とのリンクということで、アダプテッド・スポーツに取り組む様子の撮影や、フィールドノートの作成、それらデータの活用など、研究協力に関して同意を得ている。研究活動の一環として携わることができれば、時間的制約を軽減できるため教員自身も参与しやすくなり、得られた成果を直接フィードバックできるため、より充実した提供が可能となる。もちろん、人権の保護、インフォームドコンセント、法令及び研究倫理は遵守している。

（3）具体的な活動内容

アダプテッド・スポーツクラブで実施されている活動と、その意図を紹介する。例えばスクーターボード（図4）など、スピード感を楽しむことができ、少しの力で容易に移動できるため、特に日頃動くことに抵抗感のある者に好まれている。これは、着座面積の小さなものを用いる工夫がなされている。体全体が乗り切らないため、移動中に床に擦ってスピードを落とさないよう足を上げたり、まっすぐ進むよう姿勢を維持したりと、自然と体の各部に適度な負荷がかかるようになっている。

また、特に下肢の機能に障害がある者を対象に、プール型のトランポリンを利

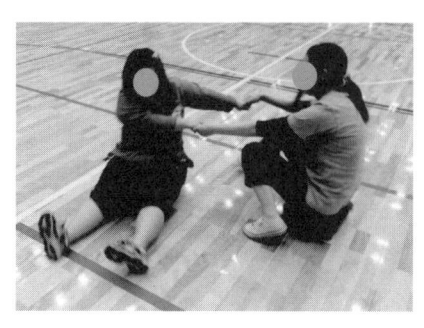

図4　スクーターボード　　　　　図5　トランポリンボールプール

図6　スポンジテニス　　　　　図7　エアロバイク

用し、ボールプールを設置している（図5）。フロア上ではほとんど動かずにいる者でもボールプールに入ることで、上下に揺れる感覚を楽しみながら、体を揺らす・起こす、姿勢維持をするなどの運動をすることが可能である。自立・自走が困難である場合、移動に距離やある程度の速度が求められるスポーツの醍醐味を味わいにくく、特にボールを使うスポーツは、ボールへのアプローチや拾いに行くことの困難性が課題となる。下肢機能に障害がある者は、フロアでは自発的にボールを掴む・投げる・転がすということがほとんどなかったが、ボールプール内ではボールを掴み放り投げる姿が多く見られた。加えて、トランポリンは非常にクッション性が高いので、フロアにマットを敷いて囲いを設けるよりも、転倒した際のダメージが小さい。

　その他に、ボールが当たっても痛くなく、ボールコントロールも比較的容易なスポンジテニス（図6）では、あえて準備するボールの個数を少なくすることで、ボールを拾いに行く頻度を増やし、運動量を確保している。また、屋外を見渡せる場所にエアロバイク（図7）を設置することで、自転車に乗ることができない者にとっては、自転車に乗っている気分を味わいながら運動することができる。バランスを取る必要がないので、自立に補装具が必要な者も「自転車だ」と自発的にペダルを漕いだり、自身の最高スピードの記録に挑戦したりと、多くの者に好評であった。器具のもつ非日常感が興味を引いているのではないだろうか。

（4） 大学生の参加形態

　学生は、一部、事前の準備や直接的な指導など「クラブのスタッフ」としての役割を担っている者もいるが、基本的には「ボランティア」ではなく「参加者」として募集し、参加したいときに自由に参加可能としている。クラブ運営にはマンパワーが必要でもあり、大山ら（2012）[38]が指摘するように、大学生には指導者としての活躍も十分に期待できるが、あまり「ボランティア」「サポートをする」という立場が強調されると、自身の運動能力について不安のある者は参加しにくくなるし、常に指導的・一方的関わりになる可能性が考えられる。そうなると裾野が広がりにくく、一部の学生だけが「指導者」としてしか関わることができず、結局マンパワーの不足に繋がりかねない。そのため、細かく学生の役割を決めるのではなく、例えばバドミントンのネットを張る、車椅子ユーザーの移動時にドアを開けるなど、その場その場で気づいた者・要請された者が動けばいいというスタンスをとっている。「障害の有無を問わずスポーツを楽しむ」というクラブ理念からの逸脱がなければ、指導できる部分がある学生は指導することもあるし、できなくても一参加者としてスポーツを楽しむことができる。このような参加のしやすさ、気安さが、従来のスポーツ実践者以外の層への、スポーツ文化の普及・振興に繋がってゆくと考える。

　また、障害者は、特に同世代の友人と屋外で余暇を過ごすことが少ないとされ（山田、1990。油谷・渡部、2007）[39,40]、家族や施設職員、学校の教員などコミュニケーションをとる相手が限定的である場合が多い。参加者全員が、スポーツを通じて同じ立場で豊かに関ることができれば、相互に理解を深め、友情・信頼関係を築くことができるのではないかと考える。運動の得意・不得意、障害の有無については一切問わず、純粋にスポーツを楽しみたい人同士で、教え合い、協力し合って活動できるような活動を継続したい。

（5） 今後の展望

　今後は、実践者が楽しめることを前提にしながらも、希望に応じて、目的を焦点化した（例えば肥満解消、運動習慣の確立など）スポーツプログラムの提供や、競技スポーツの技術向上に向けた指導など、幅の広いニーズに応えられるような活動展開についても検討してゆく。動き出したばかりの現時点では、まだまだ運

営上の課題も多く、クラブ参加による効果の検証も十分とは言えない。コンテンツの充実、継続性の保障を常に意識し、アダプテッド・スポーツを推進してゆきたい。

おわりに

近年の、障害者にとっても生活しやすい社会を目指す機運の盛り上がりは、非常に喜ばしいことである。しかし同時に、「障害」に対する過剰反応があるのだとしたら、それがポジティブなものであっても、注意しなければならない。障害者権利条約でも謳われているように、あくまでも「合理的配慮」が求められるのであって、「障害者に優しい」社会でも、「障害者を優先的に扱う」社会でもなく、多様な価値観を尊重し合える社会を目指さねばならない。

「車椅子の方には手を貸しましょう」ではなく、「困っている人」が「必要とした場合」手を貸すのが支え合いの基本ではなかろうか。自身で問題なく遂行していることに関しても、「車椅子だから」という理由で手を差し伸べようとすることがあれば、同等の相手として認識していないことも考えられる。荷物が多くてエレベーターのボタンが押せない、電車とホームの間に隙間がありベビーカーを乗せられないなど、困っていて助けを必要としていれば障害がなかろうとも配慮する、その姿勢こそが真の共生社会の実現に結びつくものと考える。

アダプテッド・スポーツの考え方が浸透することで、スポーツが多くの人にとって身近なものとなり、障害の有無にとらわれない、よりインクルーシブな共生社会が実現することを願い、結びとする。

注
注1) ゴールボール…3対3で行う競技で、鈴入りのボールを転がし合い、自陣のゴールを防御しながら相手ゴールにボールを入れる。選手は全員アイシェード（目隠し）を着用する。視覚に頼らずにプレーするため、審判の許可なくアイシェードに触れる行為（全盲でない場合アイシェードの隙間から視覚情報を得る可能性がある）や、相手の不利になる音を発する行為が反則となるのが特徴的である。
注2) ツインバスケットボール…麻痺などによって上肢の機能にも障害がある車椅子ユーザーは、通常の車椅子バスケットボールでは、ゴールの高さや他の選手との機動力の差等の理由で

参加が困難な場合があった。ツインバスケットボールでは、正規のバスケットゴール（3.05m）にシュートが届かない選手用に、高さ1.20mのゴールも設定している。選手の障害に応じてシュート方法が異なるため、各人に発揮の機会と特有の役割がもたらされる。選手の残存機能によって点数が決められており、チーム合計11.5点以内に収めなければならない。

参考文献

＊1　Classification, Assessment, Surveys and Terminology Team, World Health Organization. International Classification of Functioning, Disability and Health : ICIDH-2 : FINAL DRAFT Full Version. Geneva, Switzerland, 2001.
＊2　内閣府、H25年度版障害者白書、2013、146-150
＊3　矢部京之助　アダプテッド・スポーツの提言　ノーマライゼーション　12、1997、17-19
＊4　矢部京之助　アダプテッド・スポーツとは何か　アダプテッド・スポーツの科学〜障害者・高齢者のスポーツ実践のための理論〜　矢部京之助、草野勝彦、中田英雄（編著）　市村出版、2004、3-4
＊5　中澤公考　Adapted physical activityの可能性と課題　体育の科学　64（6）、2014、391-395
＊6　藤田紀昭　障害者スポーツの世界　アダプテッド・スポーツとは何か　角川学芸出版、2008
＊7　内閣府、障害者に関する世論調査、2012
＊8　Jones,T.W. Sowell,V.M. Jones, J.K. Butler,L.G. Changing Children's Perce-ptions of Handicapped People. *Exceptional Children*, 47, 1981, 365-368.
＊9　生川善雄　精神遅滞児（者）に対する健常者の態度に関する多次元的研究—態度と接触経験、性、知識との関係—特殊教育学研究　32（4）、1995、11-19
＊10　山田力也　障害者スポーツボランティア活動者の意識変容と役割構造に関する研究　永原学園西九州大学・佐賀短期大学紀要　37、2007、11-18
＊11　Tomas, S.A. Foreman, P.E. & Remenyi, A.G. The effects of previous contact with physical disability upon Australian children's attitudes toward people with physi-cal disabilities. International journal of rehabilitation research, 8（1）, 1985, 69-70.
＊12　橋本好市　障害者に対する意識と接触経験の関係—社会福祉系専門学校生の「障害者に対する意識調査」結果から—福祉研究　88、2000、25-32
＊13　Okolo, C. and Guskin, S. Community attitudes toward community placement of mentally retarded persons. *International Review of Research in Mental Retardation*, 12, 1984, 25-66.
＊14　Cobun, J.M. Attitude changes in vocational rehabilitation counselors related to the physically disabled during induction preparation. *Education, guidance and Counseling*, 4084-A, 1972
＊15　Granofsky, J. Modification of attitudes toward the visibly disabled: an experimental

study of the effectiveness of social contact in producing a modification of the attitudes of non-disabled females toward visibly disabled males. *Dissertation Abstracts*, 16, 1955, 1182-1183.

＊16　中村真、川野健治、精神障害者に対する偏見に関する研究—女子大学生を対象にした実態調査をもとに—川村学園女子大学研究紀要　13（1）、2002、137-149

＊17　大谷博俊、交流教育における知的障害児に対する健常児の態度形成—態度と事前指導における情報提供、交流経験、評価対象となる知的障害児の特定との関連性の検討—特殊教育学研究　39（1）、2001、17-24

＊18　SoHyun Lee, SunYoung Yoo, SunHi Bak Characteristics of Friendships Between Children with and without Mild Disabilities. *Education and Training in Developmental Disabilities*, 38（2）, 2003, 157-66.

＊19　生川善雄、安河内幹、精神薄弱児（者）に対する態度と接触経験・ボランティア経験との関係に関する研究—福祉保育教育系女子大生の場合—発達障害研究　13（4）、1992、302-309

＊20　松村孝雄、横川剛毅、知的障害者のイメージとその規定要因　東海大学紀要文学部　第77集、2002、101-109

＊21　桐原宏行、ボランティア活動の経験が障害者に対する態度に及ぼす影響　障害者理解研究　3、1999、15-20

＊22　田川元康、由良妙子、障害児に対する小学生の態度形成—統合教育・交流教育の影響—和歌山大学教育学部紀要　41、1992、1-15

＊23　Sadlick, M. Penta, F.B. Changing nurse attitudes toward quadriplegics through use of television. *Rehabilitation Literature*, 36（9）, 1975, 274-278.

＊24　藤田紀昭、障害者スポーツの授業が大学生の態度に与える影響に関する研究　日本福祉大学社会福祉論集　108、2003、45-54

＊25　Tripp, A. French, R. & Sherrill, C. Contact theory and attitude of children in physical education programs toward peers with disabilities. Adapted Physical Activity Quarterly, 12, 1995, 323-332

＊26　安井友康、車いすバスケットボールの交流体験が障害のイメージに与える影響　障害者スポーツ科学　2（1）、2004、25-30

＊27　松本すみ子、アダプテッド・スポーツによる精神障害者との直接的交流体験が大学生にもたらす変容とそのプロセスに関する研究—精神保健福祉士養成の観点から—東京国際大学論叢　人間社会学部編　19、2014、1-17

＊28　Winnick, J.P. Early Movement Experiences and Development: Habilitation and Remediation 小林芳文、永松裕希、七木田敦、宮原資英（訳）子どもの発達と運動教育—ムーブメント活動による発達促進と障害児の体育—大修館書店、1992、186-216

＊29　橋本公雄、斎藤篤司、徳永幹雄、磯貝浩久、高柳茂美、運動によるストレス低減効果に

関する研究（2）一過性の快適自己ペース走による感情の変化　13、1991、1-7
*30　望月浩一郎、日本の障害者スポーツと法をめぐる現状と課題　身体教育医学研究8（1）、2007、1-11
*31　よみうりオンライン『「床傷付く」公立体育館、車いす競技利用断る』（2014年7月29日）http://www.yomidr.yomiuri.co.jp/page.jsp?id=102608（閲覧：2014年10月1日）
*32　厚生労働省（2008）平成20年度障害者雇用実態調査結果
http://www.mhlw.go.jp/stf/houdou/2r98520000002fxj.html（閲覧：2014年9月30日）
*33　厚生労働省（2014）毎月勤労統計調査　平成25年分結果確報
http://www.mhlw.go.jp/toukei/itiran/roudou/monthly/25/25r/25r.html（閲覧：2014年10月1日）
*34　藤田紀昭、地域における障害者スポーツ大会および教室の実態に関する研究—障害者スポーツ指導者の活動の活性化の視点から—日本福祉大学社会福祉論集　111、2004、73-90
*35　安井友康、障害者の冬季身体活動に関する研究：障害者歩くスキー大会参加者の調査から　年報いわみざわ：初等教育・教師教育研究　19、1998、57-65
*36　VanYperen, N.W. Predicting Stay/Leave Behavior Among Volleyball Referees. *The Sport Psychologist*, 12, 1998, 427-439.
*37　Harada, C.M. and Siperstein, G.N. The Sport Experience of Athletes With Intellectual Disabilities: A National Survey of Special Olympics Athletes and Their Families. *Adapted Physical Activity Quarterly*, 26 (1), 2009, 68-85.
*38　大山祐太、増田貴人、安藤房治、知的障害者のスポーツ活動における大学生ボランティアの継続参加プロセス—スペシャルオリンピックス日本・青森の事例から—障害者スポーツ科学、10（1）、2012、35-44
*39　山田信子、精神遅滞者の余暇の実態とよりよいあり方について　情緒障害教育研究紀要　9、1990、111-114
*40　由谷るみ子、渡部匡隆、知的障害養護学校における夏季休業中の余暇支援に関する検討—保護者へのニーズ調査と余暇支援活動の事後評価から—特殊教育学研究　45（4）、2007、195-203

指導研究領域

指導研究領域

　本学新学科設置にあたって検討された資料の中に、北海道、札幌市、小樽市、岩見沢市各自治体における将来構想計画から、芸術・スポーツに関連する項目をピックアップしたものがある。資料によれば各自治体共一様に市民の文化活動、スポーツ活動をより活性化するために、良き指導者の存在を求める声が強く挙っている事がわかる。指導法に関わる研究は、地域からのニーズに直結したものであり、地域の文化的ボトムアップとともに、他の研究領域における実践的活動を通して市民の主体的な参加意識を育むための土壌となり得る。

ピアノ演奏に関する研究
― ピアノを演奏すること、ピアノを指導すること ―

水田　香

はじめに

　著者は現在、新学科となった北海道教育大学岩見沢校音楽文化専攻の鍵盤楽器第一研究室において「ピアノ演奏」と「ピアノ教育」について研究している。自らピアノに興味を持って習い始め、大学と大学院で学び、多くの国内外のピアノ指導者のセミナーに通い演奏を重ね、ここ30年程は大学教員として大学生や大学院生のピアノ指導にも携わってきた。ピアノを演奏するとはどの様なことなのか、作品をどこまで理解し、楽器をどの様に扱い、目標をどこに据えて研鑽すべきなのか、長い間疑問に思い、研究室に所属する大学院生や大学生と作品について共に研究する中で見えてきたものがある。「楽器の良さ」と「作品の良さ」を生かした演奏を考え実現することが、表現力を伴った演奏を生むだけではなく、困難だと思った技術を克服し、「弾き手」と「聴き手」双方に納得できる演奏となることを度々体験した。
　ピアノ演奏には様々な課題がある。ピアノが楽器として完成する中で作品様式もその時代の状態を反映しつつ変化し、演奏技術も大きく変わった。他の分野（声楽、管弦打楽器など）には無い特殊性 ― **時代に即した楽器の扱い方と作品の様式** ― を理解してピアノ演奏に取り組む事が、「聴き手」に作品を無理なく正しく伝えられる最良の方法である。著者は長年の演奏とピアノ指導を通じてこの事を伝えようと努めてきた。本論では懸命に励む学生達と試行錯誤しながら得たエッセンスの一端を述べる。

第1節　ピアノ、その音の魅力と楽器の能力

（1）「聴き手」として魅力を感じる点

　演奏する媒体である「音声」そのものに魅力を感じる場合には（様式に関わらず）その作品を好ましく思い、逆に魅力が無ければ（作品に関係なく）好きになり難い。「ピアノが好き」という人は、ピアノの音そのものの魅力を理由に挙げることが多い。

　ピアノの発明は18世紀前半で、19世紀半ばには仕組みとして完成を迎えた。他の楽器に比べるとその歴史は短い。現在の完成モデルはヨーロッパの産業革命と共に発達した、いわば「機械的」な仕組みを持ち、改良された楽器である。その発音の仕組みは①腕や指で「鍵盤を下に押す」と②エネルギーがハンマーに伝わり③ハンマーのフェルトに包まれたヘッドが梃子の原理で横に張られた弦を下から上に打ち④金属を打つ時に出る「鐘の様な音」が響く。

　従って楽器の中では「打楽器」、中でも多くの音を備えた鉄琴やマリンバと共通するが、大きな違いは、機械的で複雑なアクションの内部構造にある。

　鳴らした音を変えることが出来ないが、残響の操作は可能である。各音の弦の上に設置されたダンパーは鍵盤を放すことで下がり、響いている弦を瞬時に抑え残響を切断することが出来る。一方で自然に減衰するまで残す機能もある。「ダンパーペダル」はダンパーに直結されており、ペダルを踏むことでダンパーを操作できない状態に保留できるため、残響を意図的に残すことも、止めることも可能である。つまりピアノの音の発音と遮断は自由にコントロールできるが、その途中の操作が不可能な点が大きな特徴である。

　ピアノの楽器としての能力は、音域（88音）の拡大、より精巧なアクション、丈夫な反響板と金属弦と鉄骨枠による音量の増大、ペダルの機能に改良が加えられて、強力な楽器となった。

　これは「聴き手」にとっても、「弾き手」にとっても魅力的である。

（2）「弾き手」として魅力を感じる点

　ピアノが世界中に受け入れられた理由はその能力の高さと共に、楽器のコンパクトさにあった。拡大された音域と大小の音量に残響の調節機能を備え、作品をあたかもオーケストラの様に演奏できるにもかかわらず、女性や子供が1人で演奏することが可能な規模に収められている。同類楽器には広い音域と多彩な音色を備えたオルガンがあるが、規模が壮大すぎて、大きな収納施設と演奏補助が必要となる。ピアノは「声楽」の様な旋律の豊かさを表現できないとしても、工夫次第でその様に感じさせることもでき、伴奏者を伴うことなく合奏の様な表現も可能で、イメージやテンポ、音量の増減がピアノ奏者1人の判断で自在に行える。この自由さが「弾き手」にとって大変に魅力的である。

　「リズム」「旋律」「和音」が音楽の3要素であるが、1人で一度に演奏が可能で、幼い子供でも楽に対応できる。音高と鍵盤がはっきりと結びついており、方向（上がる音は右に、下がる音は左）も単純で、音も覚え易い。

　思いがけないことであるが、鍵盤に「触れるのが好き」でピアノを弾いている人もいる。特に子供に多いが、鍵盤が上下運動する感覚が嬉しいと言う人も多い。それは高度に発達したアクションのおかげであり、連打音、速いパッセージ、跳躍や和音などのリズム運動を可能にし、鍵盤が圧力を押し戻す抵抗感が「弾き手」にとって適度に心地良い。以下のアフタータッチは音色を決める重要な場所であるが、零点数ミリの上下運動が音楽表現を多彩にする。（図1）

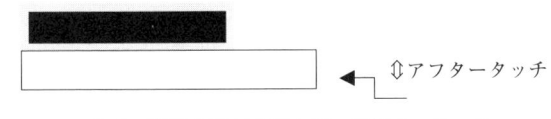

図1　鍵盤を横から見た図　アフタータッチ

第2節　ピアノ作品の魅力

　「聴き手」と「弾き手」で魅力を感じる箇所に差が出ることがある。

　当然のことではあるが、音楽の3要素が盛り込まれ、ピアノ特有の響きが醸し出された瞬間は「聴き手」にとって大変に魅力的である。加えて「楽器としての特徴がアピールされた瞬間」は、一層の魅力が加わる。

ショパンはピアノの良さを最大限活かした代表的な作曲家である。彼がピアノに固執した背景には、完成に近づいた当時のピアノの存在がある。当時ウィーンとイギリスで改良を重ねたアクションとフランス風で繊細な感覚が加わった楽器（エラール、プレイエル）は、ショパンに多くのイメージを与えた。一方でショパンはその楽器に応えて、ピアノに打ってつけの作品を残した。

拡大された和音上でオペラアリアのように歌われるノクターンの旋律（譜例1）、多くのフィギュレーションを取り入れたアンダンテスピアナート Op.22（譜例2）、異名同音や非和声音の経過で偶然を装った調性の変化（譜例3）、アップダウンする音域に沿ったしなやかな「手の動き」等、様々に飽きさせない工夫が盛り込まれ、夢のようなファンタジーの世界を表現した。

譜例1　Chopin: Nocturne　Op.9-2　冒頭 　　譜例2　Chopin: Andante Spianato より

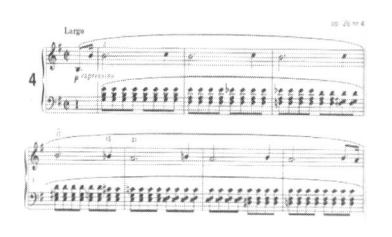

譜例3　Chopin: Prelude　Op.28-4 　　譜例4　Bartòk: Rumanische Volkstanze

和音が美しく進行するもの、例え不協和音でも有機的な関連性を感じられるもの、リズムが安定して進むもの、あるいは不自然なアクセントがあってもビート感のある作品にも魅力が感じられる。音楽の好みに個人差はあるが、人の自然な鼓動や息遣いに適った作品は多くの共感を得る。古くから民俗的に馴染んだ「歌

謡」や「踊り」のリズムを持った作品は、例え遠方のルーマニアの音楽であっても、心に響くものが感じられる。(譜例4)

またリズム的な連打、和音を伴った連打もピアノ独有の形であり、魅力的である。(譜例5)

譜例5　Prokoffieff Sonata No.3　冒頭

高い音と低い音を瞬時に移動する「運動性」を持つもの（譜例6）や、ペダルで保続する低音から立上る倍音に響き合う細かな高音の響きは、ピアノの魅力が大変に活かされたものである。(譜例7)

譜例7　Debussy: Images I Mouvement　最終

譜例6　一柳慧　雲の表情Ⅶ　冒頭

「弾き手」にとって「手の運動性」と結びついた音楽は、面白く心地良い。腕や手の動きに自然に馴染むメロディー、急速で難しく箇所も方向が一定で抵抗の無い音型や、基本形で動く和音も同様である。例え複雑なリズムであっても「はずみ」を利用した和音群、「ため」を利用して打つ音、跳躍していても次の音の用意が自然に行われるもの、力の出し入れがはっきり分かりやすい作品も同様である。不自然アクセントがあっても、それが民俗的なリズムとしてアピール性があるものも同様である。(譜例8)

譜例8　Villa-Lobos: Ciclo Brasileiro Ⅲ "Dana do Indio Branco"

　ここに興味深い著書がある。感性と知性に関する著書『新・知性と感性の心理―認知心理学最前線』の執筆者である行場氏は、音楽の演奏を知覚する「聴き手」と「弾き手」の差について述べている[注1)]。
　美術は完成された作品を客観的に鑑賞できるが、音楽の演奏者は、自分の出す音を聴き手と同じ様に聴く事はできない。加えて、出す瞬間から消えていく「音楽空間」は決して自分で全体像を捉えることができない。「録音」する方法もあるが、実際の音は自動的、あるいは故意に調整されるため、実物とは異なる。「聴き手」はすでに出された前の音の記憶を振り返りつなぎ合わせ、あるいは先の見通しを立てながら演奏者の作る音楽空間を感じ取ろうとする。
　従って「聴き手」と「弾き手」が良いと思う音楽に差が生まれる場合が多い。「弾き手」が「上手く弾いた」と感じているにも拘らず、「聴き手」に良い演奏と伝わらないことが多い。逆に「弾き手」が「上手く弾けなかった」と思っても、「聴き手」に感動が伝わっている場合もあり、必ずしも一致しない。
　「ピアノの曲が面白くないのは、自分が専門に勉強していないせいなのか？」「ピアノをやったことが無いので、ピアノの曲は理解できない」という声をしばしば耳にする。音楽を聴いてよいと感じる時は、当然ながら「面白い」「美しい」「変化に富んでいる」「表現が豊かである」「飽きない」「感動的である」場合であり、それはピアノに限らず、他の楽器でも、クラシックでもジャズでもポピュラー音楽でも、共通することである。それは「聴き手」の立場である。
　一方、「弾き手」が思う演奏の良し悪しには、段階がある。
　音符どおりにすべて間違えなく鍵盤を押したという第1段階、表情がつけられ

たという第2段階、自分の個性が活かされたという第3段階である。全部の音を速く大きな音で押さえられた時に感じる「弾き手」の達成感、よい音楽を聴きたいという「聴き手」の要望とは多くの場合、評価は一致しない。

　ピアノを弾ける様になりたいと第一歩から取り組む場合、楽譜と鍵盤の場所を間違いなく押す事が一大関心事となりがちである。時として音楽を奏でるという意識から離れることにもなりかねない。音や表現を追求し始めると、そこに集中しすぎて、総合的に音楽をすることを忘れる。最も基本的なピアノの音色について、振り返る事が少なくなることも結構多い。

　より高度な演奏表現を求める段階になると、楽器として利点であったはずの88音を揃った音色と音程で調律、調整した楽器が苦痛に感じられることがある。

　音色が単純で音の持続性に乏しく発音後の変化が不可能であるピアノのマイナスをカバーし魅力を加えるためか、作品には別の面が加わった。急速にアップダウンするパッセージ、瞬間的に跳ねる音や和音の急速な移動、手の交差などの「超絶技巧」である。19世紀のリスト以降、多くのピアニストがピアノを技巧的な楽器として扱った。それとは別に、（ペダルを使い）倍音に響き合う「音響」や、リズム楽器としての特徴を拡大し「打楽器的な扱い」を盛り込んだ作曲家もいた。それらは各作曲家の個性的な表現であり、それぞれの作品の作曲様式、演奏スタイルを理解してこそ、「聴き手」に魅力を伝えることが出来る。ピアノの作品を「良いと聴かせる」のは、実に大変な困難を伴うことであり、長年の研鑽を必要とする。

第3節　「音楽として」演奏するために

　逆説的であるが、ピアノの演奏を行う上で起こる諸問題は、これまで述べて来たピアノの優位性から生まれている。

（1）　発音の研鑽

　発音の簡易さは演奏する者にとって有利でもあり、不利でもある。

　音律が固定され、それほどエネルギーを使うことなく楽に音が出せることは、発音の意識（音楽としてこの瞬間にどの様な音を選んで発声するか）が他の媒体

よりも薄くなることを意味する。声楽や管楽器奏者は単旋律しか演奏できないからこそ、1つの音の出し方にもかなりの工夫を凝らす。また息を使う声楽や管楽器は人の体と密接に結びつき、一息のフレーズを「聴き手」に十分感じさせることができ、音楽表現が深くなる。ピアノは出た瞬間から消える発音の仕組みで、音楽の重要な要素である「歌謡性」に満ちた滑らかな旋律を演奏することが、一番苦手である。

ピアノで「旋律」を演奏するのは、コマ撮り画像を動画に近づけ様とする努力に似ている。

ピアノは他の媒体の様に息をため、その量を調節しながら「抑揚を作り出す」ことはできない。しかし似たようなことはピアノを演奏する際にも必要である。フレーズを弾き切るための「息に相当するエネルギー」を腕や手首を持ち上げることで「ため」、予め計画した声楽的なラインに沿って微妙に異なる重さをタイミングよく指に伝え、鍵盤を圧すことで、聴き手にラインを感じてもらう。鍵盤を「打つ」、と「圧す」の違いは、専ら加速度のイメージであるが、ピアノの場合に「打つ」ことは、瞬間的な発音で減速が早く、「圧す」場合には、持続する音をイメージさせることが出来る。「打つ」、あるいは「圧す」瞬間のスピード、微妙にエネルギーを調節する意志力、実際の重量のかけ方やタッチの研究は、ピアノ奏者にとって永遠のテーマである。（図 2a）（図 2b）

音の持続を補助するためにはペダルの使用が一番合理的であるが、次のような

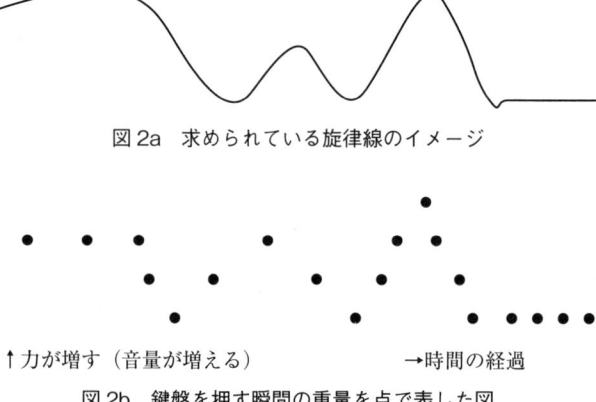

図 2a　求められている旋律線のイメージ

↑力が増す（音量が増える）　　　→時間の経過

図 2b　鍵盤を押す瞬間の重量を点で表した図

譜例9　Chopin: Prelude　Op.28-4　冒頭

演奏箇所では、旋律をサポートする下の音域の和音を極力なだらかに移行させることでイメージを伝える工夫を行う。(譜例9)

　「和音」はピアノの強みであるが、演奏する場合にはそれぞれに異なる高さの音を一度に押すため、瞬間の音量バランスと共に、それぞれの音の残響の計算が必要となる。

　「リズム」は他の要素に比べると、ピアノの得意とするところであるが、瞬間的に発音する打楽器と同様に、「弾み」や「間合い」の取り方で表現が異なるため、予めイメージに沿った計画が必要となる。また高さの違う複数音を連打する場合には、低音弦と高音弦で残響が異なることを配慮し、長さのバランスを取らないと不自然に聴こえる。

　ピアノが発音される場所は演奏位置から遠く離れた前方で、発音後の響きは響板、天板を利用しながら奏者の右斜め上前方に響くので、実際に耳に届く音は「聴き手」と「弾き手」とでは大きく異なる。特に残響は弾き手には分かりにくい。

(2) ピアノへの期待を理解すること

　ピアノは「旋律」「リズム」「和音」が同時に演奏できる総合的能力を持つ楽器として、実に多くの作品が書かれたが、時代の変化と共に(オーケストラの様に多層のパートを組み合わせた)複雑な構成を持つものとなり、無意識に音を鳴らすだけでは各パートの音が混ざり合い、聞き取ることが困難になった。作曲家のイメージの根底にあるのはピアノを超えたところの歌や合奏、合唱、オペラ、オーケストラの様な総合的な音楽であることが多く、ピアノに期待されるのは、

歌の様な「うねり」を持った旋律、静かな音から壮大な音までの段階の無い音量による「立体的」な響き、舞台上で演じる「近景」「中景」「遠景」の様に層を感じさせる「奥行き」のある演奏の実現である。

つまり「弾き手」がピアノを使って作品の魅力を「聴き手」に伝えるためには、期待される壮大な「立方体」の音楽空間を作り出す作業を、1人で行わなければならないということになる。そのためにピアノ演奏者は、曲の構成を十分に把握し、作品の持つ音楽の3要素「旋律」「リズム」「和音」を十分に理解し、ピアノの楽器としての特性を把握した上で、イメージを持って瞬間的に音を発したり、持続したり、残響を操作したり、計画的に各音のバランスを取りながらタイミングよく、音を配置していくことである。

それが無ければ、弦をハンマーで打つという意味で単色の楽器であるが故に（水平的にも、立体的にも）構成が複雑な作品、例えばオーケストラ的な作品になる程、音が混ざり合って判別不可能な曲に聞こえる。ちょうど、いろいろな色が素材としてあるにもかかわらず、混ざりあってグレーにしか見えない画像の様なものになる。実際その様な演奏は多い。

結局作品の何を演奏するかをはっきりとさせることで、作品を効果的に「聴き手」に伝えることが可能になる。

(3) 音楽的表現のための準備

このためには、多くの時間と年数を必要とするが、大きく2つに分けて述べる。

1) 作品を理解する努力

これまで述べた様にピアノ作品に盛り込まれた要素は多く、イメージに沿った発音の作業の数は瞬間的であり膨大であるので、あるかじめ計画的な用意を必要とする。音楽は目に見えず、「弾き手」にとってイメージを作るのは困難であるが、「楽譜」は視覚的に音楽を把握できる有効な手段の最たるものである。

しかし完全ではない。音の高さや長さは誤り無く記すことができるが、音楽空間を把握するのには平面的過ぎる。そこで音楽空間を視覚化するために、楽譜に沿って、「立方体」の空間に図形を描いてみるのが手っ取り早い。

例えば、以下の作業が有効である。

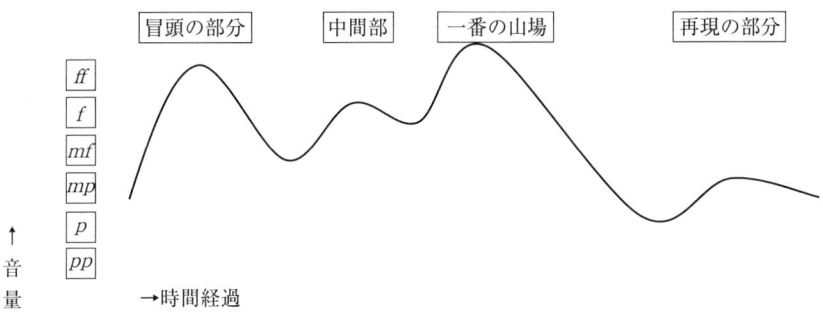

図3 垂直方向と水平方向の図形

垂直方向と水平方向の図形

以下は作品の各部分に従い、立体図を描いてみた例である。垂直方向は音量の増減、水平方向は時間経過に伴う音楽の流れを示す。(図3)

奥行きの図形

奥行きは異なる音が重なり合う層により、感じることが出来る。

オーケストラは音色の異なるパートで成り立っているため、聴き手に音の層が奥行きとなって伝わるが、ピアノは単色のため、奥行きが感じにくくなる。

以下は奥行きを上から見た図の例である。音が重なると和音が生まれ、旋律の層の背景に色合いが生まれ、情景を感じさせる。(図4)

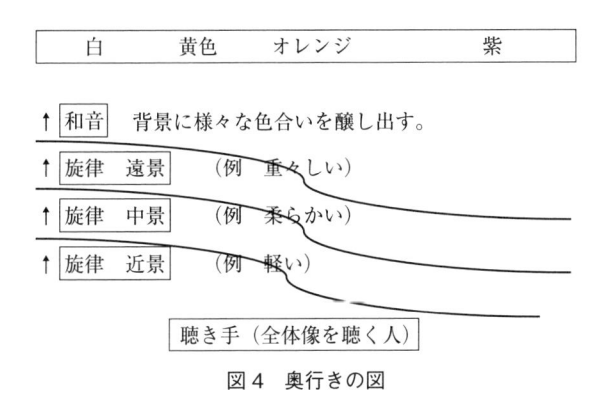

図4 奥行きの図

94　指導研究領域

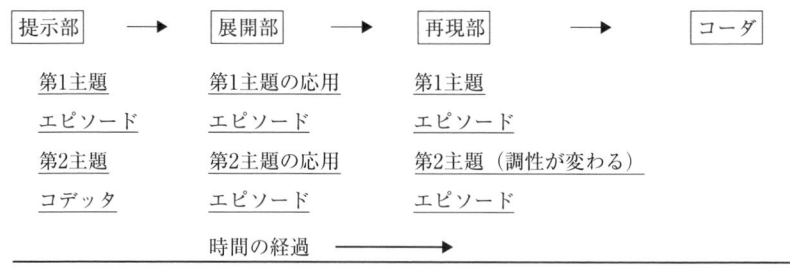

```
┌─────┐     ┌─────┐     ┌─────┐     ┌─────┐
│提示部│ ──→ │展開部│ ──→ │再現部│ ──→ │コーダ│
└─────┘     └─────┘     └─────┘     └─────┘
 第1主題      第1主題の応用   第1主題
 エピソード    エピソード     エピソード
 第2主題      第2主題の応用   第2主題（調性が変わる）
 コデッタ      エピソード     エピソード
           時間の経過 ──────→
```

図5　ソナタ形式の構成図

作品の構成

　形式が整えられている場合には時間経過を横軸とし、地図の様に構成図を作成してみる。以下はソナタ形式で書かれている作品の一例である。（図5）

　その他に作品に込められる作曲上の背景、心情について理解するには、多くの情報や経験が必要となる。

2）経験を積むこと

　経験は、環境として自然に獲得しているものと、自分の意思で積極的に取り入れようとするものがある。

　自国の言語のイントネーションは歌と強力に結びつき、演奏者の音楽的基盤となっている。民俗的な踊りのリズム感は演奏者のリズム感となり、自然に自分の中にビートが形成される。

　最近若い人の歌の演奏会を聴いた。ヨーロッパのオペラのアリアが主であったが、歌い手は日本人、聴き手もほとんどが日本人であった。その中で1曲、日本人の作曲家が日本の風景を描いた歌曲が歌われた。音量的にはアリアに比べ小さなものであったが、詩の情景が浮かび、会場と一体化された見事な時間がそこには感じられた。「演奏者」にも「聴き手」にも「自然と身に付いた音楽」の共有を意味していた。

　日本人がピアノを弾く事は「学ぶこと」である。ヨーロッパで発明された楽器で作られたヨーロッパの音楽を演奏する事は、「外国語を駆使して、詩を語る」のと似ている。自国のイントネーションやリズム感ではないものを取り入れる事は大変であるが、そこを乗り越えるには、出来るだけ多くの体験を重ねることである。

知識、経験を取り入れる

　経験の初めは多くの音楽を自分の中に取り入れる事である。自分の中にイメージが無ければ伝えることも出来ないので、まず音楽の場合は聞いて蓄えることである。

　現代は多くの資料や音楽が溢れているため、意欲さえあればかなりの部分は補えるが、環境に恵まれていなければ積極的に情報を集めることである。作品を演奏するための資料が楽譜しかない場合には、楽譜を読み取る能力が必要となる。また、作品に込められた作曲家の心情や背景を、伝記、研究書、資料などから感じ取る事は、作品に近づく大きな一歩となる。

演奏する媒体をよく研究すること

　ピアノにはグランドピアノとアップライトピアノがある。アップライトは場所を節約できる簡易な楽器で、グランドピアノの後に考案された。響板とアクションが立ち上がった形で、ハンマーは横向きに弦を打つ。タッチは軽く感じられ、音色を創るために必要なアフタータッチも無い。残響は箱型の狭い空間から上方向に立ち上る。専門的に見ると、別の楽器である。

　グランドピアノの大きさも各種ある。大きさによって変わるのは低音弦の長さであり、残響が変わる。大きいほど高音との差が拡大される。

　アフタータッチとペダルは「弾き手」にとってピアノごとに微妙に異なる感触を持つが、「聴き手」には大きな差となって感じられる。それらは残響を感じる耳と連動させ、多くの楽器に触れながら、多くの場所で演奏経験を持つことが必要となる。

演奏の動線のイメージを掴むこと

　ピアノの演奏には身体や腕、指が大きくかかわるので、体の各部の運動性をよく理解することも演奏を容易にし、多彩にする。演奏者の作り上げたイメージに沿った音色、音量を各パートに従って選び、そのエネルギーを瞬間的に鍵盤に伝えるのは内部の聴覚（耳の中で聴き取る感覚）と触覚との結び付きである。最終的には直感的に分かることが望ましいが、技術よりも先に音楽的なイメージを蓄え、指や手首、腕を含めた身体の合理的な動きができる神経を作ることである。

第4節　ピアノを指導すること

　演奏を追及することが結果的により良い指導を行う力となる。
　指導の際には相手の状態（年齢、発達段階、経験、ニーズ）に配慮し、イメージを「ことば」で伝えながら「実践例」を示し、できるだけスムーズに目標を達成できるようにアドバイスすることが必要である。しかし目指す先は専門的であろうと、楽しみのためであろうと、「音楽をする」ことに他ならない。最終的には生徒が自ら演奏を組み立てられる能力を育て、個性を発揮できる域にたどり着ける様に導くことである。
　日本では現在、学校教育や各地に存在するピアノ指導者の個人教室、楽器店の音楽教室の影響でピアノに触れる機会が多く、演奏する人口も極めて多い。楽譜と、鍵盤上の音の位置を多くの人が理解できる状況になってきている。「ピアノを弾いてみたい！」という、始めるきっかけとなった純粋な気持ちが、学習する曲の進度が上がるにつれて、少なくなってしまう。専門的に学習して行くほど、他の分野の勉強と同じで、「学ぶこと」「覚えること」「正しい、間違っているとの指摘を受けること」が多くなるからである。
　特にピアノで扱う初期の教材や課題曲はヨーロッパで発達したクラシック音楽が中心となるため、伝統的ではない音楽を取り入れる難しさと、ヨーロッパ人の体格に合わせて作られた楽器を扱うことによる身体的な困難さも常に付きまとい、進めば進むほど「果たして努力をすれば報われるのか？」というところにいってしまう。しかもその発達段階でコンクールや受験などの競争的要素が加われば、なおさらのことである。
　しかしながら、「専門的に弾いた事はないが、この曲を弾いてみたい」という熱烈なピアノ愛好者の醸し出す音が、必死に練習する学生や、プロ奏者の音よりも人の心を揺さぶる場合が多々見られる。
　「上手に」弾くことを目指すより、「何が良いと感じられるのか？」ということを目標に据えた方が、良い結果が得られるのではないか。

（１） 指導の段階

以上の目標に従い、指導を次の３段階に分類する。

イメージ作りに関わる

譜を読み、構成を考え、音の出し方を考え、組み合わせを考える中でイメージ作りは行われる。大きな目標は作品に対する『**音楽的なイメージ**』の作り方と、ピアノの特殊性を理解させた上で、『**運動のイメージ**』を理解させることである。

１） 音楽的なイメージの持たせ方

音楽的なイメージの少ない幼児と、いろいろな音楽をイメージをすでに持っている生徒では、指導のあり方が異なる。

音楽的なイメージの少ない生徒には、楽譜、音源、資料などを基にイメージの作り方を的確に指導するのが先決である。作品に沿ったイメージ作りを指導するには指導者に指揮者的な感覚が必要である。ピアノ譜は平面的であるが、スコア（総譜）のようにいくつものパートの総合である認識と、立体空間を描くセンスが必要となる。

２） 運動に関するイメージ作り

合理的な腕や手の使い方を指導することは大きな役目である。

第１段階は基本的なポジションでの手の構え方、指の使い方（どの指で何の音を押すか）、両腕が動くイメージ、合理的な手や指の運び方を指導する初期の段階である。右手と左手を動きをコントロールする肩甲骨とそれを支える腰の重心、体全体を支える両足の構えを意識させる必要がある。

第２段階は音の出し方と残響について指導することである。

タッチの方法で様々な音を演出できることが可能なこと、すでに述べた様に、複雑な音の配置を実現するにはピアノの鍵盤がどの様に動くとどの様な音が出せるのかを学ばせることである。

第３段階は、別々に動く２本の手の動線を実感させることである。

鍵盤は水平方向に並び、指を支える肘は常に鍵盤に沿って水平に動き、手首はそれに従って角度が変わるという意識を持たせる。２本の手はやがて４部分に使い分けることとなる。

第４段階は様式毎に異なる手の構え方や弾き方を指導することである。

ピアノの様式に結びついた弾き方は複雑なピアノ作品の演奏を容易にし、表現

の向上にも役立つ。

　第5段階は響きをイメージによってコントロールできる「ペダル」の使用を指導することである。ペダルは残響を作り出すために使用するが、使うことでリズムを強調したり、和音の響きを豊かにしたり、なだらかな旋律が表現できる。

　ペダルは使用すると全部の音に効力が及び、多くが重なり合う箇所では、機能が有効に働くパートと、その残響によって音楽が損なわれるパートが出る。何の要素を優先して踏むかの順位付けの指導が必要である。残響は会場によって異なる。音が他の部屋に洩れない様に吸音板が張り巡らされた場所と、残響を長く設計した音楽ホールで演奏する場合では、大きな違いが出る場合もある。

　音色を変える「ソフトペダル」はダンパーペダルと別に使用するため、両足の別々な動きも理解させる必要がある。耳で響きを判断して行う微妙な操作であるため、かなりの経験が必要となる。

（2）作品を活かすための演奏法

　段階が進み、様々な曲を手がける頃には、作品には多くの様式があることを理解させ、その様式に合った演奏法を伝える必要も出てくる。

　ピアノが楽器として完成する中で作品様式もその時代の状態を反映しつつ変化し、演奏技術も大きく変わった。他の分野（声楽、管弦打楽器など）には無い特殊性を理解してピアノ演奏に取り組む事は、聴き手に作品を正しく無理なく伝える最良の方法である。そのことでピアノの困難な技術も大変に容易になる。作曲家はほとんどピアノを弾きながら作曲しており、解決できないほどの無理な手の使い方は考えられない。もしもそれが起こるならば、体格の違い、手の大きさによるものであることを考え、手や指の使い方の工夫が必要である。

　モティーフを大切にしたバロックや古典派の時代には、手の基本的なポジション（鍵盤の並ぶ5音に指を乗せ、指先を手前に引く様に手の甲を持ち上げたドーム形）を維持する。指の根元の関節から運動を行い、拡大された順次進行では、親指を3指の下にくぐらせ、あるいは親指の上から3指をかぶせ、移動する基本的なテクニックを使う。モティーフ（数個の音で作るまとまり）を展開させる作曲法であるが、ピアノの基本的構えの中で賄うことが可能で、4音の音階や密集和音のアルペジォの演奏では、腕はほとんど自然な状態で使われる。（譜例10）

譜例10　4音音階　Bach: Das Wohltemperierte Klavier Ⅰ－1Fuge 冒頭

譜例11　アルベルティバス（伴奏形）Mozart: Klavier　Sonate　K545 冒頭

（譜例11）
　19世紀に向かいピアノに広い音域が加わると、それを最大限利用したピアノ作品が作られる様になった。ショパンはその前の時代の演奏法を大きく変え、後世に大きな影響を与えた。指を鍵盤から離さずに出来るだけ静かに移動を行う前の時代の方法とは全く異なり、腕をそっくり音の移動に沿って上下に移動する方法－例えば小指（5指）と親指（1指）で飛び越す腕の使い方（譜例12a)、手のひらを捻って5指を越す中指（3指）、手首を持ち上げながら3をくぐる5指の使用法など－が使用された。（譜例12b)

譜例 12a　F. Chopin: Etude　Op.25-12

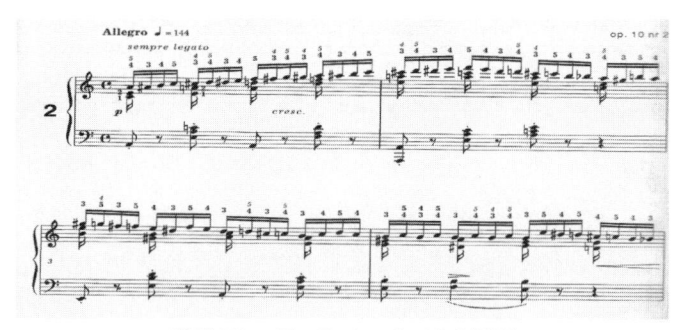

譜例 12b　同　Etude　Op.10-2 冒頭

　これはピアノ音楽史上、画期的で、ピアノ奏法を大きく変える転機となった。他に、前の音が次の音の弾みとなり、跳躍を助ける腕の使い方もある。(譜例13)

譜例13　オクターヴの部分
F.Chopin: Andante spianato et Grande Polonaise brillante Op.22

譜例14　F.Chopin: Scherzo　NO.2　最後

腕が鏡の様に反射して跳躍を助ける場合もある。（譜例14）
　和音が同じ配置のまま、平行に上がり下がりをする場合には始めの音に弾みを付けると楽に移動できる部分がある。（譜例15）
　次の様に多くの声部が重なる場合には、各パートのイメージを作り、音色や音量を計画的に定め、両手を手の中心から2つに使い分けて、外側と内側の動きに差を付け、タイミングよくタッチすることが必要である。（譜例16）
　以上の様に、作品の様式をよく理解し、合理的に演奏を行う事は、無駄なエネルギーを節約する上に、音楽的な演奏が可能となる。

譜例15　平行和音　Debussy: Images Ⅰ "Mouvement"

譜例16　S.Barber: Sonata for Piano Ⅳ

　合理的な腕や手の使い方の指導を行う上は当然必要であるが、逆に不合理な動きを指摘したり解決方法を示すことはもっと大きな役割となる。

（3）演奏者の耳になること

　演奏者に自分の演奏を判断できる耳を作らせる事は指導者の大きな役割である。元来ピアノ奏者は、自分の響きを「聴き手」と同じ様に聴く事はできない。そのために指導で必要な事は、演奏結果を聴き取り、イメージを演奏できたかどうかの可否について的確に伝え、弾き手の耳とタッチの感触を結び付ける経験を積ませながら、「長年の勘」と言われるものを作る手伝いをすることである。会場に備え付けられたピアノで演奏するしかない奏者には、自分の演奏を確定できない不安感がいつもつきまとう。指導者は楽器の種類に通じ、それぞれの楽器や残響に応じた響かせ方のアドバイスが必要となる。その学習のためには、グループ学習やリハーサルで他人の演奏を聴き合う機会を設定する事は効果が大きい。

指導の最終目標は、(誰かの模倣ではなく) 自らの力でイメージを作り、表現方法を探し、冷静に判断できる様に導くことである。

「デザイン力」は美術においてだけではなく、音楽にも必要である。作曲家の意図に沿いながらも、演奏者の感性で音色や音量を選び、的確な音を配置しながら音楽を進行する。個性とはそのデザイン力の違いが現れたものである。

第5節　ピアノ研究の活用とその成果

ピアノの研究分野は「ピアノ演奏」と「ピアノ教育」とに分かれる。

ピアノが発明されると同時に、ピアノ演奏法の著書が次々と出版され、現在は世界中で膨大な数にのぼる。ピアノ演奏について総合的なものから、音の出し方や装飾音の扱いなど、テーマを絞ったものまで、分野も細分化されている。世界中にピアノ教育連盟の組織があり、教則本、副教材、指導書などは毎年出版され、指導法の研究は日々行われている。

現在の日本では幼児の才能教育分野で大きな成果を挙げ、一方では、成人から始めるピアノ教室や教材研究活動も活発に行われるようになった。

しかしながら「ピアノ演奏」は『ソロ』に限らず、『アンサンブル』も重要な分野である。ピアノ学習者は入門時から成人になるまで、ほとんどソロの作品で学ぶことが多い。しかしピアニストを職業として選んだ場合、ソロよりもアンサンブルのピアノパートを担当することがほとんどである。

ピアノとは異なり、声楽や他の楽器は、ソロといってもピアノやオーケストラの伴奏を必要とする。声楽関係では歌曲や合唱の伴奏、オーケストラをピアノに編曲した作品も多い。器楽関係では管楽器、弦楽器、打楽器のソロ作品の伴奏があり、組み合わせも様々である。従ってアンサンブルピアニストの需要は大変に多い。

この分野は表現技術を伝えると共に、他人と意見を調整できるコミュニケーション力を育て、協同作業を喜んで行う「人間性」を育成するための特別な指導計画が必要であるが、現在の日本ではその研究は全く手薄である。アンサンブルピアニストの育成には、ソロとは異なる観点を加えた丁寧な指導が必要である。作品を理解する力、ソロ的な部分とサポートに徹する部分や相手をリードする部

分などの役割を読み取る読譜力、相手を理解しつつ合わせる呼吸の取り方、協同して行うためのディスカッション力の育成などである。

著者はアンサンブル活動を全国規模で行っている本大学大学院出身者数名（ピアニスト、管楽器奏者、声楽家）と毎年グループで研究を重ね、本学岩見沢校鍵盤専攻生を対象に、全国に例の無い方法で「伴奏法」の授業を展開している。アンサンブルの基礎学習、プロ活動中の若手演奏家とアンサンブル実践、受講生とスタッフ全員でのディスカッション、受講生同士での見学会、市民に向けての公開発表会と、多彩な人材と多彩な授業構成で大きな成果を挙げている。ここに至る8年間でPMFのアンサンブルピアニストを出すまでとなった。

「ピアノ教育」の分野では岩見沢校と札幌校の音楽教員有志でグループを組み、ピアノ指導法研究会を組織しながら「ピアノ指導法」の授業を行い、学生と市民との交流の場を企画しながら大きな成果を挙げている。

3年生鍵盤楽器専攻生を対象に開く授業の中では、学生自身の力を引き出し発展させることを最大の目標にしている。受講生自らピアノを学んで来た道のりと指導方法を分析、グループで教材研究、学校教育の指導案に添った「ピアノレッスンの指導案」作成、それは実際の生徒役の市民と面談しながら各々のニーズに応じて作成する。地域の生徒役ボランティアの方々は幼児から70歳代に至る幅広い年代に及ぶ。受講生は指導案作成、実際の指導報告の情報を全員で共有し、ディスカッションやアドバイスをし合うことにより、ピアノ指導のみならず、人間的な成長を重ね、地域との交流を深め、社会人としての対応を身に付けている。成長した学生は教員と共に「一般公開講座」のピアノ指導に加わり地域の方々に還元する。そのつながりの中で、その人々が音楽会の聴き手として音楽コース → 岩見沢校 → 本学のサポート役となり、互いの協力が循環し、大きな力になりつつある。

おわりに

ピアノの演奏に限らず、何かを突き詰めることは大切であるが、それが嵩じると穴に落ち込み、周りが見えなくなり、社会的なつながりが断たれてしまう傾向にある。特にピアノのように1人で音楽を総合的に扱うことを習慣にすると、人

との協同作業が不得手になる。目指すところは音楽であることを常に見失わず、目標を持って演奏に向かうことと、「聴き手」へ音楽を伝えようとする努力が、ピアノの愛好者を増やし、音楽の愛好者を増やし、やがてそれが循環して温かな社会の実現に繋がるに違いない。音楽を伝え、それを活かせる道があることを示すことが、われわれの重要な役割である。

注
1) 行場次郎・箱田裕司著『新・知性と感性の心理 ― 認知心理学最前線』福村出版，2014年，東京, p.51 p.241

参考文献および資料
・雁部一浩『ムジカノーヴァ叢書 ― 24 ピアノの知識と演奏 音楽的な表現のために』，ムジカノーヴァ発行，音楽之友社発売 第1刷発行，1999年
・行場次郎・箱田裕司『新・知性と感性の心理 ― 認知心理学最前線』福村出版，2014年
・Peter Cooper（竹内ふみ子訳）『Style in Piano Playing』，シンフォニア，1987年
・水田香（アンサンブルするピアノ）『北海道教育大学紀要（教育科学編）第65巻』第1号，2014年，P.195-211

参考楽譜
1. J.S.Bach: Das Wohltemperierte Klavier Teil I G.Henle Verlag München 1950
2. B.Bartók：バルトークピアノ作品集第1巻 ユニヴァーサル社ライセンス版 ヤマハミュージックメディア 東京 2001年
3. S.Barber: Sonata G.Schirmer Inc.New York 1984 バルトークピアノ作品集第1巻 ユニヴァーサル社ライセンス版 ヤマハミュージックメディア 東京 2001年
4. F.Chopin: Etudes Polskie Wydawnictwo Muzyczne SA Warszawa 1999
5. F.Chopin: Nocturnes Polskie Wydawnictwo Muzyczne SA Krakow 1995
6. F.Chopin: Preludes Polskie Wydawnictwo Muzyczne SA Warszawa 2000
7. F.Chopin: Scherzos Polskie Wydawnictwo Muzyczne SA Warszawa 2000
8. F.Chopin: Polonese Polskie Wydawnictwo Muzyczne SA Warszawa 2000
9. C.Debussy: Images Edition Durand & Cie Paris 1905
10. 一柳 慧：雲の表情 Ⅶ、Ⅷ、Ⅸ Schott 東京 1990年
11. D.Kabalevsky: Sonata for Piano Boosey & Hawks London 1994
12. Mozart: Klaviersonaten Band Ⅱ G.Henle Verlag München 1955
13. S.Prokofieff: Piano Sonatas MCA Music New York 出版年不明

ピアノ指導における音
― 楽音と噪音のボーダー ―

松永加也子

はじめに

北海道教育大学岩見沢校芸術課程音楽コースの特色ある授業「ピアノ指導法」を立ち上げて7年、私たち担当教員が履修学生に伝えてきたことのひとつに、「教材（曲）を教えるのではなく、教材を使って何を教えるかが大切」ということがある。学習者がピアノを弾く楽しみを豊かに積み上げてゆけるように、指導者は教材を使ってどのようなことを指導するか、指導目標の柱を持たなければならない。さらにつきつめると、ピアノ指導の究極の目的は、ピアノの楽しみを伝えることだけでなく、ピアノを使って「音楽」の楽しみを伝えることにいき着くと思う。昨今は減少傾向にあるとはいえ、日本の子どもたちの多くが、幼少時にピアノを習い、その後ピアノを続ける子、吹奏楽にも興味を持って他の楽器を始める子、合唱を始める子といったように、ピアノのみならず幅広く音楽に興味を持ってゆくようだ。彼らは長じてからも、趣味としてのピアノ、社会人オーケストラや合唱など、何らかの形でつかず離れずではあっても音楽を楽しみながら、音楽文化の土壌を支える耳を持つ聴衆として社会に貢献しているといえる。また、教育者や表現者でなくても、音楽事務所マネージャーや制作スタッフなどとして音楽文化に関わる仕事に就くことを選ぶ人もいるだろう。そのような子どもたちの未来につながる音楽への興味を育むために、「音楽」を教えるピアノ指導ということをめざしたいと考えている。

音楽は音の連続や積み重なりでできているが、究極の最小単位は1つの音である。ピアノに限らず楽器演奏は、発音前の準備動作、発音、発音後の（音を切る）

動作、というシンプルな一連の作業の積み重ねである。どのような難曲であっても、最小単位である1音がどのように鳴り響いているか、どのように響かせたいか考える姿勢が大切なのである。本稿では、「音」への感覚を養う、耳をつくる指導についての考察を行いたい。

第1節　日本人の音感覚

　言うまでもなく、ピアノは西洋音楽の代表的な楽器である。筆者も含めた多くの日本人は、物心ついたときには家や幼稚園などでピアノの奏でる音楽に親しんでいる。疑いようもなく、西洋音楽は日本の文化として息づいているし、今や国際的に活躍する日本人演奏家や作曲家が多く存在する。20世紀の初めごろ、西洋音楽が導入されて以来、学校音楽授業なども通して、一般的に日本人が西洋音楽を聴く耳は育てられている。1オクターブを12等分に調整した音を組み立てて、メロディー、ハーモニー、リズムによって作られている音の連なりを聴くということは、ごく日常的に行われていることなのだ。

　一方、西洋音楽が導入される以前の日本人の音に対する感覚はどのようなものだったのか？　音楽学者中川真の「平安京　音の宇宙」[1]には、「京都に残された梵鐘の配置は、今日の私たちの都市計画では考えられないような、大規模な音の設計が古代から中世に達成されていた可能性を示唆した。(中略)その結果、京は玄武、青龍、朱雀、白虎、麒麟という幻の獣神によって中央と四辺を守備され、同時に鐘の五種の調の響きに覆われるという、まさに地上に建設されたコスモスあるいは曼荼羅都市として出現したのである。そしてその基底には、人々の鋭敏な聴覚が想起された」と述べられている。それぞれ異なる調子に作られ広い空間に配置された梵鐘の音、ただ一つの梵鐘の響きに含まれる複雑な様々な音を聴き取ること、そこに日本人本来の音感覚がある。さらに、同書には千利休は茶道の確立によって、茶事における音を精選した、またはある種の音を排除したと述べられている。室町時代までの茶席には、賭事や歌舞管弦の宴が含まれていたのだが、利休はこれを排除し、静寂の中での茶事にまつわる音のみを選び取ったのである。

　生活空間に計画的に響くように選ばれた梵鐘の音、茶会の静寂の中に存在を許

された音、これらを選び取る耳を、音感覚を、私たち日本人は備えており、それは西洋音楽の音をとらえる耳とはまた異なるものなのである。

第2節　噪音＝ノイズ、騒音

　楽器や歌声が奏でる音を楽音というのに対して、日常の身の回りで聞こえてくる音を噪音と分類する呼び方がある。通常、西洋音楽を形成しているのは楽音であるが、3で述べたように、日本人は古来より、噪音をも美的に捉えようとする音感覚が備わっていると言える。私たちは日々、様々な噪音の中で暮らしている。しかし、それらの噪音はいつも同じレヴェルで聞こえているのではなく、意識的にあるものを抽出してよく聴こうとしたり、無意識の状態でもある特定の噪音だけがクローズアップして聴こえるということがある。つまり、耳は主役になる音と背景にある音を聞き分ける、あるいは音に濃淡を感じながら聞いているのである。

　このような現状を考えると、噪音を含めた様々な音を聴き「良い音」「美しい音」を選び取って聴くことのできる耳を育ててゆくことが、これからのピアノ指導に必要なことではないだろうか？

　さらに、噪音とは別に「騒音」という語もある。騒音は「騒がしくて不快に感じる音」であり、楽音と噪音のような客観的な分類ではなく、主観的な名称である。つまりピアノ演奏の音は楽音であるが、ある人にとっては騒音にもなりうる。かように、音の感じ取り方は非常に主観的なものであるからこそ、選び取る耳を育ててゆくべきでなのである。

第3節　ケージ、サティ、アンタイル、ルッソロ、シェーファーらの取り組み

　音楽作品において楽音も噪音も同等に扱う、という考え方はジョン・ケージ（CAGE, John 1912-1992 アメリカ）の代表作品《4分33秒 *4′33″*》（1952）において顕著である。ピアニストによって初演されたこの作品は3つの楽章から成り、楽譜には次のように書かれている。

Ⅰ．TACET
Ⅱ．TACET
Ⅲ．TACET

　初演はピアノによって行われたが、どのような楽器編成でも構わない。演奏の所要時間がタイトルとなっており、初演時は1楽章が33秒、2楽章が2分40秒、3楽章が1分20秒であった。この作品の演奏中は、楽音は一切鳴らされることがなく、聴衆はその時その場所で起こる噪音に耳を傾けるのである。筆者は数回この作品を演奏した経験がある。最も印象に残っていることは、ある授業のためにこの作品の演奏をビデオ撮影したときのことである。ライブで演奏する場合は、聴衆のかすかな反応が演奏者にも伝わって、楽音を発さなくても聴衆とのコミュニケーションが成り立つものだと感じている。しかし、ビデオ撮影は、かすかに聞こえる窓の外の声や風の音、淡々と撮影を遂行する動きによって生じるごく微細な音が、ただそこにある、スタティックに切り取られた4分33秒であった。演奏中自分のピアノの音以外の音に、極度なまでに求心的に耳を傾ける経験は、このとき一度きりであった。

　ケージ以外に、音楽の中に噪音を取り入れている作曲家のケースはほかにもある。ケージ以前ではまず、エリック・サティ（SATIE, Erik Alfred Leslie 1866-1925）が、バレエ音楽《パラード Parade》（1917）の中で、サイレン、タイプライター、ピストル、回転式のくじ引き器、瓶をたたく音などを使用した。サティについてさらに興味深いことは、人から意識的に聞かれることがない「家具のような音楽」を提唱したことである。熱心に耳を傾ける音楽ではなく、食器棚やクローゼットのように背景としてある音楽、という考え方の中には、楽音を身の回りにある音、つまり噪音の概念に近づけるという独自のとらえ方がある。サティの音楽がケージに与えた影響は大きい。

　未来派の美術家・作曲家のルイージ・ルッソロ（RUSSOLO, Luigi 1885-1947 イタリア）は「騒音芸術」（1913）[2]を唱え、騒音楽器イントナルモーリを作成した。ルッソロは、近代化の象徴である機械音を肯定的にとらえ、最新の騒音を音楽の要素として位置づけていた。続く時代のアンタイル（ANTHEIL, George 1900-1959 アメリカ）は《バレエ・メカニック Ballet Mecanique》（1926）で飛行機のプロペラを用いた。

ルッソロやアンタイルらが近代化のシンボルとして機械音を音楽作品に導入したのちも、さらに世界中には騒音があふれ現代に至っており、作曲家マリー・シェーファー（SCHAFER, Raymond Murray 1933-　カナダ）は、サウンドスケープ（音の風景）[3]ということ提唱している。彼の著書『サウンド・エデュケーション』[4]には「サウンドスケープ・デザインとは私にとって、『上からのデザイン』や『外からのデザイン』を意味するものではない。それは『内側からのデザイン』である。できるだけ多くの人々が、自分の周りの音をより深い批判力と注意力をもって聴けるようにすることによって達成される『内側からのデザイン』なのである。私たちはどの音を残したいのか？　自分たちの環境にとってなくてはならない特質を残すためには、自分たちの環境をより美しくするためには、そのような音の保全をどのようにすすめるべきなのだろうか？」と述べられており、音の洪水の中にある世界のサウンドスケープを改善するためには音の聴き方を学ぶべきだとして、そのための100の課題が提案されている。

　以上のように、音の価値についての試行錯誤は、時代とともに動いている。多くの音にあふれている現代においては、シェーファーが唱えるように、良い音とは？　とか自分が好きな音とは？　といった価値判断ができるように、音を聴く耳を育てることが必要ある。ピアノを指導する場合にも同様で、ピアノの美しい音、そうではない音、通常奏法以外の音、ピアノ以外の音に注意を向けて、聴くという行為を意識的にレッスンに取り入れるべきである。

第4節　レッスンでできる取組みや考え方

　ピアノの指導において、「聴く」ということを意識的にレッスンに組み入れてゆくことは大切である。音楽の専門的な学びでは、聴音という「聴く」指導プログラムがあり、そこでは複雑なメロディーや和声を完璧に聴き取って五線紙に書き起こせる人が、耳が良いという評価を受ける。しかし、音楽的な演奏をする、美しい音で演奏するための耳の良さは、聴音のトレーニングだけでは育たない。「弾く」がメインになってしまいがちなレッスンで、「聴く」意識を持たせ続ける工夫を考えてみたい。

（1） ピアノから生まれる様々な音を楽しんで聴こう

　学ぶ曲のレヴェルが上がれば上がるほど一度に扱う音の数が多くなり、ひとつひとつの音を聴くことまで意識できなくなる場合がある。通常の演奏法とは異なる演奏で、音そのものに興味を抱いて聴くことに集中させたい。

◇ピアノの弦をミュートして鍵盤を弾いてみる

　グランドピアノの特殊奏法としては、一定レヴェル普及している方法にミュートという方法がある。弦を指で押さえた上でその弦の鍵盤を弾く奏法で、コーンと打楽器がかった音色が得られる。次のような方法で得られる、それぞれの音の違いを聴きとる。

　①任意に選んだ音高の弦の調律ピンの一番近くを指で押さえ、もう一方の手でその音の鍵盤を弾く。（写真1）

　②弦が3本の音は、2本だけや1本だけ押さえて、音の違いを聴く。

写真1

　③押さえる位置を少しずつずらしてゆくと、違う音高になってゆくことを聴いて確かめる。

　④ちょうど1オクターブ上の音になるポイントを見つけたら、鍵盤上の1オクターブ上の音を弾いて、音色の違いを確かめる。

　①～④の方法で、鍵盤を弾く強さを変えてみる。

◇ハープのように弾いてみる

　①ダンパーペダルを踏んだ状態で、ピアノの弦に指を滑らせて、ハープのグリッサンドのような音を出す。様々な音域で音を出して、音色の違いや雰囲気の違いを聴く。（写真2）

　②鍵盤で音をたてずにCなどのコードを押さえ、その音が含まれる音域の弦をグリッサンドする。グリッサンドの後に、Cのコードが浮かび上がる響きを聴く[5]。打鍵をして得られるCのコードの音色との違いを確かめる。（写真3）

　③ダンパーペダルを踏んだ状態で、巻線の1本の低弦を弦に沿って指でこすっ

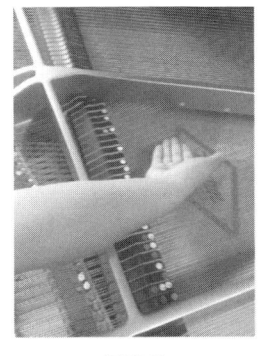

写真2 　　　　　　　写真3 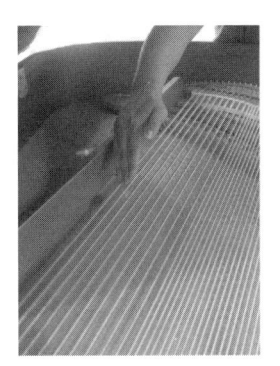　　　　　　　写真4

て音を出す[6]。通常のピアノ演奏方法からは想像もつかないような音色を聴いて確かめる。(写真4)

◇打楽器のように弾いてみる

①鍵盤を打楽器のギロに見立てて[7]、白鍵の表面や側面、黒鍵を、ドやレといっ

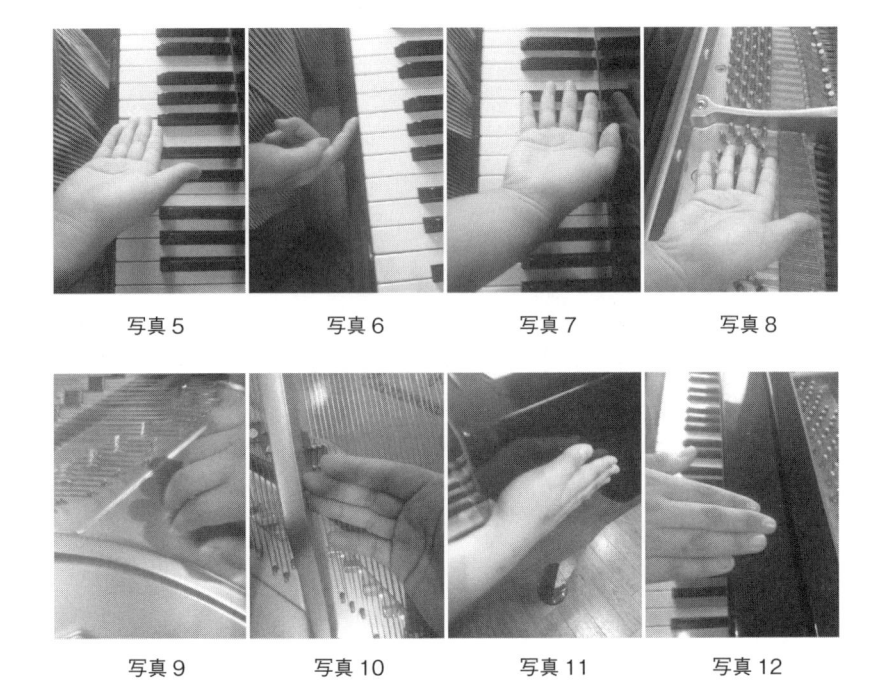

写真5　　　写真6　　　写真7　　　写真8

写真9　　　写真10　　　写真11　　　写真12

た楽音が出ないように細心の注意を払いながら、爪や指先でこすった時の音色を確かめる。(写真5〜7)

②①と同様に、ピアノ内部の調律ピンの部分をこすった時の音色を確かめる。(写真8)

③①②の方法を、こするスピードや強さを変えて音色の変化を確かめる。

④ダンパーペダルを踏んだ状態で、ピアノのボディのあらゆるところを手でノックして、打楽器のような音色を確かめる。木と金属の材質による音色の違い、ノックする場所による音色の違いを確かめる。(写真9〜12) 各部分の音色の違いを生かして数人でノックする、簡単なアンサンブルを作成して演奏する。(譜例1)

譜例1　ピアノでパーカッションアンサンブル　松永加也子

譜例1　演奏の説明
・3人で演奏する
・3人のうち誰かが、ダンパーペダルを最初から最後まで踏み続ける
・ピアノの好きなところを指先でノックして音を出す。
・1と2は両手を使って演奏する。3は左右どちらの手を使っても構わない。
・たたく場所、叩く手の大きさ、指先の当たる位置によって音色や音階が違うことを確かめながら演奏する。

⑤ダンパーペダルを踏み込む時の音色を確かめる。強く、弱く、素早く、ゆっくり、踏み方による音色の違いを確かめる。

◇鍵盤奏法で遊んでみる

上記の奏法は、通常の鍵盤奏法からかけ離れた特殊奏法を使用した音色の探求の方法であった。次に、通常の鍵盤を弾く奏法から生まれる特殊な響きに耳を傾けてみたい。

① 手のひら、拳骨、上腕部、腕全体を使って、様々な音域で、鍵盤のクラスター[8]（音の塊）を弾く。白鍵のみによるクラスター、黒鍵のみによるクラスター、白鍵も黒鍵も使用するクラスターの響きの差を確かめる。さらに、音が同時に鳴るクラスター、徐々に音が増えるクラスター（譜例2）、徐々に音が減るクラスター（譜例3）、移動するクラスター（譜例4）を弾いて響きを確かめる[9]。88鍵全てを一度に鳴らすにはどんな工夫が必要か考え、どんな響きになるか確かめる。（写真13〜16）

② 低音部分の鍵盤のクラスターを手の平などで音を出さずに押し下げた状態で、中音域以上の鍵盤の音を鳴らし、倍音の響きを確かめる。

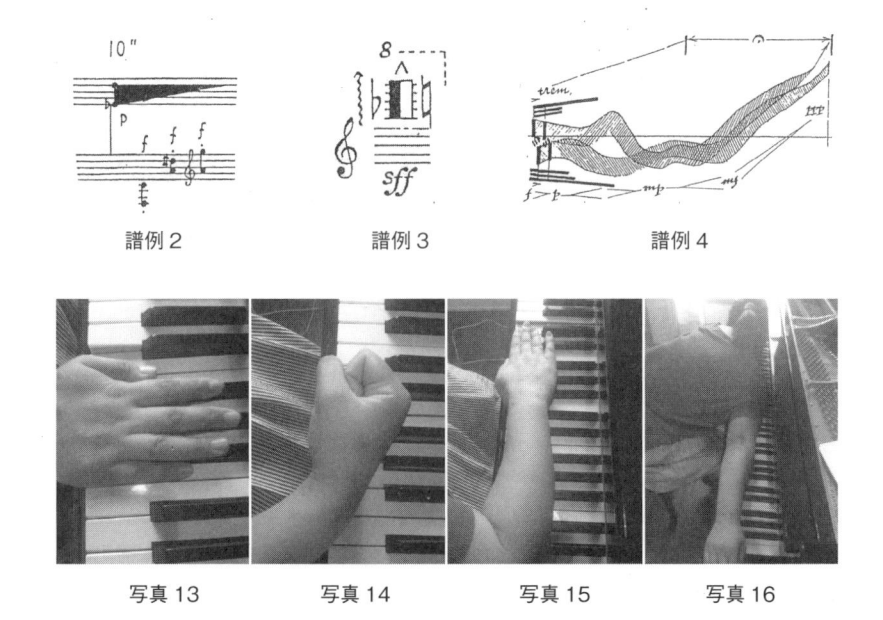

譜例2　　　　譜例3　　　　譜例4

写真13　　写真14　　写真15　　写真16

ピアノ指導における音 ― 楽音と噪音のボーダー ― 　*115*

◇簡単なプリペアド・ピアノを試みる

　プリペアド・ピアノはケージが発明した方法で、ピアノの弦に何らかの準備を施して音を変質させた上で鍵盤を弾く。準備の方法としては、弦上に何かをのせるタイプと弦の間に何かを挟み込むタイプがある。挟み込むタイプは技術が必要であるので、ここでは簡単に行うことができる、何かをのせるタイプを試みたい。

　①様々な厚さの紙を用意して、弦の上にのせて鍵盤を弾いて音色の変化や紙の厚さによる違いを確かめる。(写真17)

　②楽譜や本を弦にのせて鍵盤を弾いて音色を確かめる。(写真18)

写真17　　　写真18　　　写真19　　　写真20

写真21　　　　　　　写真22

③台所用の金属のボウルを弦にのせて打鍵した後、弦に沿ってボウルを動かして音色の変化を確かめる[10]。(写真19)

④木片を弦の上にのせて、勢いよく強く鍵盤を弾く。打鍵によって木片が動き、予期せぬ音が出現することを確かめる。(写真20)

⑤ピンポン玉を弦の上にのせて転がし、音色を確かめる。(写真21)

⑥ピンポン玉を多めに弦の上にのせて、勢いよく強く鍵盤を弾く。打鍵によってピンポン玉が跳ね、予期せぬ音が出現することを確かめる[11]。(写真22)

(2) ピアノの音が消える瞬間を聴こう

ピアノの演奏において、良い音を出すためには、発音前の準備と発音の瞬間が大切なことは言うまでもないが、発音後どのように響かせて切るかということが重要である。「切る」ところまでよく聴いて1つの音を放つことに対する責任を持つという姿勢を育てるべきである。ここでは、様々な音の切り方によって生まれる、音が消える瞬間を聴き取る7つの試みを行う。

1. 強く打鍵した音が消えるまでの音の変容と消える瞬間を聴く
2. 弱く打鍵した音が消えるまでの音の変容と消える瞬間を聴く
3. 鋭く切った音が消える瞬間を聴く
4. 柔らかく弾んだ音が消える瞬間を聴く
5. 重い打鍵をした後、ゆっくりと鍵盤から指が離れる時の、音が消える瞬間を聴く
6. 柔らかい打鍵で2つの音をつなげて弾く時、最初の音が次の音につながる瞬間を聴く
7. 2つの音をひとつの連続として切って弾き、最初の音が消える瞬間を聴く

(3) 無音を聴こう

音楽の流れの中には、休符や、楽譜には書かれていない間、楽章と楽章の間、という楽音が鳴っていない時間がある。その楽音が鳴っていない無音の状態も音楽の一部であるから、静寂の状態に耳を傾けることが必要である。

シェーファーと今田による「音さがしの本」の取り組みとして提案されているウォーミングアップ1には次のように書かれており、ピアノ指導においても有益

な一場面として取り入れたい。

　「ほんの少しのあいだ、すごく静かにすわってみよう。そして耳をすましてみよう。今度は紙に聞こえた音をぜんぶ書き出してみよう。

　みんなそれぞれ違った音が聞こえたかな。

　大きな声で、クラスのみんなに向かって音のリストを読んでみよう。それからみんなが読んだ音を聞いてみよう。

　ほかの人たちは、あなたが聞かなかった音を聞いていただろうか？」[12]

　この取り組みの次の段階では、ある人にはよく聞こえた音がある人にはそれほどでもないということや、近くに居た人どうしでも大きく聞こえた音が違うということ気付く。さらに聞こえた音について、好きか嫌い、美しいか否か、といった価値判断も個人によって異なることに気付く。
　静寂の中で周囲の音に耳をすませるということは、普段の生活ではめったに行われることがない。であるからこそ、普段は聞き流してしまっている音たちに焦点を合わせて「聴く」という行為によって、自分自身の音の嗜好に気付くべきである。演奏における楽音への探求心を育てるためには、楽音や噪音という区別を排して音そのものへの興味や愛情を持つ姿勢が必要である。

　以上（1）〜（3）において、聴音としての「聴く」ではなく、音を「聴く」方法を提案した。これらの取り組みは、ピアノレッスンの中で継続的に行うことが必要である。また、このような特別な取り組みと併行して、楽曲のレッスンの中で「聴く」意識を持たせることが重要である。私が中学生のころからお世話になっていた師は、いつも次のように話してくれた。

　「聞こえている」と「聴く」は違う。能動的に「聴こう」としなさい。

　先生の初めてのレッスンでは、曲ではなく一音の出し方から始まったことをよく記憶している。マルカートの音、レガートの音、指先でのスタカート、手首を使うスタカート、腕を使うスタカート、それぞれ先生がお手本を示し、要求され

ている音を出すために、自分の音と先生の音を何度も聴き比べた。それぞれの打鍵のためには身体をどのように使うか、強音であっても弱音であっても芯のある音でなくてはならないことなどを、細かく時間をかけて習った。幼少期から小学校を卒業するまでのレッスンで、このような指示を受けた記憶が全くなかった私には、大きな衝撃を受けた言葉とレッスン内容であり、現在の私の活動に大きく繋がっていると感じている。

　音楽的な豊かな演奏に導くためには、能動的な「聴く」を育てる気持ちを、ピアノ指導者は常に持ち続けなければならないのである。

おわりに

　現代音楽を活動の中心としてきた筆者は、もしかしたら一音を聴くことや周囲の音に耳を傾けるということが他のジャンルの演奏者よりも比較的多いのかもしれない。例えば、朝起きてしばらくすると不思議なことに、決まって家のある場所でCisのようなCのような響きがしばらく鳴ることに気付いた。何かが共鳴してそのような現象が起こるのだろう。ハ長調の主音のような音で一日が始まり、朝が始まったことで生じる様々な音、ドアを開け閉めする音、水を出す音、調理する音などが、それに重なってゆく。日常の世界に、不思議なハーモニーが溢れているように感じる。

　4で紹介したシェーファーの取り組みは、環境の中での音に耳を澄ませて、音の環境をよりよくしてゆこうというものである。日常の音と楽器の音、音を意識的に出しているかいないかの違いはあっても、どちらも私たちを取り巻く音であることには変わらない。ピアノの様々な響きを聴き、ピアノの音が鳴っていない瞬間を聴き、さらに環境の中の音を聴くことを通して、能動的な「聴く」を育て、音への自分の価値判断の基準を認識するところまで導くことが、ピアノ指導、音楽の指導に求められることである。現代音楽では、ピアニストが、水を注ぐ、声を出す、口笛を吹く、音具やおもちゃを演奏するなど、楽器演奏以外の噪音を立てることを要求される場合がある。自分の価値判断の基準の中での良い噪音を演奏する、そのような柔軟な演奏者の育成に繋げることができたら良いと考えている。音を発するということは、発音前の準備動作、発音、発音後の動作によって

行われ、それは楽音であれ噪音であれ、共通していることなのだから。

注
1) 中川真著『増補 平安京 音の宇宙 サウンドスケープへの旅』平凡社、2004 年、p.55
2) ルッソロが発表した論文。*The Art of Noise*
3) ランドスケープという語のランドをサウンドに置き換えた、シェーファーによる造語。
4) マリー・シェーファー著 鳥越けい子／若尾裕／今田匡彦訳『サウンド・エデュケーション *A Sound Education*』春秋社、2009 年、p.5
5) ケージの師であった、作曲家ヘンリー・カウエル（COWELL, Henry 1897-1965 アメリカ）が発明した内部奏法というピアノの特殊奏法。彼の《エオリアン・ハープ *Aeolian Harp*》（1923）で初めて試みられた。
6) 5) と同様に、カウエルの《ザ・バンシー *The Banshee*》（1925）において試みられた奏法。
7) ①〜③はヘルムート・ラッヘンマン（LACHENMANN, Helmut Friedrich 1935- ドイツ）の《ギロ *Guero*》（1969）で試みられている奏法。
8) ピアノのクラスター奏法は、カウエルが《マノノーンの潮流 *The Tides of Manaunaun*》（1912）で初めて試みた。
9) クラスターには固定型と変動型があり、同時に鳴るものが固定型、残り 3 つの型を変動型と分類する。
10) ボウルには水などの液体や、こぼれて弦に影響の出るようなものを入れてはならない。
11) 終了後はピンポン玉は全て回収するように注意が必要。
12) R・マリー・シェーファー／今田匡彦著『音さがしの本 リトル・サウンド・エデュケーション』春秋社、2013 年、p.3

参考文献
・中川真著（2004 年 7 月 7 日）『増補 平安京 音の宇宙 サウンドスケープへの旅』平凡社、東京、初版第 1 刷
・マリー・シェーファー著 鳥越けい子／若尾裕／今田匡彦訳（2009 年 6 月 20 日）『サウンド・エデュケーション *A Sound Education*』春秋社、東京、新版第 1 刷
・R・マリー・シェーファー／今田匡彦著（2013 年 3 月 10 日）『音さがしの本 リトル・サウンド・エデュケーション』春秋社、東京、増補版第 2 刷
・ポール・ヘガティ著 若尾裕／嶋田久美訳（2014 年 4 月 25 日）『ノイズ／ミュージック 歴史・方法・思想 ルッソロからゼロ年代まで』みすず書房、東京
・松永加也子著（2003 年 3 月 7 日）「日本の現代ピアノ作品の演奏論〜松平頼暁作品を中心に〜」、大阪芸術大学平成 14 年度学位（博士）論文、大阪
・『音楽の手帖 サティ』青土社、東京、1981 年 3 月 10 日発行

・松永加也子著（2010年）「特集1　5分でできる！　レッスンの小ネタ集　6ピアノのヒミツをさぐろう！」、『ムジカノーヴァ』音楽之友社、東京、2010年2月号56-57頁

使用楽譜

　（作曲者、出版年、楽譜名、出版社、ただし手稿譜の場合は作曲年、改訂が行なわれている場合は改訂年）
・CAGE, John 1960、4′33″, New York, Henmar Press Inc.
・福島和夫　1973、水煙、音楽之友社
・篠原眞　1970、Tendance, Moeck Verlag
・松下真一　1972、スペクトル第4番、音楽之友社

思考力・判断力・表現力を伴った
日本の音文化理解の学習効果の考察
― 箏二重奏曲「丹頂鶴　誕生そして旅立ち」の楽曲を通して ―

尾藤　弥生

はじめに

　本論文は、和楽器演奏の鑑賞と演奏体験の学習を通して、日本の音文化の特徴（単音愛好性、余韻愛好性、噪音愛好性、など）を、学習者がどのように理解できるかについて、実践を通して考察することをめざしている。

第1節　研究の背景と目的

　本論文において、なぜ日本の音文化の理解を取り上げるのか。筆者は、日本人としてのアイデンティティの観点から、日本人が日本の音文化の特徴について理解していることは、本来当然であろうと考える。しかし、今日学校教育においても、日頃の生活の中でも、日本の音文化や音楽は、むしろ遠い存在となっていると言える。そのような現状を踏まえて、平成10年改訂の学習指導要領で、明治時代以来100余年を経て、やっと音楽の学習に和楽器の体験学習を行うことが明記され、さらに日本の伝統音楽の学習が強調され、平成20年の改訂で一層和楽器の学習を行うことが必修化された。それに伴い音楽科教育の教員免許法においても、平成13年より和楽器の学習が必修となった。将来学校教育現場で生徒を指導する学生には、演奏技能をある程度身につけるとともに、日本の音文化の特徴を和楽器の演奏体験を通して、生徒に体感させ、理解させることが求められる。

　そこで、教員免許状取得をめざす学生には、箏を単に演奏するだけでなく、箏を通して日本の音文化の特徴を体感し味わい、その良さを生徒に実感を持って伝

えられる存在になってほしいと考える。

そのため、本研究では箏の様々な奏法を日本の音文化の特徴と関わらせて見つめ直し、音の特徴に焦点を当て、演奏を通して比較するという思考・判断・表現力を伴った学習場面を設定し、その学習効果を考察して、どの程度音文化の特徴を感じ取ることができたか、どの程度箏の奏法と日本の音文化の特徴を関わらせて理解できたか、について研究する。

研究方法は、実践的方法を採用する。研究目的に沿った実践計画に基づく実践の結果を分析して、日本の音文化の特徴と箏の奏法の関わりをどの程度体感できたかを考察する。その分析の資料として学習者のワークシートの分析を行う。

第2節　日本の音文化について

(1) 日本の音文化の特徴

日本の音文化の特徴について吉川英史[1]は、儒教の礼楽思想、仏教思想、日本的自然観の影響を受け、次の5つの特徴があると述べている。それは、

「単音愛好性」「余韻愛好性」「噪音(そうおん)愛好性」「声楽愛好性」「音色尊重主義」

の5つであり、これらの特徴は、「箏(こと)」を通してすべてが体験できる。特に、余韻の変化や微妙な音程変化、噪音効果などの、様々な音色の変化を体感できる。

また、茂手木[2]は従来の音楽の3要素（リズム、メロディー、ハーモニー、）を出発点としながら、より日本の音楽の特徴を的確に理解できる4つの観点の要素を提唱している。それは①音程や調性に関すること、②テンポや拍子に関すること、③ハーモニーのような集合音の認識に関すること、④作品の構成方法と他の芸術との関連に関すること、であり、これらがさらに細かく19項目に分けてまとめられている。

このうち箏の奏法に深く関わるものとして、「アナログ的な発音法」「音階以外の音を伴ったポルタメント風に移行する旋律の特徴」「音色の色々」といった点があげられる。

これらふたつの文献に共通する特徴の中から導き出される、箏を通して体験で

きる日本の音の特徴は、余韻の変化、微妙な音程変化、噪音効果などの様々な音色の変化を伴う奏法であると言える。

(2) 箏を通して体験できる日本の音文化

ここでは、第2節（1）で明らかになった日本の音文化の特徴を、箏の様々な奏法と照らし合わせて検討する。

箏の奏法では特に、「余韻愛好性」「噪音愛好性」を明確に聴き取ることができ味わうこともできる奏法が多い。これらの奏法は、日本の音楽が単旋律の中にさまざまな装飾を加えて音楽に味わいをつくる「単音愛好性」や「音色尊重主義」と深くかかわっている。なお、日本の音楽は、90％以上が声を伴う「声楽愛好性」の音楽であるが、本研究では、知覚する要素を絞るため、箏の奏法のみに焦点を当てるため、声を伴う音楽は扱わないこととした。

そこで、箏の奏法を「余韻愛好性」「噪音愛好性」に分類すると下記の表のようになる。

表1　箏の奏法の分類

余韻愛好性	噪音愛好性
ツキ色、ヒキ色、後押し、押し放し、揺り色、消し爪	輪連、スリ爪、散し爪、裏連、（スクイ爪）

この他に、箏の特徴ある奏法として、「掻き爪、割爪、合せ爪、スクイ爪、流し爪、引き連、押手」がある。また、明治以降に西洋音楽の影響を受けて開発された奏法として、「トレモロ、ピチカート」がある。

第3節　思考力・判断力・表現力の定義

本研究では、思考力・判断力・表現力を伴って音文化を理解する状況を考察するため、これらについても定義を明確にする。

なぜ今、思考力・判断力・表現力に焦点を当てるのか。その一つは、今日の教育課題の一つとして、思考力・判断力・表現力の育成が強く求められているからである。単に日本の音文化の特徴は、「余韻を味わうことです」と説明されても、

実感を伴って身につけることはできないが、自らが演奏して体験し、比較しながら思考力・判断力・表現力を活用して学習することで、実感を伴った経験として身に付くと考えるからである。

そこで、思考力・判断力・表現力の定義に迫るため、文部科学省の考え方、辞典及び事典からの概念、デューイの探究理論を手掛かりにした概念の3件から、定義を明らかにする。

① 文部科学省の考え方

21世紀は新しい知識・情報が飛躍的に増加しているため、それに対応できる人材の育成のため必要であると考えている。そのため、「生きる力」の育成、生涯にわたり学習できる基盤として、知識や技能の活用をできる人材を育成する為、思考力・判断力・表現力の育成、が必要であると考えている。文部科学省の資料[3]では、学習方法については述べられているものの、思考力・判断力・表現力の明確な概念は述べられていない。

② 辞典及び事典での概念・定義

4件の文献、『広辞苑』[4]『学校教育辞典』[5]『現代教育方法辞典』[6]『新教育心理学事典』[7]の各辞典の思考力・判断力・表現力に関する項目を検討する。その結果をまとめると次のように、定義できる。

思考は、環境や与えられた課題、言語や概念、イメージなどで表された対象に関わる知的活動（分析・総合、判断、推理を伴う）を行う一連の心的、内的過程のことであると言える。

判断は、複数の対象や可能性に対して、いずれかを選択したり、自分の考えを決めることであると言える。

表現は、思考及び判断で決定した意思や感情を、外面的・感性的形象として表すことであると言える。

③ デューイの探究理論における思考力・判断力・表現力の概念

杉浦[8]は、デューイの多様な探究の展開過程の事例を整理し、探究の先行条件は、不確定的状況が「問題的状況」であると判断され評価されることであると言う。そして、その後の展開過程は、①困難の感得、②問題の設定、③問題解決策―仮説の策定、④推論による仮説の検証、⑤実験による仮説の検証、と進展していくと言う[9]。そして、デューイは、探究の展開過程が、「一連の判断作

用」であり、「一連の分析と総合」であるという[10]。その判断作用は、「最終判断」つまり「結論」に至るよう相互に支持し合うよう関係づけられる。

　以上、探究理論からの、思考力、判断力、表現力は、次のような概念であると捉えることができる。

　思考力は、探究と同義語であり、不確定的な状況を確定的な状況に変容させる時に働く一操作であるといえる。

　判断力は、探究の展開過程での問題設定や仮説の策定での推断や推論においてどちらであるか決めることであるといえる。

　表現力は、仮説の検証のために実行する、実践する、ことであるといえる。

　これら3件の考え方を踏まえて、思考力、判断力、表現力を、次の通り定義する。

　思考力とは、与えられた課題など不確定な状況を確定的な状況に変容させる時に働く思考の一操作である。

　判断力とは、問題設定や仮説の策定での推断、推論においていずれかに決めることである。

　表現力は、仮説の検証のために実行する、実践するなど、外面的に表すことである。

第4節　先行研究

　教員養成における和楽器および日本の伝統音楽の指導（雅楽、箏、三味線、和太鼓、民謡など）に関しての研究[11~16]は、唱歌による箏の学習効果の検証（伊野）、箏初心者の奏法の習得状況やさまざまな奏法の味わい状況に関する研究（尾藤）など多数存在する。しかし、本研究のように、思考・判断・表現を伴って比較しながら、実践を通して日本の音文化との関わりの視点から、それらの特徴の知覚、感受状況を分析する研究は見当たらない。

第5節　箏二重奏曲「丹頂鶴　誕生そして旅立ち」[17]の楽曲を活用した実践概要

（1）実施概要と教材

題材名　　日本の音文化の特徴と箏の奏法の関係性を追求しよう

教材　　　箏二重奏曲「丹頂鶴　誕生そして旅立ち」の一部分

指導内容：A 表現（2）器楽　イ　楽器の特徴を理解し、基礎的な奏法を生かして演奏すること。（中学2、3年）

　　　　　B 鑑賞　イ　音楽の特徴をその背景となる文化・歴史や他の芸術と関連付けて理解して鑑賞すること。（中学2、3年）

目標　①　箏の奏法の違いによる音色の違いを知覚し、奏法の違いに対する感受を深めよう

　　　②　奏法の違いによる表現の変化を日本の音文化の特徴と関連づけて、味わってみよう

評価　①　批評文で、学習ヒントの内容と奏法の味わいを結びつけて述べられているか

　　　②　奏法の違いを知覚できるか

　　　③　奏法の違いを感受して、自分の言葉で、各奏法の違いを述べられるか

指導計画　・日本の音文化の特徴の概要を知る

　　　　　・鑑賞のみで、箏独特の奏法について理解する

　　　　　・自分で演奏して、箏独特の奏法について理解する

　　　　　・上記の学習を通して理解したこと及び奏法の特徴と音文化の特徴の関係をまとめる

具体的指導のポイント

箏に関わる日本の音文化の特徴が、単音愛好性、余韻愛好性、噪音愛好性、音色尊重主義などであること、自然を生活に取り入れていること、建物が、木造で反響しにくいこと、一音を味わう感性があること、余韻にうなりを伴う音を好んでいたこと、などを簡単に説明し、学習のヒントとして、次の表2「東西の文化

表2　東西の文化の違い比較表

文化の種類	日本	欧米
音文化	単音愛好性、余韻愛好性、噪音愛好性、音色尊重主義、声楽愛好性。	ハーモニーの音楽、対位法の音楽　一定の倍音をよい音とする。
建築	木造、木と和紙、畳、土壁でできている⇒音の吸収が大きい、反響しない素材。現在のような大ホールはない。	石づくり⇒教会も石造りで、音が大変よく反響する素材。
庭園	日本は、自然の景色を模倣する庭園、滝、池、借景、ししおどし、水琴窟⇒自然に寄り添う。	幾何学模様の庭園に噴水⇒自然を人間が制覇する。
鐘	梵鐘⇒ゆっくりと一音が消えていく、余韻が長い、うなりあり。	教会の鐘⇒次々と音が鳴る、音の余韻が短い、うなりはない。

の違い」[18]という表を配布した。

　この実践では、「丹頂鶴　誕生そして旅立ち」の曲の始めの9小節を学習素材として使用し、3つの部分にわけ、それぞれの部分を2または3種類の奏法で演奏し、その違い（知覚と感受）を理解することで、日本の音文化の特徴を体感することとした。①の部分は、一度に3つの音を演奏するところであるが、「ピチカートで演奏する」と「爪で弾く」と「かき爪で弾く」の3種類を鑑賞で聴きわけ味わうことをはじめに行い、次に、実際に学習者が箏で演奏して味わう、という方法で実践した。②の部分は、「ツキ色を入れて弾く」と「爪のみで弾く」の二つの奏法で余韻の変化や違いを味わうこととした。③の部分は、「スクイ爪とツキ色を入れて弾く」と「爪のみで弾く」の二つの奏法の余韻や音色の変化の違いを味わうこととした。どの部分に関しても、弾き方や音の特徴として分かったこと（知覚）、どんな印象であったか（感受）、どの奏法がなぜ好きか、の3種類について記述させた。また、「なぜ箏には、このような奏法があるのかについて、奏法の特徴を紹介しながら、あなたの考えを友達に分かりやすく説明しよう」という記述も求めた。なお、実践に使用したワークシートは次の通りである。

128 指導研究領域

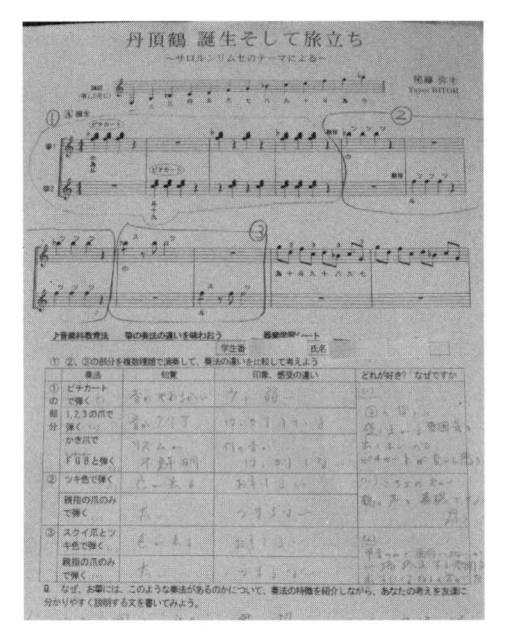

図1 実践に使用したワークシート

（2） 研究対象者と研究方法

本実践の研究対象は、洋楽を中心に学習してきた大学2、3年生で、音楽科教育法受講者80名である。なお、鑑賞と演奏の両方の学習が実施できた学生のデータのみを研究対象とした。本研究に関わる実践は、2014年5月に、合計1コマ90分の時間を使用して実施した。実施に当たっては、一人一面の筝を演奏しながら行った。

研究方法は、実践的方法を採用する。学習結果に対して、質的、量的分析を行い、考察を行う。

第6節　実践結果及び考察

本研究では、筝の奏法と日本の音文化の特徴をどれだけ関わらせて理解し体感できるかを明らかにすることを考察の中心とした。また、具体的考察の視点として、鑑賞のみの場合と実際に学習者が演奏して体感した場合で日本の音文化の理

解にどのような違いがあるのかも明らかにすることとした。さらに、思考、判断の観点から日本の音文化の特徴と箏の奏法の特徴をどのように関連づけることができているかも考察することとした。つまり、分析視点は3点である。

(1) 日本の音文化の特徴と箏の奏法の理解と体感の状況に関する考察

　ここでは鑑賞と演奏の学習における、各奏法の知覚と感受、どの奏法が好きかとその理由から考察する。そして、日本の音文化に関わる言葉が述べられているかを視点とした。例えば、「余韻、色が変わる、味わう、音の質、音の味、神秘的、繊細、響きが…、和の…、噪音」などの言葉が記述されているかを観点とした。

　それらの記述の数を数量的に調査した結果は、次の表3の通りである。

表3　各部分の奏法理解度比較表

部分	鑑賞2年	鑑賞3年	鑑賞　合計	演奏2年	演奏3年	演奏　合計
①	8人	5人	13人23%	8人	4人	12人21%
②	16人	10人	26人46%	20人	25人	45人80%
③	15人	6人	21人38%	11人	11人	22人39%

　注：鑑賞と演奏の両方の学習を行った学生の数は、2年28人、3年28人、計56人

　①の部分は、ピチカートとかき爪であったため、音文化の特徴と関わらせることが難しかったと言える。ここでは、「遠くの方で鳴いている」など「誕生」というこの部分の題名と関連づけたイメージでとらえてしまった学習者やかき爪の部分を「旋律がはっきり聴こえハーモニーの中にある」など音楽の要素と関わらせて捉えてしまった記述が多くみられた。しかし、Aさんは鑑賞では「音程のすばやい変化があり楽しさがあるから好き」と述べていたが、演奏後は「余韻の残る感じが好き」と日本の音文化の特徴と関わった味わいができるようになった。

　②の部分は、ツキ色の奏法の繰り返しであったため、音文化の特徴として余韻の効果がはっきり確認されたと言える。記述においても、「余韻が〜」という記述が多くみられた。Bさんは、ツキ色に関して、鑑賞では「弾いている音以外にも音が鳴っている」と音楽の要素からのみ感じ取っていたが、演奏後は、「すご

く日本の雰囲気が出る」と音文化の特徴を体感できるようになっていることが分かる。また、Cさんは、鑑賞の段階からツキ色について「日本っぽい、ヨーロッパにはない伝統的な感じ」と音文化と結びついて感じ取っていた。

③の部分は、スクイ爪とツキ色が交互に出てきたため、余韻や音の質の変化よりも、リズムの変化など、音楽の要素に注目してしまった学習者が多くみられた。Dさんは鑑賞の段階ではスクイ爪とツキ色について「リズムが変わるスクイ爪と色が変わるツキ色、雰囲気も変わる」とある程度音文化を意識できていたが、演奏後は「リズムと余韻の変化が面白い」と音文化を明確にした記述に変化した。

②のツキ色の音文化の理解度が高いことから、同じ奏法が繰り返し演奏されることで、その特徴を明確に把握でき、音文化の特徴と関連させやすくなると言える。

（2）鑑賞のみと演奏して体感した場合での音文化の理解の違いの考察

ここでは、まず奏法ごとに音文化の理解度がどのようになっているか考察する。ワークシートから、余韻、音色、噪音に関わる記述を摘出して、その数を分析する。その結果は次の表4の通りである。（データ対象は52人）

表4　鑑賞と奏法の音文化理解集計表

部分	爪	ピチカート	かき爪	ツキ色	スクイ爪
①鑑賞 演奏	8人 15% 11人 21%	36人 69% 28人 54%	8人 15% 13人 25%		
②鑑賞 演奏	18人 36% 13人 26%			32人 64% 37人 74%	
③鑑賞 演奏	3人 16% 8人 16%				46人 92% 41人 82%

鑑賞のみと自分で演奏した時では、印象が変わった学習者が多い。特に、かき爪とツキ色で10%記述が上昇している。また、スクイ爪に関しては、鑑賞の段階ですでに、9割以上がその特徴を知覚、感受し、音文化との関わりも意識して味わえていた。

上記表の中で、ツキ色に関する記述に変化がみられたので、具体的に考察す

表5 ツキ色の音文化に関する記述のまとめ

鑑賞	演奏
★不思議、面白み	余韻の変化が面白い 聴いても弾いても面白さあり
★怪しげ、雰囲気が変わる	余韻と雰囲気変わる 揺れる感じが御洒落
★弾いている以外にも音	日本の雰囲気が出る
★爪だけの方が音が伝わる	スピードが必要爪⇒ツ
★装飾音つくと聴きづらい	メロディーにハリが出る
★しつこい、以外性あり	音の変化、響きが面白い
★爪の方が音に深みあり	余韻楽しめる、音色変化
★不安定さ	旋律に味わい出る、深みでる
★爪の方が箏らしい	爪のみだと、聴いても面白さに欠ける
★ちょっとおしゃれ	余韻変化させることによる
★音程変わるのがよい	音の流れがあると面白い

　る。まず、具体的記述を表5にまとめた。次にその中から、音文化に関わる部分の記述のポイントのみを摘出すると次の表の通りである。

　その結果、演奏体験することにより、ツキ色の良さを十分体感できるようになると同時に、日本の音文化の特徴と深くかかわっていることを理解し、その良さを体感できていることが分かる。具体的には、「ちょっとおしゃれ、怪しげ、不思議」と抽象的にしか、感じ取れなかったものが、演奏することにより、「余韻の変化が面白い雰囲気が変わる」と余韻という音文化の特徴としっかり結びついて感じ取れるようになった。また、「しつこい、不安定、爪の方が良い」と否定的感じ方が、「響きが良い、味わい出る、余韻楽しめる、爪は面白くない」と音文化の良さにより生み出される、音の効果を明確に感じ取れるように変化している。

　次に、鑑賞の段階から一番日本の音文化と関わった記述の多かった、スクイ爪を含む、学習素材③の部分の記述の変化を考察する。まずこれらに関する記述の変化を摘出した表を作成した。その後、その中から、音文化に関わる部分の記述のポイントを摘出すると次の表6の通りである。

　考察の結果、鑑賞のみでは、「薄いイメージ、淡くやさしい、お洒落、はなやか」と抽象的な感じ方で、さほど音文化と結びついていなかったが、演奏後は

表6 ③部分の音文化に関する記述のまとめ

鑑賞	演奏
噪音を作っている	演奏や音に深みが増す
面白い、興味ある	楽しさを感じる
面白い情景浮かぶ	ツキ色好き、心地よい
リズムが変わるスクイ爪	リズムと余韻の変化
色が変わるツキ色 薄いイメージ	面白い。弾いてみて楽しい 同じ音でも柔らかい、堅い
淡くやさしい	奏法による違い楽しめる
リズムがたっている	抑揚が付く、リズミック
聴いていて楽しい	聴いてもやっても楽しい
流れに幅が生まれ	響きに動き
表情が豊か	二度鳴る音の音量で音に幅が出る
余韻楽しめる	一つの音に味が付きあでやかに
おしゃれ、面白い	スクイは軽やか、ツキは色が出る
リズミック	スクう時とそうでない時の音色の違い
適度におしゃれ	ツキのフワっとする感じが、羽を広げるよう
華やかさ	噪音や余韻の変化が面白い

「深み増す、奏法による違い楽しめる、味が付く、音色の違い、噪音や余韻の変化」など、より具体的な感じ方になり、音文化に関わる視点から感じ取れるようになった。Ｄさんは大変具体的に、「スクイ爪は軽やか、ツキ色は色が出る」など、奏法の違いを明確な自分の言葉で述べている。

以上のとおり、各奏法に対して具体的に自分の体感や考えを伴って述べられるとともに、音文化との関わりも含めて感じ取れるようになったと言える。

次に、鑑賞と演奏での理解の変化に焦点を当て考察する。

これに関しては、知覚・感受の記述及び好みの記述部分から調査した。

その主な感じ方をまとめると次の表7の通りである。

表7　鑑賞と演奏での理解変化の記述

感じたこと
自分で演奏してみると気づかなかったことに気づき、やっぱり、こっちの方が素敵だなという発見があった。
鑑賞で感じたことと、演奏して感じたことには、大分異なると思った。特に、ピチカートの音は、聴いた時には、すごく好きだったのですが、演奏するととても難しいものでした。新たな発見をすることができ、勉強になりました。
実際弾いてみると、音色や余韻の変化をよりはっきりと感じることができました。自分でやってみて「弾いてみて楽しい」ということも感じることができて、大分印象が変わりました。
鑑賞でも印象を書きましたが、実際に自分で弾いて、聴いて、やってみると印象がだいぶ変わりました。やはり、自分で弾いて体験することが大切だと思った。高校の授業で箏に触れた時は、音の違いなんて気にしてなかったので、改めて発見でした。
聴いた奏法による音の違いを実際に自分が弾いてみると、新しく発見することがあり、実際に経験してみると、大切さが分かった。生徒にも、経験させてあげられるように、知識を増やしていきたい。
鑑賞したものを実際弾いてみて、かなり印象が変わった。演奏するからこそ、新しい発見があると思った。
・自分で演奏することで、奏法の理解を深めることができた。弾きながら、音の響きの違いを楽しむことができた。
・色々な奏法を比較することで、表現の幅が広がってよい。
・演奏してみて、奏法の違いを感じられた。ひとつひとつの余韻がとても美しかった。
・奏法により曲が華やかになり迫力がでた。
・様々な奏法で弾くと、全く違う印象になる。
・音楽そのものに興味をもってもらう授業が大切だと思った。

　上記表を詳細に考察すると、下線部分において、演奏体験すると理解が深まり、音文化との関わりが理解しやすくなっていることが分かる。また、体験することで「印象がだいぶ変わる、気づかないことに気づけた、新しい発見がある。演奏技術の難しさに気づく」など体験の重要さが明らかになった。その具体的記述として、「余韻がとても美しい、音の響きの違いを楽しむ」など余韻の変化をじっくり自分の耳の近くで、しかも生の音で味わい、音の良さや素晴らしさ、価値が大いに増していることが分かる。
　その他の具体的記述例として、「変化がつく⇒美しく響かせる」「楽しめる⇒工夫されて両者が楽しめる」「単に変化⇒美しく響く」「単に楽しめるから⇒工夫され、演奏者も鑑賞者も味わえる」など、具体的感じ方や理解の深まりを読みとる

ことができる。また、「余韻、日本の雰囲気」という言葉も使用され、「音の質を楽しむ、音を味わうことができ余韻を楽しめる」など音文化の理解が深まっている思考を読みとることができる。

つまり、演奏体験することで、音の特徴の理解とその価値が音文化と関わって明確になっていると言える。

（3） 思考・判断を伴った日本の音文化と箏の奏法の特徴の関連づけに関する考察

ここでは、「なぜ箏には、このような奏法があるのかについて、奏法の特徴を紹介しながら、あなたの考えを友達に分かりやすく説明しよう」の記述を詳細に分析して考察した。

まず、これらの主な記述を次の表8にまとめる。

表8　思考・判断を伴った日本の音文化と箏の奏法の関連に関する記述

記述者	内容
E	日本は文化の視点から見ると、簡素・質素で飾り気がないものの、内側から感じる美を大切にしている。なので、箏の音色も基本的に簡素で質素ですが、奏法を変えることにより、柔らかさ、存在感、不安定さ、はなやかさなど、シンプルな音色から感じられる様々な内側の美しさを表現するために、さまざまな奏法があると思います。
F	日本は自然に寄り添う傾向があり、川の流れや風、山や庭園など動いているもの、止まっているものを表現するのに、かき爪やスクイ爪といった奏法があるのかなと思う。一見動いていない静止したものに見えても、空気の小さな振動などを単音でも、ツキ色で変化させたりできるところが魅力的だと感じた。一音がすーっと消えていく心地よさがあると思う。
G	日本の建物は西洋と違って響きにくいため、余韻や一音の美しさを感じやすいので、ツキ色やスクイ爪の奏法が生まれたと思う。また、風や自然に美しさを感じる日本人の心に最も合った和楽器だと思う。
H	日本の自然には動物たちや虫たちといった動的なものもあれば、山並や川など静的なものもある。箏の奏法にはスクイ爪、ピチカート、など、一つの音を多様に表現できるものがあり、これらによって、日本の自然の多種多様さに対応できる。また、繊細で表現技法によって人の複雑な心の中も表現できるのではないか。
I	お箏の音は、絃を弾いた瞬間に生まれ、すぐに響きが消えてしまうように、とても繊細です。そんなお箏の音、響き、流れの幅を広げ、より深い表現ができるように、様々な奏法があるのだと思う。

J	これらの他の楽器にはない奏法は、日本特有の趣がある庭園や建物、自然を彷彿させる効果があると思います。日本の伝統を音楽として受け継ぐために、この奏法があるのだと思う。
K	日本らしい音を唯一出せるのが、箏の良い所で、昔ながらの日本の伝統を受け継がせることができる楽器だと思う。また、日本人特有の謙虚さや華やかさを音色で表現することができて、おもしろいと思う。
L	日本は一つ一つの音を楽しんだり味わったりする習慣があると思う。音一つ一つのこだわりから、考えられたのが、さまざまな奏法であると考える。
M	日本は自然を大切にするから、音楽にも、水や木や風を取り入れて表現しようとしている。例えば、ツキ色とかは、音を揺らすことで、水面にできた波紋を連想させるし、かき爪は、風がふきぬけるように感じる日本の豊かで美しい自然を表現したものが、お箏の奏法なのではないかと思った。

　ここでは、音文化の特徴と箏の奏法をどのように関連付けて思考しているかを考察する。
　Eさんは、文化の特徴を「簡素・質素・内側から感じる美」と捉え、それと箏の奏法との共通性を見出して、それらを関連付け自分の考え方に沿って述べている。シンプルな奏法を簡素・質素と関連付け、内側の美を表現するために様々な奏法が生まれたと理由づけている。
　Fさんは、自然に寄り添う日本人の傾向に焦点を当て、自然を表現するために様々な奏法が生まれたと理由づけている。また、日本の音文化の特徴を「一見動いていない静止したものに見えても、空気の小さな振動」という自分の解釈を加えた言葉で、的確に日本の音文化の特徴が述べられている。また、「一音がすーっと消えていく心地よさがある」という記述より音文化の良さを体感を伴って実感できていることが分かる。これらは、単音愛好性、余韻愛好性、うなり、など音文化の特徴として提示した言葉を自分の言葉と体感を伴った言葉で的確に置き替えて述べていると言える。
　Gさんは、余韻が残らない日本の木造の建物、という音文化の特徴に焦点を当て、それを補うために、奏法で味わいを付けていると両者を関連付けて思考し述べていると言える。
　H, J, Mさんは、自然の多様さを表現するために、さまざまな奏法が生まれたと両者を関連付けて思考し述べていると言える。
　Kさんは、日本の音文化の特徴から、日本人の特性を謙虚さと捉え、謙虚さの

中に華やかさを出すために、奏法が生まれたと関連付けて思考していると言える。

Ｌさんは、音一つ一つにこだわる日本人の音文化の特徴に焦点を当て、そこに彩りを出すために、さまざまな奏法があると関係づけて思考し述べていると言える。

また鑑賞では、全体的に与えられたヒントと奏法を結びつけて文章化している。だが、自分自身の深い理解までには、至っていない、表面的理解であったと言える記述もあった。しかし、演奏後は、「音楽全体の深み、面白さが増す」と自分の理解を伴った言葉で述べられている記述が多くみられた。

Ｎさんの具体的記述では、「空気の小さな振動⇒単音にツキ色を加えることで変化を加え⇒それが魅力的」と体感が変化していった。ここでは、空気の振動とツキ色の音の変化を結びつけ、それが音として魅力的であることを、自分の体感と感じ方を含めて思考して述べている。このように、表現することで、思考が深化して、より具体的な判断の言葉になっている。

以上より、日本の音文化と箏の奏法を関連付け思考して、自分の考えが述べられていることが分かった。

第7節 結　　論

第6節では、箏の奏法と日本の音文化の特徴をどれだけ関わらせて理解し体感できるかについて、3つの視点から学習者の学習結果を分析・考察した。

その結果、以下の3点が明らかになった。

一つ目は、鑑賞だけでなく、実際に演奏することで、奏法の知覚と感受が深まった。

二つ目は、日本の音文化の特徴を理解した上で、さまざまな奏法を体験することで、両方の関わりを意識して理解・体感することができるようになった。

三つ目は、音楽を文化と関わらせて、思考・判断しながら学ぶことで、その楽器の演奏法の価値の理解を一層深められた。

今後の課題としては、音文化と関わらせないで学習した場合との比較を行い、音文化と関わらせて学習することの価値の検証を行いたいと考える。

注

1) 吉川英史『日本音楽の性格』音楽之友社、1975
2) 茂手木潔子「表現素材としての雅楽指導の一考察」『音楽教育学　第24-4号』日本音楽教育学会、1995、pp.29-38
3) 平成20年告示の小学校学習指導要領総説改訂の経緯、「幼稚園、小学校、中学校、高等学校及び特別支援学校の学習指導要領の改善について」の答申（平成20年1月）、「学校教育法」（平成19年一部改正）の資料による
4) 『広辞苑』岩波書店、「思考」「判断」「表現」の項目による、2008
5) 『学校教育辞典』(2003) 教育出版、森敏昭「思考」、pp.344-345、田中敏「判断」、pp.594-595 による
6) 『現代教育方法辞典』(2004) 図書文化、清水毅四郎「思考力の発達」、p.90、鶴田清司「表現力の発達」、p.92 による
7) 『新教育心理学事典』(1979) 金子書房、坂元昂「思考」、pp.308-309、春木豊「判断」、p.661 による
8) 杉浦美朗『自己教育力が育つ授業 — デューイ教育学の展開』、日本教育研究センター、1989、pp.58-63
9) 杉浦美朗、1989、pp.74-77
10) 杉浦美朗、1989、p.99
11) 伊野義博「音楽科教育における日本音楽の学習法に関する一考察」『音楽教育学第25-2号』日本音楽教育学会、1995、pp.1-13
12) 尾藤弥生「教員養成における和楽器"箏"の奏法習得に関する研究」『北海道教育大学紀要　教育科学編　第54巻　第1号』2003、pp.91-104
13) 山田美由紀、本多佐保美「教員養成課程における和楽器の実技指導」『千葉大学教育実践研究　第8号』2001、pp.75-86
14) 桂博章「大学における日本民謡の授業効果」『民俗音楽研究』日本民俗音楽学会編、2001、pp.13-23
15) 本多佐保美「和太鼓の導入段階における指導過程に関する一考察」『千葉大学教育学部研究紀要　第49巻　Ⅰ：教育科学編』2001、pp.115-122
16) 尾藤弥生「教員養成における箏の様々な奏法の味わい状況に関する一考察」『学校音楽教育研究 Vol.9』日本学校音楽教育実践学会、2005、pp.170-181
17) 尾藤弥生、箏二重奏曲『丹頂鶴　誕生そして旅立ち』マザーアース、2013
18) 尾藤弥生『体験に焦点をあてた日本の伝統音楽の教員養成プログラムの開発』科学研究費補助金研究成果報告書、2005

参考文献

文部科学省『小学校学習指導要領解説音楽編』教育芸術社、2008
文部科学省『小学校学習指導要領』東京書籍、2008
吉川英史『日本音楽の性格』音楽之友社、1975

アートマネジメント手法を導入した「複合的鑑賞教育モデル」からみるコンピテンシー
― 北海道立近代美術館との連携授業プログラムから ―

三橋　純予

はじめに

　筆者は2006年から、美術教育における新たなアプローチとして「アートマネジメント」の視座を提示し、社会へと拡大する教育活動とそこで育まれる能力観（コンピテンシー）について研究を進めている。研究方法としては、美術館との連携授業や地域プロジェクトを大学の授業に導入し、その検証及び分析から導き出した理論研究をベースとして、美術教育における能力観について、より包括的な視点での研究を目指している。

　これまで幾つかのプロジェクト事例を実践しているが、本稿では公立美術館を現場としたアートマネジメント手法の中で「キュレーション」と呼ばれる「展覧会の企画から実施まで」の全行程を教材化して授業導入したプログラム事例を中心に紹介する。その後、プログラム行程を系統的に組み立てた「複合的鑑賞教育モデル」を検証分析して、その教育的効果を明らかにする。

　また、OECD（経済協力開発機構）主導のDeSeCo（コンピテンシーの定義と選択プロジェクト）が示した能力観の基礎概念である「キー・コンピテンシー」との比較から、高等教育や生涯学習に求められる社会的能力の要素を明確にして、「複合的鑑賞教育モデル」から導き出せる能力観について考察する。

アートマネジメントという視座の導入

　近年、鑑賞教育に求められている能力範囲は大きな変化を見せている。1990年代以降美術館等で始まった鑑賞教育も、現在では学校現場や地域の中で多くの

実践や研究がなされている。特に、絵画を色彩や構図から読み解くという「美術史的な視点による鑑賞手法」を越えて、社会とのかかわりや地域の伝統文化を知るなど、2012年に改正された学習指導要領においても、より広範囲の学びとその教育効果が求められてきている。この状況は教科サバイバルだけでなく、美術や美術教育における能力観や学力の問題提起にも通じており、現況では細分化傾向が強い美術教育学関連の研究テーマでは不十分であるという指摘も多い。拡大する美術教育の全体像を把握し、そのポテンシャルを新たに確認する作業が必須であると思われる。また、そのためには広い視野から捉える、より包括的で系統性のある実践研究に基づく理論研究が重要になると考えている。

本稿で柱とする「アートマネジメント」という新たな視座は、2008年に美術科教育学会誌への論考[1]で提示したものである。美術教育の境界はすでにミュゼオロジィ（美術館学的なアプローチ）だけではなく、次のステージとしてのアートマネジメント手法の導入は、特に社会や地域における連携授業やアートプロジェクト形式での実践において有効性を明らかにするものであった。より広範囲のアプローチから体験的鑑賞プロセスが可能であることから「複合的鑑賞教育」としてプログラム開発と検証を進めながら、複数の論考[2]を発表してきた。公立ミュージアムで実施した幾つかのケーススタディがあるが、ここでは最も長期的な授業プロセスを導入した北海道立近代美術館との連携授業とその企画展覧会「フレッシュ・アイズ」展を事例とする。そしてアートマネジメント手法導入の理想的な鑑賞教育モデルであるとして検証と分析を行い、その過程で体験する複合的鑑賞教育が、社会に繋がる能力育成に適していることを明らかにしたい。

第1節　北海道立近代美術館との連携授業プログラム

(1) プログラムの概要

筆者は美術館及び博物館に17年間学芸員として勤務した経験があるが、展覧会事業だけでなく特に教育プログラム事業を総括していた。2006年以降、大学へ研究と教育の場を移してからも、美術館を鑑賞教育の場とする実践研究を進めている。

北海道立近代美術館と北海道教育大学は2005年度に相互協力協定を締結している。芸術課程を持つ岩見沢キャンパスは美術館パートナーシップ・キャンパスでもあり、博物館実習生の受入だけでなく、展覧会企画やコンサート企画などの連携活動を継続的に行っている。本稿では、2006年4月から2009年3月までの長期間にわたる本学教員と近代美術館学芸員とのチーム・ティーチング方式[3]でおこなった3年間の連携授業プログラムを「複合的鑑賞教育モデル」のケーススタディとして紹介する。

　この連携授業プロジェクトは芸術課程の美術系学生を対象に実施したもので、初年度はプログラム開発期間として協議を続け、次年度から2年間の通年授業を計画した。最終的な到達点を「美術館常設展示室における有料企画展覧会の実施」としたため、授業内容は美術館で通常おこなっている学芸業務——具体的には、企画立案、作家調査研究、出品作品選定、展示作業、会期中の関連事業企画実施（ワークショップ、ギャラリートーク、小学校との鑑賞授業）、パンフレット作成、広報PR等の全行程を、学生が主体的かつ系統的に体験することをプログラム化したものである。

（2）展覧会までの授業プロセス

　連携授業は2年間の通年授業「アートマネージメント美術演習Ⅰ～Ⅳ」として、1年目は主に大学での講義を中心に組み立て、美術館における研修的な授業として夏休みの教育事業などを中心に設定した。講義内容としては、社会における美術館の役割や意義、学芸員の仕事内容、展覧会の作り方などの講義、ワークシート作成などの演習的な授業である。芸術文化コースと美術コースにおいて、アートマネジメント、芸術学、美術学、絵画、版画、彫刻、デザインなどを専門に学ぶ学生22名が履修した。

　次年度は展覧会企画から実施までの一連の流れとした。展覧会は道立近代美術館の常設展示室2階とし、会期は2008年12月から翌年の1月までとなった。企画は芸術課程美術系の学生22人が美術館収蔵作品から各自1点ずつ絵画作品を選び、その展示方法を工夫するというオムニバス形式とし、美術館を授業現場として以下のようなプロセスで展開した。

1) 出品作品の選定：収蔵庫・展示室
〈1-1 作品セレクト〉

北海道にゆかりのある作家ということだけを全体で決めて、学生達は各自で担当作家を選んだ後、可能な限りその作家の収蔵作品の鑑賞をさせてもらい、その中から出品作品としての1点をセレクトした。この作業段階のよいところは、近代美術館のコレクションの豊富さにある。同一作家の生涯にわたる作品群を全

写真1　収蔵庫で作品鑑賞し、出品作品を

体的に見ることで、作風やスタイル、テーマなどを自然に把握でき、また他の学生が選んだ画家の作品についても同時に鑑賞できることの2点である。同時代の作品傾向や、テーマは同じでも画風が異なるなど、作品を自由に比較鑑賞することができる環境は、より客観的な視点で作品を捉えることを可能にする。また、この作業中に学芸員や学生同士でも言葉を交わしながらの鑑賞体験は、この後のプロセスであるディスカッションにつなぐことができる。

〈1-2 作品感想文の執筆〉

セレクトした作品について、選んだ理由や作品の印象などを書き留めておく。学生は自分の専攻分野（絵画、彫刻、版画等）から作品を選ぶ傾向があった。作家については多少の知識を既に持っており、代表作というよりも自分の好みや印象で選ぶ学生も少なくなかったが、指導としては展覧会構成も考慮して小作品やシリーズ群は選ばないように制限した。

2) 作品に関する調査研究
〈2-1 文献調査〉

学生各自が担当する作家や作品の調査を時間をかけて行った。今回は道立近代美術館が編集したコレクション解説本『ミュージアム新書』や関連展覧会カタログだけでなく、美術館資料室を利用させてもらい、作家に関する資料や新聞記事など文献調査を行った。そこから作家の履歴や年表作成を行い、出生地や北海道での関わりの深い地域などを調べ、次のフィールド調査へと進む。

〈2-2 フィールド調査〉

　文献調査で調べた作家ゆかりの地域や作品に描かれた場所へ各自が夏休みや週末を利用してフィールド調査に出かけた。調査する作家のコレクションがある小樽市美術館や網走市立美術館、道立函館美術館などでは、さらに詳しい調査への対応協力をして頂けた。学生達は作家の出生地や描かれた風景に自ら降り立ち、作家のテーマなどを実際に現場で感じとることを重視した。札幌などの都市部では当時とは町並みも大きく変化しており、アイヌ資料館などへ基礎知識を得ることを目的に通う学生もいた。

〈2-3 インタビュー調査〉

　存命の作家や他の美術館学芸員にインタビューをする学生もいた。

3）作品研究

〈3-1 アートライティング〉

　文献調査後は収集した資料をファイリングすると共に、作家年表の作成と作品に対する評論記事等をまとめながら、学生各自が作品や作家への理解を深めていった。これを元に学生は作家に関する自分の考えを文章化し、後に作成する配布冊子や解説パネル文章とするために、教員と学芸員で複数回の添削指導を行った。

〈3-2 ディスカッション〉

写真2　担当作品のプレゼンテーション　　写真3　ディスカッションの様子

　美術館の映像室で全体ディスカッションを計4回実施した。各自が担当する作品をプロジェクションして全員に見せながら、学生が担当する作品の調査成果を説明し、自分の作品への考え等について述べてから、全員で積極的に質疑応答す

る方法を採用した。1作品におよそ1時間程度をかけるという密度の濃いディスカッションであり、22作品全体では数日間を要したが、大変に丁寧な作品鑑賞の時間となった。

　担当していない作家のディスカッションを通して、知識や理解を深めると共に、他の学生が必ずしも自分と同じ考えや印象を持つのではないという実感を通して、展示方法や解説文章の書き直しなどを行った。これは自分だけの鑑賞体験を越えて、他者を意識した鑑賞体験の重要なプロセスである。

　「アートライティング」と「ディスカッション」という2つの作品研究プロセスは、先行研究でいえば、作品を読み解くための鑑賞授業の多くの実践事例はもとより、ディスカッション中心の「対話型鑑賞」[4]に関する実践や論考、エッセイ・コンテストによるアートライティング[5]、鑑賞ソフト「アートレポーター」などの実践研究が該当する。この徹底した作品研究プロセスを通して、次の段階である作品展示プランニングへと進めていった。

4）展覧会の企画構成

〈4-1 展覧会タイトル、趣旨の決定〉

　展覧会企画を詰める中で、展覧会タイトルは学生がそれぞれ案を出し、美術館の意向も含め「フレッシュ・アイズ ―北海道の美術再見―」と決定した。自分達の「ルーツとしての北海道美術」をこの展覧会で捉え直すという試みである。加えて「美術館と大学が連携して何が生み出せるかと」いう実験的な試みも重要な目的であるため、それを表すために「私達式展覧会」というサブタイトルを付けることになった。フライヤーに掲載した趣旨文は以下のとおりである。

― 私達式展覧会 ―

　この展覧会は、北海道教育大学岩見沢校と北海道立近代美術館との連携によって企画されました。大学と美術館の連携による展覧会は、全国的にみても珍しい事例です。

　企画に関わった学生は、大学に2006年4月に新しく生まれた芸術課程の1期生です。公共の美術館で展覧会を企画することは、大学の中では得がたい貴重な体験であり、大きな責任を伴う挑戦でもあります。22人の学生が自ら担当作品を選び、展示プランを考え、来館者の皆様にご覧いただくという自覚と責任をもってつくりあげた成果を感じていただきたいと思います。

― 22人がみつめる、22点の北海道美術 ―

　テーマは、「北海道再見」。会場には、22人がみつめた22の北海道美術が並びます。学生1人が1作家・1作品を担当し、美術館収蔵庫での作品調査、各種文献研究、さらに作家ゆかりの地へ赴く・作家本人への取材等のフィールドワークも行い、文献資料を眺めて頭だけで考えるのではなく、実際に自分の身体も使って作家・作品を知ることをおこなってきました。

　それらの経験を通じ、ひとつひとつの作品の魅力をさらに引き出せるような展示のアイディアを練りました。

　その結果、作品を目で楽しむだけでなく、手で触れる、身体で感じられる方法も含めて、多様な展示が出来上がりました。

　ひとりひとりの学生が、真摯に作品とむきあう努力を重ねた中から生まれた作品への新たな視点〈フレッシュ・アイズ〉を、ぜひ多くの方々に、お楽しみ頂ければ幸いです。

〈4-2 各自のプラン〉

　作品についての自分の意見や考え方などを文献資料の理解やディスカッションから深めた後に、展示プランを個々に出し、全体的な流れを作ることにした。

　道立近代美術館は、親と子を対象とした教育普及展「アミューズランド（現在はワンダー☆ミュージアム）」や「ウォームアップギャラリー」「ふれるかたち」等の工夫を凝らした自由な展示をする伝統もあり、制限が少ない中で学生達はプランニングを進めていった。

〈4-3 全体展示構成〉

　通常の展示は作品理解への補助的な役割として、統一感のあるキャプション

写真4　展示の全体プランを考える　　写真5　作品配置を練る

や解説パネル等が作品と共に展示されることが多いが、今回は作品鑑賞の工夫を自由に各自がプランするため、オムニバス形式での全体展示の構成をおこなう。個々の作品を活かしながら、全体としてどのようなストーリーが生み出せるかが焦点となった。各自の展示プランに要する空間やひきの問題、壁面容積の計算など、最後まで修正を加えながらのプランニング作業となった。

5）PR計画

〈5-1 広報物のデザイン〉

ポスターやフライヤーなどはデザインコンペを行い、最終的に残った3案を組み合わせる共同デザインとした。「フレッシュ・アイズ」の和訳として「新鮮眼」を大きく使用したものになった。

ポスター等広報物は札幌駅構内やコンコースをはじめとして、多くの場所に掲示することとし、マスコミ向けのプレゼン資料を作成し、NHKやラジオ局など担当者にアポイントを取り、記者やディレクターに学生が説明をおこなった。

〈5-2 作家解説の執筆〉

展覧会場で配布するパンフレットに掲載するため、各自が作家解説と展示プランについての執筆を行った。作家の略歴や作家独自に世界観、生涯追い続けたテーマなどを来館者対象に分かりやすく解説する文章である。展示プランでは、自らの作品への見方も含め、展示に際しての工夫などが中心となった。公共に配布するものであるため、内容も文章力も一定のレベルに達するまで指導を繰り返しおこない、誰もが2回から4回の書き直しを必要とした。

〈作家解説例：神田日勝〉

神田日勝　KANDA Nissho
1937（昭和12）～1970（昭和45）
『室内風景』1970（昭和45）制作
　昭和12年に東京に生まれ、8歳の時戦時疎開団に加わった家族と北海道河東群鹿追町へ移住する。農業のかたわら独学で油彩をはじめる。戦後の日本の高度経済成長と資本主義の渦に巻き込まれながらも、美術の本質に迫り、繊細かつ迫力のある描写によって、戦後日本の具象絵画に異彩を放つ作品を残した。

〈展示プラン例：神田日勝〉

中央にうずくまる男と画面全体が新聞紙で覆われた異様な空間が見る者に強い印象を与えます。彼は何を思いそこにいるのだろう。その男は激動の時代を生き抜いた神田日照本人なのか、または鑑賞している自分自身なのだろうか。今回のこの展示方法はそれを鑑賞者に自由に感じ、考えてもらいたいと思い、実際にその室内を再現し、そこに入ることでよりリアルに室内にいるということを感じられる環境を作りたいと思っています。

6）展示作業

各自の展示プランに必要なもの、パネルや模型、映像撮影編集、創作物の場所の設定、鑑賞教材、パズル、テキスチャーキット、マップ、ワークシート、参考図版パネル、音声解説機器などの制作は学生が各自制作や準備をして設置した。

写真6　各自の展示プランに沿って展示設営をする

写真7　神田日勝の展示作業

7）教育事業の企画実施

〈7-1 ギャラリーツアーの開催〉

展覧会会期中に学生5～6人が1チームとなり、一般来館者向けにギャラリートークをツアー形式で4回おこなった。ここでは学生は個々に担当した作品の解

写真8　ギャラリートーク風景

説と展示プランについての紹介が中心となったが、展示プランを考慮してバラエティに富むよう、工夫を重ねたものである。このトークは、今までの作家研究やディスカッション、作家解説等の執筆を元に、作品を前にして口頭での解説であるため、解説の組み立てを再構成し、強調することや語りかける口調なども事前に数回の練習をおこなった上に実施した。美術館で作品の傍らに立ち観客の前での作品解説はかなりの緊張を伴うものではあるが、このトークは学生に多くの学びをもたらすものである。

　通常、学校や大学における作品鑑賞行為は自分と作品の間で成立する。美術館においても学芸員等の解説が手助けとなる場合、また鑑賞活動としてグループでの対話型手法においても教員のファシリテーターが導いてくれる。だがトークを自分でおこなうことは、自分のみで完結可能な鑑賞行為ではない。自分の考えを表明し、聞く人を導く役目を負う能動的な行為である。また、そこでの反応－多くの賛同が得られるか、あるいはよく理解されないまま時間が過ぎていくのか－等の結果はダイレクトに自分にフィードバックされることになる。本番では資料やメモを見ながら話すことができないため、話し言葉としての工夫が必要になる。関連するエピソードやデータも交えながら、人に伝えることの難しさや面白

さを緊張の中で体得することは、鑑賞教育の能動的な形であると考えている。

〈7-2 フリーアトリエ〉

今回の展覧会に合わせ、来館者に楽しくより深い理解をしてもらうことを目的として、制作を伴い誰でもその場で参加可能な「フリーアトリエ」形式でのワークショップを企画した。真冬の北海道での開催ということで、来館者に一足早い「春」をプレゼントする「はるのおくりもの」というコンセプトである。美術館2階ロビーの天井から数百本の毛糸をつり下げてフリーアトリエ会場を作り、その中央に制作スペースを設置した。展覧会とフリーアトリエの趣旨を書いたカードに花の種子をつけて、毛糸の先に結びつけておく。参加者は制作スペースでフェルトや色紙などで色彩やかな種を作り、カードと交換していくという進行型のワークショップである。3日間で100人以上の参加者があり、すっかり春らしくカラフルになったスペースは、残りの会期中、そのまま展示されることになった。

写真9　自分の種を制作しているところ

このフリーアトリエの企画も担当学生が何度も趣旨や企画内容を全員にプレゼンテーションして、意見を取り入れ

写真10　付け替えているところ

ながら練り上げていく長いプロセスを経ている。美術館2階のロビーはガラス張りで外の雪景色が美しいスペースであったので、色彩を考慮した企画になった。毛糸は生成りのものを使用し、カードはパステル調に色彩を抑え、制作する種には色鮮やかで模様もある色紙やフェルトを準備し、制作スペースを見るだけでも楽しい雰囲気がでるように配慮した。種の作品が結びつけられるに従

い、多くの色彩がこのスペースにあふれていくので、連日通ってくる親子の姿もあった。学生は数人が交代でスタッフとなり、対話をしながら制作の補助作業をしたが、美術館における来館者とのコミュニケーションとして適していると思われる。

〈7-3 鑑賞授業の実施：小学5年生〉

展覧会会期中、北海道教育大学札幌校付属小学校5年生との連携授業を実施した。鑑賞教育として、美術館でどのように行うか、鑑賞の狙いはどこに設定するかなどを考えることになるが、最初に小学生が美術館に来て展覧会鑑賞することが、どのような意味を持つのだろうかを考えた上で、自分達が企画した展覧会で何を伝えればよいのか、何を体験してもらいたいかなどのディスカッションを通して準備を進めた。この授業実施者の立場で鑑賞教育について真剣に考えるプロセス自体にも多くの実践的な学びがあると思われる。

見学授業については数か月前に教育実習を終えた学生が中心となったが、付属小学校の図工担当教員にも助言を受けながら、2時間弱という見学時間での80人を対象とした鑑賞活動の実施案を作るまでには、予想以上に多くの時間を費やすことになった。実施については全体指揮も学生が受け持ち、グループと一緒に展示室を廻るもの、作品の傍らに待機して解説をするもの、ワークシートの配布回収など、22人のほとんどが役割を持って授業にあたることとなった。

写真11　鑑賞授業の様子

〈7-4 ワークシートの作成〉

鑑賞授業に合わせたワークシートを作成した。道立近代美術館で通常作成しているシートはA4版1枚が通常形態であるが、他の美術館の事例や今回の授業に必要な要素を加え、A5版冊子形式8頁のものになった。前年度の演習で各自レイアウトや設問を作成する練習もしていたので、今回はデザイン等もスムーズに準備を進めることができた。

検討を要したことは、見学のどの段階で生徒に渡すのかということでは、多く

の時間をディスカッションしなければならなかった。先に解説を読むことよりもオリジナル作品を見ることが優先されることには学生は全員一致し、鑑賞時間はより作品に触れてもらおうという結論から、見学の最後に渡すことに決め、家や学校で今回の鑑賞をフィードバックできるような使用方法にすることになった。

8）フィードバック

〈8-1 会期中の来館者観察〉

展示室の環境整備や来館者の反応を直接知るため学生が数人ずつ当番を決めて、展示室に待機した。引き継ぎ用ノートには当番学生が来館者反応を記述した。

〈8-2 来館者アンケート〉

今回の展覧会は3,770人の入館者があり、111人のアンケート回答があった。

アンケート内容はシンプルな事項に絞り、良かったと思う作品名、展覧会全体についての感想、改善点などである。展覧会の試みを良かったとする回答が108件、批判的な回答が3件あり、全体的には98％の回答が好意的であった。道立近代美術館の常設展示アンケート結果としては70〜80％の割合で好意的回答があるのが通常であるということから、このような実験的な試みがより暖かく受け入れられたということがいえるだろう。

〈8-3 メディア評価〉

会期中、NHKの全道ニュースでの中継や北海道新聞等の記事掲載があり、好意的な評価を得た。

第2節　複合的鑑賞教育の理論的考察

（1）中心となる鑑賞行為からの分類

前述した授業プロセスをまとめ、展覧会の企画構成、実施、関連する教育活動などの一連の作業を、系統的に12項目に整理した。行為としては同じであっても目的や方法が異なるものもある。

```
見る：収蔵庫内での作品選定
読む：文献資料調査
赴く（作品研究）：フィールド調査
書く（作品研究）：批評文の執筆
```

話す（作品研究）：ディスカッション
企画する（展示）：展示構成、テーマ設定等
提示する：プレゼンテーション
伝える：ギャラリートーク
伝える：鑑賞授業
企画する（造形活動）：フリーアトリエ
作る（鑑賞）：ワークシート
評価される：観客反応、アンケート、マスコミ

（2）鑑賞行為における2つの段階

この中で鑑賞行為における対象という視点から、次の2つに分類できる。
〈A段階：作品と向き合う〉
〈B段階：他者と向き合う〉
この2つの段階の違いは、鑑賞に関連する対象が「自分と作品」だけの場合がA段階であり、（作品に向かい合った）自分が他者や社会に向き合う段階がB段階となる。以下、それらの段階を詳細に検証していくことにする。

〈A段階：作品と向き合う〉
これらの鑑賞行為は作品と自分が対峙し、各自が作品を様々な方法で感じ取り、読み取ることを目的とする。日本の美術教育においては制作重視傾向への反省もあり、制作の補助的位置づけとしての鑑賞行為ではなく、鑑賞本来の観点から作品を選び、その構図や主題、背景などを読み解く能力を育成しようとする「美術史的な視点」で行われるようになった。この傾向は1990年代以降の美術館におけるギャラリートークやワークシート、また対話型鑑賞への注目も大きな要因となったと考えている。

見る：収蔵庫内での作品選定
読む：文献資料調査
赴く（作品研究）：フィールド調査
書く（作品研究）：批評文の執筆
話す（作品研究）：ディスカッション

〈B段階：他者と向き合う〉

　この段階は、鑑賞行為の応用として自分と作品の他に、もう1つの対象として「他者」「社会」が加わり、A段階で得た自分なりの意見や考え、感想などを、様々な手段で「他に伝えることを最終目的」とする。従って、新たに他者に向かう視点や組み替え作業が必要となる。また、他者に向かっての提示は、他からの反応や評価となって自分にフィードバックされる。

```
企画する（展示）：展示構成、テーマ設定等
提示する：プレゼンテーション
伝える：ギャラリートーク
伝える：鑑賞授業
企画する（造形活動）：フリーアトリエ
作る（鑑賞）：ワークシート
評価される：観客反応、アンケート、マスコミ
```

　前述したA段階の鑑賞行為は、自分と作品がしっかりと向き合い、美学美術史的な視点で行われる。言い換えれば、「B段階」とはA段階の鑑賞行為の中で感じ考えたことを、「他者に向けて表現する」ための行為であるといえる。A段階の「応用発展」がB段階であると位置づけることも可能である。

　この場合の応用とは、A段階での学びを、新たな対象や目的に適した内容や文脈、形式に組み直すことが必要になる。例えば今回実施したギャラリーツアーを例に考えると、A段階において執筆した作品解説や批評等の文章を、そのまま声に出して読むだけではうまく伝わりにくい。ここでは書き言葉と話し言葉の表現の差異が最も大きい要因であるが、さらには、想定される来館者の年齢や知識レベル、話の構成や順序と時間配分、親しみや理解を促すためのエピソード等の挿入、聞いて分かりやすい言葉への置き換え、話すスピードやリズム等々の新たな要素に対応するための視点が求められるのである。

（3）アートマネジメント手法の系統性と可逆性

　鑑賞教育を実施する際の現実問題として、学校現場では美術の授業時間自体が少ないことから、鑑賞領域にはあまり時間を割くことが困難な状況があげられる。また美術館等でも30分～1時間以内のギャラリートークや鑑賞体験などが

通常であり、様々な制約を考慮すると常に短期間、単発的な活動で展開せざるを得ないのが、鑑賞活動の実態である。

今回の道立近代美術館との2年間にもわたる長期の連携授業プログラムは、大きな視野をもって全体像をみること、またそれらを継続性のある系統的な活動として捉えるための実験的な研究モデルであるといえる。おそらく、ここで紹介した全てを授業として再現することは極めて難しい。美術館だけでなく、博物館教育に範囲を拡げてみても、ここまで徹底した事例は、日本ミュージアムマネージメント学会でも言われるように、海外でも探すことが難しい画期的な事例である。

系統的なプログラムという観点では、今回のプログラムは美術館のオリジナル作品を活用し、学生22人が主体的に有料企画展覧会を実施するという極めて高い目標を掲げたため、指導側としては、必然的に系統性のある計画と到達目標を学生に示すことになった。

「B段階」に進むと、全ての作業や行為が個人では完結できなくなり、客観的な判断や対象への理解、そのための新たな対応や工夫を求められることになるが、それぞれの段階で集中した努力は必要であるが、狭い視野で留まらずに、それが全体の中でどこに位置しているのか、自分の到達度がどこまで来ているのか、を必然的に感じながら進むことになる。

このプロセスにおける最もよい要素として「可逆性」があげられる。これらの作業は系統だっているが、常に「A段階」へとフィードバックしながら進むことになる。B段階のギャラリートークにしても、再度作品を見直し、資料や自分で書いた文章を読み直し、練習を聞いてもらってアドバイスを受ける。このA段階へと戻る一連の行為は、進んだレベルを上げこそすれ、けっして後退するものではない。常に段階に即した文脈での再構成に適応させるために考える反復行為があるからこそ、「鑑賞スキルの熟達化と転移」[6]が可能になるのである。全ての段階でフィードバックされるのは最初でステップ「作品を見る」ことであり、最終的には最も多くの時間を費やすことになる。

このような系統的な鑑賞行為の結果として、言語的な能力や文章力を育成し、コミュニケーション能力や社会の仕組み、文化の意義等を知ることに繋がると思われる。上記のことを踏まえ、これらが美術教育分野における学力観や能力観の

問題とどのように関係するのかを次に考察する。

第3節 能力観（コンピテンシー）からの考察

国際化した経済と高度情報化を迎えた現代社会において、社会変化に対応できる柔軟性と適応性、そして機動性の重要さは、教育を論じる際の重要なテーマとなっている。それらはリテラシー、スキル、アビリティなどの獲得として様々な学問領域でも研究が進んでおり、21世紀の人々、特に成人には人生を通していろいろな役割を果たし、異なる社会で活動し、多様なチャレンジに立ち向かうことが期待されている。

こうした期待に応え、国際社会に必要なコンピテンシー（能力）を定義することが、国際的、学際的、かつ政策指向的な研究プログラムであるDeSeCo（デセコ、コンピテンシーの定義と選択：その理論的・概念的基礎）の目的である。

DeSeCoは、国際的な評価を概念的な背景としてもち、IALS（国際成人リテラシー調査）やPISA（OECD生徒の学習到達度調査）、ALL（成人のリテラシーとライフスキル調査）を含め、OECDの長期にわたる評価の開発という背景を踏まえている。同時に、生涯学習についての深い意味と考え方が含まれている。

（1） 能力観における美術文化

〈1-1 コンピテンスの優先順序〉

DeSeCoの調査報告書『キー・コンピテンシー 国際標準の学力をめざして』の第1章「制作と実践にみるコンピテンスの優先順序」で、トリアーが2003年に発表した研究結果（表1）が取り上げられている。各国で進められているコンピテンス研究レポートに記載されたキーワードの頻度である。記載頻度が高い程、国際的に求められるコンピテンスと推定されるのだが、「身体的コンピテンス」と「文化的コンピテンス」の掲載頻度が特に低いという結果がでている。

これらの結果は、日本における美術教育分野等でも、PISAショックと呼ばれるように、研究者らが非常に危機感を持つ経緯となる要因となった。報告書にも、「美的感性、創造性、異文化間交流或いはメディアのような文化の領域、

フィットネスおよびスポーツに関連した健康のコンピテンス領域はそれほど多く取り上げられていない。トリアー（Trier, 2003）は、私達が文化的活動に費やす時間の量、および健康の意識や態度、習慣および身体的自己イメージの重要性を考えると、これはかなり驚くべき事であると懸念している。」

表1　各国のレポートにみるキー・コンピテンスの領域の記載頻度

高い	中位	低い
社会的コンピテンシー／協力	自己コンピテンス／自己管理	健康／スポーツ／身体的コンピテンス
リテラシー／知性 応用的知識	政治的コンピテンス／民主主義	文化的コンピテンシー （美的感性、創造性、異文化間能力、メディア）
学習コンピテンシー 生涯学習	生態学上のコンピテンス／自然に対する関係	
コミュニケーションコンピテンシー	価値志向	

出典：Trier（2003）

〈1-2　キー・コンピテンシー3つの定義〉

DeCeCoによるコンピテンシーの総合的モデルであるキー・コンピテンシー定義は、3つのカテゴリーから構成されている。「社会的に異質な集団で共に活動できる力」「自立的に活動できる力」「対話の方法として道具を活用できる力」である。このように「知識や技能の習得に絞った能力観」だけでなく、「学習の意

表2　キー・コンピテンシーの定義

```
1. 相互作用的に道具を用いる
   A：言語、シンボル、テクストを相互作用的に用いる
   B：知識や情報を相互作用的に用いる
   C：技術を相互作用的に用いる
2. 異質な集団で交流する
   A：他人といい関係を作る
   B：協力する。チームで働く
   C：争いを処理し、解決する
3. 自律的に活動する
   A：大きな展望の中で活動する
   B：人生計画や個人的プロジェクトを設計し実行する
   C：自らの権利、利害、限界やニーズを表明する
```

欲や関心から行動に至るまでの広く深い能力観、コンピテンシー（人間の根源的な特性）に基礎づけられた学習の力への大きな視点」として、より詳細な項目として表2をあげている。

（2）授業モデルとの比較

〈2-1　B段階との比較〉

今回の連携授業モデルにおいて比較すると、上記の定義は「B段階」における2と3の項目に該当する。ふじえみつるはキー・コンピテンシーについて以下のように論考[7]している。

「特に、competencyについて、アメリカでは競争的能力として強調されるが、個人の他者や社会との関わり方まで広い意味で使われ、我が国の新しい学力観とも共通する。また、評価の観点としても『能力』観の分析は有益である。」

また「このコンピテンシーは、言語や道具を自在に使って環境に関わりながら、自律的に判断し行動して、多様な集団の中で社会構築に参加する能力としてとらえられ、（中略）ビジネス界の『競争』能力ではなく、環境や他者との調和・共存という意味での〈共創〉の能力とされている。」

今回の連携授業モデルからも導き出されるように、アートマネジメント手法は「環境や他者との調和・共存を〈美術分野の中で〉行うもの」との定義が可能である。アートプロジェクト等の手法も含め、「複合的鑑賞教育」を核として、アートマネジメント手法の導入は、美術教育における能力観の答えの一つになると思われる。

〈2-2　美術におけるリテラシー〉

2000年以降、我が国でもいわゆるPISAショックにより、経済社会から求められる能力観に関する研究は実学以外においても様々な意見や研究が継続的に進められている。そこでは従来の教養教育でさえも肩身の狭い位置づけにあり、言うまでもなく芸術分野からの効用は全く注目されていないといえるだろう。芸術文化、芸術教育の研究者はその存在意義をかけて、能力観への賛否両論も含めた研究が行われている。

柳沼宏寿は日本の美術教育の傾向について「リテラシー概念」を論考[8]した中で、以下のように述べている。

「『美術教育におけるリテラシー』を考えようとするとまず『美術のリテラシー』というニュアンスが念頭にたち、『美術の読解』あるいは『基礎・基本』という部分へ意味を収束させがちなことに気づかされる。それは PISA 型学力観での『リテラシー』が『読み・書き・算』としての基礎・基本から実社会への応用へと意味を拡散させている方向とは裏腹であり、このような考察は芸術的教科本来のダイナミズムを見失わせる危険を孕んでいるともいえる。」

おわりに―アートマネジメント手法の有効性―

　今回の連携授業において、筆者はアートマネジメント手法導入の観点から、美術教育の今後の可能性について、長期的実践モデルを示し、その検証と分析を理論研究につなげる研究を継続的に行っている。美術教育の目的や特徴が能力観や社会への視点、そして生きる力の育成などにおいて、キー・コンピテンシーとの相違点はみられなかった。
　我々は、「感性を育む」という今までも、そしてこれからも大切に行われていくべき教育観や手法を手放す必要は一切ない。学校や美術館さえも飛び出すような新しい活動も、全てを内包して系統的に位置づけ、重要性や意義を明確にすることで、美術教育は他の教科と同様に、社会や教育の中での存在意義を主張できると考えている。
　教育において、能力や学力の育成は当然の成果や喜びであるし、美術教育は美術を通して正当にその能力を育成し、還元できるのである。PISA 型学力観のように他の教科で求められる能力や社会性が美術教育に欠如しているのではない。ただ我々自身が長年囚われていること、すなわち、学力や能力を求めると「美術教育はその特色を失う」のではないかという先入観が、常に不安を伴う違和感として、大きな壁を作り出しているのではないだろうか。その先入観には感性や情操の育成は、「学力向上や社会性の獲得とは相容れない」という暗黙の了解があるようにも感じられる。
　当然ではあるが、我々は他の教科と全く同じ効果を求める必要はない。池内慈朗も「プロジェクト REAP」研究[9]において、他教科への有効な転移である「特別な正当化」が認められないというプロジェクト REAP の調査結果をあげて、

美術教育の「実質的な正当化」の必要性について言及している。

　現在の美術教育研究は学力問題と授業時間削減が大きな要因となり、ますます短縮化した中で得られる即席の成果や効果を求めがちである。その結果、特に実践研究では、細分化した教材や題材を研究対象とする傾向が増加し続けている。現在では美術教育の大きな比重を占めるようになった「鑑賞教育」においても、このような「実質的な正当化」をどのように導き出すか、或いは、美術教育独自の「特別な正当化」までつながるような、本質的な教育観や能力観の研究が必要であると痛感している。そのためには、系統的研究手法を実験的にでも進めながら、実践だけに偏らない包括的な理論研究が有効であると考えている。

　今回の北海道立近代美術館との２年にわたる授業プログラムの実施は、他で行うには多くの組織的な環境整備や障害を乗り越える必要があり、直ぐにどこででも再現できる実践活動でないことは確かである。しかし、このような美術鑑賞教育の全てを網羅する系統的な実践研究は、総合的にそして俯瞰的に美術と美術教育の現況を検証するために、必須のプログラムモデルであると考えている。

　最後になるが、「芸術・スポーツ文化学」としては、お互いの専門分野を融合的に捉えることだけでなく、このような能力やスキルの育成という観点においても多くの気づきをもたらすことも可能である。機能的な教育手法を相互に取り入れることは、能力観（コンピテンシー）の理解とそれら能力育成への有効な機会を得る可能性がある。特にアートマネジメントという観点からは、分野を越えてコーチング、ライフスキル教育、楽器の指導法といったスポーツや音楽指導法からも学ぶべき視点や教育手法が多い。

　社会人も子ども達も、そして社会に出る直前の大学生らも、各人が当たり前に多様な自己を持って、各々異なる環境で成長している。アートマネジメント手法を取り入れるということは、「自己を知り表現する」ことと「他者と理解し尊重する」ことをベースとして構成されることから、「複合的鑑賞教育モデル」には、美術文化教育の今後の広がりと希望を見いだすことが可能である。

　美術に触れる体験は、生涯学習においては「社会で豊かに他者と生きる力」を育み、豊かな人間性の育成という大きな役割があると考えている。個性豊かで感受性もあり、その上で社会においても活躍できる人材の育成を果たしうる潜在能力を、美術文化や美術教育は持っているのだということを我々が確信し、教育と

研究を進めていくことが最も大切であると思っている。

注
1) 三橋純予「アートマネージメントという新たな領域―ミュゼオロジーのネクストステージとしての美術教育の可能性」、『美術教育学』29号、美術科教育学会、2008年、pp.525-537
2) 三橋純予「アートマネージメント手法による複合的鑑賞教育の有意性―『大竹伸朗・別海プロジェクト』及び『川俣正・三笠プロジェクト』からの考察」、『美術教育学』30号、美術科教育学会、2009年、pp.369-385

　　三橋純予「アートマネージメント手法による「他者」を想定した複合的鑑賞教育の系統的構造と分析」、『美術教育学』31号、美術科教育学会、2010年、pp.353-366

　　三橋純予「アートマネージメント教育の可能性（Ⅱ）―人材養成の視点から考察する北海道立近代美術館との連携授業」『大学美術教育学会誌』42号、2010年、pp.351-358
3) 北海道立近代美術館では主に教育普及を担う学芸2課の学芸員が担当し、浅川真紀学芸員が中心となって進められた。
4) アメリア・アレナス等の対話を中心にした鑑賞方法。日本でも多くの関連研究がある。
5) 直江俊雄「後期中等教育におけるアートライティングエッセイコンテストの創設による運動展開」『美術教育学』30号、2009年
6) 王文純・石崎和彦「美術鑑賞文における熟達化の分析」、『美術教育学』29号、2008年
7) ふじえみつる「美術教育のための『能力』観の研究」、『美術教育学』28号、2007年、p.335
8) 柳沼宏寿「美術教育におけるリテラシーに関する考察」『美術教育学』30号、2009年、p.427
9) 池内慈朗「プロジェクトREAP：芸術教育が他教科に及ぼす影響に関する研究―プロジェクト・ゼロの『学習の転移』と芸術教育の見直し」『美術教育学』28号、2007年、p.335
表1 『キー・コンピテンシー―国際標準の学力をめざして』p.58、明石書店、2006年
　　Trier. U. P. Twelve countries contributing to Doseco. A summary report.

野外教育の理論と実践

山田　亮・能條　歩

はじめに

　自然の中で行われる総合的な学習活動である野外教育は、自然とのふれあいや体験活動の機会が減少した青少年にとって重要な教育の場であると同時に、生涯にわたって自然の中で活動に親しみ、生活を豊かにするための基礎的な教育機会である。一方で、余暇時代といわれる昨今、アウトドア・レジャーとして登山、キャンプ、カヌー、スキューバダイビング、スキーなどが個々の種目ごとに様々な世代で実施されており、人々の余暇活動を充実させ、生活を豊かに潤いのあるものにしている。
　このように、野外で実施されるスポーツ・身体的活動は、大別すると教育の場と余暇の場で実践されている。どちらもスポーツ文化の振興という視点から非常に重要な場である。本章では、教育の場における野外教育の理論と実践について、特に日本国内の実践・研究の現状と課題を中心に論ずる。

第1節　野外教育とは

（1）野外教育の定義

　「野外教育」の「野外」は、「自然」という語句によって説明されることがほとんどであって、一般的に「自然」とほぼ同意語として考えられている。また、野外教育の教育現場となるのが「野外活動」である。その野外活動とは、自然環境を背景として行われる身体的、知的、文化芸術的諸活動の総称とするのが一般的

で、野外活動はキャンプ、登山、スキーなどの「身体活動」を中心に考えがちだが、それらに限られるものではなく、動植物、地質、水質などの自然科学的研究活動および歴史、風土、文化遺産、地域文化等の社会科学的研究活動を含む「知的活動」でもある。また、自然環境下における絵画、写真、音楽活動、演劇等の創作活動や野点、花見等の鑑賞活動を行う「情意的・文化芸術的活動」なども含む多岐にわたる活動である。

野外教育の考え方については、アメリカを中心に、多くの研究者によってそれぞれの立場や観点から多様に解釈されてきた。野外教育（Outdoor Education）という用語は、1943年、シャープの「Outside the classroom」という論文に使われたのが最初であると思われる。シャープはこの論文の中で、野外教育の基本的な考え方を次のように表している。「室内の教室で最もよく学ぶことができるものは教室で学べばよい。学校外で実物の教材や生活場面の直接体験を通じて最もよく学ぶことができるものは学校外で学べばよい。」この定義は、野外教育が直接的体験の場であることを強調している[1]。

野外教育の定義の中で注目される言葉として、ドナルドソンの「野外教育は、野外における（in）、野外についての（about）、野外のための（for）教育である。」があげあれる[2]。inは学習の場所、aboutは学習の内容、forは学習の目的を表している。これをどのように解釈するか、またどの部分を強調するか、さまざまな議論がなされてきた。その中で永吉は、「野外における教育は、野外でもっとも効果的に指導できるカリキュラムに関連する教科の学習に関わる活動である。従来、野外教育の場は非日常的な活動の場として位置づけられ、学校での活動の場合でも教科の学習とのつながりが考慮されることは少なかった。

しかしながら、理科や社会、国語、体育、美術、音楽などの既存の教科は、野外で自然を直接的な学習の場として活用することによってそれ自身のカリキュラムを豊かにし、学習効果を高めるとともに、なによりも自然のよりよき理解、野外レクリエーションを楽しむための態度・技術の習得、個の自律に基づいた健全な市民意識の育成などの、より高次な教育目標に向かって教科の枠を超えて総合的に働きかけることができる内容である。野外についての教育は、自然に親しむ（自然に接した時の素朴な感情や畏敬の気持ち、深い喜びから生じる自然への愛情とモラルの芽生え）、自然を学び、理解する（自然の生態学的な構造や自然と

人間生活の関わりの理解)、自然を守り、環境を保全する(自然への愛情と理解に基づく自然保護や環境保全の実践のための態度や行動の育成)に関わる学習を内容としている。野外のための教育は、子ども達の生きる力を育み、野外で楽しく遊ぶための知識、技術、態度を身につけることに関わる活動を内容である」としている[3]。

近年になり岡村は、プリーストが示した6つの観点からなる野外教育の定義について以下のように紹介している。①野外教育は学習方法のひとつである。②野外教育の学習過程は体験的である。③野外教育の学習は主として野外で行われる。④体験学習は6つの感覚(視覚、聴覚、味覚、触覚、臭覚、直感)と3つの学習領域(認知、感情、行動)を十分に活用する必要がある。⑤野外教育の学習は学際的カリキュラムを基盤としている。⑥野外教育の学習は多くの関係(自己と他者の関係、自分自身との関係、自然界の関係、人と自然との関係)を題材としている[4]。

この定義について、岡村は、「6番目の定義は、野外教育の目的を表している。自己と他者との関係とは、人間関係のことであり、社会集団の中でいかにコミュニケーションをはかり、信頼関係を築くかということである。自分自身との関係とは、自分に対する考え方であり、自信、自己概念、自尊心などを表している。自然界の関係とは食物連鎖におけるエネルギー循環や生態系の相互依存性などを学ぶことである。人と自然との関係とは、人間が自然に与える影響を学んだり自然に対する態度を養うことである」と説明している[4]。また、この定義をプリーストは、野外教育を環境教育と冒険教育の関連からとらえる理論として、環境教育と冒険教育の2つの大きな枝からなる「野外教育の木」(図1)に表している[5]。

野外教育の木には、その枝には体験学習過程という葉が生い茂っている。土壌である六感や3つの学習領域から養分を吸い上げ、どちらの枝を登ろうとも体験学習過程を通した4つの関係の理解が得られることから、野外教育は、環境教育と冒険教育の2つのアプローチの融合体であるといわれている。環境教育は地球・自然に関する知識および環境問題の解決も含めた、主に「自然との関係」についての理解を促す教育的取り組みであり、一方、冒険教育は自然を背景として行われる野外活動や冒険活動にともなう危険性、チャレンジ、ストレスなどの要素を活かして、自分と「他者や自分自身との関係」についての見識を深める教育

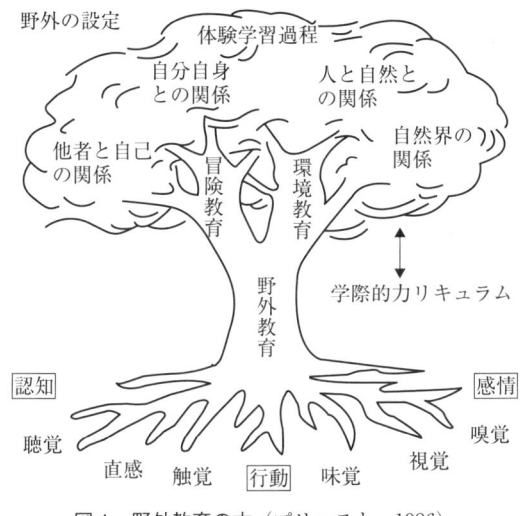

図1　野外教育の木（プリースト、1986）

であるといわれているため、小森は、「野外教育を環境教育と冒険教育の複合体とする見方は、地球環境との共生を促進する自然やそのつながりの理解、社会性を促す他者との調和的な関わり、健全な心身の育成に通じる個の人間性の発達にも目を向けた、より全人教育的な見解といえるだろう」と述べている[6]。

日本では、1996年に、「青少年の野外教育の振興に関する調査研究協力者会議」が、当時の文部省（現：文部科学省）の生涯教育局長に提出した報告書「青少年の野外教育の充実について」で、野外教育を「自然の中で組織的、計画的に、一定の教育目標を持って行われる自然体験活動の総称」と定義している[7]。ここでは、「自然体験活動」は「自然の中で自然を活用して行われる各種活動」と説明されていることから、前述した「野外活動：自然環境を背景として行われる諸活動の総称」とほぼ同義語である。

野外教育の目標については、一般的なものとして、①自然に対する興味・関心の醸成、②自然と人間の望ましいあり方の理解、③自然体験活動の楽しさや技術の習得、④自主性、協調性、社会性、創造力、忍耐力の育成、などを提示している。それゆえ、青少年を対象にした野外教育は「知的、身体的、社会的、情緒的成長、すなわち全人的成長を支援するための教育である」としている。さらにこれらの野外教育を通して期待される成果には、①感性や知的好奇心を育む、②自

然の理解を深める、③創造性や向上心、物を大切にする心を育てる、④生きぬくための力を育てる、⑤自主性や協調性、社会性を育てる、⑥直接体験から学ぶ、⑦自己を発見し、余暇活動の楽しみ方を学ぶ、⑧心身をリフレッシュし、健康・体力を維持増進するという8項目が挙げられている[7]。

　主にアメリカを中心に解釈されてきた野外教育の概念と、日本で出された報告書にみられる定義や効果の内容を受け、小森は「野外教育とは、自然の中で組織的・計画的に一定の教育目標をもって行われる野外活動・自然体験活動の総称で、①自然、②他存在、③自己についての創造的、調和的な理解と実践を、直接体験を通して育む統合的・全人的な教育である」と定義している[6]。そして、野外教育の目的については、個人と①地球・自然環境との関わり、②周囲の出来事（他存在）との関わり、③その人自身（自己：自分自身）との関わり、の3要素・観点についての気づきや認識の拡大・改善およびその調和的で創造的な行動を促進していくことである。言い換えれば、「自然・地球環境への調和的態度」や、他との共感、思慮、協力、協調、などの「建設的コミュニケーション」を育むことである。またそれらとの関わりを通して、地球・社会市民としての自己を内省し創り上げていくという自己発見・自己創造・自己実現を通じて、よりよい社会の確立への貢献を目指す取り組みであると野外教育の定義と目的をまとめている[6]。

　この考え方は、これまで数多くの研究者が解釈してきた「他者」との関係の視点を、ヒト以外の動植物などの存在や事象をもふくめたより広範な見方となる「他存在」としたものであるが、小森はこの理由を、「野外教育の効果は、環境に対する行動と理解、社会的人間関係、自己成長という3つに分類されるという見方がある。その既存の解釈（3視点）に社会がどうあるべきかなどを考える『社会のあり方』（政治、経済、教育、医療、福祉、衣食住、エネルギー等）の視座を加えることを強調したい。実際には、3つの要素に新しい1つを付加するのではなく、『他者・他存在』との関わりの視点に人間以外の事象も意識する個人の『周囲出来事』の視野へと広げればよい。ここでいう周囲出来事とは、自分を取り囲むすべての存在やその出来事を指す。したがって、他者の視点に加え、人間以外の動植物、鉱物などの多種別の個別的なことから、自分が属する地域、国、グループなどのあり方を問う社会や文化の集団的なことも含むことになる。さら

に、自分が所属する社会・文化と他の社会・文化との集団間（地域間、国家間など）の視点も考えられるだろう」と述べている。さらに小森は、この考え方を野外教育の実践場面にあてはめて、野外教育は、限定的な期間ではあるものの、自然を身近に感じることのできる環境において民主的共同体としてのコミュニティ社会とそこでの生活を体感する場に他ならない。

そこでの社会生活のあり方は、自然との関係においても人間関係においても創造的で調和的な方法で営まれる努力がされる。そして、心身における楽しい、うれしい、心地よい、癒される、休まる、自信がつく、元気・やる気がでる、などの「肯定的な感情」の創出と実行動への展開が試みられる。さらに、そのような建設的な生活共同体としての体験は、集団としての社会やコミュニティのあり方という点について示唆に富むものとなり、その探究につながっていく多くの可能性が考えられると述べている[6]。

以上のように、ごく最近までの日本における野外教育の捉え方は、個人と自然との関係、他者との関係、自己との関係についての認識の拡大が主流でる。しかし今後は、複雑に入り組んだ現代社会の諸問題を解決していくために必要不可欠とされる野外教育の意義を考えかつ野外教育文化の創造を目指していくならば、「社会との接続」という視点からその意義や効果をみいだしていかなければならないだろう。

（2）野外教育における環境教育と冒険教育

野外教育における具体的な教育内容のアプローチの仕方として環境教育と冒険教育があげられる。これらの概念規定は、実践者、研究者の立場によってさまざまである。たとえば、環境教育の実践者・研究者は、野外教育を冒険教育としてとらえ、環境教育と区別するかもしれない。ここでは、野外教育の立場から環境教育と冒険教育の関連について考える。

野外教育に関連する枠組みを持つ環境教育は「自然界の関係や」「人と自然の関係」について理解を深め、適切な行動がとれる態度や技能を高めた行動主体の育成を目的とした教育である。野外教育の場で実際に行われている環境教育に関わるプログラムには、パッケージドプログラム（活動内容・教材・指導法などが特定のねらいにそって構成されているもの）が多く、PLT（Project Learning

Tree）や Project WILD のように森林や野生動物をテーマにしたものや、ネイチャーゲームのようなさまざまな感覚をつかって自然認識を養うものなどが多く実施されている。このように、野外教育における環境教育プログラムは、直接的な自然体験が前提となり、自然に対する感性を高め、自然に関する概念や人と環境との関連について理解し、環境に対する態度や技能を養うことを目的としているプログラムであるとまとめられる[4]。環境教育的なプログラムが多数実施されている現状から言えば、野外教育指導者の育成には環境教育や自然体験教育指導者の育成という視座が欠かせないものであると言える。

　ところで、環境教育の側からみると野外教育における実践はどのような位置付けとなるであろうか。日本の環境教育は、学校教育における社会科的領域で「公害問題に関する教育」が扱われるようになったことに端を発し、その後、理科的な領域でも（たとえば生態系概念などの）「環境を理解すること」が取り入れられるようになって今日に至っている。この経緯から見れば、学校教育での取り組みが環境教育のスタートであるといえよう。

　しかし 1980 年代の後半になると、いわゆる環境問題が広く取りざたされるようになり、学校教育に「環境科」が設置されなかったこともあって、むしろ学校外教育の方で多彩なテーマが多種多様な団体によって環境教育の枠組みで取り扱われるようになっていった。このことは、環境問題が「地球温暖化問題」、「資源・エネルギー問題」、「貧困と開発」、「食料と人口問題」などの多元的要素が絡み合うものであるため、教科の枠組みにとらわれざるを得ない学校教育では取り上げづらいものであったことを考えれば当然の成り行きともいえる。近年でも、活動内容の多様さという意味では、この環境教育における"社高学低"の状況は変わらないが、総合的な学習の時間の導入がきっかけとなり、まったく環境教育を扱っていない学校というのは見当たらなくなっている。また、環境教育の目的も「環境を理解すること」から「環境問題を理解し、解決策を考える」という形に変化してきているが、比較的地域的で行政の反省・努力と社会的監視等によって解決の道筋が見えかけていた公害問題などに比べ、環境問題は（地球温暖化問題のような）地球規模的問題で世界的・全人類的な取り組みが必要と考えられるものが多いため、環境問題の目的も単に「解決策を考える」ことではすまなくなり、「解決に向かって主体的に行動できる人間の育成」というところに移ってき

ている。
　つまり、現代の環境教育の目的は「行動主体の育成」にあるので、学校の内外を問わず、「知識の獲得だけでなく、行動につながる教育」が求められるようになっており、こうした経緯の中で、今日の環境教育は、自然体験活動という実践の場を共有するかたちで野外教育との融合的な実践を積み重ねるようになってきており、環境教育の指導者養成には自然体験活動指導者の養成という視座も含められるようになってきている。
　ところで、行動主体を育てるための教育には、知識を獲得させるだけではなく、意識の変容（行動を促すような価値観の変化）を伴う内容が含まれていなければならないが、変容が具体的な行動様式の変化につながるためには、動機が自己の価値観に支えられた内発的なものでなければならず、そのためには大きなインパクトを持ち、かつ具体性を伴った教育活動が不可欠である。「聞いたことは忘れる。見たことは思い出す。体験したことは理解する。発見したことは身につく」という、さまざまな国で使われる"ことわざ"としてよく紹介される文言（実際には出典不詳）があるが、この言葉にも示されているように、体験的な学習において自らが体験したり発見したりしたことは、その人の価値観を大きく変える可能性がある一方で、見たり聞いたりしただけのこと、すなわち単なる知識として与えられただけでは行動変容を促すほどのインパクトを持たない場合が多い。したがって、野外教育の教育内容はそのほとんどが体験的な学習方法であるため、学習の場を共有する環境教育にとってもその有用性は非常に高いといえる。
　環境教育が扱っている領域のかなりの部分は、「自然と人との関係性」というキーワードでくくれるものである。その実施場面において最も人と自然の接触する場面が多い野外教育は、環境教育としてもかなり重要な学習機会を提供していると言えるだろう。このように両者の接点はかなり多く、現代の環境教育の指導者養成には、人と自然をつなぐような体験プログラムの指導ができる野外教育指導者の素養、すなわち、①自然体験教育の理念と指導法、②自然事象の科学的理解、③学習者理解、④自然・人・社会・文化のかかわりに関すること、⑤安全対策、⑥自然体験活動の基礎技術、⑦プログラム作製法、などが共通の力量として必要とされている。そこで重要なのは「目的に沿った体験」「学習者主体」「今ここにあるもの、ここでできること」などをキーワードとした学習をいかに安全に

組み立てられるか、ということである。つまり、野外活動は人と自然が直接する場面であるので、その指導者には「自然と人との関係を考えるための場面」を提供し、それを生かせる教育活動の展開が求められる。しかし、これらの点に関する教育理念・教育方法・評価などについては、いまだ体系的な整理が終わっていない。

　一方、野外教育における冒険教育は、冒険的要素を含む野外活動を利用した教育的試みであり、現実的もしくは外見だけであろうとも危険の要素を含むということがその特徴である。林が、冒険教育について「冒険教育の起源は、ドイツ人教育者クルト・ハーンによってその基本的な思想が構築された。彼は青少年の体力や統率力、活動力などを育成するために、海や山などで軍隊のサバイバル訓練を取り入れた冒険活動を行った。また、彼の教育思想を教育の5信条として定め、教育の役割として最も大切なものは、①冒険心あふれる好奇心、②折れない精神力、③不屈の追求心、④自制心、⑤思いやりの心を確かなものにすることであるとした。その思想と実践方法は、現代社会のニーズに応える新たな教育方法として、1941年にイギリスで設立したアウトワード・バウンド（Outward Bound）を通して、世界各国に急速に広まった。特にアメリカでは、ウィルダネスといわれる手つかずの自然環境に彼の教育思想の適用があった。短いものでは1週間程度、長いものでは4～5週間程度の期間で行われ、バックパッキングを基本とし、登山やロッククライミングを行うものや、カヤックやカヌー、ラフティング、セーリングのように海や湖を活動場所とするのも、さらには犬ぞりを用いる活動など、地域の自然環境を活かしたさまざまな展開が行われている」と冒険教育の起源とその広がりについて説明している[8]。

　冒険教育は、野外教育における直接体験から学ぶという考え方、冒険特有の危険の要素（リスク）についての考え方がその特色である。実際にプログラム参加者に何がどのように起きているのかを理解させることが、効果的な指導をする上で大変重要であることである。林は、参加者の冒険教育におけるプロセスモデルについて、ボルシュとゴーリンズの理論を以下のように紹介している。冒険教育の体験過程は、①達成意欲があり、他人と気持ちを分かち合うことのできる学習者が、②自然環境という刺激が多く、誰にとっても平等な環境の中で自分自身をさらけ出し、③多様な人の集まる独特な社会的環境の中でさまざまな体験を共

有し、④個人として、または集団として明確な課題を設定し、⑤課題への取り組みの過程では、感情・経験・能力などの面で困難で課題への適応が難しい状況に向き合い、⑥グループや指導者からの支え、本人のやる気、取り組み方などの結果、ついに課題解決・成功を体験し、⑦体験をふりかえり、その意味を理解、自己意識の向上、問題解決能力を習得することから、その後の人生への方向づけを行うものである[8]。

このように冒険教育は、自然環境の中で行われる野外活動・冒険活動のストレスや危険性などの特性を教育手段として活用した教育プロセスであり、その目的として「自己と他者との関係」や「自分自身との関係」に焦点をあてることができるプログラムであるといえる。

（3）野外教育と組織キャンプ

野外教育の意義や効果を最も発揮しやすい場のひとつとして、組織キャンプをあげることができ、野外教育の原点は教育的なキャンプから始まっている。アメリカにおいてはキャンプが学校教育のカリキュラムの中に入り野外教育となった。日本でもいくつかの民間団体によって20世紀の初期から本格的な組織キャンプが実施されてきている。

組織キャンプは、キャンプ運営に関わるスタッフの位置づけや関係、仕事の役割などが教育的な目的を達成するために組織化されているキャンプのことを指している。キャンプのねらいや目標を達成するために、指導者やスタッフ、参加者も組織化されている。キャンプの責任者や指導スタッフをキャンプディレクターやプログラムディレクター、マネジメントディレクター、キャンプカウンセラーなどと呼び、その役割分担と機能を明確にしてキャンプを運営展開していくのが特徴である。また、参加者も一般的には小集団グループに編成されることが多く、キャンプの期間も数日から1週間、2週間、1か月などさまざまである。一般的には、キャンプ場で一定期間過ごす定住型の組織キャンプが多いが、縦走登山、長期遠征、マウンテンバイクツーリングなどの移動型の組織キャンプもある。

組織キャンプの定義として、翠尾は、関西の組織キャンプ研究会が定義したものを「キャンプ指導者入門」という文献で紹介している。「組織キャンプとは、

社会的に責任のある組織、団体が何らかの教育的意図、目的を掲げ、その目的が効果的に達成できるように十分な計画と準備を行い、計画から実施に至るプロセスにおいて、キャンプの組織、責任、指導体制を明確にし、キャンパーの正しい把握と理解に基づいて、プログラムを展開し、それらすべてを統合してよりよく機能しているキャンプのことである」と定義されている[9]。組織キャンプの形態は、キャンプが教育として機能していくために形づくられるものであり、固定した形式で行わなければならないというルールは存在しないので、キャンプの目的、運営者、指導者、参加者、人数規模、実施内容、自然環境、フィールドに応じて、さまざまな形態が考えられる。野外教育の手段としてキャンプを行う指導者は、自分たちに合った組織キャンプの形や運営方法をキャンプディレクターが中心となって築いていくことが最も重要なことである。

第2節 野外教育の現状と課題

以下に、日本における野外教育振興の現状と課題について、学校教育、行政、民間団体の視点からそれぞれ述べていく。

(1) 学校教育における野外教育

学校教育における野外教育の位置づけは、野外活動や自然体験活動について言及された各種答申、教育関連法の改正、学習指導要領の公示などの文部科学省による取り組みから読み取ることができる。特に、中央教育審議会、臨時教育審議会、生涯学習審議会などの答申において、青少年の自然体験・生活体験の必要性が提言されてきた。これらの中では、「林間学校」「臨海学校」「自然学校」「セカンドスクール」などの名称のもと、野外活動・自然体験活動が行われてきた経緯がある。保健体育審議会の答申においては「野外活動」の用語が長い間使われてきたが、1997年の答申から「自然体験活動」の用語が代わって用いられるようになった。このような自然体験活動は、これまで特別活動における学校行事や総合的な学習の時間にて行われてきた。以下に、学校教育において野外教育的観点が強調された取り組みをいくつかあげる。

小森は、「現代社会においては、人生上の基本かつ重要点である『生きる力』

のような能力の欠落が問題視されている。したがって、野外教育の意義は、『生きる力』と表現されるような社会生活を良好で快活に営んでいく上での人生上の基礎事項を再認識し、そのより深い理解と実行動の育成に寄与できることである。そして、個人としても集団・社会としても他とのバランスの中でよりよく生きていくという『自他共栄』上での総合的かつ基本的な能力の発達を促すことで、より調和した社会の確立に貢献できることである」とまとめている[10]。「生きる力」は、1996年に中央教育審議会第1次答申の中で教育の新たな目的としてはじめて示され、2002年度以降実施の学習指導要領の中で強調されている。「生きる力」は、①確かな学力（自分で課題をみつけ、自ら学び、自ら考え、主体的に判断し、行動し、よりよく問題を解決する能力）、②豊かな人間性（自らを律しつつ、他人と協調し、他人を思いやる心や感動する心など）、③健康・体力（たくましく生きるための健康や体力）とされている[11]。青少年の「生きる力」を育む方策としての自然体験・生活体験・社会体験の有効な場となる野外教育の充実は、「生きる力」の育成に寄与できるものであるとして期待できる。

　教育に関係する法律の改正からみてみると、2006年に改正された教育基本法では、「公共の精神に基づき、主体的に社会の育成に参画する態度」「生命を尊び、自然を大切にし、環境の保全に寄与する態度」が教育の目標として新たに制定された。2007年に改正された学校教育法では、「学校内外における自然体験活動を促進し、生命及び自然を尊重する精神並びに環境の保全に寄与する態度を養うこと」の一文が普通教育（義務教育）の達成目標の1つとして加えられた。これらを受けて、「生きる力」を育むという目標をより具体的に実現していくという点から、改正学習指導要領が2008年に公示された。その総則において、「道徳教育を進めるに当たっては、教師と児童（生徒）及び児童（生徒）相互の人間関係を深めるとともに、児童が自己の生きる力についての考えを深め（生徒が道徳的価値に基づいた人間としての生き方についての自覚を深め）、家庭や地域社会との連携を図りながら、集団宿泊活動（職場体験活動）やボランティア活動、自然体験活動などの豊かな体験を通して児童の内面に根ざした道徳性の育成が図られるよう配慮しなければならない」（括弧内は中学校）と明記され、特別活動を中心に、すべての教育活動において体験的な学習が推進されるべきことになったのは、野外教育の重要性を認識するものと解釈できるのではないだろうか。

関連する動きとして、2008年に、文部科学省による「農山漁村におけるふるさと生活体験事業」として、「子ども農山漁村交流プロジェクト」が始まった。小学校において農山漁村での1週間程度の自然体験活動・集団宿泊体験活動を推進するもので、総務省と農林水産省との連携で行われている。この動きに関連して、「小学校長期自然体験支援プロジェクト」が始まり、2013年度からすべての小学校で1週間程度の集団宿泊を伴う自然体験活動の実施を目指すもので、指導者養成事業とプログラム開発事業に分かれていた。前者は、プログラムを支援するための指導者の養成を目的としたものであり、後者は、プログラムの充実化を図るため、青少年教育施設や民間団体が特色あるプログラムを開発することを推進するものであった。この動きは、野外教育を普及していくにあたって、実質的な方策であったといえ、多くの実践者や研究者が大いに期待よせたものであった。

（2）学校教育における野外教育の現状と課題

以上のように、日本では1990年代後半から学校教育との関連で野外教育を振興するべく具体的な方策が次々と生まれてきたが、現状では一般的に普及されているという状況ではないと考えられる。その理由をいくつかあげてみる。

1点目は、学校の教員の問題である。ほとんどの教員は、野外教育に関する認識が乏しく、知識や技術、実践方法を持ちあわせていないという現状があると思われる。その理由として、教員を養成する段階の問題で、教育系大学をはじめ、数多くの大学で開設されている教員養成課程のカリキュラムにおいて、野外教育に関係する必修科目がみられないということがあげられる。なかには、小学校の生活科に関する科目の中で自然体験活動を導入している大学、中学校・高等学校の保健体育科に関する科目の中で野外教育の実習を必修にしている大学がみられるが、全国的にみてそのような取り組みをしている大学はごくわずかである。つまり、野外教育について十分な理解を得る機会がないまま、学校の教員の職に就いている場合がほとんどなので、いざ野外教育を学校に導入するという動きとなっても、その教材を活かすことができる人材がおらず、実質的に進めていくのが困難であるといえるのではないか。

2点目は、予算の問題である。景気低迷の影響もあり、ここ最近は、年々学校

運営の予算が縮小傾向にある。2013年度から1週間程度の宿泊を伴う自然体験活動の実施ということが方策として出されたが、未だ完全実施には至っていない状況である。つまり活動の運営に大がかりな部分があるにもかかわらず、実施するための予算が十分に確保されていないのである。1点目にあげた教員の問題を解消する手段として、専門指導者やボランティア指導者をプログラムの実施期間のみ雇用するということが考えられるが、予算が確保されていない中では実現することは難しい。

　3点目は、授業時数確保の問題である。1992年から段階的に学校週5日制が進められた。現状ではゆとり教育が見直され、教科学習に重点が置かれる教育課程となっている。その影響で、学校はこれまでにも行われてきた集団宿泊学習の期間縮小や学校行事の取りやめを余儀なくされる事態となっている。野外教育を学校で展開していくためには、野外教育の各教科の授業時数への適用について各学校で十分に検討しなければならない。前述したように、野外教育は各教科と横断的に関連する内容であり、各教科の学習目標を達成させるためには効果的な教育手段であるといえるのだが、この適用が各学校に委ねられていて、第1、第2の問題ともからむため、学校だけでは対処困難な問題となっており、教育委員会が主導して組織的に取り組むことが望まれている。

　なお、学校教育における野外教育振興の課題をあげてきたが、それらを解決するための一事例として、兵庫県の取り組みを参考にしたい。兵庫県では、1988年から試行期間を経て、1991年より県内のすべての公立小学校の5年生が体験する5泊6日の「自然学校」という野外教育プログラムを実施してきた。県教育委員会の主導の下、各自治体と連携し、膨大な予算を確保し、現在では4泊5日となったが、継続実施されている。具体的な取り組みとしてあげられるのは、まず、「南但馬自然学校」という自然学校プログラム専用の中核施設をつくっていることである。ここでは、小学校による自然学校のプログラム実施だけではなく、教員対象の研修や指導者養成プログラムを実施し、自然学校に関わる指導者のために野外教育の知識や技術を習得する機会を設けていたり、自然学校で小学生が体験する数多くのアクティビティを開発し、それをモデルプログラムとして普及する活動を行ったりしている。特に注目すべき点は、そこで開発されたアクティビティには、自然環境と関係する地域文化や風土、歴史を探究するものが

数多くみられるということである。このことは、小学生に対して自分たちが住む兵庫県の自然と地域との関係について数々の体験を通して理解させるという効果だけではなく、地域に在住している人材を活動の指導者として活用し、その地域を活性させるという副次的な効果もあるということを示している。これに関連して、兵庫県北部の地域では、スキー場が数多く点在しており、そこにあるホテルや旅館、民宿がスキーのオフシーズンに自然学校の受け入れを積極的に行っていることも、シーズン以外であまり利用価値がなかった地域の資源を有効活用するという効果につながっている。また、各自治体の教育委員会が、教員を補助するという位置づけで大学生や社会人を指導者として有償雇用し、プログラムの指導体制を万全にしていることも参考になる取り組みとして評価したい。これはリスクマネジメントの観点からも重要なことであり、実施するプログラムの質を高める上でも必要不可欠なことであるといえる。その他、野外教育を専門とする研究者や有識者と連携し、調査研究を積極的に行っている。このように兵庫県の自然学校の先進的な事例は、大いに参考にすべきである。

（3） 学校外教育における野外教育

　学校教育以外の場での野外教育を実施する機関として、国や地方自治体が設置した青少年教育施設がある。1959年に国立中央青年の家（現：国立中央青少年交流の家、静岡県）の設置を皮切りに、青少年が生活体験・自然体験・社会体験などの活動を行う施設として順次整備が進められ、文部科学省の調査によると2002年には718か所が全国に整備された。

　青少年教育施設は、大きく青年の家と少年自然の家に分けることができるが、施設によっては、青少年の家、青少年センターなどの名称を使っているところもある。青年の家は、主に青年層を対象とした施設であり、都市部にある非宿泊型の施設と、比較的自然環境に恵まれた場所に設置されている宿泊型の施設がある。また、少年自然の家は、主に義務教育課程の児童・生徒を対象とした施設で、豊かな自然環境の中に設置されている宿泊型の施設である。このようにもともと青年の家と少年自然の家には利用する対象について明確な区別があったが、現在では、青年の家は研修施設やスポーツ施設が整っているのに対し、少年自然の家は野外活動の施設・設備が比較的充実しているという差はみられるものの、

どちらも対象者を限定することはなく、開かれた施設運営を行っている。近年の傾向として、青少年教育施設は民営化が図られ、文部科学省の直轄であった全国13か所の国立青少年交流の家と全国14か所の国立青少年自然の家を独立行政法人青少年教育振興機構により管理・運営されているほか、公立施設では、2003年に地方自治法の改正で導入された「指定管理者制度」により、自治体がそれぞれ管理する青少年教育施設を事業者公募の手続きを踏み、民間企業やNPO等に運営を委託することが一般的になってきた。

野外教育を実施できる青少年教育施設は、あまり海外ではみられない日本特有の施設である。宿泊型の施設は、おおむね100人から500人程度の受け入れができ、多くの施設がキャンプ場、野外炊事場、ハイキングコース、オリエンテーリングコースを備えている。このほか、スキー、カヌー、カッター、自然観察、環境教育プログラム、冒険教育プログラムなどの立地条件を活かした各種活動ができる。また、それぞれの施設には、企画指導専門職員や指導員などと呼ばれる指導系の職員が、さまざまな活動の指導や助言にあたっている。学校、社会教育関係団体、家族などの利用者に対してプログラム指導を行うことや、子ども対象の通学合宿やキャンプ、成人を対象とした指導者養成プログラムなどが主催事業として行われている。

以上のように、青少年教育施設では、多くの人々が、それぞれのニーズに応じたさまざまな形態で野外教育を実践することができるのだが、以下に行政の立場での野外教育の振興という観点から課題を整理してみる。

大きな課題としてあげられるのが、指導系職員のスキルと継続についてである。たいていの施設の指導系職員は、3年程度のサイクルで教育委員会から学校教員が社会教育主事として異動・出向し、業務に当たる場合が一般的で、野外教育に関する専門的知識や技術をもった職員の採用・活用が必ずしも図られていない。近年、国立青少年教育振興機構では、青少年の体験活動を専門とする職員の公募・採用を行っており、全国の施設に配置するようになってきたため、野外教育の専門性をもった職員も増えてきてはいるが、未だ十分とはいえない。前述した指定管理者制度が、このような状況を打開するひとつの手立てとして活用されているが、専門指導者を有するNPO等が指定管理者となっている施設については、明らかに、ハード面でもソフト面でも質的向上が図られているものの、野外

教育のノウハウを理解していない事業体が指定管理者となっている場合もあり、この制度の活用方法についても課題が残されているといえる。さらに、指定管理者は数年後との入札等により変更になる可能性があるため、小規模なNPO等による運営では、長期的見通しをもった採用人事や職員研修、施設運営などが行いにくいという状況もみられる。専門的知識や技術をもった指導者が長年継続して、その施設で業務に当たるというシステムがつくられ、地域特性や自然環境にあわせたプログラムの開発と深化、継続して利用する顧客とのつながり強化などが図られることが、必要不可欠と考えられる。

また、それぞれの施設が、所在している地域にとって、どのような存在価値があるのかも考えなければならない課題となる。施設によっては人里離れた場所に位置しているところもあり、地域住民にとって、その施設が全くの別世界のものように捉えられている可能性がある。施設利用者も、その施設を利用するのみで、その施設が所在する地域については触れることなく過ごす場合が多く見受けられる。施設側には、地域特性を理解し、地域との接続の方法を見出すこと、たとえば、地域住民をボランティアとして迎え、種々の活動に積極的に関わってもらう場を整え、彼らにとっての生涯学習の機会となるようなシステムをつくることなどが望まれる。それにより地域住民が主体となって施設運営に関わることにつながり、その施設が地域にとって必要不可欠なものになると考えられるからである。

（4） 民間団体における野外教育

今後の野外教育の振興について考えていく上で、民間団体の存在を無視することはできない。日本において、民間団体は野外教育の実践の先導的立場として貴重な存在である。ここでいう民間団体とは、法人格を有する団体や企業体のことを指す。

青少年の健全育成を目的として、組織キャンプや環境教育プログラム、地域活動などといった野外教育を提供している団体のことを総称して青少年団体といい、主な青少年団体としてYMCA、YWCA、ボーイスカウト、ガールスカウトなどがあげられる。これらの団体は、今日の野外教育の源流の役割を担ったといわれている。長年の実績から、野外教育に関して、独自のキャンプ施設、青少年

を対象としたプログラム、指導者養成システム等を培ってきて、日本における野外教育の発展に大きく貢献してきた。1911 年には大阪 YMCA によって日本最初のキャンプが兵庫県の六甲山にて行われた。1922 年には日本 YMCA 同盟によって中学生対象のキャンプが中禅寺湖で行われ、これが日本における最初の組織キャンプといわれている。また、朝日新聞厚生文化事業団（通称アサヒキャンプ、現在は NPO 法人としてアサヒキャンプが独立組織となっている）や関西テレビ青少年育成事業団など、新聞社やテレビ局が事業団を立ち上げて、長年、青少年に向けて野外教育プログラムを提供してきた。

野外教育の普及・振興を図る目的として設立された団体として、日本キャンプ協会があげられる。日本キャンプ協会は、長年、指導者養成講習会における資格認定、プログラムの実施方法や安全管理に関する普及・啓蒙活動、欧米やアジア各国との国際交流、研究者や有識者による調査研究事業等を行っている。

1980 年代以降、国際自然大学校、ホールアース自然学校、日本アウトワード・バウンド協会といった冒険教育や環境教育のプログラム提供、プロ指導者の養成を行う民間野外教育事業者が次々と誕生し、近年では NPO 法人として運営にあたっている民間団体が多い。このような団体のことを一般的に「自然学校」と呼んでいる。自然学校は、それぞれの団体が掲げるミッションを具体化するための主催プログラムを中心に、自治体や学校、青少年教育施設、企業から依頼をうけて指導する受託プログラム、官公庁と協同して指導者養成プログラム等を行っている。このような動きをうけて、産学官と民間団体のネットワーク化が進んだ。分野や地域の枠を越えて、団体間の連携、指導者間の交流や情報交換、新しい実践方法の開発、指導者養成や指導者の紹介、安全対策のセミナーなどを行っている。代表的なネットワーク団体に、自然体験活動推進協議会（CONE）、日本アウトドアネットワーク（JON）等がある。2000 年代以降、ネットワーク団体を中心に、プロ指導者が所属する自然学校の活躍はめざましいものがある。その背景には、前述した報告書「青少年の野外教育の充実について」の内容にみることができる。1996 年に出された報告書には、野外教育の一層の充実を図る方策として、次のことを提言している。野外教育プログラムの目標の明確化、多様な野外教育プログラムの提供、現代的課題に対応したプログラム開発という内容を含んだ「野外教育プログラムの充実と開発」、専門的な指導者養成システ ム

の構築、国立青少年教育施設における専門家の積極的活用と資質向上という内容を含んだ「野外教育指導者の養成・確保」という内容があげられている[7]。これらの内容は今日までの民間団体の活動を支え続け、諸団体は提言された内容を具体化し、数多くの実績を残してきた。野外教育の振興に多大なる貢献をしてきたといえるだろう。

第3節　野外教育の研究の動向

　野外教育の研究は、1964年に東京教育大学体育学部に野外運動学講座が開講されたことを契機に本格的に始められ、1974年からは筑波大学体育科学系に移行された。

　野外教育を専攻分野として設置している高等教育機関は、長年、筑波大学のみであったが、日本体育大学、大阪体育大学等の体育系学部や、東京学芸大学、山梨大学等の教員養成系学部に野外教育に関するゼミナールや授業が開講され、1990年代頃から、高等教育機関における野外教育研究が活発化してきた。また、1999年に信州大学教育学部、2003年にびわこ成蹊スポーツ大学スポーツ学部、2006年に北海道教育大学教育学部岩見沢校に、野外教育の専門課程・学科がそれぞれ設置された。

　日本における野外教育研究の発表の場は、日本体育学会、日本レジャー・レクリエーション学会等が中心であったが、より一層の野外教育研究の発展を目指し、1997年に日本野外教育学会が設立され、研究誌「野外教育研究」が創刊された。

　青少年を対象とした野外教育プログラムの教育効果に関する研究は、これまで様々な視点からなされ、多くの研究結果が報告されている。

　井村らは、日本野外教育学会の発足にあたって、それ以前の野外運動、野外活動をテーマとした研究の動向分析を行っている。その中で井村らは、キャンプに関する研究動向について以下のようにまとめている[12]。

① 健康・保健をテーマに始められてきた。
② どの時代にも共通するテーマは、人間関係（社会性、交友関係等）であるが対象で著しく欠落しているのは、高校生である。

③ 70年代前半の特徴は、管理・運営に関するテーマである。
④ 70年代後半の特徴は、幼児キャンプ、雪上キャンプである。
⑤ 80年代から90年代にかけては、冒険教育が中心テーマである。冒険教育との関係で、自己概念と不安に関連する研究テーマが多い。
⑥ 90年代前半から、自然認識、自然観といった環境に関連するテーマが増加してくる。

　また、「野外教育研究」や日本キャンプ協会発行の「キャンプ研究」、国立オリンピック記念青少年総合センター発行の「青少年教育フォーラム」などでは、野外教育の効果を扱った研究論文や研究報告が多く掲載されている。その多くは、心理的側面への効果、社会的側面への効果、環境への効果に分類することができる。野外教育の効果として明らかにされたものとして、星野は、達成動機の向上、有能感の向上、自立心の向上、他者受容感・凝集性の向上、自己決定感の向上、自然意識・感性の向上、正義感・道徳心の向上、「生きる力」の向上、社会的スキルの向上などをあげている[13]。プログラム中のどのような要因がその個人の成長に直接影響を及ぼしているのかについては、不明な点が多く残されている。キャンプは自然の中で行われ、一過性でもあるため、純粋に科学的な実験をすることが困難だからでもあると星野はまとめている[13]。

　しかし、これまで多くの研究者が、おそらく変化の要因となったと推論しているものとして、以下のように星野はまとめている[13]。
① グループで何かを成し遂げたり、解決したりする場面があること。
② 苦しいことや大変なことに自分でチャレンジして成功する場面があること。
③ 自然の中で本物の自然や自然物に直に触れる機会があること。
④ グループや参加者が置かれた状況を把握し、支援ができる指導者が介在すること。

　星野は、さらに、「同じようなプログラムを有したキャンプを対象にした実証的な研究結果を比較しても教育効果のあらわれ方は様々であるが、特に指摘されているのが、この指導者の介在、もしくは指導者の指導力、指導方法である。キャンプに参加する青少年の成長に対してそのキャンプの指導者が大きな影響を及ぼしていることは、多くの研究者がその研究の中で言及している。キャンプの指導者には、単にキャンプの指導をするばかりではなく、キャンプを通した教育

をすることも求められている」と述べている[13]。

野外教育の研究面について整理すると、これまで数多くの研究者が、プログラムの教育効果を様々な側面から検討してきたが、未だ不明な点が多々残されており、さらに細かな検討が必要であるといえる。西田は、「厳密な方法による効果検証や効果の因果モデルの確立、そして効果の獲得が予測されるプログラム作成などを含めて、今後の研究の発展が期待される」と述べている[14]。具体的な研究手法としては、これまで心理尺度を使用した量的研究が主流であったが、今後は、社会学や文化人類学等にみる対象者一人ひとりにフォーカスした質的研究の手法を用いて教育効果を検証していくことを積み重ねていかなくてはならないだろう。

おわりに

日本国内における野外教育の理論と実践について概説してきた。現状と課題を踏まえ、今後、現代社会における課題に対応した野外教育を発展させて、日本国内あるいは地域社会においてスポーツ文化を構築していくプロセスの中で野外教育が重要な役割を担うためには、人材育成のシステムを確立し、「専門的見地から野外教育プログラムを指導できる人材」、「プログラムを実施していく機能体として団体を継続して運営する経営センスを有する人材」、「野外教育を通して地域が抱える課題に対応し、地域住民を支援し、地域活性化の役割を担う人材」、「それぞれの地域の自然環境を熟知してその活用方法を有する人材」等を、官学民が連携して輩出していかなければならない。

筆者らが所属する「北海道教育大学教育学部岩見沢校芸術・スポーツ文化学科スポーツ文化専攻アウトドア・ライフコース」は、野外教育を専攻する数少ない高等教育機関のうちのひとつとして人材育成を行っており、野外教育、環境教育を通じて、自然と共生する暮らしの在り方を追求している。ここでは、環境科学の素養を身につけ、自然に対する感性を磨き、地域の人々の自然と関わる知恵や文化を理解し、それらを多くの人々に伝えることができる人材を育成するために、四季を通して行う野外でのフィールドワーク、野外教育、環境教育、環境社会学、リスクマネジメント等の理論を学習する講義、プログラムの企画力や指導

技術を身につけるための指導実践、民間団体や青少年教育施設にてインターン研修をおこなう地域支援実践などのカリキュラムを実施している。これはこれまでの日本国内の大学ではみられなかった斬新なカリキュラムで、先にあげた今後必要とされる人材育成システムの構築の一翼を担っていると考えてはいるが、野外教育の振興のためには、人材育成とともに、実践的学問としての野外教育の体系化を図ることや研究手法の確立を先導していくことを組織的に取り組んでいかなくてはならないだろう。

注
1) Sharp LB Outside the classroom. Education Forum, 7: 1943, 361-368
2) Donaldson G & Donaldson L Outdoor Education a definition. JOPER May-June: 1958, 17
3) 永吉宏英、野外教育とは、江橋愼四郎編『野外教育の理論と実際』杏林書院：1987、12-13
4) 岡村泰斗、野外活動と野外教育、日本野外教育研究会編『野外活動 ― その考え方と実際 ―』杏林書院：2001、18-22
5) Priest S Redefining outdoor education: A matter of many relationships. The Journal of Environmental Education, 17 (3): 1986, 13-15
6) 小森伸一、野外教育の考え方、自然体験活動研究会編『野外教育の理論と実践』杏林書院：2011、1-11
7) 青少年の野外教育の振興に関する調査研究協力者会議 (1996)『青少年の野外教育の充実について（報告）』文部省
8) 林綾子、冒険教育、自然体験活動研究会編『野外教育の理論と実践』杏林書院：2011、44-53
9) 翠尾由美、キャンプの意義と目的、日本キャンプ協会指導者養成委員会編『キャンプ指導者入門』（社）日本キャンプ協会：2006、4-10
10) 小森伸一、学校での取り組み、自然体験活動研究会編『野外教育の理論と実践』杏林書院：2011、161-171
11) 第15期中央教育審議会『21世紀を展望したわが国の教育の在り方について（第1次答申）』文部省、1996
12) 井村仁、橘直隆、野外運動に関する研究論文データベースの作成と研究動向の分析『野外教育研究 1-1』1997、33-44
13) 星野敏男、社会におけるキャンプの役割、日本キャンプ協会指導者養成委員会編『キャンプディレクター必携』（社）日本キャンプ協会：2006
14) 西田順一、野外教育の効果 ― どのような研究がされているか ―、自然体験活動研究会編

182　指導研究領域

『野外教育の理論と実践』杏林書院：2011、161-171

参考文献
- (財) 日本レクリエーション協会他編『野外活動指導者養成専門共通科目テキスト』杏林書院、1999
- 日本野外教育研究会編『改訂キャンプテキスト』杏林書院、1999
- 日本野外教育研究会編『野外活動 ― その考え方と実際 ―』杏林書院、2001
- 星野敏男、平野吉直、川島直、佐藤初雄編『野外教育入門』小学館、2001
- (社) 日本キャンプ協会指導者養成委員会編『キャンプ指導者入門』(社) 日本キャンプ協会、2006
- (社) 日本キャンプ協会指導者養成委員会編『キャンプディレクター必携』(社) 日本キャンプ協会、2006
- 大阪体育大学体育学部編『基礎から学ぶ体育・スポーツの科学』大修館書店、2007
- 北翔大学北方圏生涯スポーツ研究センター編『北方圏における生涯スポーツ社会の構築』北翔大学、2010
- 自然体験活動研究会編『野外教育の理論と実践』杏林書院、2011
- 田中壮一郎編『体験の風をおこそう ― 体験活動の企画と展開 ―』国立青少年教育振興機構、2012
- 能條 歩『人と自然をつなぐ教育 ― 自然体験教育学入門 ―』NPO法人北海道自然体験活動サポートセンター、2015

地域文化研究領域

地域文化研究領域

　芸術・スポーツ文化学が地域社会に働きかける実践学である以上、対象となる地域の諸条件に関する分析研究は欠かせない。これまで本学岩見沢校では独自の地域連携活動を展開してきたが、地域からの要望に応えて実施されたプロジェクトは、いわば顕在化した要望に対しての活動である。本研究領域は地域の歴史やまちのなりたち、産業構造や住民意識、地域が抱える課題、地域文化に関する調査、分析など潜在的な地域ニーズの掘り起こしや提案型の地域貢献活動を展開するための研究領域として今後発展する可能性を秘めている。

高齢者とコミュニティダンス

岩澤　孝子

はじめに

　いま、「コミュニティ」という言葉が現代社会のキーワードになっている。それは過去のものではなく、現在進行形の、そして社会変容の中心的な概念かつ実践として見つめ直されている。現代社会においては、産業構造と社会制度の変化、そして、都市の一極集中化や単独世帯化による多様な社会問題が頻発しており、それら諸々の問題解決の糸口として、コミュニティ的な人間関係の再構築を模索する動きが世界的に広まっている。このような時勢に伴って台頭したのが、一連の「コミュニティアート」であろう。

　既存のアイデアと習慣をブレイクスルー（打破）する潜在力を持つ「アート」をツールとし、社会包摂的なアプローチによって社会の問題解決に乗り出す運動である。コミュニティアートは、その担い手やアートのジャンルなど、実践が多岐にわたるため、一言で定義するのは困難である。しかし、何らかの問題を抱えるコミュニティにアートを導入し、さらに、コミュニティの構成員をアートに巻き込むことによって問題解決に向かうという目的をもつ包括的な実践ととらえることができる。これは、従来のアートのあり方、すなわち、純粋芸術のためのアートとは異なり、アートが社会目的のために活用されるという側面とともに、結果よりもプロセス重視の傾向を含む実践である。ここではコミュニティアートの一ジャンルである「コミュニティダンス」にフォーカスし、この活動が社会に対してどのようにアプローチしうるのかを考えてみたい。

　現代社会の課題の一つである「高齢者」に対して、コミュニティダンスはいっ

たい何ができるのだろうか。ここではアメリカ合衆国での調査を事例として、実践のあり方、現代的なコミュニティへの理解、そして、アートと高齢者の関わりについて、考察する。

第1節　コミュニティダンス

「コミュニティ」と「ダンス」という、私たちにとってなじみのあるこれらの二つの語からなるコミュニティダンスという用語は、狭義には、既存のコミュニティが伝統的に共有してきたダンス／舞踊というよりむしろ、「ダンスを活用してコミュニティづくりや既存コミュニティの活性化を促す包括的な実践」を表す新語であると理解できる[1]。しかし、これを「コミュニティのための、コミュニティによるダンス実践」とするならば、増山が指摘しているように、広義には、盆踊りのような伝統的に受け継がれてきたコミュニティのダンスを内包することもできるだろう[2]。しかし、これらのコミュニティのダンス活動は、コミュニティの変容に伴い、地域の歴史や文化を包括し生活に密接に結びついていた従来の活動とはズレが生じ始めている[3]。ゆえに、ここでは広義のコミュニティダンスではなく、新しい活動としての狭義のそれを対象としたい。

近年、日本でも注目されつつあるコミュニティダンスであるが、その先進国と言われているのがイギリスである。本論考は、アメリカの事例を考察するものであるが、コミュニティダンスの基礎を理解する上でイギリスの状況について知っておく必要がある。ここではまずイギリスにおけるコミュニティダンスについて記述する。

（1）コミュニティダンスとは

1945年にモダンダンスのパイオニアであったルドルフ・ラバン（1879-1958）が「誰にでも踊れるダンス」として、ドイツからイギリスにコミュニティダンスを導入したのがその始まりとされている[4]。初期は教育現場への導入と普及が行われたのみであったが、現在のようにイギリスにおいてコミュニティダンスが一般に普及した背景には、1970年代以降の行政・民間団体により経済的・組織的な支援体制の整備が大きく関わっている。1978年のアーツ・カウンシルによ

る一般市民へのダンス教育に対する助成金の開始と同時に民間の慈善団体による支援組織も始動し、さらに、1989年に全国に10団体設立されたナショナル・エージェンシーによってコミュニティダンスがイギリス社会に浸透したのである[5]。その結果、21世紀になると年間73,000回の機会が提供され、幼児から高齢者を含む約480万人が参加する程に、その活動は普及したことが、2002年のコミュニティダンス財団[6]による調査で明らかになっている[7]。イギリスにおけるコミュニティダンスは、教育分野での実践[8]とともに、一般市民に対する娯楽として、そして、社会的弱者を対象とした社会包摂的な文脈においても積極的に活用されており、現代の課題解決に大きな成果をあげてきた[9]。

　主として、専門的にダンスを実践する者に対して開かれてきた従来のダンスとは異なるコミュニティダンスの場は実に多彩である。イギリスでコミュニティダンスに30年以上携わってきたキーパーソンの一人、クリストファー・トムソンは、その参加のあり方という観点から、コミュニティダンスの定義として次の3点をあげ、これらを三角形の頂点とみなせば、その図の中に現在の多様なコミュニティダンス実践が含まれうると、指摘している[10]。

・余暇の場であり、そこでよりよい生のあり方を追求すること
・オルタナティブな場所や行為を通じて、精神的な個人の内的変化を促すこと
・社会構造の変化／改革を促すこと

　コミュニティダンスは、市民のレクリエーションから社会の構造改革まで、幅広い場で活用可能な実践であると言える。ここから、多様なバックグラウンドをもつ参加者がコミュニティダンスに関わる時、ダンスそれ自体以外にもなんらかの目的を有するということが読み取れる。

（2）コミュニティダンスの実践者

　コミュニティダンスは、ダンス経験の有無や程度にかかわらず、その参加が万人に開かれている実践である。それを実現するための要素として、アーティストの関わりが認められている[11]のだが、これがコミュニティダンスのもう一つの特徴となっている。本論考で取り上げる事例においてもそうであるが、ワークショップ、すなわち、創造的活動としてのダンスのプロセスに重点を置くコミュ

ニティダンスの実践の場において、このプロセスを円滑に進める中心的存在としてのアーティストとその他の参加者という、大きく二種類の参加者が存在している。これをプロ対アマチュアという二項構造として単純に捉えるのではなく、多様な次元において「誰もがダンサーであり得る」というコミュニティダンスのスローガンを実現するための存在として専門家があり、彼らが如何にこの活動に関わるかが重要なのである。

　ダンスの専門家としてのアーティストと一口にいっても、実践されるダンスのジャンルやその他の参加者の能力、そして目的が多様であるため、彼らのあり方もまた、多様である。イギリスにおいて、コミュニティダンスの実践に中心的に関わる専門家、アーティストらは、様々な呼称で呼ばれているが、現在よく用いられる呼称は、「コミュニティダンス・アーティスト community dance artist」と「コミュニティダンス・プラクティショナー community dance practitioner」である[12]。その他、これらに相当するものとして、近年ワークショップの進行役として活躍する「ファシリテーター」という呼称もあり、日本やアメリカではよく用いられている。本文ではこの呼称を採用する。

　彼らはコミュニティダンス以外の文脈では、ダンサー、ダンス教師、パフォーマー、振付家などといったダンスの専門家として活躍していることが多い。そうした活動とコミュニティダンスにおける活動の違いは、自らの芸術志向を一方的に提供するのではなく、ダンスを通じた問題解決という側面と共に、参加者の自立的な創造的活動を促進することや参加者との相互作用によって生じる芸術を尊重するという基本姿勢にあると考えられる。

　以上のようなコミュニティダンスにおける参加構造が、ダンスの専門家に新たな職場を創出したという点にも着目したい。特に、高いコミュニケーション・スキルと芸術性を有しながらも、なかなか社会的地位を得られにくかったコンテンポラリーダンスの従事者に、大きな影響を与えたと言える。コミュニティダンスへの関わりは、ダンサーとして生活するための経済的基盤を得る好機であると共に、多様な背景をもつ人々との出会いを通じて自らの芸術性を向上させる可能性をもっているのである。

（3） コミュニティダンスにおけるコミュニティ

　先述のように、コミュニティダンスが「ダンスを活用してコミュニティづくりや既存コミュニティの活性化を促す包括的な実践」であるとするならば、ここでのコミュニティとは一体いかなるものであろうか。社会の構造変化に伴って、現在「地域コミュニティ」と「テーマコミュニティ」の二種類のコミュニティが混在している。前者は同じ地域に住む人々が共同して活動するもの、そして、後者は、住む場所はバラバラだが興味の対象が同じ人々が集まって活動するもの、である[13]。これらの二種類が存在するといっても、従来型の恒常的な地域コミュニティは姿を消しつつあるのが現状である。

　コミュニティダンスの実践の場もまた、上記のような二種類のコミュニティにまたがっている。前者のような地域コミュニティにおいて、地域の物語を再発見するようなプロジェクトもあれば、後者のようなテーマコミュニティ、例えば、本論考が扱うような地理的にはつながりがないが「高齢者」という枠組みでくくられる人々のつながりにおいて実践されるプロジェクトなどがある。このように「コミュニティ」という枠組みを用いながらも個人を尊重する実践であるコミュニティダンスには、多様なコミュニティへのアプローチが認められる。ゆえに、その特徴を包括する語を探すのは容易でないがしかし、「一回性」という特性をもつダンスだからこそ浮かび上がってくるコミュニティの側面は確かにあり、その像について、クリストファー・トムソンは次のような興味深い言及をしている。

>　「コミュニティの喪失といわれて久しくなります。現代の私たちは、だからこそ、コミュニティのメリットとデメリットをよく理解している存在と言えます。自意識の強い私たちは守ってもらえる居心地のよいコミュニティの良い面をもとめる一方で、限界や境界があるせいで狭くて息苦しいコミュニティの悪い面から逃れたいとも思っています。そのような両義的な特徴をもつコミュニティに対して、コミュニティダンスは、個人による選択や移動が可能な場、すなわち、恒常的ではない一時的なコミュニティを特徴としています。それは、想像上のコミュニティでしかないのかもしれませんが、一方で、ある意味理想的なコミュニティのあり方かもしれないのです。」[14]

　本論考の事例としてあげるコミュニティダンスは、トムソンが言うような、一時的で緩やかに結ばれたコミュニティにおける実践である。

第2節　アメリカにおける高齢者の芸術文化・創造的活動「アンコール」

(1) 老年学とアンコール

　アメリカ東海岸のワシントンDC地域に、アンコール・クリエイティビティ・フォー・オールダー・アダルツ Encore Creativity for older adults（以下「アンコール」と略記す）という、高齢者のための芸術文化・創造的活動を支援する非営利団体がある。2001年9月設立のアンコールは、その背景に、ジョージワシントン大学・高齢者健康人文科学センターのセンター長であった故ジーン・コーヘン博士（1944-2009）の研究が密接にかかわっている。精神科医であり、また、「老年学」、特に、高齢者の精神的健康に関する研究のパイオニアでもあった同博士は、「プロ・アーティストの指導による文化活動が高齢者の健康と社会的機能に及ぼすインパクトに関する研究」を2001年に開始した。同研究は、ニューヨーク、サンフランシスコ、ワシントンDCの三カ所で約2年間継続し、活動に参加した高齢者とそうでない人々に対する比較調査によって、各地点で実施したプロの芸術家主導による芸術文化活動が高齢者の心身の健康促進にポジティブな反応を引き起こすこと、さらに、高齢者の社会参画を促進することができたと結論づけている[15]。アンコールは、当時すでにこの地域で市民に対する合唱指導を行っていたジーン・ケリーの協力により同研究の初の事例となった。

(2) アンコールとコミュニティダンス

　コーヘン博士の研究とともにはじまったアンコールは芸術監督兼代表のジーン・ケリーのもとで様々な活動が行われているが、主たる実践は合唱による高齢者の心身の健康促進および社会参画促進事業である。現在同団体が運営する合唱グループは、ワシントンDCエリアの13カ所〈メリーランド州（6カ所）、バージニア州（6カ所）、ワシントンDC（1カ所）〉に加え、ペンシルバニア州、オハイオ州、ユタ州、フロリダ州の4州にも支部が誕生し、全米にその動きが広がっている[16]。その主な活動は、上記の各合唱グループが週1回ペースで実施するレッスンの他、各団体主催のチャリティ・コンサートや、全国から参加者が

集う宿泊研修等がある。

　アンコールは年に数回国内外で宿泊研修を実施しており、このような集中講座型のプログラムにおいては、高齢者の横断的で総合的な芸術活動への関わりを目的として、合唱以外の取り組みも行われている。2008年以降毎年行われてきたシャトーカ・インスティテューションでのサマープログラムには、2011年より演劇とダンスのプログラムが導入されている。このダンス・プログラムのファシリテーターとして、アメリカでコミュニティダンスに積極的に取り組んできたダンス・エクスチェンジのメンバーが招かれている。初年度の2011年は、参加者の希望に応じてグループ分けをし、それぞれが約1週間のワークショップを経て最終日にグループ毎の成果発表を行っていたが、2年目の2012年からは全参加者に対する他の芸術ジャンルへのアクセスを目的として、各グループの成果発表に加えて、ミュージカルを題材とした全員参加の合同パフォーマンスも行っており、横断的かつ総合的な芸術文化への参加を促すよう、プログラムの改善がはかられた。アンコールが合唱主体の団体である所以だろうが、残念ながらこれら3つのプログラムの中で例年ダンス参加者が最も少ない。「ダンス」に対して感じるある種の参加困難さを少しでも解消しようと、2013年は呼称を「ムーブメント」に変更したが、やはり参加者数は伸び悩んでおり、今後の課題となっている。なお、本論考でいうコミュニティダンスの事例とは、2013年夏に行われたシャトーカにおけるこの「ムーブメント」プログラムをさす。

（3）アンコール・クリエイティビティ2013・シャトーカ・インスティテューション

　2013年8月25日から30日の6日間、「アンコール・クリエイティビティ2013・シャトーカ・インスティテューション」が開催された。筆者はそのムーブメント・プログラムの一参加者として参与観察を実施した。

　シャトーカ・インスティテューション Chautauqua Institution は、アメリカ、ニューヨーク州の南西部に位置するシャトーカ郡において1874年に創立された複合教育施設であり、現在非営利のシャトーカ財団によって運営されている。シャトーカ湖に面した750エーカーにおよぶ広大な敷地には、アンセム・ホテルを中心とした大小様々な宿泊施設の他、劇場やコンサートホール、楽器リハーサ

ル室、ダンススタジオなどの芸術活動の利用を目的とした充実した諸施設の他に、図書館、郵便局など多様な施設が含まれており、主として夏の間だけ開放される、この場所に全米から多くの人々が訪れる。

写真1 アンコール参加者の集合写真[17]

期間中、インスティテューション内にあるコンサートホールや劇場でのファイナルパフォーマンス（成果発表会）に向けて、プロのアーティストのもとで、創作ワークショップやリハーサルが実施された。最終日には、合唱、演劇、ムーブメントの3つのグループによる演技と全員参加の合同パフォーマンスの4種類が演じられた。2013年の合同パフォーマンスの題材はミュージカル『屋根の上のバイオリン弾き』である。アメリカのミュージカルは、高齢者なら誰でもよく知っている作品が多く、彼らの積極的な参加を促すのに効果的な題材である、とのことであった。その他、ウォーミングアップを目的とした朝のエクササイズ（ムーブメントの講師が担当する参加自由のクラス）や声楽コンサート、講演、ディナーパーティーなども行われた。2013年実施プログラムのスケジュールを、ムーブメント・プログラム参加者を例にとり、表1に示した（表1参照）。地元参加者が少なく全米各地からの訪問者が多いこのプログラムでは、まず、インステテューション内のホテルで受付とチェックインが行われる。活動の流れはおおよそ表1の通りであり、特に重要なのは、M（1）からM（9）に相当する部分である。これは各グループ独自の創作ワークショップおよびリハーサルとして割り当てられており、合唱および演劇グループも同様であった。また、表1のC（O）は、ファイナルパフォーマンス（表中では「FP」と記す）で、演劇およびムーブメントグループが行う合唱パートのリハーサルの意味であり、一方、合唱グループはその間、演劇やムーブメントのオプショナルワークショップへ自由に参加できるという仕組みになっている。

表1　シャトーカでのスケジュール　　　　　　（作成：岩澤）

	8/25（日）	8/26（月）	8/27（火）	8/28（水）	8/29（木）	8/30（金）
7:30-8:30	受付チェックイン	朝食	朝食	朝食	朝食	朝食
9:00-9:45		M（O）	M（O）	M（O）	M（O）	チェックアウト
10:00-11:45		M（1）	M（3）	M（5）	M（7）	M（9）
						FP（1）
12:00-13:30		昼食	昼食	昼食	昼食	昼食
14:00-14:45		C（O）	C（O）	C（O）	M（8）	FP（2）
15:00-16:45		M（2）	M（4）	M（6）	合同練習	解散
18:00-19:00	レセプションパーティ	夕食	夕食	夕食	夕食	
19:30-		コンサート（O）		講演（O）	フェアウェルディナー	

M：ムーブメント
C：コーラス（合唱）
O：オプション（参加自由）
FP：ファイナルパフォーマンス。1は演劇とダンス。2はミュージカルと合唱
M（O）：参加自由のクラス（朝のウォーミングアップとして）
M（1）〜（9）：ムーブメント・プログラム専用の創作ワークショップ
C（O）：演劇・ムーブメント参加者用のFPに向けた合唱レッスン（参加自由）

（4）参加者の傾向

　アンコールの代表ジーン・ケリーへのフォーマル・インタビューから、シャトーカでのサマープログラム参加者の総数は83名（性別・年齢層の内訳は表2参照）、そのうちの約半数が通常のアンコールの合唱団体の所属メンバーであることが明らかになった[18]。通常のプログラムは比較的安価であるため（15週間150USD）気軽に参加できるようだが、サマープログラムのような宿泊研修は高額の参加費（宿泊・食費含む：1,220USD）に加え旅費もかかるため、経済的に余裕のある者だけが参加できるという実状もある。また、参加者の数名に対するインフォーマル・インタビューで、彼らの職業（55歳以上限定なので、定年退職者が大半）や学歴などを聞くと、アメリカ社会において職業的にも知的にもエリートの部類に属することも見えてきた。本プログラムには、自分の力で動けない参加者はいなかったが、定年後のセカンドライフにおいて、心身の衰えや社会からの孤立などの問題を抱えている高齢者も多く、創造的な芸術活動への参加は、高齢者の健康促進と社会への新たな参加（人とのつながり）を促し、彼らのQOL（クオリティ・オブ・ライフ）を高める一つのきっかけになっている。

表2 参加者の内訳 (作成：岩澤)

プログラム	男	女	合計	年齢
合唱	12	55	67	55-87
演劇	5	8	13	62-80
ムーブメント	0	3	3	66-69

表2には反映していないが、ムーブメント・プログラムの実際の参加者は筆者を加えた4名である。アンコールは、参加者の年齢条件を55歳以上としており、本来ならば、筆者は参加できない年齢であったが、調査を理由に特例として許可を得た。さらに、これら3名の参加者に対して期間中にインフォーマル・インタビューを実施し、その記録をもとに参加者の傾向を表3にまとめた（表3参照）

表3 ムーブメント・プログラム参加者の傾向（2013年8月時点） (作成：岩澤)

	年齢	配偶者	回数	職業	ダンス経験	参加動機など
A	69	有	2	元裁判所の調停員	子ども時代は社交ダンス、現在はヨガ（20年以上）	アンコールのレギュラーメンバーだが、新しいことに挑戦したいと考え、合唱ではなく、ムーブメント・プログラムを選択。2日目に右手足を負傷したため参加をとりやめることも考えたが、5日目から復帰し、最後の舞台にたった。
B	67	無	初	医師	子ども時代はバレエ、現在は無し	3年前に膝を負傷。リハビリ治療を行うが、あまり効果がなかった。その時、リズ・ラーマンの活動を知り共鳴する。今回そのメソッドをまなび、将来は、障害のある人々にダンスを教えるような活動に関わりたいと考え、参加した。
C	66	無	初	図書館司書を経て、科学系研究組織に勤務（ただし、科学者ではない）	子ども時代から現在まで、モダンダンス、ジャズダンス、サークルダンス、教会でのダンス活動など、常にダンスと関わる。	定年を1年後にひかえる。定年後の人生をよりよく生きるためのヒントを見つけたいと思い、参加した。

ムーブメント・プログラム参加者の特徴として、みな60代後半の女性で、高等教育（大学および大学院の修了者）をうけた職業的エリートであること、そして、程度やジャンルの差こそあれ、全員がダンス経験者であるという点があげら

れる。ここからも、アンコールの課題の一つであるダンス・プログラムへの参加の伸び悩みの背景には、未経験者にとっていきなりダンスに関わることの困難さが読み取れる。また、期間中に見られた傾向として、彼らは単純にダンス（やムーブメント）を楽しむだけではなく、むしろ、ファシリテーターが提示するダンス・ワークショップの基本的な考え方に共鳴し、それを実現するためのメソッドに興味を示して、自らの生活に活かしたいという意欲をもつ人々であった、ということも注目に値する。期間の途中でけがをした者や数年前から膝の負傷をかかえていた者など、決して万全の体調ではなかった彼女らが、それまでとは異なるダンスのあり方に触れ、「誰もが創造的にダンスと関わり、表現できる」ことに確信をもち、積極的にプログラムに関わろうとする姿勢が看取できた。

第3節　コミュニティダンスの実践

（1）ダンス・エクスチェンジとコミュニティダンス

　ムーブメント・プログラムのファシリテーターをつとめたシューラ・ストラスフェルドは大学卒業と同時にダンスをはじめ、モダンおよびコンテンポラリーダンスのダンサー兼振付家、舞踊教師としてアメリカやカナダで活躍していたダンスアーティストである。彼女がコミュニティダンスに携わるようになったのは、ダンス・エクスチェンジ（以下「DX」と略記す）との出会いによる。2006年12月DXが公募したシニア・ダンサーとして採用された彼女は、翌年から同カンパニーのレジデンス・アーティストとして参画し、現在に至っている。

　DXは、1976年にアメリカのダンサー兼振付家のリズ・ラーマン（1947～）が創設したダンスカンパニーであり、ワシントンDC郊外に専用のスタジオ、オフィスを構える非営利団体である。大学のダンス科で研鑽を積み、モダンダンサーを目指していた20代のリズ・ラーマンにとって、ガンでなくなった母親の死をきっかけにはじめた高齢者施設でのダンスが彼女をコミュニティでのダンス活動に向かわせる最初の大きな原動力となった。その自伝的著作『Hiking the Horizontal（2011）』の中で、当時のことを以下のように回想している。

　　施設の居住者（高齢者）は、最初はなかなか打ち解けてくれなかった。…しかし、

> 私自身が人々の能力や達成のレベルの多様性を受け入れられるようになると、その多様性こそが美しく、そして、特異なものであることがわかってきた。…時間がたつと、高齢者の間で、自発的に即興的で自由な形、動きが生まれてきた。…芸術の立場から私たちは人々の生活を変えることができる、そしてさらに、コミュニティという観点からは、人々の関わり方も変えることが可能なのだと考えるようになっていった[19]。

　1975年に行ったニューヨークの高齢者居住施設で高齢者とのダンス体験を経て、リズ・ラーマンは翌年「ダンス・エクスチェンジ・パフォーマンス・カンパニー」を立ち上げた。同時に、高齢者によるダンス・グループを「ザ・サード・エイジ the third age（第3の年代）」と呼び[20]、母体となるカンパニーのダンス活動とわけながらも高齢者とのダンス活動を積極的に継続していた[21]。しかし、世代を超えたダンスの交流に新しい美のあり方を確信したリズ・ラーマンは1993年カンパニーを統合、異世代間交流型に再編して「リズ・ラーマン・ダンス・エクスチェンジ」と改称した。その後、国内外でコミュニティのダンス活動に積極的に関わり、ワークショップを通じて数多くの作品を発表する。彼らは作品創作における独自のメソッド「ツールボックス」をもつが、これは経験の有無に関わらず、参加者を創造的なダンスの世界に導く実践的な方法論として幅広く活用されている。2011年リズの引退によってカンパニーは組織を一新、名称も現在のダンス・エクスチェンジと改めた。リズ・ラーマン、そして、シューラ・ストラスフェルドを含むカンパニーメンバーはアメリカ以外でも積極的に活躍しているが、京都、福岡、札幌などの都市でダンス・ワークショップと作品の創作・上演を実施しており、日本のコミュニティダンスにも大きな影響をあたえている。

　アメリカのダンス界において、DXの創始者リズ・ラーマンの活動に注目するダンスアーティストは数多くいるが、ダンサーとしての自覚のない人々、いわゆるアマチュアダンサーやダンスの未経験者とのダンス実践に芸術的な価値を見いだせる専門家は少ない。ダンスアーティストにとって、また、ダンスがある種の専門訓練と技術に支えられた「芸術」であると信じる人々にとって、ダンスの上手下手という階層的価値観を基礎としたプロ対アマチュアの二項対立で捉えられる傾向があるのも事実である。しかし、リズ・ラーマンにとってそのような考えは無意味である。彼女はその舞踊哲学の中心的な概念として「ホリゾンタル」というキー概念を提唱している。多様性を認め、それを水平（同等）な価値として

見なす考え方であり[22]、ダンスに対するステレオタイプで階層的な価値観に対抗する新しい規準となっている。このホリゾンタルな規準に基づいて、個々の身体や彼らがもつ物語、多様な人々の間におこる相互作用によってダンスの創造的実践を行うことを重視している。

シューラ・ストラスフェルドもまた、DX での実践経験を重ねるにつれ、コミュニティダンスのアプローチによって生じる実践が芸術的価値のあるダンスであると確信できるようになった、と言う[23]。現在では、ファシリテーターとして、また、アーティストとして、人々の身体に潜在している動きや物語等、人々がもっている表現の源に気づき、うまくひきだすことが重要であると認識している。

（2）ダンス・エクスチェンジ独自のメソッド「ツールボックス」

ツールボックスとは、12 のワークからなるダンス・ワークショップのためのメソッドである。ワークショップ参加者の創造性を引き出す方法論として、DX の創立者であるリズ・ラーマンを中心に開発された。参加者のバックグランドや条件が常に変わるコミュニティダンスのワークショップにおいて、ツールボックスの活用法、結果として生まれる動きもまた多様である。そのため、ワークショップを進行するファシリテーターには、如何に臨機に対応できるか、その経験知が求められる。ワークの組み合わせや順序はファシリテーターにゆだねられており、それによってさらに新たなバリエーションが生まれる。

ツールボックスの 12 のワークからなるが、それらはすべてインターネット上で公開されており、コミュニティダンスのアプローチに興味を持つ者なら誰でも閲覧・活用できるようになっている[24]。そのうち今回のプログラムで採用したのは、以下の 5 つである。

・Build-a-Phrase（ビルドアフレーズ：フレーズを構築する）
・One to Ten（ワントゥーテン：1 から 10）
・Equivalents（イクイバレンツ：テクストと等価の動きに変換する）
・Detail（ディテール：細部を表現する）
・Essence（エッセンス：本質をとらえる）

上記5つのワークの概要と実践例を表4にまとめた（表4参照）。

表4 ツールボックスの概要と実践例

(作成：岩澤)

ワーク	概要	実践例
Build-a-Phrase ビルドアフレーズ （フレーズを構築する）	与えられたテーマにそって参加者自身の物語を語らせる。各人の物語を動きに変換し、みなで共有する。動きをつなげて一連の流れのある振付「フレーズ」を構築する。	トラディション（伝統）やカルチャー（文化）などをテーマに参加者の記憶を引き出す。語りの間に自然と動く仕草や印象的な言葉に注目して動きを抽出し、つなげて、「フレーズ」とする。
One to Ten ワントゥーテン （1から10）	動きをその場で生み出す力を養う。二人以上で組になり、一人ずつ1〜10の数を数えながら、即興的に動きを作っていく。一人がポーズ（静止）してから次の人が動く作業を繰り返す。	二人一組で実施。ペアの相手の動きに関連づけながら動いていくよう指示があった。次に、ペアだけで動かず、ペア同士の関係にも注意して動いた。自然と複雑な群舞が生まれた。
Equivalents イクイバレンツ （テクストと等価の動きに変換する）	言葉をそれと同等の意味を表す動きへと変換する。何らかの方法で、言葉（テクスト）を選び、一単語に対して一つの動きを考える。言葉と動きを結ぶ等価の考え方は参加者それぞれであり、必ずしも直接的で逐語訳的な動きへの変換である必要はない。むしろ、逸脱した変換に創造性が現れる。動きを決めたらまずテクストを声にだしながら動き、その後発声なしで動く。	「食べ物」をテーマに参加者からでてきた言葉をノートに記す。言葉を洗練し、5〜6程度の単語からなる文章、フレーズを決める（例：dark blue corn chips almost purple）。参加者は好きなフレーズを選択し、一語ずつ言葉を動きに変換した。
Detail ディテール （細部を再現する）	写真や絵画など観察対象の細部に注目する。各自が注目した部分を動きに変換する。	ファシリテーターが撮影した写真を用いた。写真の一部、全体の構図、抽象的なイメージなど、動きに変換するやり方は参加者にゆだねられていた。
Essence エッセンス （本質をとらえる）	グループの中の一人が即興で動く。その動きを他の参加者が観察し、動きのエッセンスを観察者の視点で解釈する（まず言葉でエッセンスについて話す）。そして、観察者が自分の動きとして再構成する（最初の一人は他の参加者の解釈を観察する）。	今回は椅子を使って即興の動きを創り出した。まず最初の人がイスを用いて、30秒程度即興的に動いた。イスが動きの動機づけとなり、即興的に動きやすかった。他者の動きを共有すると同時に、それが自分の動きに変わる瞬間を体験できる点が印象的であった。

（3）創作ワークショップのプロセスとツールボックスの役割

ダンス経験の有無にかかわらず幅広いバックグランドをもつコミュニティダンスの参加者に、創造的な活動としてダンスを体験してもらうためには、どのようなプロセスが可能であろうか。シューラ・ストラスフェルドは、ダンスの創作プロセスを次の3ステップで説明している[25]。

① Generating movement （動きの発生）
② Developing movement （動きの発展）
③ Crafting movement （動きの成形）

ムーブメント・プログラムでは、5日間の創作ワークショップを経て、ソロと群舞からなる約10分の小作品を創った（写真2参照）。そのプロセスを詳述すると表5のようになる（表5参照、M1～M9は表1の記号に対応）。

写真2　ムーブメント・プログラムのファイナルパフォーマンス[26]

創作ワークショップのプロセスを上記の3ステップと関連づけて分析すると、ツールボックスが主にワークショップ参加者が自ら動きを見つけ出す（創り出す）きっかけとなっていること、特に第1段階の「動きの発生」に大きく関わっていることがわかる。この動きを生み出すプロセスにおいて、参加者の認識は重要である。つまり、ファシリテーターが決めた振付を一方的に参加者に提示するという従来のダンスクラスのアプローチではなく、ファシリテーターが提示したルールのもとで参加者自身が自らの内部にある動きを生じさせることができ、そ

表5　創作プロセス　　　　　　　　　　　　　　　　（作成：岩澤）

	ワーク内容	ステップ	備考
M1	エッセンス、ワントゥーテン、ビルトアフレーズの順にワークを実施し、その中で各自動きを見つける（創造する）。	①	記録映像を振り返ってみると、この日すでに作品の核となるフレーズや構図ができていた（参加者自身にはその自覚がなかった）ことに気づく。ここでの構成・演出はファシリテーターがリードしていたが、動きの発生や創造、発展については参加者の意志が尊重された。
M2	M1のワークから生まれた動きを参加者間で共有する。隊列、高さ、角度、速さなどに変化をつけることで動きを発展させ、音楽に合わせて1分程度の流れのある動きを形成、ソロの動きを発展させて、群舞の一部として組み立てる。	②③	
M3	イクイバレンツとディテールの順にワークを実施し、新たな動きを見つける（創造する）。それらをひとつの流れのあるものにするため、即興で踊ってみる。何度か繰り返して、フレーズを固める。一人ずつ踊って他者の動きを観察する。	①	この日から、参加者の一人が負傷により欠席する。M2でできていた構成や振付を変更する必要が生じた。
M4	M2である程度まで完成していたそれぞれの動きを解体し、M3の動きを混ぜて新しいフレーズとして形成する。群舞の隊列を変更する。	②③	
M5	ソロパートの動きを各自練習する。	③	
M6	ソロパートの洗練のために、参加者間で発表と批評を繰り返す。また、群舞も含めて、作品全体の振付を緩やかに決定する。	②③	ソロと群舞からなる作品の構成、振付が決まる。
M7	M6までに作った振付の変更と確認、練習。主として群舞パートを再編する。	②③	この日、負傷で欠席していた参加者が復帰した。しかし、足の負傷は完治しておらず、すでに固まりつつあった振付を着席状態のバージョンに変えるなどして、その参加を可能にした。また、語り（群舞の動きの源となった少女時代の思い出）を追加した構成に変更し、調整する。
M8	リハーサル		
M9	最終リハーサル		

れが参加者個人のオリジナルな動きとして認識させることに成功している。このようなオリジナルの動きを「発展」させ、異なる動きを導き出すプロセスにおいてもツールボックスは部分的につながっており、創造性に関する参加者の自己肯定感の増加とともに、他者との動きの共有によるコミュニケーションを促進させることに寄与している。これを構成・演出して振付として成形し、かためる作業においては、ファシリテーターの指示が重要な部分を占める。このような段階的作業を丁寧に繰り返すことによって、作品が作り上げられるのがコミュニティダンスのアプローチの大きな特徴といえる。

第4節　高齢者とコミュニティダンス

(1) 高齢者と記憶

　高齢者とダンスを実践する時、ファシリテーターはやはりある種の配慮を心がけるものである。高齢者とのワークショップでは、特に初期段階で、身体的な限界、また、それに伴う不安ゆえの精神的な限界も表面化しやすい。ゆえに、参加者をリラックスさせる工夫が必要となる。先に述べた事例において椅子を使ったが、これも高齢者に対する一連の工夫の現れと言える。椅子を介することで人間の身体だけでは実現困難な動きや形でも安定感を保つことができ、新たな動きに挑戦しやすいだけではなく、高齢者をリラックスさせる精神面でのメリットがある。

　その他、ダンスの振りを覚える「記憶」という要素への配慮も重要である。高齢者にとって、また、ファシリテーターにとっても、振付の記憶は最も困難な事項の一つである[27]。この懸念を払拭するための一例としてあげられるのは、ワントゥーテンというワークである。ペアになって、1から10までの数を言いながら、一人ずつ交互に自由に動きを作っていく。ルールがシンプルで自由な動きが認められているため、また、覚えることへのプレッシャーから解放されるため、実践してみると楽しい活動として受け入れられやすい。各人の自由な創造にまかせて即興で動きを作っていくのとは違い、ペアで身体的コミュニケーションをとりながら動きを交互に紡いでいくので、シンプルではあるが、参加者本人が予想もしなかったバリエーション豊かな動きを生み出せるという新鮮な驚きと自

信にもつながっている。

（2）ダンスにおける「共有」と「模倣」

この「記憶」と関連して、ツールボックスの中で筆者が最も注目したのが、本質をとらえる「エッセンス」というワークである。ツールボックスの分析を通して、コミュニティダンス（のアプローチで）は、ワークショップ中に生まれた動きを参加者全体で共有できること、さらにその共有の仕方に特徴がある、ことがわかってきた。「共有」が参加者の創造性の源になり得るのである。それは、我々の身体が同じでないために、たとえ同じ動きを共有していたとしても、異なる人間の身体が動けば、自ずと動きそのものも異なってしまう、という考えにもとづいている。共有が新たな創造に結びつくという逆説的な発想である。エッセンスに焦点を当て、ダンスの「共有」と「模倣」について、最後に考察したい。

エッセンスは、他者の動きを観察してその動きの本質（エッセンス）を抽出し、自分の動きとして再構成して表現するという手法である。エッセンスは、その第1段階において、参加者のうちの一人が30秒ほど即興で動き、それを他の参加者はよく観察する（写真3参照）。次に、その動きの中にどのようなエッセンスがあるか、つまり、観察者にとって何が印象に残る動きであったかを口頭で述べあう。各人がエッセンスを認識した後、最初に動いた人を除く全員がそれを用いて即興で30秒程度動き、最初に動いた人はそれを観察し（写真4参照）、自分の動きが他者によってどのように解釈され共有されたかを確認することができる。

写真3　エッセンス1[28]

写真4　エッセンス2[29]

他のダンス活動によくある振付の模倣と比較すると、エッセンスは、誰もが創造的にダンスに参加できることをモッ

トーとするコミュニティダンスの特徴がよく現れている活動であることがわかる。振付を他者と同じように踊ろうとして模倣する行為は、ある種のダンス経験者にとっては当たり前のことに思われるが、それに慣れない人々にとっては困難な作業であり、ダンスへの参加に消極的になることがある。しかし、エッセンスにおいては、他者の動き（振付）を自分なりに解釈すること、それを再構成して表現することが「創造的」であるとして逆に評価されるため、参加者の自信と発見につながり、積極的な参加を促進できる。特に高齢者にとっては、動きを覚えること自体が困難であるため、効果的な手法の一つといえるのである。

　今回のプログラムでは、エッセンスを最初のワークとして採用していた。これは、他の参加者の動きを真似ることに困難さを感じる参加者に対して、安心感を与える結果となった。完璧に振付を覚える、完璧に模倣する、同じタイミングで踊る、といた事柄にネガティブなイメージを抱く人々にとっては、そこから解放され自由であるということを最初に確認できるのは有効なアプローチである。動きの真似ではなく、異なる動きとして自分が新しいフレーズを創っているということに喜びを感じ、自己肯定感も生まれてくる。一方で同時に、参加者全体が個々の動きを共有しているという実感はあり、動きを介して互いに刺激をうけあいながら関係が構築されるのである。

　エッセンスには、上記のようなポジティブな側面もあるが、問題点もある。高齢者と一口にいってもその条件は多様であり、これがいつでも成功するとは限らないからである。今回の事例では、経験知と解釈能力、表現力のすぐれた高齢者が偶然集まっていただけなのかもしれない。即興的に動く能力や解釈の力、といった創造的な表現力にこそ、困難さを感じてしまう人も多いだろう。しかし、誤解を恐れずに言うならば、エッセンスは高齢者にとってやはり有利な手法といえる。筆者はこの事例調査の後、日本で高校生を対象としたダンス・ワークショップの一部に採用したことがある。結果は失敗であった。なぜなら、対象となった高校生らは短期記憶に優れており、簡単に動きを再現できてしまう（と信じる傾向がある）ため、動きの本質を読み取るという行為に自らをシフトチェンジするのが困難だったからである。逆に、高齢者は短期記憶に対する能力の低下と不安はあるが、長い人生経験によって蓄えられた身体知を多く有しており、本質をとらえるという思考と実践に移行することで、深度のあるバリエーション豊

かな動きを創出する可能性をもっているのである。

おわりに

ファイナルパフォーマンス直前の最終リハーサルの後、ファシリテーターと参加者全員が車座になり、プログラムの総括を行った。参加者によるインフォーマルな語りの中に、高齢者とコミュニティダンスに関する重要な考えが現れており、これらを本論考の結びとしたい。

プログラム初日の夜に足をケガし、いったんは参加を断念したものの、ファイナルパフォーマンスの前日から再び加入した参加者Aは、身体的な不安を抱えながらも参加することの意義とダンスの共有という観念について次のような言及をしている。

「ここにいるみんなは本当に親切で、私を再びここに引き戻してくれました。みんなが私に近寄ってきて『一緒に踊ろう』と言ってくれた。みなさんに本当に感謝しています。…シューラ、そしてあなたその方法が、実にゆったりとしていたので、プレッシャーを感じずにすみ、みんなと協力できました。実に自然にやってのけていたように思えました。…私たちはそれぞれの動きを共有しましたね。…最初私は、舞台にでることにとてもナーバスになっていました。でも、このグループにある精神を知って(変わりました)。何か問題を抱えている人、身体的な問題を抱えている人も踊れるのです。車いすの人だって踊れる。車いすの回りを回ればいいのだから。私がいい見本です。彼らがやれるということ、そのことを恥ずかしいとは思わないのだということ、みんなわかると思います。それは本当に美しいことです。私たちはまさにそれをやってのけたのです。」[30]

さらに、参加者Bは、コミュニティダンスのアプローチを経て、ワークショップ参加者がつながりを持ち得たという実感について、次のように言及している。

「(自分がこれまでとは)違う存在になれたという感じがしています。というのも、私たちは、個々に独立した存在なのだけれど、同時につながりあっているからです。つまり、単に人としてつながっているというだけではなくてダンスのスタイルもまたつながりあっているということです。ここで、私はみんなを見ていて自分自身のダンスのあり方が変わりました。それは単に動きを真似たというのではなくて、あなたた

ちが何を表現しようとしているのかをみて、それを真似た、ということです。」[31]

　グローバルな関心事となっている超高齢社会を迎えた現在、社会の課題を芸術によって解決する道は広く私たちに開かれている。コーヘン博士の研究成果が示しているように、高齢者問題の一部は、創造性と社会参画の促進によって解決できる可能性がある。現代的なコミュニティの活性化・再生・発生に効果的なコミュニティダンスは、その一端を担うアプローチとして、これから日本にも広く普及し、展開することを期待する。

　（付記）本文は、第 65 回舞踊学会大会（2013 年 12 月 8 日）において筆者が行った同タイトルでの発表の資料をもとに加筆・修正、再構成したものである。また、本研究は、平成 23 年度〜 25 年度科学研究費補助金　挑戦的萌芽研究による助成を受けている。アメリカおよびイギリスでの現地調査にご協力いただいた、リズ・ラーマン、シューラ・ストラスフェルド（ダンス・エクスチェンジ）、ジーン・ケリー（アンコール）、そしてクリストファー・トムソン（ザ・プレイス）他、関係者の方々に対し、謝辞を呈する。

注
1) 岩澤　孝子「ダンスによるコミュニケーションが生み出すコミュニティ ─ 札幌市のコミュニティダンスを事例として ─ 」『民族藝術』（民族藝術学会 編）Vol.30、2014a、p.69
2) 増山　尚美「コミュニティ・ダンス・ワークショップにみる生涯学習社会における学習形態について」『生涯学習研究と実践』（北海道浅井学園大学生涯学習研究所研究紀要）vol.4、2003、p.130
3) 同掲
4) 佐東　範一（監修）『コミュニティダンスのすすめ』NPO 法人　ジャパン・コンテンポラリーダンス・ネットワーク、2010、p.23
5) 岩澤　孝子『コミュニティダンスにおけるワークショップのファシリテーション』（平成 23 年度〜 25 年度科学研究費助成事業「現代社会とコミュニティダンス ─ コミュニケーション教育への応用可能性」報告書、2014b、p.48
6) コミュニティダンス財団 The Foundation for Community Dance とは、1986 年に設立された民間団体で、イギリスのみならず国外のコミュニティダンスの普及において、最も中心的な役割を担ってきた団体である。同団体には劇場や専属のダンスカンパニーはないが、ダンスイベントや講習会、雑誌の発行など質の高いコミュニティダンスの情報とイベントを発信し続けている。（岩澤 2014b：48）。
7) 吉本　光宏「コミュニティダンスの基礎知識①英国のコミュニティダンスの歴史と現状」『地

域創造レター』vol.163、2008（2008年11月号）

http://www.jafra.or.jp/j/library/letter/163/series.php（2013年9月10日閲覧）

8) （イギリスでは）体育科目の単元の一部であるダンスにおいて、コミュニティダンスの手法が導入されている。

9) 一部の病院では投薬のかわりに（コミュニティ）ダンスへの参加を促す処方箋を出している。また、少年院に入所した子どもたちの更正にも活用されている。

10) 2014年3月4日、ロンドンにて、クリストファー・トムソンへのインタビューより（岩澤 2014b：50）。同氏は現在、イギリス国内に10か所あるナショナル・ダンス・エージェンシーの一つ、ザ・プレイス The Place の Creative Teaching and Learning 部門のディレクターを務めている。同部門はダンスによる多様な活動実践を有するザ・プレイスの中でも特に、コミュニティダンスのアプローチを用いて地域貢献事業に取り組む部門として知られる。

11) Amans, Diane 2008, "Community dance–What's that?", *An Introduction to Community Dance Practice*, edited by Diane Amans, Palgrave Macmillan, New York, p.4

12) 同書、p.7

13) 山崎 亮「地域を変えるデザインコミュニティ」『地域を変えるデザイン』（筧 裕介 監修）、英治出版、2011、pp.259-260

14) 注10に同じ。

15) Cohen, Gene 2006, *The Creativity and Aging Study The Impact of Professionally Conducted Cultural Programs on Older Adults Final Report*,

https://cahh.gwu.edu/sites/cahh.gwu.edu/files/downloads/NEA_Study_Final_Report_0.pdf（2013年12月3日閲覧）

16) アンコールのホームページから参照

http://encorecreativity.org/ （2013年12月3日閲覧）

17) アンコールのホームページ、アーカイブより転載（撮影者 Jennifer Heinz）

http://encorecreativity.org/index.php/encore-photo-gallery（2013年12月3日閲覧）

18) 2013年8月28日、アメリカ、シャトーカにて、ジーン・ケリーへのインタビューより。

19) Lerman, Liz 2011, *Hiking the Horizontal: Field Notes from a Choreographer*, Wesleyan University Press, Connecticut, pp.41-48

20) リズ・ラーマンにとって「第3の年代」という用語は、高齢者を指す elder や senior といった同義の語がもつある種のネガティブなイメージを払拭するために用いられている。子どもや青少年を「第1の年代 the first age」、成人を「第2の年代 the second age」、そして、高齢者を「第3の年代 the third age」とする。

21) 高齢者に対するダンス・ワークショップの方法論について、19) の著作の他に『Teaching Dance to Senior Adults（1984）』もある。本著には椅子に座った状態、そして、椅子を介して立った状態でのウォーミングアップの方法や、即興を促す方法論などが記述されている。

22) 19) と同書、p.xvi。

23) 2013年8月29日、アメリカ、シャトーカにて、シューラ・ストラスフェルドへのインタビューより。
24) ツールボックスの全容については、以下のサイトを参照。
   http://danceexchange.org/toolbox/home.html
25) 23) に同じ。
26) 2013年8月29日、筆者撮影のビデオ映像から静止画を抽出。ここでは全員が同じ振付を踊っているが、身体的な条件等によって生じる多様なあり方が如実に表れており、興味深い。
27) Amans, Diane 2013, "Choreography and Performance with Older People", *Age and Dancing: older people and community dance practice*, Edited by Diane Amans, Palgrave Macmillan, New York, pp.162
28) 2013年8月26日、筆者撮影のビデオ映像から静止画を抽出。
29) 28) に同じ。
30) 2013年8月30日、アメリカ、シャトーカにて、参加者によるフィードバックの記録から引用。
31) 30) に同じ。

参考文献
〈和文文献およびインターネット資料〉
岩澤 孝子「ダンスによるコミュニケーションが生み出すコミュニティ ― 札幌市のコミュニティダンスを事例として ―」『民族藝術』(民族藝術学会 編) Vol.30、2014a、pp.69-73
岩澤 孝子『コミュニティダンスにおけるワークショップのファシリテーション』(平成23年度〜25年度科学研究費助成事業「現代社会とコミュニティダンス ― コミュニケーション教育への応用可能性」報告書、北海道教育大学岩見沢校、2014b
佐東 範一(監修)『コミュニティダンスのすすめ』NPO法人 ジャパン・コンテンポラリーダンス・ネットワーク、2010
増山 尚美「コミュニティ・ダンス・ワークショップにみる生涯学習社会における学習形態について」『生涯学習研究と実践』(北海道浅井学園大学生涯学習研究所研究紀要) vol.4、2003、pp.123-133
山崎 亮「地域を変えるデザインコミュニティ」『地域を変えるデザイン』(筧 裕介 監修)、英治出版、2011、pp.258-269
吉本 光宏「コミュニティダンスの基礎知識①英国のコミュニティダンスの歴史と現状」『地域創造レター』vol.163、2008 (2008年11月号)
   http://www.jafra.or.jp/j/library/letter/163/series.php (2013年9月10日閲覧)

〈英文文献およびインターネット資料〉

Amans, Diane 2008, "Community dance –What's that?" *An Introduction to Community Dance Practice*, edited by Diane Amans, Palgrave Macmillan, New York, p.3-10

Amans, Diane 2013, "Choreography and Performance with Older People", *Age and Dancing: older people and community dance practice*, Edited by Diane Amans, Palgrave Macmillan, New York, pp.161-177

Cohen, Gene 2006, *The Creativity and Aging Study The Impact of Professionally Conducted Cultural Programs on Older Adults Final Report*, https://cahh.gwu.edu/sites/cahh.gwu.edu/files/downloads/NEA_Study_Final_Report_0.pdf（2013 年 12 月 3 日閲覧）

Encore creativity for older adults（アンコール）のホームページ
http://encorecreativity.org/（2013 年 12 月 3 日閲覧）

Lerman, Liz 1984, *Teaching Dance to Senior Adults*, Thomas Books, Illinois.

Lerman, Liz 2011, *Hiking the Horizontal: Field Notes from a Choreographer*, Wesleyan University Press, Connecticut

toolbox（ツールボックス）の紹介ページ
http://danceexchange.org/toolbox/home.html（2014 年 10 月 5 日閲覧）

地域にアート拠点を創出するコミュニティ
― 室蘭市民美術館と三笠プロジェクトの事例から ―

三橋　純予

はじめに

　北海道においては過疎化も進み、自治体の財政状況は大変に厳しい。文化施設であり社会教育施設でもある美術館でも、特に市立クラスの美術館運営は存続を含めての厳しい状況が続いている。経営母体の変更や運営面での見直しを迫られる事例も多くなっているが、そのような環境にもかかわらず、2008年10月に開館した「室蘭市民美術館」[1]は公設民営の「室蘭方式」という市民自らが運営する方式を採り、新しい公共のモデルケースとして全国的に注目[2]されている。

　また、北海道三笠市では、地元出身の世界的な美術家「川俣正」が廃校の体育館全面を活用し、3年間を費やして「かつての炭鉱町をイメージした巨大ジオラマ」を市民と協働で作りあげた。この活動支援のために設立された市民団体「三笠ふれんず」は公的な補助金等に頼らず、この活動趣旨に賛同する会員の年会費だけで運営する自立した市民団体である。

　本稿では、市民の力で地域にアート拠点を創出したケーススタディとして室蘭市と三笠市を取り上げ、特にその支援団体である市民がつくるアートコミュニティに焦点をあてる。美術の潜在力を信じ、地域にその活動拠点を求めて自立的に運営するアートコミュニティの検証と、アート活動の新たな可能性を明らかにする。

第1節　室蘭市民美術館と新しい公共

　ミュージアムは冬の時代と言われて久しい。地方美術館の運営については、公立美術館、私立美術館を問わず苦しい運営状況にあるが、中でも北海道は自治体の財政状況も厳しく、夕張市美術館をはじめとして経営母体の変更や運営の見直しを迫られている。しかしこの状況下でも、従来の行政主導ではなく、市民や地域が積極的に地域文化に参画する優れた事例が現れ始めている。

　このような「新しい公共」の概念が全国的にも拡大していく中で、新たな可能性を追求し実現しているのが室蘭市民美術館である。室蘭市では市民達が熱心な美術館設立運動を約30年間も続け、通常の公立美術館設立の流れとは異なる独自のプロセスで、市民自らが資金獲得から運営までをおこなう「公設民営」という方式を採用して室蘭市民美術館を開館した。これは室蘭市の文化行政の考え方や市民中心の文化施設運営という文化風土の上に成り立っている。

　第1節では、このユニークな美術館設置運動の契機となった道立美術館の4分館設置経緯との関係、さらに室蘭の文化的特徴から市民と行政が対等なパートナーシップを締結して運営され、2013年開館5年目にして来館者10万人を突破した大きな成果とその要因を検証する。

（1）室蘭市の文化行政の特徴
1）室蘭市の概要

　室蘭市は北海道胆振支庁の文化所在地で、1872年に開港、石炭の積み出し地としての歴史を持つ。1907年の日本製鋼創立からはじまる重厚長大型の都市として発展したが、1975年以降、構造不況・円高不況などで大きな経済的打撃を受けた。人口も1970年の16万人を最大に減り続け、2014年現在は9万人弱となり過疎化が進んではいるが、構造不況以降に産業構造の変換を迫られたことで、バブル経済の影響を良くも悪くも大きく受けないできている[3]。現在も産業別市総生産のおよそ8割は工業が占めており、鉄鋼をはじめ一般機械などを生産している。

2) 室蘭市の文化施設と特徴的な運営方式

室蘭市の文化行政の特徴は、市民協働事業の実施という点があげられる。室蘭市の博物館関連施設は、室蘭市港の文学館、室蘭市青少年科学館、室蘭市民美術館、市立室蘭水族館、室蘭市民族資料館と5館あるが、前三者の運営には市民団体が密接に関わっている。1988年に設立された文学館は全国的にみても早い市民協働の事例である。

さらに室蘭市青少年科学館は、文学館より早く、1963年に道内1番目の青少年科学館として設立された。1975年に年間12万人の来館者数をピークに、1998年には2万5千人と減少した。2005年に指定管理者制度の導入と共に入館者数を4万人に増やし、その活況ぶりはNHK「クローズアップ現代」で全国的に紹介された。中高年の退職した理科の教員達30名ほどが立ち上げた「NPOかもけん」は指定管理者制度導入の成功例とされているが、実際には1963年の開館時より生じていたスタッフ不足を補うために、現役の教員らがボランティアとしてサポートしてきた経緯がベースとなったと思われる。このような継続的な活動は地域にも認知され、教育委員会からの信頼も大変に厚いようである。

(2) 室蘭市民美術館設置運動の経緯

室蘭市民美術館設立の経緯は道立美術館の誘致運動から始まり大きく4つの時期にまとめることができる。

北海道のセンター的な役割を担う北海道立近代美術館は1978年に札幌市内に設置され、全国では神奈川、兵庫、群馬に次ぐ近代美術館として開館した。広大な面積の北海道において、道立美術館は分館方式を採っており、近代美術館設置後に、旭川（道北、1982年）、函館（道南、1986年）、帯広（道央、1991年）、釧路（道東、1998年）の各地に道立美術館を設置した。

1) 道立美術館の誘致期 [1979-1984]

道立美術館1号分館が道北の旭川市に設置されることが確定し、道立美術館2号分館を道南地域に設置することが1979年に決定する。それに函館市と室蘭市が名乗りをあげたことが契機となって、「道立美術館誘致」として室蘭に美術館設置運動が始まることになる。

1979年6月に室蘭文化連盟から室蘭市長と市議会宛に道立美術館誘致の要望

書が提出され、道教育委員会に陳情書を提出する。1980年には「道美術館誘致期成会」の結成が文化連盟で承認されて活動が本格化していく。道教育委員会や道知事らへの度重なる陳情や説明、旭川美術館への視察などを精力的におこなったが、2号分館設置は1984年に函館に決定したため、「道美術館誘致期成会」は解散することとなる。

2) 室蘭美術館設立期成会 [1988-2000]

道立美術館誘致の可能性は消えたが、今度は独自に室蘭に美術館を設置しようとする機運が高まり、1988年10月1日に「室蘭美術館設立期成会」が発足する。当時の期成会結成時を示す資料には、「長期的展望に立った市民運動として、室蘭でなければできない個性のある美術館の設立を願って発足した。作品の収集、保存、作家研究資料の収集、収蔵作品の常設展示会場の確保等のために『文化財的な建物と共存し、文化価値の高い美術館』の開設を目指して活動を開始した」とある。この運動は、室蘭旧駅舎を再活用して美術館建設を要望するものであった。室蘭旧駅舎は室蘭市の歴史的建造物であったが、2000年に旧駅舎が多目的ホールとして利用されることが決定し、「室蘭美術館設立期成会」は解散した。

3) 室蘭に美術館をつくる市民の会 [2000-2008]

2000年、旧駅舎が多目的ホールとして再活用が決定されたのを契機に「室蘭美術館設立期成会」は「室蘭に美術館をつくる市民の会（以下、「つくる会」と略す）」に改組する。歴史的建造物を美術館に再活用するのではなく、今回は独自に道立クラスの規模を持つ美術館を室蘭に建設しようとする計画である。市民の会は賛同者を募り、常時1,000人を越える会員が組織されて室蘭市教育委員会との折衝を進めた。その中で教育委員会から新たな施設建設ではなく、「文化センター地下ギャラリー」の再活用案と、市民の会への運営委託案を提示されたことから、2005年の「つくる会」総会において道立美術館設立要望を断念し、小規模美術館の設立へと計画を変更する。以下が「つくる会」の目的である。

「本会は、室蘭及び西胆振の市民が芸術作品（絵画、彫刻、工芸、書、写真など）に触れる機会と場を設け、ひいては地域文化の振興を図るために、室蘭市に将来美術館の建設を目指す。その趣旨に賛同する市民で構成する。（総則第2条）[4]」

「つくる会」の会長は地元商店街の元店主で、店舗2階にギャラリーを設ける

などの活動も行っていた。また「つくる会」の中心メンバーには、絵画、写真、書道、陶芸等の分野に属する市民団体会員で定年退職者も多いが、ほとんどの会員はこの趣旨に賛同する一般の室蘭市民で構成されている。

　市教育委員会との度重なる折衝において「つくる会」が強く要望したのは「学芸員」の採用であった。室蘭市には文化財担当の学芸員がいるが、美術専門学芸員がおらず、美術展や作品調査等のスキルを持つ学芸員採用については、最後まで交渉を続けることになった。

4）「サロン」運営の時期［2007-2008］

　市民の会は美術館活動の前段階として「サロン」と呼ばれる小規模ギャラリーでの展示運営を1年間実施している。これは「市民協働」の文化施設運営という室蘭市の特徴から、「つくる会」の実績や力量を問われたといえるだろう。文学館も市民が中心になる運営が行われており、指定管理者制度の成功例とされた科学館においても教員達による運営実績の前例があったため、同様のスキルや入場者実績が「つくる会」にも求められたのである。

　サロンは2007年初頭に室蘭市中央町のアーケード内に開設し、主に室蘭市の美術団体（室蘭美術協会、室蘭書道連盟、室蘭写真団体連合会、室蘭地区陶芸協会）などによる展覧会が行われている。元々店舗だった空間を「つくる会」のメンバーが手作りで改装したギャラリーである。明るいワンルーム空間の奥に「つくる会」のメンバーが常駐し、アーケードの中でも常に灯りがともり、夜間でも入りやすい暖かい空間であった。この「サロン」で週替わりの小規模企画展を継続しながら、「つくる会」のメンバーが企画や展示作業等の学芸業務の知識やスキルを習得していくことになる。

　「サロン」運営と並行して、美術館予定建造物である室蘭市文化センター地下ギャラリーと1階の展示室（かなり規模の大きい展示設備も完備されている）を活用し、サロンよりも大規模な企画展覧会も開催している。これらの経験は、つくる会のメンバーにとっては、ノウハウを蓄積する良い機会となった。

　また、地階ギャラリーには市が所有する美術作品の収蔵庫があったが、美術作品が収蔵庫の容量を超えており、検討課題となっていた。

5）開館までの経緯［2007-2008］

　2007年12月、室蘭市議会において条例設置と運営方針が示された。それに合

わせ、美術館建築も基本計画から実施設計へと進み、最終的な設計案へと見直された。美術館設置委員会などの正式な委員会がないため、教育委員会から市への予算へ盛り込む形で提案され、改修工事が行われた。

2008年10月1日に室蘭市民美術館が正式に開館した。初代館長は、港の文学館同様に、これまで設立活動に大きく貢献した「つくる会」会長（小原章嗣）が就任することになった。開館と同時に「つくる会」は発展的に解消し、会長以外は全ての組織と会員を引き継ぐ形で「室蘭市民美術館をささえる会（以下、ささえる会と略す）」が発足し、文字通り美術館の活動を支えることになった。

開館記念式典は市長や館長の挨拶という極めてシンプルだが暖かなもので、市民達の30年来の活動が実った瞬間であった。開館記念展は室蘭市出身の「野本醇・福井正治二人展」であり、「ささえる会」のメンバーによるギャラリートークが行われた。

（3） 室蘭市民美術館の特徴
1） 市民運動主導による設立経緯

公立美術館の設置決定から開館までの経緯は、通常、設置母体である自治体が美術館館長経験者や大学教授等の有識者をメンバーとした「設置準備委員会」を立ち上げ、美術館規模や設置理念、収蔵作品収集方針、活動方針等を盛り込んだ「基本構想」を作成する。設置準備委員会での検討と並行して、「美術館準備室」を設けてコアになる学芸員らを採用し、建築計画や作品収集計画を検討し具体化する。収集作業や開館後の展覧会企画、教育事業プログラムなどの実施内容を決めながら開館準備を進めていく。開館までのこのような準備期間は通常は3～5年程度であるのが一般的である。例として次頁に提示した道立帯広美術館は3館目の分館設置だったため比較的早いペースで準備されているが、通常の段階を踏んで行政主導で開館されている。

一方室蘭市では、文学館や青少年科学館と同様に、長年の市民運動の高まりから市が美術館設置を決定するが、開館準備段階においても行政主導というよりも市民主導で行われている。例えば「つくる会」は他からの有識者なども入れずに独自に基本構想案を作成し、教育委員会に提示している。このように首尾一貫した市民主導で開館まで行う事例は国内でも例のない希なケースである。

〈美術館設置事例：道立帯広美術館 1987-1991〉
1987　道東地域道立地方美術館設置調査費計上
1988　帯広市への道立地方美術館設置を決定
　　　北海道立帯広美術館設置基本構想策定
　　　北海道立帯広美術館構想設計協議実施
　　　北海道立帯広美術館構想設計協議入選作品決定
1989　北海道立帯広美術館基本設計完了
　　　北海道立帯広美術館建設工事着工
　　　北海道立帯広美術館建設工事竣工
1991　北海道立美術館条例の一部改正により、北海道立帯広美術館設置
　　　北海道立帯広美術館落成、開館記念式、屋外彫刻除幕、一般公開

2）室蘭スタイルの運営方式「公設民営」と「市民協働」

　室蘭市は都市部のバブル景気を経験せず、経済的なピークである 1970 年代以降は、財政難や人材不足が常態化している。文化行政においても、夕張市のような第 3 セクター方式による大型文化施設建設もないため、文学館や青少年科学館のような「公設民営」のために行う「市民協働」が、身の丈に合った現実的なスタイルとして定着している。

　財政難であっても各地で必ず展開されるような住民反対運動もなく、美術館設置が地域に自然に受け入れられた要因は、この「公設民営」という室蘭スタイルが寝付いていたからである。30 年にもおよぶ長い美術館設置運動の中で、行政や有識者主導でもなく、市民達が独自のやり方で美術館を獲得したことは国内でも極めて希な例である。また、このような地方小規模都市では当初からの専門学芸員の正式採用は難しい状況であったため、「つくる会」のメンバーが専門知識と運営スキルの習得をする必要があった。地方自治体が美術館設置の条件として、「サロン」や文化センター展示室等での展覧会運営実績を求めることは、他にはみられない「公設民営」の特徴であると思われる。

　また、美術館館長には、美術館勤務経験者などの有識者か、自治体の市長や教育長などが兼任するのが一般的であるが、文学館と同様に活動を続けてきた市民である「つくる会」の会長がそのまま館長として就任したことも室蘭市の特徴で

ある。そして、開館後は、「つくる会」が「ささえる会」に改組して市民で運営し、開催されるほとんどの展覧会事業等が、「ささえる会」の会費で運営されていること、また、展覧会入館もすべて無料であることも、公立美術館にはみられない大きな特徴である。

3）建築的な特徴

道立帯広美術館にも当てはまるが、県立クラスの美術館では基本設計は開館の2〜4年前に終了し、その後、工事などを経て竣工を迎える。設計を担当した室蘭工業大学の真境名達哉講師（建築計画研究室）は以下のように書いている[5]。

「室蘭市民美術館の場合、建築設計する時間は大変に短く、低コストの必要最低限の箱であること、ある面では最低限にも満たない『未完の箱』となっている。『未完の箱』からの出発という考えは、室蘭市の他の博物館施設にも共通する考えである。それらが計画通りの建築を実現するためには『ささえる会』は今後も活動の充実が求められることになるが、他面で建築の実現は次のステージに向けての励みとなるだろう。市民活動の実績が具現化した形で建築が実現していけば、それはユニークな建築と思われるし、今後の小規模な公立美術館を考えるうえでも一つの参考になると思われる。」

（4）「市民が創設した美術館」の課題と可能性

1990年バブル経済破綻後は、地方自治体の財政悪化とともに運営予算の削減が相次ぎ、公立美術館は存在意義さえも問われるような時代が訪れている。美術館の存在意義として、社会教育の役割、美術作品の保存、調査研究等の重要性は疑うべくもないが、行政主導で設置された美術館に対しては、設置の是非や反対運動がクローズアップされている。公立美術館の建設の是非が市長選の争点となった例や、美術館の建築がアセスメント違反ではないかと裁判所に提訴された事例も過去にみられ、公費の無駄使いという批判も含めて様々な要因から市民反対運動にまで発展することも珍しくない。そのため、美術館は社会教育施設としての役割を再認識し、教育事業や学校との連携、ボランティア育成等が全国的に活発に行われるようになった。

しかし、現在注目される新たな美術館リテラシーとして、市民参画、市民協働といういわゆる「民が官をささえる新しい公共」という観点から考えると、室蘭

市民美術館はまさに「新しい公共」のモデルケースとなる。市民が常時1,000人以上も加わり、30年間も設立運動を続けて市民が勝ち取った美術館である。当初の要求からすれば小規模な施設として出発することとなったが、当然反対運動もなく、「公設民営」「市民協働」というスタイルは、市民参画という観点においてはその設立自体が大きな成果となっている。市民が自らのために美術館を開館したという事実は「美術館における市民参画」という観点から、「市民のための美術館とは何であるのか？」を再考し、ある意味では問題提起するものでもある。

第2節　現代アート拠点の創出：三笠プロジェクト

　近年、町おこしや地域振興を目的としたアートイベントとして開催されるプロジェクトが加速度的に増えている。そこではアート制作や作品は芸術活動というよりも主に集客と話題作りを目的に企画されがちであり、現代アートを手段として二次的に扱うため、「アート＝イベント」「アート＝エンターティメント」という印象を一般に与えることも多い。作品に対する配慮さえない展示空間になったまま終わることもある。そのような中で、現代美術家の川俣正は、現代アートに限らず、「美術本来のあり方」とその潜在力を再確認することが必要であると、イベント集客型のアートプロジェクトに警鐘をならしている[6]。

　この視点から立ち上がった「川俣正：北海道インプログレス」は、地域の中で市民らが協働して美術活動を行いながら、「アートのあり方を考える」ことを目的とした長期的な道内回遊型のアートプロジェクトである。このプロジェクト趣旨に賛同する市民達と共に、実際に作品制作とディスカッションを積み重ねていくことで、市民達が現代アートを主体的に体験し、美術本来の意味を自ら考える活動を継続している。その活動拠点をつくる「三笠プロジェクト」が2011年から本格的に始まり、3年間を費やして廃校の体育館に、かつての炭鉱町をイメージした巨大インスタレーション空間が完成した。

　この第2節では、地域市民が創るアート拠点のもう一つの事例として、三笠市で展開されている活動拠点創出のプロジェクトを検証しながら、地域において市民らの力だけでアート拠点を創り上げたことの意義を明らかにする。また、その活動をユニークな方法で支えている自立型の支援団体「三笠ふれんず」を取り上

げ、市民達の現代アートに対する純粋な姿勢やその活動を通して、地域における現代アートの更なる可能性を述べることにする。

(1) 三笠市と川俣正
 1) 旧炭鉱町の三笠市
　北海道における近代炭鉱は三笠から始まったと言える。1879（明治12）年に官営幌内炭鉱、1888年には幾春別炭鉱が開鉱されて、三笠市は夕張市や歌志内市とともに、空知産炭地域の中心地となり、石炭によって成立した町であった。最盛期である昭和30年代の空知全体の人口は約80万人で、炭鉱地域には約50万人が住んでいたが、その後のエネルギー政策転換を機に、空知地域の炭鉱は相次いで閉山していった。1960年には北炭幌内炭鉱が閉山し、三笠の炭鉱の灯りは消えることになった。その後急速に過疎化が進み、ピーク時には約7万人の人口が2014年現在には1万人弱まで減少している。当時世界一の高さを誇った住友奔別立て坑や近隣の炭鉱住宅などはNPO炭鉱の記憶マネジメントセンターなどの積極的な保存運動もあり貴重な炭鉱遺産となっている。
　ちなみに本学キャンパスのある岩見沢市は、当時はこれらの炭鉱町を鉄道でつなぐ宿場町であった。岩見沢校では、かつての炭鉱町である近隣の三笠市、美唄市、夕張市とは協力関係にあり、文化支援活動を行っている。
 2) 三笠出身の現代美術家：川俣正
　1953年、川俣正は三笠市の炭鉱町に生まれている。三笠市内の小・中学校と岩見沢市内の高校に進むが、炭鉱が閉山となり北海道から離れることになる。東京芸術大学（博士課程満期退学）を卒業、28歳でヴェネツィア・ビエンナーレの参加アーティストに選ばれ、仮設的でプロセス自体を重視する全く新しい制作スタイルは特に欧州で評価され、その後も既存の美術表現の枠組みを超えていく試みを実践してきた。「ワーク・インプログレス」「サイト・スペシフィック」などの川俣が提唱した芸術理念は、市民と地域の中で制作を続ける「アートプロジェクト」方式の先駆者として知られている。
　国内初の国際芸術祭「越後妻有トリエンナーレ」を初めとして、国内外の大規模な国際芸術祭の招待作家の常連であり、世界各国からアートプロジェクトの依頼が殺到している。また2005年には横浜トリエンナーレ「アートサーカス」の

総合ディレクターを務め、アートプロデューサーとしても著名である。

教育分野においては、東京藝術大学の革新的な試みとして、主に現代アートを中心に学ぶ「先端芸術表現科」の立ち上げに主任教授として着任し、現在はパリ国立芸術高等学院のアジア人初の教授として教鞭を執っている。

制作テーマは多岐にわたり、建築や都市計画、歴史学や社会学、日常のコミュニケーション、或いは医療にまで及ぶ分野とかかわっている。2013年に芸術選奨文部科学大臣賞を受賞。パリ在住であるが、2008年から2011年までは、北海道教育大学岩見沢校芸術文化コースの特任教授も務めている。

（2）「北海道インプログレス」の拠点としての三笠
1） スタートアッププログラム[7]

北海道全域の回遊型プロジェクトとして計画された北海道インプログレスは2011年1月に札幌からスタートすることになった。以下がその趣旨[8]である。

〈北海道でアートプロジェクトを考える：川俣正〉
現代アートプロジェクトとは、美術館やギャラリー内での展示ではなく、屋外でその地域の人達とともにアート作品を組み立てていくことです。そしてその制作プロセスも同時に体験してもらおうとするものです。それをこれから、北海道のいくつかの地域で行っていこうと思っています。

その手始めとして、今回、北海道立近代美術館で、アートプロジェクトを考えるトークとワークショップを行います。参加者全員がブレインストーミング（フリートーク）のような形で、思い思いにプロジェクトを提案し、みんなでディスカッションしていきます。そこから将来的に現実可能なアートプロジェクトを探し出し、最終的にそのための実際的な活動の基本方針を決めます。少しずつ、いろんな人たちのアイデアを盛り込みながら、一つの活動に集約させていく「イン・プログレス」の手法を使って、北海道で将来的に現代アートのプロジェクトを展開していく。もちろん一人で出来ることではないので、今回の参加者が北海道のいろんな人たちのネットワークを紡ぎながら、今後、不規則的にいろいろなところで、起こしていくことになれば良いと思います。1983年に札幌の住宅地で行った「テトラハウス・326プロジェクト」を思い出しながら、二十数年ぶりに北海道の地でアートプロジェクトを行うことが可能かを、今回のトークとセッションで探りたいと思っています。

コンセプトに述べられている「テトラハウス・326プロジェクト」とは、川俣

が30歳の時に札幌で行ったアートプロジェクトである。札幌市内のアパートを1か月間借り受け、仲間達とともに部屋の窓から板を外にどんどんつなげていき、最終的に板でアパート中を取り巻くというプロジェクトであった。この趣旨に賛同した若い作家や学生達との協同作業であったが、北海道においてはアートプロジェクト形式の先駆的な作品である。この時に参加した学生や美術関係者が三笠ふれんず会員になる例も多く、テトラハウスプロジェクトは北海道インプログレスの原点といえるのかもしれない。

2）三笠プロジェクトまでの経緯

三笠プロジェクトは、2007年から始まった北海道文化財団と北海道教育大学岩見沢校共催の「アートプロデューサー養成講座」に端を発している。この講座の一環として開催された三笠モダンアートミュージアムの体育館に、東京都現代美術館の川俣正「通路展」の出品作品の設置と、ベニヤでの共同制作を行い「川俣ルーム」を開設した。それに並行して北海道におけるプロジェクトプランニングを学生や市民らと数年間続けながら、「北海道インプログレス構想」が出てくることになる。

図版1　インスタレーションプラン図　2012年

北海道インプログレスの発足後は、室蘭市民美術館にて、学生による「北海道インプログレス」を紹介する企画展覧会[9]が行われ、市内ギャラリーや銀行ロビー等でも関連のドキュメント展示と並行しながら、三笠での拠点つくりを目的にした市内廃校のリサーチ、それに伴う行政機関との協議も重ねている。三笠市が提示した2012年度から廃校となる小学校4校の中から旧美園小学校を活用することが正式に決定し、より具体的なプランニングに移行していった。こうして三笠プロジェクトの初めの取り組みは、旧美園小学校の体育館全面を「かつての炭鉱町の風景をイメージした大型インスタレーション」の公開制作となった。

3）三笠プロジェクトの概要

　北海道全域をフィールドとした回遊型の長期アートプロジェクト「北海道インプログレス」は、基本的には実行委員会方式を採っているが、その活動拠点をつくる「三笠プロジェクト」を開始するにあたり、会費制で活動資金をまかなう自立的なアートコミュニティ「三笠ふれんず」を市民達で立ち上げることとなった。三笠市や岩見沢市など道内に居住している川俣正の同窓生を中心にして立ち上げた会員制のコミュニティである。拠点創出活動に関わる資金支援を目的として、会員の年会費とグッズ収益等で活動資金を作り組織を運営している。

　また「三笠プロジェクト」では大学がコアサポートとして支援を続けている。三笠市と相互協力協定を結ぶ北海道教育大学岩見沢校アートマネジメント美術研究室（以下、アートマネジメント美術研究室と略す）と室蘭工業大学建築計画研究室（以下、建築計画研究室と略す）が学生らと共に活動に参加している。その他、北海道文化財団、北海道立近代美術館などの道内文化機関や、炭鉱関連のNPO、プロカメラマン、デザイナーらとの有益なネットワークも築いている。

　「三笠プロジェクト」の特徴は、行政からの補助金や助成金獲得型のプロジェクトとは異なる運営方針を採用している点にある。市民だけで支援団体を立ち上げたことからも分かるように、常に独自性と自立性を保つことを原則に活動している。北海道インプログレスの趣旨である「アートのあり方を市民とともに考える」という明確な目的を実行するため、毎年複数のアートゼミの開講や、地元の大学や学校との連携授業、障害福祉施設との関係作りも大切にしている。

4）インスタレーション制作

　2012年から開始した旧美園小学校体育館での制作活動に合わせて、川俣正が

ドローイングを多く描いており、後述する「三笠ふれんず」の第1期から第3期までの会員特典となった。初年度はインスタレーション全体の構想ドローイングとして、2年目は制作途中のインスタレーションを背景とした完成までの構想ドローイング、3年目はインスタレーション周囲に関連する細部のドローイングとなっている。この川俣が異なるイメージを一枚一枚描いたオリジナル作品群は、3ヵ年で約400枚になる。このドローイングのイメージが会員や参加スタッフに共有されていき、2014年までの丸3年間をかけて「かつての炭鉱町の昼と夜のダブルイメージ」を持つ巨大インスタレーション（縦30m、横18m、高さ6m）」として完成した。

　川俣正が来道している期間中は公開制作となり、会員に限らず誰でも制作に参加可能となっていた。それ以外の期間はコールマインラボ[10]の二人がインスタレーション地下において、極寒の中で、学生達と夜の炭鉱町風景の制作を行っていた。その他、制作ではなく見学の希望者はHPへの申し込みで入場できるシステム（豪雪地帯のため冬期は閉館）になっている。

図版2　インスタレーション外観

図版3　インスタレーション内部

　2014年の夏にインスタレーションが完成し、見学に訪れる人々は増えている。道外からも多くの希望者があり、三笠市や近郊から見学授業としてバスで訪れる学校も多い。国内の美術館学芸員や美術家、大学関係者などの専門家をはじめとして、様々な美術関係者が三笠市まで見学に訪れている。来場者はブログに公開されている写真などをみている人も多かったが、想像していた以上のスケール観のある炭鉱の空間に入り込むことになる。特に地下にあるコールマイン研究室が中心となって制作したダブルイメージとしての夜の炭鉱町風景については、訪れなくては見ることが難しいため、多くの人の感動を呼ぶようである。インスタレーションも、体育館周囲に巡らされているキャットウォークに登って全方向から見ることができる。また、前述したドローイング群のレプリカ展示、プロジェクトのドキュメント展示、グッズなどもあるため、見学者の滞在時間は平均して1時間程度になるようだ。地下では、かつての炭鉱町のように6万以上もの光が瞬いている夜景を見ながら、三笠ふれんず事務局長から、当時の炭鉱町の生活やインスタレーションの制作過程について聞くことができる。

(3) 市民による支援団体「三笠ふれんず」

1) 同窓会から発生したアートコミュニティ

地元にはまだ多くの同窓生が暮らしており、川俣正は帰郷の度にこれら同窓生と飲み会等を続けていた。北海道インプログレスの拠点として「三笠プロジェクト」を始める時に、これらの同窓生らが中心となり、資金支援団体として「三笠ふれんず」が結成された。岩見沢東高校時代の同窓生が団体代表となり、三笠市の小・中学校時代の同窓生が事務局長を務めている。どちらもこの役目に対する報酬は一切ない。美術専門家ではなく、現代美術に関わる活動に興味を持っており、川俣正との友情を育んできた人物達である。

2) ユニークで自立的な運営組織

「三笠ふれんず」は現在、第1期から3期までが終了し、この3年間で約400口（年会費10,000円）の会員登録があった。

また、市民団体「三笠ふれんず」の自立した運営に対する「コアサポート体制」が充実していることも特徴である。コールマインラボが炭鉱関連の研究データを提供し、地下インスタレーション制作を中心的に行っている。またアートマネジメント美術研究室が、アートゼミや小学校との連携授業、グッズ開発、ドキュメント記録等を担当している。インスタレーション制作では、建築計画研究室がインスタレーションマケット制作、展示に関わる建設的な作業を主に担当し、アートマネジメント美術研究室が炭鉱住宅マケット制作や地下インスタレーション制作作業に関わっている[11]。

このように市民だけでなく多くの大学生の参加があり、プランニングを含めた4年間で延べ200人以上の学生が制作作業に参加し、その他およそ300人が見学してきた。またポスターデザインや公式写真撮影などは、プロジェクト趣旨に賛同したプロの専門家らが無償で技術支援をしてくれている。

3) プロジェクト・ドローイング

会員特典として三笠プロジェクトのプランニングドローイングがある。会員募集は以下のように第1期から第3期まで行われ、会員全員に川俣の手による手描きのオリジナルドローイングが額に入って届けられるというユニークな方法である。オリジナルのため1枚ずつ絵柄が異なり、会員番号がナンバリングされている。

図版4　プロジェクトドローイング展示風景

第1期（2010〜11年秋）全体プランニングのイメージドローイング
第2期（2012〜13年秋）インスタレーション途中をベースにしたドローイング
第3期（2013〜14年秋）インスタレーション会場の細部ドローイング

　このドローイング特典が参加動機となる見学者も多い。旧美園小学校でドローイングのレプリカを展示しているが、現在、三笠ふれんず出版部を立ち上げ、全てのドローイングを掲載する三笠プロジェクトカタログを準備中である。
　4）プロジェクトグッズの開発
　三笠プロジェクトでは、年会費の他に関連グッズの開発を毎年行ってきた。これは、プロジェクトのPRや賛同する人達からの支援を募ることでもある。
　グッズ開発は、アートマネジメント美術研究室が担当していたが、2013年度以降は、三笠ふれんずより受託研究「北海道における現代アート拠点創出に係わる持続可能な支援団体運営の調査分析、およびアートプロジェクトの授業導入に関する実践研究」として担当した。この研究目的および内容は「北海道地域における現代アート拠点創出プロジェクトと市民中心に運営される支援団体に関する

持続可能なマネジメントの調査分析、および現代アーティストグッズの企画開発から販売戦略までを授業化する実践的な研究をおこなう」であり、複数のグッズ開発と販売戦略を授業に導入して実施した。

具体的にはゼミ学生らが中心となり、三笠ふれんず事務局の意向を入れながらアイデアを出し、その中で製品化するものを絞っていくのだが、エコバック等のように発注するもの、また手作りバッジのように、全て自分達の手で制作するようなオリジナルグッズもある。販売戦略としては、HP申し込みやプロジェクト期間中の現場販売を基本として、前夜祭や会員対象の集まりの他、横浜美術館や複数のアートギャラリーでも販売した。プロジェクト期間中の3年間で8種類の関連グッズを開発製品化したが、現在は全て完売している。このグッズ収益は三笠ふれんずの活動資金の一部となっている。

5）作品から純粋に得られる力

旧美園小学校でのインスタレーションは、かつての炭鉱町の風景をアート空間で再現することに成功している。かつて存在していたが、現在では失われてしまった炭鉱町をどのように記憶に留めていくのか、また、大切なものとして語り継いでいくことができるのかは大きな課題である。このプロジェクトの試みは、「イメージとしての再創造」であるが、美術の潜在力の証明にもなっているように思われる。

仮設（すぐに現状復帰して作品を残さない）というスタイルを貫いてきた川俣正は、初めて常設化を前提にした大規模な自らの原風景をイメージする作品を構想した。このプロジェクトを始めるまでに数年の準備期間があったが、閉山してしまった炭鉱とともに、当時とは一変している旧炭鉱町の現状への葛藤も含めて、川俣には様々な想いがあったはずである。九州で約10年間展開した「コールマイン田川」プロジェクトの終了後は、しばらく炭鉱のイメージから距離をとっていた川俣正が三笠プロジェクト開始を決めた最大の要因は、地元にいる多くの同窓生らの存在であり、彼らとの楽しいアート談義の時間であったことは確かである。行政等からの依頼仕事ではなく、主体的に方針と活動方法を決めて、賛同する会員の年会費だけを活動資金にした自立したプロジェクトであり続けることが、川俣が今後のアートプロジェクトの新しい可能性を見いだした要素であった。現在全国で展開されているアートプロジェクトがアートを見失い多目的

に拡散する現状も踏まえて、三笠プロジェクトでは、「アート本来のあり方を考える」という趣旨に賛同する会員や観客を対象にしていくことで、密度の濃いコミュニティや作品制作の可能性を維持しているのである。

大切なイメージを純粋な芸術活動として故郷に造り出すには、「三笠ふれんず」と一緒に制作を進めたことが、作家にとっては大きな原動力であったことは確かである。また、その制作活動に関わること、あるいは完成した巨大インスタレーション空間に見学者として佇むことも、どの行為も主体的な美術体験であり、これらも含めてプロジェクト作品となっている。つい数十年前まで7万世帯が存在していた三笠という地域が、エネルギー政策の転換により閉山したとたんに全く変化してしまうという歴史をどうしたら実感できるのか。この地域を離れた人々、今も在住している人々の人生や想いをのせて、このインスタレーションは完成したといえるだろう。

当時の生活は、特に地下に造られた夜の炭鉱町の風景からイメージを膨らませることができる。作品から他者の経験をイメージできること、疑似体験とも異なる「想起」というものは、作品を超えて、かつての人々の生活やその空間をもイメージできることであり、各人の感覚に直接訴えかけるというアート作品の持つ潜在能力にまさに触れることである。

第3節　地域におけるアートコミュニティ

（1）地域におけるアートコミュニティの意義

地域における市民がアート拠点を創出したケーススタディとして室蘭市と三笠市の事例を検証してきた。どちらの事例も市民達が熱意を持って、地域にアート拠点を創る活動を続けて実現した事例である。

日本の大都市部では、美術館などの文化施設は行政主導で設置されてきたが、地方においては、県庁所在地などの都市部以外には、美術館が設置されていない地域も多い。1990年代以降、文化施設はいわゆるバブル期の「ハコモノ行政」の印象が強く、一般市民にとってはネガティブに捉えられる事も多い中で、特に室蘭市民美術館の設置までの市民活動をみると、地域への美術文化拠点設置への市民達の要望の強さを実感することができる。この思いを「美術館をささえる

会」というアートコミュニティは実現化し、開館6年目には入館者10万人を越えている。「ささえる会」も順調に継続し、現在では美術界に多くのネットワークを作りあげ、様々な展覧会を開催している。

また三笠市の事例を考えると、「三笠プロジェクト」の意義は以下のように思われる。まず、このインスタレーション空間に入り込むことで、かつての炭鉱町のイメージを思い起こすこと、町の歴史や人々の営まれていた生活をイメージできる、そのような芸術空間を地域に創出できたことである。炭鉱町に存在していた時間や生活を古い記録写真などの文献資料としてではなく、現在の芸術環境の中で当時を体感させることが現代アートにはできるのである。慌ただしい日常の中で鈍くなった感性を呼び覚ますために静寂な芸術空間を体験すること、これは貴重な芸術体験であり、現代アートの持つ潜在能力を再認識することができる。

(2) 地域コミュニティとアートマネジメント

今回取り上げた2つのケースは、どちらもコミュニティとして成立しており、自立した運営を継続している。室蘭市民美術館の運営組織である「美術館をささえる会」は行政とは対等なパートナーシップ協定を締結しているが、地域における活動成果を認められるに従い、少しずつ市からの予算や人員配置も組まれるようになっている。

また三笠市の事例では、「三笠ふれんず」が資金支援団体として活動しているが、三笠市とは施設賃貸契約を結び、教育委員会との協議の中で旧美園小学校の使用に関する条例改変をしてもらうなど、直接的な資金援助はないが良好な協力関係にある。

筆者は、室蘭市民美術館ではアドバイザーとして、三笠市の事例ではコアサポートとして学生らと共に関わってきた。改めて実感することは、地域における市民活動をサポートするということは、安易に従来通りの既存マニュアルを示すことではなく、前例を示すことでもなく、ましてや自分がコミュニティの中心になることでもないということだ。市民達が地域の中で培ってきた人間のネットワークや活動の想いを本当に具現化するためには、市民達が自ら考え、その状況に適応する独自の展開がなされることが一番重要である。また市民達がそのマネジメント・プロセスを楽しむことこそが、自立的なコミュニティ成立の絶対条件

であると考えている。均一化傾向を促すようなマネジメント手法やマニュアル化は、かえってコミュニティの主体性を混乱させることが多く、あまり効果的ではない。

　またアートマネジメント美術研究室では、前述したように「三笠ふれんず」からの受託研究として、北海道における現代アート拠点創出に係わる持続可能な支援団体運営の調査分析、およびアートプロジェクトの授業導入に関する実践研究をしている。その中で最も大切に考えてきたことは、活動する市民達のことである。彼らは美術制作やアートマネジメントの専門家ではなかったが、多様な職業を持ち、しっかりと人間関係を築いてきた人達である。人間として自分よりも先輩である市民の方々とできること、そして自分が役に立つことは何だろうと共に活動しながら考えた結果は、以下のことに尽きると思うようになっていった。筆者が美術館学芸員としての経験や現在大学でアートマネジメントや美術理論を教えている立場からの役目は、これらのアートコミュニティ活動において、市民達がどれほど大変に希有なこと、国内にもほぼ前例のないことを成し遂げたのか、そして現在も継続しているのかを、美術の専門家を含め、地域の人々に伝えていくことである。そして、そこに集う人達の個々の顔をみながら、一会員としてもコミュニティに関わり、話し、共に悩みながら活動していくことだと思っている。

おわりに

　教育、特に人材養成においては、先回りをすることや安全なレールを歩かせることが必ずしも有効でないことは多い。アートコミュニティの継続的な運営も、自分達の目的に立ちはだかる障害に向き合い、苦労しながらの話合いや、問題解決の工夫を重ねる時間やプロセス自体が、大きな喜びと達成感をもたらすとともに、それらができた時に、前例の模倣を越えたユニークな独自性を持つことが可能となる。そしてこの達成感が、コミュニティが必要とする美術活動を持続する自立した運営活動となっていく。このプロセスこそが「創作活動」だということをコミュニティの参加者にも伝えていきたいと思う。

　また、コミュニティに参加する各自の思いや動機もそれこそ多種多様である

が、「地域にアート拠点をつくる」という趣旨に賛同して、利益目的でなく行動する人々の姿は、尊敬に価する。美術館を市民達が要望し、多くの労力を払ってでも獲得し、それを無償で創り出していくこと、それをさせる力こそが美術の力である。その美術の力を自ら伝える場を創出することは、大きな社会への貢献であり、真の文化活動であるといえるだろう。

これを教育的な観点から述べると、「アート拠点」を市民が創出することは、自らが美術の力を確信し、その行為こそが多くの人々にアートの可能性を示すこととなる。

私も学生達と共に関わる中で、多くの気づきや学びを得ることができた。特に前職では東京で大型公立美術館や博物館に長年勤務していたことから、市民活動だけで美術館やアート拠点を設立するプロセスに関われたことは大きな喜びであり、大変に感謝している。またアートプロジェクトを授業に導入することで、大学でアートマネジメントを学ぶ学生達には、まさに現場での実体験となり、美術やマネジメント以外にも多くの気づきや学びが得られたことは間違いない。彼らが今後も人々と共に芸術文化を尊重し、本質的なアートの力を理解し行動できる人材に育っていくことを期待している。市民が地域でアート拠点を創出し、主体的に活動し、自立的に運営するプロセスを授業に取り入れることは、地域にとって、大学にとって、極めて有益なことである。

岩見沢校では市民を含めた新たな組織「i-masu（岩見沢ミュージック、アート、スポーツユニオン）」をこの秋に立ち上げ、自立的な組織運営の準備をしている。筆者も美術文化専攻から運営委員として参加しているが、本稿で取り上げた2つのケーススタディも大いに参考にしていきたい。

注

1) 室蘭市民美術館へは室蘭工業大学建築計画室の真境名達哉講師が2007年1月より建築計画に加わっており、北海道教育大学芸術文化コース アートマネジメント美術研究室の三橋純予が2007年より調査を開始した。2009年度の「平成21年度室蘭工業大学重点事業経費」を獲得し、共同研究および共催企画展覧会の実施を始めている。
2) 三橋純予、小原章嗣「市民運動から生まれた美術館が見据える［美術館の未来像］」『カルチベイト』vol.37「特集：『新しい公共』とミュージアム」、2011年2月発行
3) 室蘭昇降会議所発行「室蘭工業振興ビジョン 起業家あふれる工業集積都市室蘭を目指して」

2000 年、pp.19-20
4) 「室蘭に美術館をつくる市民の会趣意書」室蘭に美術館をつくる市民の会設立発起人会発行、2000 年
5) 三橋純予、真境名達哉共著「市民が創設した美術館の可能性 ― 室蘭市民美術館の事例から ―」、『日本ミュージアム展マネージメント学会研究紀要第 15 号』、pp.25-32、2011 年
6) 川俣正「閉じたアートプロジェクトの可能性」北海道新聞 2013 年、10 月
7) 北海道インプログレス：スタートアッププログラム 01、2011 年 1 月、パネリスト：川俣正、三橋純予、菊地卓児、佐藤友哉（進行）
8) 『川俣正 HOKKAIDOU インプログレス：スタートアッププログラムの記録』p.2、北海道教育大学岩見沢校発行、2011 年
9) 『学生が紹介する北海道インプログレスドキュメント展』記録集、北海道教育大学岩見沢校発行、2013 年
10) 菊地卓児、林哲のユニット。主に炭鉱関連の調査研究、関連する制作等の活動をしている。
11) 三橋純予「アートマネジメント教育の可能性（Ⅲ）― アートプロジェクトの授業導入に関する考察：「北海道インプログレス」から」2013 年

北海道におけるサッカー文化
— その現状と課題 —

越山　賢一・山本　理人・曽田　雄志・濱谷　弘志

はじめに

　サッカーの時代である。本年（2014年）、ブラジルにおいてサッカーW杯ブラジル大会（FIFAワールドカップ）が開催され、全世界で数十億人もの人々がトップアスリートによる卓越したプレーに熱狂した。FIFA（国際サッカー連盟）の発表によると、テレビの視聴者数は、世界各国で好調な数字を示し、4年前の南アフリカ大会の32億人を大きく上回るという。また、視聴者数に関してはこれまでと異なる傾向も見られる。アメリカンフットボール、ベースボール、バスケットボールという3大スポーツを有し、これまでサッカーのマーケットとしてはあまり期待されてこなかったアメリカ合衆国においても視聴者数の大幅な増加傾向が見られ、アメリカ・ポルトガル戦は、NBAのファイナルやワールドシリーズの平均視聴者数を上回ったという[1]。これはサッカーという文化が、「観るスポーツ」におけるコンテンツの中でも群を抜いた存在になっていることを象徴するものであり、サッカー文化がスポーツ文化全体の中で極めて大きな存在になっていることを意味するものである。

　わが国におけるサッカー文化は、1993年のJリーグ発足以降、「サッカー文化の発展」「地域密着」を打ち出したJリーグの「百年構想」にも明確に示されているとおり、「人と人との交流及び地域と地域との交流を促進し、地域の一体感や活力を醸成するもの」「人間関係の希薄化等の問題を抱える地域社会の再生に寄与するもの」として構想されてきた。実際に、わが国におけるサッカー文化は、地域を巻き込みながら、「行うスポーツ」としても、「観るスポーツ」として

も成長し続けている。ワールドカップに5大会連続出場を続ける男子日本代表や2011年のワールドカップで優勝を果たした女子日本代表などに象徴されるトップチームの活躍、それらを支える下部組織や次世代育成の方略、地域密着型の観戦文化の醸成に至るまで、わが国におけるサッカー文化の発展を示す根拠は枚挙に暇がない。しかしながら、プロ選手として活躍した選手たちのセカンドキャリアの問題、サポーターが引き起こした人種差別に関わる問題、女子サッカーの競技人口が増加する一方で、中学校年代の受け皿不足が常態化している問題など文化としての成熟度が問われる課題も多く存在する。わが国においてサッカーが地域の生活文化として定着し、人々の生活の「豊かさ」に貢献していくためには、克服しなければならない課題も多いのである。

　本稿の目的は、多面性を有するサッカー文化について、行うスポーツ、観るスポーツ、支えるスポーツという視点を設定し、質問紙、インタビュー、参与観察法を用いた量的・質的なデータから、北海道におけるサッカー文化の現状と課題を立体的に概観し、今後の研究・調査における基礎的な資料を提示することである。

（山本　理人）

第1節　「アスリート」の現在、未来

（1）　日本サッカーの進化

　日本プロ野球に遅れること57年、1993年にわが国初のプロサッカーリーグ、Jリーグが発足した。プロリーグの発足により、日本サッカー界は様々な成果を上げてきた。その最も印象的なものとして、1996年の悲願の初出場から続く、5大会連続のW杯出場がある。日本リーグ時代では成し得ることのできなかったこの業績は、日本サッカーが間違いなく世界に近づいているという証でもあり、企業の福利厚生として続いてきた実業団スポーツから、ドイツを主とする欧州を模範とし、クラブスポーツを意識しながら「地域密着」を理念とした仕組みに転移したという、画期的な試みが実ったという意味や価値も含んでいる。特に、クラブ名から企業名を抜き、都市名を入れたこと、各クラブに下部組織という、世代別の育成機関を作ったこと、コーチ、監督のライセンス、レフリーの育成・

管理を制度化したことは、他のスポーツと最も違う点であり、わが国においてJリーグが他のスポーツと差別化できている点である。今後は、100年以上の歴史と、それに相応する文化としての厚みを持つ欧州に、21年間で急速に発展した日本のサッカー文化がどのように追いつき、追い越すことができるかということが、更なる高みを目指す上では必要になってくると考えられる。

しかし、成果として得たものが増えれば増えるほど、解決しなくてはならない課題というものも現れる、それは、物事が進化していく上で非常に重要ではあるが、問題の元を確実に解決していかなければ、いつまでも進化の足を引っ張ってしまう足枷ともなってしまう可能性がある。しばらく続いている日本全体の不況下において、プロスポーツクラブが健全に運営されることだけでも難しいことであるから尚更である。現在の日本サッカー界では、これもまたドイツサッカー連盟が導入した、プロクラブとして、リーグ戦への参加資格を「競技」「施設」「組織運営、人事体制」「財務」「法務」の5項目でチェックするという、クラブライセンス制度の導入により、より高い意識でのクラブ経営を目指す試み、頭打ちをしていたJリーグ全体の収益に対して、東南アジア圏での放映料による収益を拡大するための、各クラブと連携したアジアプロジェクトなどの挑戦が始まっている。

このように、課題に対しての挑戦も様々ある。ここでは、サッカー界のみならず、日本スポーツ界の大きな課題となっており、解決策が未だ万全ではない「アスリートのセカンドキャリア」に関する記述をしていく。そして今後は、現役の「憧れの存在」から引退後の「元憧れの存在」になることで、アスリートという一人の人間が「何を得て、何を失うか」、そして、アスリートとしての「どのような経験」「どのようなスキル」が社会の「どこで」「どう」生きるかということを検証するための資料を提示したい。

北海道においては、1996年に創設したコンサドーレ札幌、2008年に創設したエスポラーダ北海道（フットサル）という二つのプロチームが存在する。この2チームが抱える課題が、そのまま北海道のプロサッカー界の課題としての置き換えが可能であり、本節では、そのうちのエスポラーダ北海道の現状と他種目スポーツの現状を比較しながら、北海道のサッカー文化の現状、ならびにあるべき未来について記述することとする。

（2）アスリートのセカンドキャリアに関する意識

ここでは、アスリートのセカンドキャリアについての現状を、エスポラーダ北海道の選手を対象に質問紙調査を行い、まとめたものを資料としていく。また、2002年に設立されたJリーグ・キャリアサポートセンターの変遷、活動の現状についても記述する。

1）セカンドキャリアについての質問紙調査から

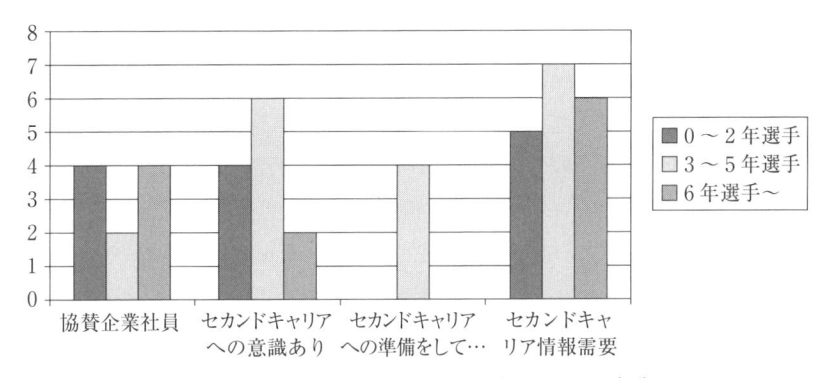

図1-1 エスポラーダ北海道の選手のキャリア意識

図1-1より、セカンドキャリアへの意識があり、情報を得たいと考えているにも関わらず、現状ではセカンドキャリアの準備をしている選手というのは、全体の20％程度に過ぎないことが分かった。また、協賛企業の社員という立場の選手であっても、自分のやりたいことを考え、セカンドキャリアについて考えているという選手も存在した。セカンドキャリアへの不安としては、金銭的な面が第一で、次に「自分のやりがい」「幸せ」ということに関して考えている選手が多かった。

2）Jリーグキャリアサポートセンター（CSC）の現状

2002年4月、Jリーグ選手協会とJリーグが手を組んで、選手の将来をバックアップできる体制強化の一環として「CSC（Jリーグ・キャリアサポートセンター、2011）」を設立した。CSCは、これまで"引退選手のセカンド・キャリア・サポート"と"現役手に向けたキャリア教育"を行ってきた（Jリーグ・キャリアサポートセンター、2011）。初年度の2002年度には、インターンシップの

参加を当時の28クラブに募ったが、参加クラブは無かった。しかし、選手の間で「一目置かれる選手」が率先して参加したことで、徐々に参加者も増えていった。公式ホームページにおける現役選手活動レポートによれば、シーズンオフを利用したインターンシップ（職場体験）は、2004-05年は13人が体験し、その後も10人以上、年度によっては20人以上が経験している。また、それぞれのJクラブにおいては税務講座、英会話、パソコン講座、マナー・コミュニケーション講座、メディアトレーニングなどを学習する機会が提供されている。

　そのほかにも「サッカーさわやか広場」と称して現役選手の老人福祉施設訪問などやJリーグ選手の引退後の活躍を紹介するOB紹介パンフレットの「Off the Pitch」を発行してきた。現在では、2010年シーズンに事業を見直した結果、若手選手の教育に焦点を絞り活動している。また、2010年度から文部科学省の「競技者・指導者等のスポーツキャリア形成支援プログラム」を受託し、中学生にあたるジュニアユースの選手を対象に「キャリアデザイン支援プログラム」に取り組んでいる。このプログラムは、選手以外にクラブのコーチや選手の保護者もオブザーバーとして参加し、子どもを取り巻く大人の気づきの機会となることも期待している。

3）プロスポーツ選手の年金

　日本におけるプロスポーツ選手の年金は、一般企業のそれとは異なり、ほとんど整備されていないと言ってもいい。選手寿命が短いことから積立が難しいということもあるが、今後この仕組みが整備されないことには、いつまでも極少数の成功者しか生まない業界としてしか見なされないのではないかと思う。

表1-1　プロスポーツ選手の年金

	選手登録年数	支給期間	支給額	その他
プロ野球	10年間	55歳〜死亡	約120万円／年	2軍でも支給
MLB	5年間	60歳〜死亡	約2,000万円／年	10年で満額
JPGA	5年間	65〜80歳	22,500円／年	
Jリーグ	無し	引退時	1,000円×出場試合数	

（3）アスリート還流事業の現状と課題（学校への指導者派遣事業）

　2014年度の4月より、一般社団法人A-bank北海道が、札幌市内の小中学校14校に対し、多種目のアスリートを体育授業、道徳授業、部活動に無償派遣をしている。これは、アスリートのセカンドキャリアの場として、1法人にとらわれず、教育、地域でその役割をつくるというもので、札幌市、札幌市教育委員会、札幌市内企業、いわゆる産官学連動で行われているものである。アスリートとして得てきたスキルが、教育の場においてどのように活かせるのかという調査を実施している、全国でもあまり例を見ない試みである。また、実施回数に関しても1校当たり、体育授業における種目の総コマ数の1/3、部活動で24回／年と継続的に複数回派遣している。

表1-2　アスリート派遣授業の内容

種目	アスリート	内容
サッカー	S.E Y.K H.H	技術指導 戦術指導
陸上	S.A Y.N	ランニング指導 補足トレーニング
バレーボール	I.N	個人技術 戦術指導

表1-3　派遣アスリートの指導に対する評価と課題

アスリート	評価と課題
Y.N　陸上	ほぼ問題ないが、中期的な計画性があるとよい。
S.A　陸上	指導、進行はよいが、子どもとのコミュニケーション数を増やすとよい。ゲストティーチャ的な感覚があるので、もう少しフレンドリーになるとよい。
H.H　サッカー	言葉遣いに一定感が欲しい。子どもにはよいが、教員には問題あり。もう少しコミュニケーションを。
S.E　サッカー	子どもとの関係性の取り方はよい。指導がワンパターン化している。
Y.K　サッカー	授業とスクールの違いを認識できていない。子どもに伝える能力を上げる必要がある。自身も一緒に参加する方がよい。
I.N　バレーボール	上手く女子学生を統率している。スパルタ系だが、歯切れがよいのでコミュニケーション上は問題ない。

その他　課題等	陸上で運動会前の特需に応えきれなかった。 担任の先生の役割を明確にしきれていなかった（サポートの分量など）。 授業全体のストーリー性を作った方がよい。 問題のある生徒に対する対応、対処の徹底 「アスリート先生」としての役割認識確認 学校からの評価システム導入へ 中学校からの多種目同時派遣依頼あり

　表1-3より、体育授業では、生徒に対しての効果、課題、教員に対しての効果、課題が見て取れる。生徒に対しては、「運動が好きな生徒」「嫌いな生徒」「得意な生徒」「苦手な生徒」によって異なり、教員に対しては、「専門種目の指導教員」「専門外種目の指導教員」で異なる。今後は、それぞれの対象に対しての目標設定を明確にし、その成果を授業評価とは別に、自己達成評価として積み重ねる必要もあるかと思われる。部活動では、学校の状況によって、「更なる強化を望む場合」と、顧問教員が専門外の種目ということで、「指導員の補填を望む場合」とがあり、その事情によってアスリートに望まれる内容が異なる。

　以上により、アスリートが教育の現場で求められることは、彼らが有する「専門的なスキル」「体験」を通訳するということであり、「総合的なコミュニケーション能力」を向上させるということである。具体的な事柄として、学校への挨拶時に校長、教頭の信頼を得ることから始まり、授業時に様々な特徴を持つ生徒から興味を引き、楽しみを提供すること、教員から信頼を得て、刺激を提供することが求められる。これらが常に意識され、行動に結びつくと、アスリートが学校教育のカリキュラムに関わり、サポートするという価値が高まると考えられる。また、単なるスポーツ指導ではなく、「授業」というものをしっかりと捉え、学びとしてのストーリーを作り、生徒に提供することも非常に重要であることも分かった。アスリートへの期待が高い分、応えなければならない要素も多いが、セカンドキャリアの場所としては、非常に有効性が高いと思われるので、教職免許を取得しなくとも学校現場に継続的に介入する仕組みづくりと、アスリート対するコミュニケーショントレーニングは、続ける価値はあるであろう。

（4）ま と め

　本節では、日本におけるサッカーの過去と現状を把握しながら、北海道のサッカー界と比較し、アスリートのセカンドキャリアについて考察してきた。価値の交換というビジネス、マーケティングの原点という意味で、「元選手」という価値をいかに認識し、更にどう新しく作っていくことが大切かということが課題として明らかになった。今回、「教育」という場での試みから検証したが、ニーズのみならずウォンツの調査、それにあったサービスを作ることができるか、そしてそのために元アスリートがしなくてはならない資質の向上という課題も見つけることができた。Ｊリーグでは、下部組織という育成機関を作ったことで、サッカーの質は格段に上がったが、引退後最も重要になる、人間性、社会性ということに関しては、まだまだ成果が出ていない。今後は、サッカーのみならず一人間としての教育を実施すること、そして、元アスリートが持つ権利、能力が「教育」以外のどのジャンルで活用できるかという、拡張した調査をしてくことが必要かと思われる。「引退」が「人間の価値を下げるものではない」という実証ができることが、スポーツを行う、もしくは、アスリートを目指す子どもを減らさない、増やすために必要なものの中で、重要な位置を占めると思われる。

（曽田　雄志）

第 2 節　コンサドーレ札幌の観戦文化

（1）　北海道における「観るスポーツ」の隆盛と観戦文化

　スポーツへの関わり方は、スポーツを行うこと（直接的参与）だけではない。近年は、観戦や視聴だけでなく、インターネットによるファンの交流からスポーツコスプレに至るまで、いわゆる間接的参与が隆盛を極め、多様化している。観戦や視聴だけを捉えても、ライブ観戦から CS 波やインターネットによる海外コンテンツの視聴に至るまで様々である。本節では、スタジアムにおけるライブ観戦に焦点を当て、主にスペクテイターに分類される人たち、とりわけサッカーにおいてはサポーターと呼ばれる人たちの観戦文化について論を進めたい。

　北海道においては、1998 年以降、コンサドーレ札幌のＪリーグ参戦に始まり、北海道日本ハムファイターズ、レバンガ北海道などプロスポーツが北の大地に根

を下ろした。北海道日本ハムファイターズは、この間、2度のリーグ優勝を成し遂げ、新庄選手、森本選手のパフォーマンスから「稲葉ジャンプ」まで選手と観客が一体となったユニークな観戦文化を醸成してきている。この背景には、これまで野球のライブ観戦には消極的であった女性観戦者の増加が指摘されている。近年は、「カープ女子」に代表されるように、プロ野球においては女性観戦者の取り込みとそのための方策が注目を集めているのである。それでは、1998年にJリーグに参戦したコンサドーレ札幌のスタジアム観戦者はどのような観戦文化を有するのであろうか。

(2) コンサドーレ札幌の観戦者数

　コンサドーレ札幌は、1998年にJリーグに参戦し、今年（2014年）で17年目を向かえる。スタジアムに足を運ぶライブ観戦者数（観客数）の総数は、Jリーグ（J1、J2、J3）52チームのうち15位であり、トップ20に含まれる（図2-3）。さらに、このトップ20のチームをJリーグに参加した年数で割ったシーズン平均観客数としてみると、その順位は12位となり東京ヴェルディ1969、サンフレッチェ広島を上回る（図2-4）。また、年次推移を見ていくと、初のJ2降格からJ1に復帰した2001年が1試合平均の観客者数（図2-5）、スタジアムの収容率（図2-6）ともに突出していることが分かる。

　観客の年次推移をみると、1試合平均の観戦者数は、2003年以降、概ね1万人前後で推移していることが分かる（図2-5）。また、1試合平均の収容率は、2003年以降、概ね30％台後半で推移していることが分かる（図2-6）。1試合平均の観戦者数、収容率ともに、2008年のJ1への再度の復帰で上昇傾向を示すが、1試合平均の収容率は、2012年以降低下傾向を示している（収容率については、2002年以降、収容人数の多い札幌ドームがホームスタジアムになった影響が大きいと考えられる）。

　コンサドーレ札幌の来場観戦者数は、Jリーグ全体の中では少ない方ではない。しかしながら、競技成績の低迷（J2）などの影響もあり、観戦文化に何らかの変化がみられる可能性がある。特に、コンサドーレ札幌のサポーター文化に関しては、最盛期である2001年前後の調査研究はみられるが、2003年以降の「低迷期」を対象にした調査はほとんど行われていない。

Jリーグ観客数トップ20

順位	チーム	観客数
1	浦和レッズ	11,280,331
2	横浜F・マリノス	7,752,198
3	アルビレックス新潟	7,421,969
4	鹿島アントラーズ	6,513,537
5	名古屋グランパス	6,292,173
6	FC東京	5,678,034
7	清水エスパルス	5,646,224
8	ガンバ大阪	5,220,765
9	ジュビロ磐田	5,062,085
10	東京ヴェルディ1969	4,953,759
11	サンフレッチェ広島	4,634,919
12	ベガルタ仙台	4,533,132
13	ジェフユナイテッド千葉	4,367,796
14	セレッソ大阪	4,363,209
15	＊コンサドーレ札幌	3,981,900
16	柏レイソル	3,857,539
17	大分トリニータ	3,808,017
18	川崎フロンターレ	3,518,520
19	ヴィッセル神戸	3,394,422
20	湘南ベルマーレ	3,293,758

図2-1　Jリーグ通算観客数（トップ20）
（出典：Jリーグ公式記録年度別入場者数推移、FootballGEISTデータより筆者作成）

Jシーズン平均の観客者数

順位	チーム	観客者数
1	浦和レッズ	512,742
2	アルビレックス新潟	463,873
3	FC東京	354,877
4	横浜F・マリノス	352,373
5	鹿島アントラーズ	296,070
6	名古屋グランパス	286,008
7	ベガルタ仙台	283,321
8	清水エスパルス	256,647
9	ジュビロ磐田	241,052
10	大分トリニータ	238,001
11	ガンバ大阪	237,308
12	＊コンサドーレ札幌	234,229
13	東京ヴェルディ1969	225,171
14	川崎フロンターレ	219,908
15	セレッソ大阪	218,160
16	サンフレッチェ広島	210,678
17	ジェフユナイテッド千葉	198,536
18	柏レイソル	192,877
19	ヴィッセル神戸	188,579
20	湘南ベルマーレ	156,846

図2-2 Jリーグ観客数トップ20のシーズン平均観客数
(出典：Jリーグ公式記録年度別入場者数推移、FootballGEISTデータより筆者作成)

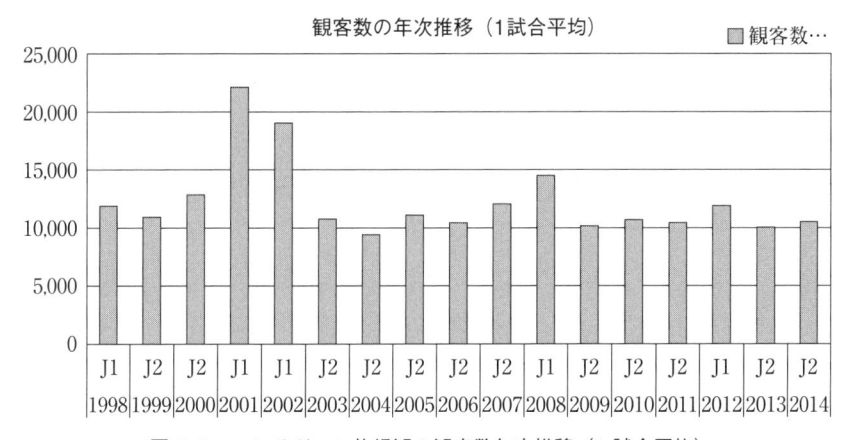

図2-3 コンサドーレ札幌観の観客数年次推移（1試合平均）
（出典：Jリーグ公式記録年度別入場者数推移、FootballGEIST データより筆者作成）

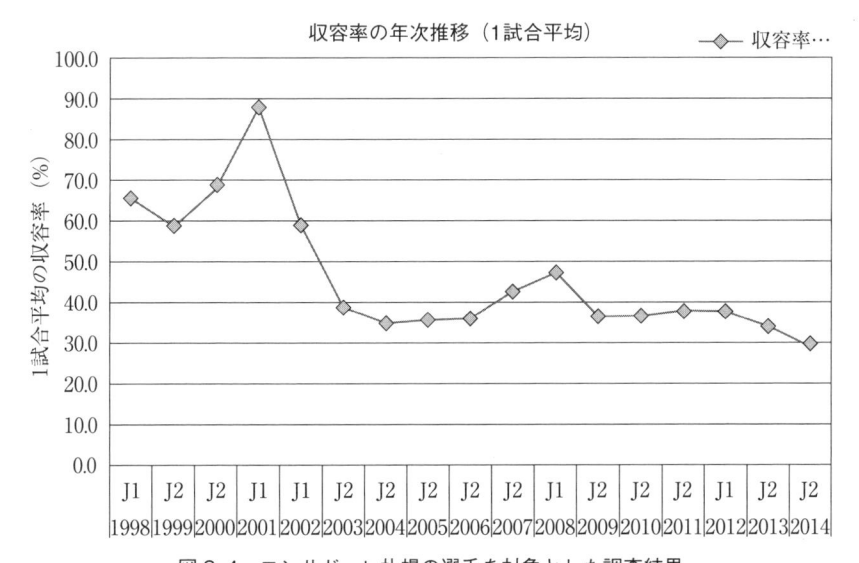

図2-4 コンサドーレ札幌の選手を対象とした調査結果
コンサドーレ札幌の収容率年次推移（1試合平均）
（出典：Jリーグ公式記録年度別入場者数推移、FootballGEIST データより筆者作成）

（3）コンサドーレ札幌の観戦文化

　コンサドーレ札幌の観戦文化に関しては、先行研究として二宮（2001）の研究がある。二宮（2001）は、感情社会学という視点から、コンサドーレ札幌サポーターの感情世界を描き出し、コンサドーレ札幌の「ゴール裏文化」として「道民性」という視点から次のように分析している。

> 　これまで、「コンサドーレ札幌」のゴール裏は、他のJリーグチームのゴール裏とは異なっているとされてきた。そして、その原因として、「道民性」が指摘されていたのである。そうなってくると、ゴール裏の「感情規則」を考える場合に、この「道民性」を含む「文化的表示規則」を考慮しなければならなかったのである。そこでまず、漠然として「道民性」という概念について少しだけ整理した。これまで先行研究等によって明らかになった「道民性」概念と、フィールドワークを通して明らかになった「道民性」との共通点を探ったところ、「開放的な人間関係」というキーワードから派生して、「暖かさ」や「助け合いの精神」などという「道民性」をあらわすキーワードに繋がっていることが分かってきた。当然そこには、北海道における開拓時代の歴史性が関与しており、また、全体的には歴史が浅いことからも、「因習の無さ」を生み出し、そういった事柄が重層的に絡み合いながら「道民性」を反映したゴール裏を作り出していると分析された（二宮、2001）。

　サッカーの「ゴール裏」は、コアなサポーターが集結する場所であり、そこで醸し出される応援文化（観戦文化）は、チームやその背景にある地域性を象徴する。ゴール裏は、基本的に一体感と興奮を呼び起こすスポットであり、組織的で統一されたパフォーマンスが展開され、ときには極めて排他的な場所となる。浦和レッズサポーターの「人種差別事件（2014.3.8）」が起こったのもこのような「ゴール裏」への入り口であった。しかしながら、二宮（2001）の調査によれば、コンサドーレ札幌のゴール裏は、「一体感」と同時に「暖かさ」や「誰でも受け入れる」という空気を感じることができるという。一方で、近年報告されているように、一部のサポーターグループがその過激さから「出入り禁止」になるなど、コンサドーレ札幌のサポーター文化にも変化がみられる可能性もある。

(4) インタビュー調査の結果から[2]

1) サポーターA氏について

　A氏は小樽在住で、現在53歳である。A氏は、もともとプロ野球ファンであり、熱心に読売ジャイアンツを応援していた。Jリーグ発足に伴い、地元（北海道）にサッカーチームができサポーターとして活動するようになった。JFL時代から室蘭などで応援するようになったが、当初の応援場所はゴール裏ではなかった。その後、小樽にOSC（Official Supporter's Club）をつくろうという話を進めたが、あまり人が集まらなかった。そのようなときに、札幌で新たなOSCをつくる動きがあり、2001年、ゴール裏での応援を行うために札幌のグループに入り、新たなOSCの立ち上げに関わった。サポーターとしての活動歴は14年以上になるが、ここ数年は、コンサドーレ札幌を応援する気持ちに衰えはないものの、ゴール裏での応援スタイルが遂行できない（年齢的に）ことを理由にアウェーのゴール裏で応援を楽しんでいる。

2) ゴール裏と一体感の形成

　ゴール裏は、サポーターの世界では、一般的に「一見さんお断り」の世界である。A氏によれば、当時のゴール裏は、中央にUS（Ultras）が陣取り、その後方と両翼をOSCが固めるという応援布陣を敷いていたという。また、組織的な応援をするにあたって、USのコールリーダー（4～6名）が拡声器などを使ってコントロールしていたという。A氏は、ゴール裏への参画プロセスについて、「ゴール裏の『顔』のような人に覚えてもらおうと思った。宮の沢のグランド整備ボランティアである『スイカ隊』に入って班長になり、『顔』を売った」と述べ、受け入れのプロセスに段階を踏んだことを説明しながらも、当時のゴール裏が新しいOSCの受け入れに対して「寛容」であったと述べている。

> 「幸い仲間として認めてもらえて、ゴール裏の旗でもつくろうかということで、ゴール裏の旗をつくったんですけど、今みたいなビッグ・フラッグではなくて、割と小さい旗だったんですけど、『Aさんたちのグループ、いいよ、いいよ、真ん中において』（って言ってもらって）、もう本当のゴール裏の真ん中とか、いい席、場所をとらせてもらって、観るのも真ん中でゴール裏の真ん中で観るようになって交流が広がっていったんですよね」（A氏）

また、コンサドーレ札幌のOSCの「横の繋がり（一体感を生み出すしくみ）」について、「（ゴール裏は指定席ではないので）席を取るために前日から並ばなくてはならないこと」「徹夜で並んだ後、試合開始までの時間にラジオ体操をしたり、サッカーをしたり、お酒を飲んだりすることによって『仲間意識』が芽生えること」「グループを離れて個人的なつきあいが広がること」を指摘している。

> 「OSCを超えた友だちになっちゃてるんですよね。だから、普段、自分たちのサッカーチームをつくって普段サッカーをしたり、みんなで旅行に行ったり、フットサルで旅行がてら温泉行くとか、そういう感じでは付き合っていますよね。あとはアウェーに行くときも、あの、それこそ、いつだったかな、山形に行ったときかな、『じゃあ山形にアウェー行きますけど行きますか』と募ってフェリーに乗って、貸し切りバス借りてみんなで遠征行くとかOSCの垣根超えて友だちみたいになっちゃてる」（A氏）

また、近年、観戦者数の減少によりゴール裏にも空席が増えたことを指摘しながら、「『一見さん』でも歓迎する。立って、熱烈に応援するということに共鳴している人であれば受け入れる」と述べ、コンサドーレ札幌のゴール裏は、グループに所属しない「一見さん」にもオープンな雰囲気があると述べている。この事実を語るエピソードとしてA氏は、下記のように述べている。

> 「当時、（グループに）あのB君という子が、まあそういうサポーター『一見さん』のサポーターのために、もしくは、メインスタンドやバックスタンドでみんなで一緒に声を出して応援して欲しいという願いもあって、（応援歌の）歌詞カードを配っていたんですよ。『歌詞が分からない方いますか～』って言って（歌詞カード）を配ってたんですよ」（A氏）

3）サポーターの変容と観戦文化

A氏は、サポーターによる観戦文化について、「ほとんどトラブルはなかった」「過激と言われる一部のOSCも年配のおじさん、おばさんに一目置いていた」と述べ、一時代の地域コミュニティのように「暗黙の秩序」が存在し、ある程度秩序が保たれていたことを示している。しかしながら、応援をコントロールしていたUSのコールリーダーがいなくなったことと絡めながら、「コンサドーレの選手をよく知らない人」「過激さだけを全面に出す若者」「暴れることが『格好いい』

という人」「言っても聞かない人」が増えた気がすると述べている。

近年、一部の過激な OSC が「出入り禁止」となる事件も発生しており、コンサドーレ札幌のサポーター文化にも変容がみられることが伺える。今後は、より良い観戦文化の醸成に向けて、サポーターの動向を注視しながら、量的調査の実施を含めて、観戦文化の現状と課題をより詳細に分析する必要がある。

（5）まとめ

サッカーのスタジアムは興奮を呼び起こす装置でもあり、サポーターの熱狂は重要な要素である。しかしながら、昨今の一部サポーターによる人種差別問題や過激な行動は、文化としての成熟度を問われる問題として顕在化している。杉本（1999）は、「われわれの感情は、ある一定の処理システムを持った『感情のアルゴリズム』として社会システムの中にビルトインされ、社会秩序を守るために自らコントロールする対象として抑圧され、そして、そのような『感情の文化』を商品化することによって作り出されたのがスポーツ・ファンである」と述べており、「感情の発露とコントロール」という視点から、課題の解決を模索する必要があること指摘している。また、中澤（2012）は、「主催者側は、消費者としてのファンの多様な欲求に応えながらも、文化のビジネスにかかわるものとして、ファンの享受能力を高め、文化の担い手としてのスポーツ・ファンを育てる責務を負っている」と指摘している。

プロスポーツの観戦は、ビジネスである。当然であるが、その文化（観戦文化）の醸成には、「観戦文化という商品」を提供する側の力量形成が求められると同時に、提供する側は一定の責任を負う。北海道における観戦文化の醸成には、北海道の地域特性を活かしながら、運営者サイドがサポーターと力を合わせて組織的に「しくみづくり」を行うと同時に、学校教育を含めた様々なチャンネルを活用してサポーター一人ひとりの文化享受能力を向上させる必要がある。

（山本　理人）

第3節 「支えるスポーツ」の現在 — 地域における実践事例 —

(1) 岩見沢ジュニアFC1985の取り組みから — 次世代の育成 —

1) 岩見沢ジュニアFC1985の歴史

　毎週火曜日と木曜日、夕方6時をまわると、岩見沢校サッカー部グラウンドに岩見沢市内の小学生が姿を見せる。岩見沢ジュニアFC1985（以下岩見沢ジュニアFC）の子ども達がサッカー練習のために集まる光景である。現在、岩見沢市内の4つの小学校（美園小、南小、第一小、岩見沢小）から50名前後の小学生が参加しており、8名の社会人が指導に関わっている。練習は、ナイターで週2回を基本とし、週末の土曜日と日曜日は大会や練習試合などが行われ、空知管内のほか、遠くは伊達市、新ひだか町、浦河町などへも遠征することがある。

　岩見沢ジュニアFCは、正式なクラブチームとして今年で結成25年を迎えるが、その発端となったサッカー教室時代を含めると30年になる。その結成には、本校の教員の関わりがすべての始まりであった。今から32年前の1982年、岩見沢校に赴任した越山賢一教員（現スポーツ文化専攻教授、サッカー部監督）は、翌年の1983、84年に本学の公開講座として、子どものサッカー教室を開いた。さらに翌年の1985年、岩見沢市の状況を憂いていた岩見沢市役所勤務の真保温氏（現岩見沢ジュニアFC総監督）らとともに、本格的なサッカー教室「早起きサッカー教室」を始めた。

　その当時の北海道では、札幌、函館、室蘭といった地域では、すでにサッカー少年団が存在しており、サッカーが盛んになりつつあった。しかし、岩見沢市内では日の出、東といった小学校を母体とした2チームが結成されていたが、他の小学校では、指導者がいないなどの理由で少年サッカーチームがなかった。二人は、「どの小学校の生徒でも参加できるサッカー教室を始めれば、いずれはその小学校を母体としたサッカーチームが結成され、岩見沢でのサッカーの普及につながる」という思いで、サッカー教室を始めたのであった。サッカー教室は、毎年春に小学1年生から6年生までの参加者を募集し、サッカーチームを持たない小学校から毎年100名近くの小学生が参加をした。

　練習拠点が大学のサッカーグラウンドであったため、大学サッカー部が練習を

する夕方は使用できず、また、指導者も参加できる練習時間は、小学校登校前の早朝5時半から7時となった。雨天時には練習中止を伝えるために、朝5時前にグラウンドに到着する子を待つため、それより早い時間にグランドに行くことが必要だった。

　その当時日本のサッカー界は、Jリーグもプロサッカーチームも存在せず、アマチュアの日本リーグが最高峰であった。年末年始に開催される全国高校サッカー選手権こそ盛り上がるものの、日本のサッカーレベルは高いものとは言えず、そんな中1985年、翌年に開催予定であるワールドカップメキシコ大会アジア最終予選で、日本代表は宿敵韓国に敗れ出場を逃していた。当時は現在のように、サッカー人気があるわけでもなく、関心がそれほど高いといった時代ではなかったはずである。にもかかわらず岩見沢では、サッカー教室の募集に、100名ほどの子ども達が押し寄せたのはなぜだろうか？　実は、1954年第9回国民体育大会サッカー競技が岩見沢市で行われたのである。大学には、北海道サッカー創設期の重鎮であった栗林薫氏がおり、また、同時期の本校サッカー部は北海道1部リーグで活躍し、その後教員として各地でサッカーの指導と普及を担うという土壌がすでにあったことも一因と推測できた。

　やがてサッカー教室を続けるうち、子ども達や父兄から本格的にチームを結成し公式戦に出たい、という要望が強くなり、サッカー教室を始めてから5年後の1990年、「岩見沢ジュニアFC1985」として協会に登録しクラブチームが誕生した。当時の人数は50～60名で、指導者はサッカー経験のある市役所職員や父兄などが手伝った。その後、岩見沢ジュニアFCの指導者が誘導し、あるいは選手の父母が中心となって、新たに岩見沢中央小学校、幌向小学校さらには第二小学校で少年サッカーチームが結成され、岩見沢市の中で少年サッカーが徐々に広まっていくこととなった（現在市内には8チーム）。

　その後、Jリーグの開幕、ワールドカップ出場など、サッカー界躍進の時代となり、サッカーに対する認識と環境は大きく変わっていった。岩見沢ジュニアFCの結成当時の公式試合といえば、年に1回の全道大会予選への参加ぐらいであった。そしてサッカー人気とともに出場する大会数が増加した。学年ごとの大会や、冬期間のフットサル大会も加わり、今では一年中何らかの大会に参加するような時代となった。

初期の岩見沢ジュニアFCの子ども達は、小学校卒業とともにサッカーを辞めることが多かったようである。その理由は、中学校にサッカー部が無い、プレーに自信がないため入部をしないといった理由だった。しかし、チームが強くなるとともに、中学や高校でもサッカーを続ける者も増え、現在では約8割が継続してサッカーを続けている。その中には、コンサドーレ札幌の下部組織であるジュニアユースやユースに進み、その後トップチームに昇格、プロサッカー選手としてプレーを行った鈴木智樹選手（現コンサドーレ札幌スカウト）や、現在U-16日本代表に選ばれている櫻庭立樹選手（コンサドーレ札幌U-15、光陵中学校3年）、その他数人がコンサドーレ札幌の下部組織に入団していた。

　中学校でサッカー指導を行う教員は転勤があるため、サッカー部の存続が教員に左右されることが多い。その環境を改善するために2004年にジュニアユースチームが中学1年生9名で結成され、その後7年間毎年20名ほどで活動を行なった。しかしながら、その後採用された学校選択制や少子化などの影響を受け入団する子どもが減少し、現在は休止状態にある。

　このような状況にあったが岩見沢校に入学してサッカー部を続け、5名が教員となりサッカー指導を行っている。また、1名が岩見沢市役所に勤務し、2014年より後輩の指導を始めた。

　岩見沢の地で、30年以上前に蒔かれたサッカーの種は、継続して育てられ、少子化が叫ばれる現在も育ち続け、この地に根付いている。それは、岩見沢でサッカーを盛んにしたいという熱意をもって指導を続けた指導者、練習として使用できる大学サッカー部のグラウンドという環境、サッカーをうまくなりたいという子ども達、という3者が一つに結ばれたことが大きい。このような事例は最近では珍しくはないかもしれないが、30数年前から取り組んでいたことは稀なケースであると言える。

2）岩見沢ジュニアFC1985の現状と課題
　　―質的調査（参与観察とインタビュー）から―
　現在総監督を務める真保氏へのインタビューから、現在岩見沢ジュニアFCとして抱える課題がいくつか浮かび挙がっている。

　一つ目は子どもの指導法である。一時期強豪チームとして知られた岩見沢ジュニアFCであるが、成績低迷とともに、指導スタッフの悩みは大きい。近年強く

感じているのは子ども達の変化であり、「集中力」「協調性」「協力性」の欠如である。その背景として、時代や子ども達を取り巻く環境の変化など様々なものが考えられる。その内容はクラブが定期的に発行している保護者向けの報告ニュースでも取り上げられている。

「いつも、練習の最後にグランド均しのレーキ掛けをするのですが、みんなで並んでやればすぐ終わるはずが、一人ひとりバラバラ、しかもまっすぐに引けない。結局時間がかかる。ゲームと同じで、チームとして協力してやるという意識に欠けていると言わざるを得ません。自分がやらなくても、誰かがそのうちやるだろうという感じです。〜中略〜誰かがやるだろうではなく、チーム全員が積極的に自ら行動を起こしてほしいと思います。サッカーの試合と一緒で、誰もがシュートを決めたいという気持ちは理解できます。サッカー以外の部分も大事にすることによって、サッカー自体も向上するものです。1人ひとりの、そしてチーム自体の普段の何気ない行動が、試合にも表れてくるものですので、サッカーだけではなく、色々なこと全てにおいて、自分が何をすべきなのか、どうしたら良いのかということを考えてほしいと思います」（カルチョ・バンビーノ No.15　2013年7月より）

このようなコメントから、サッカー技術を指導するだけではなく、人間として子どもの育成に悩んでいる指導者達の姿が伺える。

二つ目の課題として、岩見沢市内の強豪中学、高校サッカー部が無いことである。岩見沢市内の高校や中学校サッカー部が全国大会に出場するような強豪チームとして活躍するようになれば、子どもたちには大きな目標となり、モチベーションにも繋がると考えられるからである。地元で育ち、岩見沢でサッカーを始め、地元の中学校、高校で活躍することは地域の人たちも支援や応援を行いやすく、岩見沢でサッカーが盛り上がるためにはとても重要である。

ヨーロッパでは、地元出身の選手が多い地元チームに対する愛着心が大きいことからもわかる。

三つ目の課題として、大学との連携が挙げられた。もちろん、本校は岩見沢ジュニアFC結成や練習場所の提供といった点では、すでに大きな役割をしている。しかし、北海道の大学の中では強豪サッカー部であり、部員の多くは教員志望でもあるといった点で、サッカー指導でもっと関わってもらいたい、という希

望である。学生は授業や自分たちの練習時間など、限られた時間の中で子どもの指導を行うことの限界は承知しているのだが、身近に良い手本となるサッカー選手とサッカーチームがあり、しかも将来指導者となる勉強もしている学生なら、なおさら指導に関わり、自身の経験を伝えてもらいたい、という本音を漏らす。施設というハード面だけではなく、指導の機会や指導者の交流といったソフト面でさらなる連携が取れれば、相乗効果が期待できる点でもある。今後の岩見沢市と大学の協力、連携という点においても地域との関わりを持つ意味では、意義のあるものでもある。

現在の岩見沢ジュニアFCの課題は単独での解決は難しく、地域や行政、大学といった外部との協力や連携なしでは解決が難しいものと思われる。岩見沢において、より一層サッカーを普及するためにはどうすべきか、サッカー関係者が集まり、今一度考える課題であるかもしれない。

(濱谷　弘志)

(2) サッカーカレッジの取り組みから ― 大学から発信するサッカー文化 ―

　学校スポーツを中心に発展してきた日本のスポーツ界は困難な局面を迎えている。少子化の影響で運動部活動に参加する児童生徒の減少、教員である指導者の高齢化や実技指導力不足の影響によって単独校でのチーム編成ができなくなるなど部活動の継続が難しくなってきている。北海道教育大学岩見沢校（以下、岩見沢校）の所在地である岩見沢市におけるスポーツ事情も例外ではなく、中学校における部活動の存続と指導者不足は緊急の問題となっている。

　そこでこの問題の改善に向けた、本学サッカー部の取り組みを紹介する。

1) ジュニアFCからサッカーカレッジへ

　岩見沢校を拠点にした岩見沢ジュニア1985は名前の通り1985年に創設された。その後、本学のグランドと体育館を活用し現在まで活動を続けている。少しずつ形を変えているが地域のクラブとしてのスタンスは変わりない。しかし、

ジュニア FC の活動だけでは、一方で進行中の指導者不足に対応できない。そこで、教育大学としてどのように指導者育成に関わるか模索していた頃、（公財）日本サッカー協会（以下 JFA）も動きだしていた。JFA は 2002 年、当時の川渕三郎キャプテン（会長）の直轄組織である"CHQ（キャプテン・ヘッドクォーターズ）"を立ち上げ、以後 CHQ が中心となって活動指針となる「CHQ Compliance」に基づいてミッションの具現化に取り組んだ。JFA は、都道府県サッカー協会と連携し、サッカーファミリーの拡大と日本サッカーの強化に取り組んだ。10 項目あるミッションのうち、M4 は中学生年代の様々な問題にフォーカスした。「1. 大多数のチームでの年間公式戦の不足」「2. 受験期に活動が休止されることの弊害」「3. サッカーを指導できる人材の不足」「4. 女子選手のプレー環境不足」「5. 生徒／教員の部活離れ」「6. 少子化等に伴う部員の減少」。これらの解決に向けた活動が求められた。

　岩教大サッカー部はこれらにすべてに対応した活動として、2005 年、北海道教育大学学長杯中学 1 年リーグとしてスタートし、その後、目的、内容は変わらないサッカーカレッジを開講することになった。

2）学生が C 級指導者ライセンスを取得する

　JFA では 1993 年日本プロサッカーリーグ（J リーグ）の設立によってプロの指導者の育成が急務となり、ライセンス制度が一層整備された。これは国内の指導者不足の改善に向け大きな改革となった。これまでは学校教育を中心とした教師＝指導者だけではなく、学校現場に関わらない地域のサッカー好き、昔サッカー選手あるいは少年団チームに関わっているお父さんなどからも指導者育成を進めることになった。

　岩見沢校は平成 2 年に社会教育課程、平成 11 年に生涯教育課程が教員養成課程に併設された。さらに平成 18 年には芸術課程、スポーツ教育課程の設置に伴い教員養成課程を閉じ、平成 26 年に芸術・スポーツ文化学科を新設した。時代の流れとともに芸術とスポーツをより文化的活動として発信する理念を明確にした。この社会の流れの中、教育大学から地域社会に貢献でき、さらに文化を発信できる学生指導が求められるようになった。その結果、一般企業に就職し、余暇時間にはサッカー指導に関わる卒業生の需要が増すことが予想された。何らかの形でサッカー指導に関わることを希望する学生にとって、このライセンス取得

は重要なチャンスとなった。そこで、当時、JFA からナショナルトレーニングコーチとして北海道を担当していた須藤茂光氏を本学の非常勤講師として招き、サッカーの授業でＣ級ライセンスの取得を可能にした。この方法は国内で初の試みとなり、現在に至ってもサッカー部員全員がＣ級ライセンス保持者となっている。

3) 学生に指導の場を作る

このＣ級ライセンス取得には 35 時間の講義に加え、指導実践が義務付けられている。指導力の向上には指導実践が欠かせないが、学生には実際に指導するチャンスが無いことから、実力をつけた指導者を出すことが難しいと予測された。そこで指導実践の場を作ることで学生の実力アップを図りつつ、地域の中学生の指導に役立てたいという構想が生まれた。それがサッカーカレッジの原点となった。大学でのサッカーの専門授業（Ｃ級ライセンス取得コース）は前期に開講される。ちょうど 6 月のその時期、中体連を目指すチームにあって、1 年生はいわゆる"ボール拾い"的な立場で、十分な練習時間が与えられていないのが実情だった。中学校の指導者も 1 年生にまで手が届かない。そこで、大学も中学校も月曜日が練習休みとなるサッカースケジュールに従い、サッカーカレッジを月曜日とした。部活動の練習が休みの 1 年生を本学グランドに集め、学生コーチがサッカー指導する、それが両者にとって有益となる格好の条件が整った。

4) 地域指導者の活性化

しかし、学生が指導を行うだけでは指導力向上の成果は上がらない。そこで、ライセンスを持つ中学校教員や地域の指導者の協力を仰ぐこととなった。学生コーチの指導を地域指導者がチェックをし、毎回のサッカーカレッジの最後に地域指導者が、学生コーチの指導に対しアドバイスを送るというシステムができ上がった。

地域指導者を活用するにはもう一つの目的があった。それは地域指導者の掘り起こしと活性化だった。地域指導者同士

地域指導者から指導をうける学生コーチ

は、いわばライバルチームとしての間柄で、情報交換の場が少なかった。毎週多くの指導者が訪れ、様々な視点で学生コーチを指導する中で地域指導者間の交流が生まれた。効果はそれだけではなかった。このカレッジ終了後、中学でクラブに入部していなかった生徒が入部することもあり、チームの人数が確保されることにもなった。

5) 中学生のトレーニング

JFA では 3 回に渡りサッカーカレッジの視察を行った。そしてその結果は 2005 年 9 月号、2008 年 1 月号と 2009 年 8 月号に掲載され、「大学と連携した指導者養成と自由参加型 1 年生リーグ」として全国の好例として特集が組まれた。その中で、地域の選手として顔なじみになり悪質な反則が無くなる、高校進学の際、

春のカレッジで技術指導を行う学生コーチ

友人同士で地元高校に進学し他地域への流出が少なくなり地域の競技力の向上につながる、という効果が報告された。中学 1 年生ということもあり、この中には女子選手も一緒にプレーを楽しんでいる。体力差や技術力の差が少ないこと、さらに指導する大学生が若いことで、中学生にとって気兼ねすることなくプレーできることが最高の笑顔を生んでいる。

当時のカレッジは、春に中学 1 年生を対象とし、秋には受験期に活動が休止される 3 年生を対象に高校生との練習試合を行っていた。しかし、やはり 3 年生は受験が迫っていることもあり、参加状況が思わしくなく 2013 年からは秋のカレッジで再び 1 年生を集め試合形式をとることにした。ここで驚くことは大きく変化する体格と技術レベルの向上であった。

6) カレッジの評価

このように、いわゆる PDCA サイクルでの教育的効果は参加する中学生、学生コーチおよび地域指導者により、地域のサッカー普及とレベルアップ、さらに指導者育成と輩出といった今日的問題を解決する働きを持っていると言える（図 3-1）。

越山と関らは（2006）平成 17 年度「岩教大サッカーカレッジ　北海道教育大

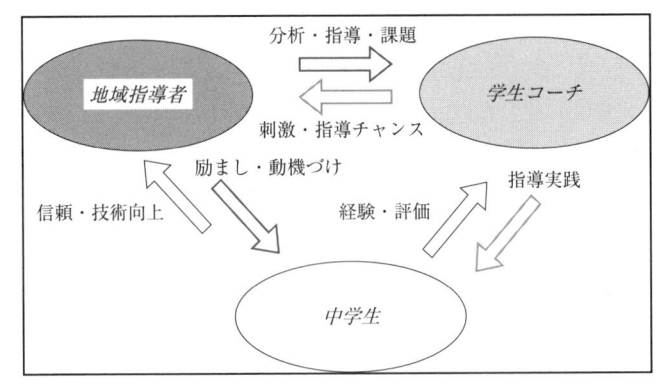

図3-1 サッカーカレッジの構造と期待される効果

学学長杯中学1年リーグ」に参加した中学生と指導に関わった学生コーチに対しParasuraman、Zeithaml, and Berry（1988）によって提唱されたサービス品質の測定尺度（SERVQUAL）を参考に"指導"というサービス品質に対する作成したアンケート調査を行った。インストラクターの指導コメントには学生コーチの変容が記述され、地域ぐるみで学生コーチを訓練し育成するというシステムは効果的であることを示した。また、中学生がスポーツ施設、学生コーチのトレーニング準備や指導においての迅速な対応というサービスを高く評価したことは、サッカーカレッジの内容と学生コーチの指導が十分であったことを示した。学生コーチ自身も中学生から信頼と信用を得ることのできる指導力を獲得できたと認識していることでサッカーカレッジのブランドを高く評価したと考えられた。

その内容をまとめると
1. 学生コーチの指導力の向上がみられた
2. 中学生にとって満足を得るサービスであった
3. 地域中学校のサッカー指導に貢献できた
4. 地域指導者との連携が図られた

という結果が得られ、大学の活動がスポーツ指導養成モデルの可能性を示唆するとともに、地域のスポーツ文化の向上に寄与していることが明らかになったと言えるだろう。

(越山　賢一)

おわりに —未来への展望—

　本学は芸術・スポーツ文化専攻として平成25年に新たに再スタートを切った。本稿では芸術（美術・音楽）については言及せず、芸術と地域文化とのかかわりについては他の論文に譲ることにした。また、ビジネス専攻についても同様である。しかしサッカークラブの創設と運営、さらにサッカー教室の活動にはスポーツビジネスの観点からは未熟な実践かもしれないが、少なからずビジネス的な発想が反映されているだろう。

　本稿は本学の研究者がスポーツ、特にサッカーを通じて様々な視点からスポーツ文化について述べることができた。プロ選手としての経験からプロ選手の活動とその後の生活、といった非常にレアな現実的問題を掘り下げ、夢をつかむ一掴みの選手の見えざる現実を明らかにした。そのプロ選手を支えるサポーターの生の声は単にプロ選手の技能を見ることを楽しみにしているのではなく、自らがスポーツを楽しみながらプロ選手を応援しているという生きた声を届けている。さらにサッカーというスポーツを支えるグラスルーツ、つまり底辺でサッカー文化を支える子供たちとその親たちのサッカーへの関わりを明らかにした。スポーツクラブが誕生する際、どのようなキッカケが後押しするのか、その活動を支える力について実践的活動を報告している。そして最大の問題になりうる指導者不足と少子化を如何に乗り越え活動するか、大学という知恵と知識、学生、そしてグランドや体育館などスポーツ施設の活用といった将来のスポーツの繁栄に関わるヒントが述べられていたはずである。とは言え、岩見沢ジュニアFCの指導には学生がなかなか関われないという足元の問題もあり、さらなる工夫が求められている。

　一方で、このような活動を発案し、継続し発展させる「力」について考えると、単に地域に大学あることが解決策ではない。つまり「大学」の保有する施設が行動を起こすのではなく、大学の構成員である「教員・学生」の"知恵と知識"が必要なのである。さらに加えると、地域の声を拾い集めるアンテナからインプットし、その内容を学生の教育・実践力の向上を観点として地域にアウトプットできるか、という点が重要である。知識や技能の教授だけでは地域との

連携は図れず、「教員・学生」と「住民」が共存し、そして両者の"情熱と工夫"が無ければ発展しないだろう。

　幸いなことにパートナーである岩見沢市とはこれまでも地域と大学の連携が緊密に取れていた。岩見沢市の人口が約10万人であり小回りの利くサイズであることも幸いしている。岩見沢市に根付いたサッカーは既に30余年を経過し、多くの指導者が育った。岩見沢ジュニアを経由し、岩見沢校を経て教員になった者は全道各地域でサッカー指導者として活躍している。地域で育ち地域に還元する潮流を作ることは一朝一夕にはできないが、地道に続けることによって、その効果が表れる好例となったと言えるだろう。

（越山　賢一）

注

1) Director of FIFA TV Niclas Ericson said: "We believe the overall audience figures from the 2014 FIFA World Cup will show again that the World Cup is the most popular single-sporting event on the planet and that football is the world's number one sport." (http://www.fifa.com FIFA World Cup™ group stages break new ground in TV viewing)
2) 　インタビュー調査については、2014年10月に内諾を頂いたA氏に対して半構造化インタビューを1時間程度実施した。なお、調査にあたっては研究倫理遵守の誓約書を取り交わした。

文献

越山賢一, 関朋昭, 宮本千裕, 杉原賢, 沼部敬, 尾見秀樹, 尾形行亮, 木島栄, 地域におけるサッカー指導者育成システムの検討 ― 特に学生と地域指導者との連携について ― , 北海道教育大学生涯学習教育研究センター紀要, 2006, 129-139.
池井望, 菊幸一『『からだ』の社会学』, 世界思想社：京都, 2008.
井上俊, 亀山佳明 編「スポーツ文化を学ぶ人のために」, 世界思想社：京都, 1999.
中澤眞, 消費者としてのスポーツ・ファン, 井上俊・菊幸一編著, よくわかるスポーツ文化論, ミネルヴァ書房：京都, 2011.
二宮雅也, サッカー観戦者の感情社会学研究, 平成13年度筑波大学修士論文, 2001.
オモー・グルーペ著, 永島惇正 他訳, 文化としてのスポーツ, ベースボール・マガジン社：東京, 1997.
Parasuraman, A, Valarie A. Zeithaml and Leonard L.Berry, (1988) SERVQUAL: A

Multiple-Item Scale for Measureing Consumer Perceptions of Service Quality, Journal of Retailing, Vol.64, No.1.

寒川恒夫　編著，スポーツ文化論，杏林書院：東京，1994．

杉本厚夫，スポーツ文化の変容，世界思想社：京都．

杉本厚夫，スポーツ・ファンの文化，杉本厚夫編，スポーツ文化を学ぶ人のために，世界思想社：京都，1995，1999，150-167．

山本理人，生涯学習社会のスポーツ ― その学びと指導 ―，鈴木守・山本理人編，スポーツ文化の現在（いま），道和書院：東京，2000，102-117．

山本理人，サッカーという文化の「学び」，鈴木守・戸狩晴彦編，サッカー文化の構図，道和書院：東京，2004，148-164．

参考資料・URL

筑波大学 TACS 研究 「Jリーグに見るセカンド・キャリア・サポート」

http://www.j-league.or.jp/data/view.php?d=j1data&g=j1_0&t=t_visitor

http://footballgeist.com

芸術・スポーツ文化と「まちづくり」
― 大学の資源を活かした「複合型地域アート
＆スポーツクラブ」設立の取り組み ―

山本　理人

はじめに

　2014年5月、日本創成会議（座長：増田寛也　元総務大臣　東京大学大学院客員教授）の人口減少問題検討分科会が、わが国の人口動態に関する試算を報告した。この報告によると2040年までに全国で896の自治体が消滅するという。この試算は、20歳～39歳の女性の減少率を軸にしたもので、現実との乖離を指摘する声もあるが、地方行政に携わる多くの関係者に衝撃を与えた。この調査によると、岩見沢市の女性（20歳～39歳）人口の予想減少率は54.8%であり、2040年段階における岩見沢市の総人口は60,523人と推定されている。

　このような報告によるまでもなく、わが国の地域および地域コミュニティが様々な問題を抱えていることは、すでに多くのメディアを通じて指摘されている。特に大都市以外（地方）の地域は、人口の減少や少子高齢化、地域経済の疲弊などにより活力を失い、急激に衰退している。「ヒト」の減少、「モノ」「コト」「カネ」の停滞・縮小という悪循環は、「人と人との繋がりの稀薄化」「地域文化の衰退」「中心市街地のゴーストタウン化」など様々な地域の課題を顕在化させてきているのである。また、これらの課題は、地方に共通の現象として捉えられる一方、より具体的にはそれぞれの地域に異なる姿として現れてきている。北海道も例外ではなく、「急速な人口減少、老年人口割合の増大」「産業の衰退と雇用機会の縮小」「弱い財政力と財政状況の悪化傾向」といった課題が浮き彫りになっている。

　これらの課題を解決するために、多くの地域で様々な取り組みが行われてきて

いる。それらの取り組みの多くは、地域の特性や固有性を核にしたものであるが、「人づくり（人材力）」「ネットワークづくり」「地域固有の精神文化」「地域プライド（地域ブランド）」「総合的（横断的）」「長期的」などのキー概念を共有している。また、それらを推進する核として、これまでの行政主導というあり方から、地域住民が主体者となる「新しい公共」という枠組みが期待されている。「新しい公共宣言」によれば、「『新しい公共』が作り出す社会は『支え合いと活気がある社会』である。すべての人に居場所と出番があり、みなが人に役立つ歓びを大切にする社会」であり、地域住民自らが、地域の課題と向き合い、自分たちの力で課題解決を行う社会である。

　このような流れの中で、近年、わが国においては、文化を豊かに享受することができる地域環境の創出が求められてきている。平成23年以降、芸術・スポーツに関する法律の改正や基本計画の策定などが活発に行われ、地域文化の創造、発展、継承に関しても様々な動きが見られる。

　芸術に関しては、平成23年2月、前年に文化審議会総会において答申された「文化芸術の振興に関する基本的な方針（第3次）について」を踏まえ、第3次基本方針（対象期間：平成23年度から平成27年度までおおむね5年間）が閣議決定された。この中で「文化芸術は、人々が心豊かな生活を実現していく上で不可欠なもの。何物にも代え難い心のよりどころ（誇りやアイデンティティを形成）であって、国民全体の社会的財産」「文化芸術は、創造的な経済活動の源泉、『ソフトパワー』であって、持続的な経済発展や国際協力の円滑化の基盤となり、国力を高めるもの」「心豊かな国民生活を実現するとともに、活力ある社会を構築して国力増進を図るため、文化芸術振興を国の政策の根幹に据え、今こそ新たな『文化芸術立国』を目指す」の三点が理念として示されている。

　スポーツに関しては、平成23年6月、スポーツ振興法（昭和36年）が50年ぶりに全面改正され、スポーツ基本法が成立した。スポーツ基本法では、その前文において「スポーツは人類共通の文化である」と宣言するとともに「スポーツを通じて幸福で豊かな生活を営むことは、すべての人々の権利」であることを明記している。また、「スポーツは、人と人との交流及び地域と地域との交流を促進し、地域の一体感や活力を醸成するものであり、人間関係の希薄化等の問題を抱える地域社会の再生に寄与するものである」ことを示している。この法律では、

スポーツという文化を享受する個人の権利について明言するとともに、スポーツが地域の活性化やコミュニティの再生に寄与できる可能性についても言及しているのである。

北海道教育大学岩見沢校は、平成26年度から全国で初めて芸術とスポーツがともに文化を考えていく学科に再編された。これと同時に、大学が有する資源（ハードウェアとソフトウェア）を活用し、これまで以上に岩見沢市や地域住民と連携しながら、地域文化の創造と発展に寄与する様々な活動を進めている。その一環として、「新しい文化ビジネスを創造できる人材養成カリキュラムの実践～芸術・スポーツ文化推進のリージョナルセンターを目指して～」というテーマで、人材養成カリキュラムを開講していくと同時に岩見沢キャンパスに「複合型地域アート＆スポーツクラブ：いわみざわ芸術・スポーツユニオン」を設立した。

本稿は、岩見沢キャンパスが地域における芸術・スポーツ文化推進のリージョナルセンターの機能を果たす事を目指して進められている本プロジェクトの経緯と現状に関する報告である。

第1節　理念の構想 ― 芸術とスポーツに関わる理論的背景 ―

（1）文化という視点から

「文化」は多義的な言葉であり、研究者の間でもその立場によって定義が異なる。辞書（大辞泉）によれば、文化とは「人類がみずからの手で築き上げてきた有形・無形の成果の総体」[1]である。一方、文化人類学者である米山は、文化を「後天的に学習され、集団成員によって分有され、世代を通して継承されてゆくような行動様式と価値観」[2]と定義している。また、社会学者である井上は、「日々の生活の仕方や習慣、ある社会（ある集団）に一般的に見られる行動の仕方やものの考え方、感じ方の全体を広く文化と捉える」[3]としている。これらの定義を比較すると「文化に価値が内在しているか」（「成果」という言葉は「よい」という「価値」を内在している）という点では異なるものの、「人々がつくり出し、共有している有形・無形のもの」という点ではほぼ一致している。

また、英語の「Culture」は、ラテン語の「Cultura」に由来するとされ、そ

表1　真木による文化の分類

分類カテゴリー	内容
物質的文化 (物理・生物的環境)	生理的欲求を自然的環境に働きかけて満たすための工夫であり、それは、基本的に人間の生存にとって欠くことのできない物質的必要を満たす工夫であることから物質的文化と呼ぶ。
制度的文化 (社会的環境)	社会的欲求を社会的環境に働きかけて満たすための工夫であり、それは、様々な制度を生み出すことで満たされるところから制度的文化と呼ぶ。
観念的文化 (内面的環境)	必要（生命の維持と再生産にとって必要）を超えた欲求を文化的環境に働きかけて満たす工夫であり、それは、観念的喜びとして享受されるところから観念的文化と呼ぶ。

出典：真木（1971）『人間解放の理論のために』より筆者作成

表2　真木による観念的文化の分類

欲求	観念的文化
身体的諸能力の自立的な展開と享受としての活動欲求	身体的な性格の種々の「あそび」を媒介として、われわれの社会においては諸々の種目としてのスポーツとして洗練され、組織化される。
感覚的な諸能力の自立的な展開と享受としての美的欲求	感覚的な性格の種々の「あそび」（歌や装飾、等々）を媒介として、われわれの社会においては諸々のジャンルの芸術として洗練され、組織化される。
認識的な諸能力の自立的な展開と享受としての知的欲求	知的な性格の種々の「あそび」を媒介として、われわれの社会においては諸々の分野の学問として洗練され、組織化される。

出典：真木（1971）『人間解放の理論のために』より筆者作成

の原義は「耕す」という意味である。この言葉は、環境に働きかけることだけではなく、人間の内面に働きかけることを含んでおり、「人間が自分たちの生活をより豊かにする工夫」「社会に共有されている意味の総体」など多様な概念が存在するのである。箕浦は、「どの事象を『文化』として取り出すかは、学者の関心のあり方によって異なっており、どのような文化概念を採用するかは、研究戦略の問題となる」と述べている。本プロジェクトでは、芸術とスポーツの接点というテーマから、真木の文化概念とその分類を参考にした。

真木は、文明と対比させた狭義の文化を「欲求を満たす工夫」と捉えながら、「物質的文化（物理・生物的環境）」「制度的文化（社会的環境）」「観念的文化（内面的環境）」の三つに分類する（表1）とともに、「観念的文化（内面的環境）」

に関して、欲求充足の視点からさらに3つに分類している（表2）。この分類を採用すれば、芸術もスポーツも「観念的文化：必要（生命の維持と再生産にとって必要）を超えた欲求を文化的環境に働きかけて満たす工夫であり、それは、観念的喜びとして享受される」と捉えることができる。

（2）「遊び」という視点から

人間にとっての「遊び」の重要性について言及した思想家として、シラーは重要である。シラーは、その著書『人間の美的教育について』の中で、「人間は文字通り人間であるときだけ遊んでいるのであって、遊んでいるところでだけ真の人間なのだ」と述べ、人間にとっての遊びの重要性を指摘している。また、文化と遊びの関係についてホイジンガは、「人間の文化は遊びのなかで、遊びとして発生し展開してきた」と述べ、文化の発展には自己目的的な活動、すなわち「遊び」が重要であると指摘している。さらに、カイヨワは、その著書『遊びと人間』において、遊びの特徴を「自由な活動」「分離した活動」「未確定な活動」「非生産的な活動」「ルールのある活動」「虚構的活動」に分類している。ホイジンガが指摘した自己目的的行為については、渡辺が「その行為の他に何らかの他目的が存在するとしても、その行為の中ではその目的が意識されないこと」「しかもその目的は直接的近さにあるのではないこと」「その行為において、肉体的衝動ではなく、精神が優位を占めていること」であると述べている。芸術もスポーツもその行為の中に目的が存在する活動（自己目的的行為）であり、その中核は「遊び」なのである。

文化と「遊び」に関わるこのような理論的背景から、「いわみざわ芸術・スポーツユニオン」は、芸術・スポーツをともに文化と捉え、地域において文化を推進する共通のプラットフォームを目指すと同時に、これまでにない「文化の融合」を模索するものとして構想された。また、文化を育む重要なキーワードとして「遊び」というキーワードを大切にしながら進めていくことが確認された。

第2節　実践事例の検討 — 大学と地域 —

(1)　大学を拠点とした「総合型地域スポーツクラブ」を対象として

　大学を拠点として運営される「総合型地域スポーツクラブ」については、道内外の11件を検討対象とした（表3）。大学を拠点とした「総合型地域スポーツクラブ」の多くが、体育・スポーツ系、または教員養成系の学部・学科を有する大学であり、大学の関与形態としては、学内組織、学外組織どちらも存在した。学生の関わりについては、「ボランティア」「サークル活動の一部」「授業の一部として単位化」など様々な形態が存在した。プログラムは、「教室型」が多く、すべてのクラブで「会費制」がとられていた。また、教室ごとに独立採算制をとっているクラブも存在した。これらの取り組みの多くは、地域において認知され、スポーツという文化を学ぶ環境として機能している。しかしながら、調査対象の一部に対して実施したインタビュー調査、資料などからいくつかの課題も浮かび上がった。

表3　大学を拠点とした「総合型地域スポーツクラブ」

組織名	大学名
北翔大学スポルクラブ	北翔大学
めえーず	札幌大学
東海大学健康クラブ	東海大学
NIFS スポーツクラブ	鹿屋体育大学
京都教育大学地域スポーツクラブ	京都教育大学
大阪教育大学スポーツクラブ	大阪体育大学
愛媛大学総合型地域スポーツクラブ	愛媛大学
福島大学スポーツユニオン	福島大学
コミュニティクラブ東亜	東亜大学
京たなべ・同志社スポーツクラブ	同志社大学
ワセダクラブ	早稲田大学

(2) 大学を拠点とした「総合型地域スポーツクラブ」の課題

　教職員や学生の関与については、「一部の人（教員、学生）に負担が偏る」ということ、また、これに関連して「次世代への引き継ぎ（次の引き受け手がいない）」という課題が存在することが分かった。さらに、学生の関わりについては、授業化すること（単位化）の是非についても十分な議論が必要であることが分かった。施設については、大学施設の活用範囲（授業、部活動）との関係が課題としてあげられた。また、「財源の確保」「地域住民の主体性が発揮できないこと」「既存団体、行政との関係」などについても課題があることが分かった。特に、学内組織としてクラブをつくった場合、大学施設の利用などの課題が軽減される反面、地域住民が単なる「顧客」となってしまい、「地域住民主体」を謳う「総合型地域スポーツクラブ」の理念と反する方向になる。一方で、学外組織としてつくった場合は、地域住民の主体性は確保しやすいが、施設利用の形態が「外部への賃借」という形になるというデメリットがある。また、一部の人に負担が偏るという課題に関しては、大学の関与形態と併せて組織のあり方を検討する中で十分に議論する必要がある。

(3) ハイデルベルク大学の視察

　ハイデルベルク大学では、1998年に「Ballschule Heiderberg e.v.」という組織を設立し、主に子どもたちの運動能力、体力向上プログラムを実施している。この組織は、学外組織としてつくられているが、施設と人的資源の多くは大学が担っている。運営にあたっては、学生（大学院生を含む）が積極的に関わっており、学生たちの実践的な能力の向上に寄与している。また、大学が関与することによって、効果の検証に関する科学的な根拠を提示しやすいことがメリットとして挙げられる。このことは、地域住民からの信頼だけでなく、スポンサーの獲得にも大きな役割を果たしている。

図1　バルシューレハイデルベルクのロゴマーク

写真1 小学校における「出張」プログラム

第3節　北海道教育大学岩見沢校の取り組み

（1）あそびプロジェクト

　前述したとおり、今日、わが国においては文化を豊かに享受することができる地域環境の創出が求められている。北海道教育大学岩見沢校は、平成26年度から全国で初めて芸術とスポーツがともに文化を考えていく学科として再編された。これと同時に、大学が有する資源（ハードウェアとソフトウェア）を活かし、これまで以上に岩見沢市や地域の皆様と連携しながら、地域文化の創造と発展に寄与する様々な活動を推進してきている。「あそびプロジェクト」は、音楽、美術、スポーツの原点である「遊び」をテーマに、様々な大学の活動を開放しようという試みとして企画された。地域の皆様と連携しながら大学の資源を有効活用していこうというなかで、まずは地域の皆様に大学という場所がどのような施設を持ち、どのような研究・教育を行っているのかを知って頂くことがこのプロジェクトの重要なねらいである。

　大学（教員や各研究室）からは、「まず、大学を知ってもらおう」を合い言葉に、「知る」「学ぶ」「体験する」というテーマで、14のプログラムが提供された。これらのプログラムは、それぞれを担当する先生がたが日常的に研究・実践されている内容で、「能の鑑賞のしかた」「音楽づくり」から「ラジコン製作」「クライミング体験」に至るまで多岐にわたっている。これらのプログラム以外にも「プロジェクションマッピング」「図書リユースセール」や「芸術・スポーツ文

化とまつづくり in 岩見沢」というテーマのフォーラムなども開催された。また、学生や地域の皆様からは、「ミニコンサート」や「燻製づくり」などの企画だけでなく、「ワインの試飲」「手づくりスイーツ」など飲食や物品販売を含む20のプログラムや出店があった。平成26年2月と3月に実施した「あそびプロジェクト2014」では、親子をはじめ、子どもから高齢者の皆様まで多様な年齢層の方々に数多く参加していただき、参加者数は延べ770名に上った。

　「あそびプロジェクト」は、次年度以降も継続的に実施していく予定であるが、今後の実施にあたっては、これまで参加して頂いた皆様からのアンケート調査の結果を踏まえ、より良いプログラムの実施に努めていきたいと考えている。今後は、「あそびプロジェクト」から教室やサークル、クラブが独立し、「いわみざわ芸術・スポーツユニオンのコンテンツ」として成長させていく方向で検討が進められている。

写真2　あそびプロジェクトにおけるプログラムの様子

(2)「いわみざわ芸術・スポーツユニオン（通称：i-masu）」の設立

　設立準備委員会では「複合型地域アート＆スポーツクラブ（仮称）」に関して、「いわみざわ芸術・スポーツユニオン」「Iwamizawa Music, Arts & Sports Union（略称：i-masu）」という名称でスタートすることとした。議論の過程の中で「リージョナルセンター機能の発揮」について検討が行われ、公立大学におけるCOC（Center of community）事業および大学をベースとした「総合型地域スポーツクラブ」の実践事例などを参考にしながら、理念・目標について以下のような方向性で検討が進められた。

・地域住民の自立的な文化活動の支援
・地域文化の「創造」「発展」「継承」
・地域の活性化（まちづくり）
・学生の実践能力の開発

　併せて、「文化の原点」「多世代を取り込む視点」、本学の特徴である「芸術文化とスポーツ文化の融合という観点」から、下記の三つのキーコンセプトが検討されている。

・「遊び」
・「家族で楽しめる」
・「これまでにないもの（音楽、美術、スポーツの融合を含む）」

　また、設立とその後の方向性に関しては、下記のようなイメージが検討された。

・大学をひらく
・地域をひらく
・地域と地域をつなぐ（道内外への発信）

　現在、上記の理念・目標、組織などを固めるために、他地域や他大学の実践事例を検討すること、ならびに「あそびプロジェクト」を実施して地域住民からの情報収集を行うことが必要であり、それらの結果を分析しながら設立に向けた議論を進めることが確認された。現段階でのイメージは図2の通りである。また、当面は、「あそびプロジェクト」に注力し、そこから生まれたプログラムを育てていくという方向性が確認された。

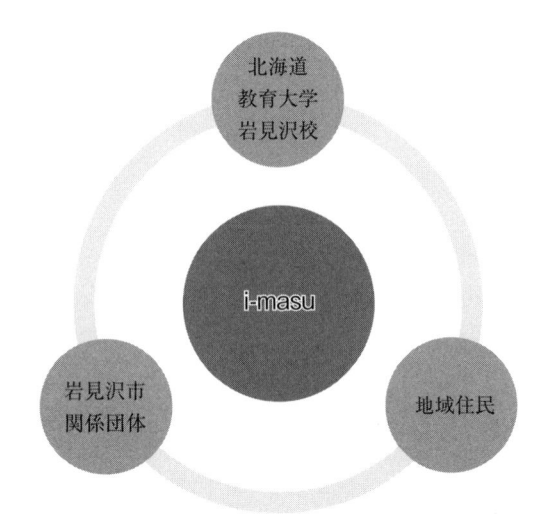

図2　i-masuの概念図

まとめにかえて ― 今後の展望 ―

　冒頭で人口減少という地域の課題について言及したが、人口減少に歯止めをかける方向性の一つは「人が住みたいまち」「人が住みやすいまち」を実現することである。もちろん、そのための基礎的な用件として「雇用」というものは重要であるが、日常的に「文化」にかかわれること、そのようなことを通して「豊かさ」を実感できることは重要である。北海道教育大学岩見沢校には、学生という次世代の担い手はもちろん、芸術・スポーツに関わる豊かな資源（ハードウェア、ソフトウェア）が存在する。これらの資源を地域住民が中心となって有効活用していくことは大切なことであり、そのような場として「いわみざわ芸術・スポーツユニオン」が機能していくことが期待されている。

　大学が地域における文化交流の「心臓（ポンプ）」として機能し、地域の人たちが文化を享受し、芸術・スポーツに日常的に触れるライフスタイルを発信でき、「住みやすいまち」として認知されていく。そのようなイメージを持ちながら本プロジェクトを進めていくことが重要であろう。

注
1) 松村明　編「大辞泉」小学館，1998
2) 米山俊直「文化人類学を学ぶ人のために」世界思想社，1991
3) 井上俊「地域文化の社会学」世界思想社，1984

参考文献
井上俊，遊びの社会学，世界思想社：京都，1977．
井上俊，地域文化の社会学，世界思想社：京都，1984．
井上俊，亀山佳明　編，スポーツ文化を学ぶ人のために，世界思想社：京都，1999．
井上俊，芸術とスポーツの社会学，世界思想社：京都，2000．
J. ホイジンガ，ホモ・ルーデンス著，里見元一郎訳，河出書房：東京，1974．
片木淳・藤井浩司・森治郎，地域づくり新戦略，一藝社：東京，2008．
真木悠介，人間解放の理論のために，筑摩書房：東京，1971．
松村明　編，大辞泉，小学館：東京，1998．
箕浦康子，文化の中の子どもたち，東京大学出版会：東京，1990．
オモー・グルーペ著，永島惇正他訳，文化としてのスポーツ，ベースボール・マガジン社：東京，1997．
ロジェ・カイヨワ著，多田道太郎・塚崎幹夫訳，遊びと人間，講談社：東京，1990．
シラー著，石原達二訳，美術芸術論集，冨山房百科文庫：東京，1977．
杉本厚夫，スポーツ文化の変容，世界思想社：京都，1995．
寒川恒夫　編著，スポーツ文化論，杏林書院：東京，1994．
山本理人，生涯学習社会のスポーツ―その学びと指導―　鈴木守・山本理人編，スポーツ文化の現在（いま），道和書院：東京，2000，102-117．
米山俊直「文化人類学を学ぶ人のために」世界思想社：京都，1991．
渡辺護，芸術学，東京大学出版会：東京，1975．

複合文化研究領域

複合文化研究領域

　芸術・スポーツ文化学が独立した学問として成立するために、音楽、美術、スポーツ各分野が協同して行なう実践的な活動や研究領域が問われている。この領域が新学科設置にあたって最も具体的なイメージを描きにくいところでもあった。設置準備の中で行なわれた先行事例調査によっておぼろげながら見えてきたものは、単に音楽、美術、スポーツを強引に結び合わせると言うようなものではなく、音楽、美術、スポーツの各専門分野をより先鋭的に探求する事で、その結果として、互いの分野の協力が必要とされるかたちである。

音楽遂行スキル向上に纏わる
スポーツ・コーチング科学からのアプローチ
― 芸術とスポーツ文化の融合を目指して ―

寅嶋　静香・越山　賢一

はじめに ― 芸術文化とスポーツ文化の融合を目指して ―

　芸術・スポーツ文化学科が創設されてから、様々な取り組みが我が校において順次施行されており、シラバスも多様化してきている。今回は芸術領域の「音楽遂行能力」と「スポーツコーチング科学」の融合という視点から、身体運動科学・スポーツ科学に基づいたコンディショニングケア実践が、音楽スキル向上への可能性に関与できるのではないか、というその事例紹介や研究紹介を主体として、考察をすすめたい。また、音楽をはじめとする様々な芸術分野の遂行技術能力が、実は「随意運動」という視点から観察が可能であるということに対して少しでも興味を持って頂ければ幸いである。

第１節　音楽遂行スキル熟練者の関節運動メカニズム

　芸術・スポーツ文化学科が2014年度よりこの岩見沢校にて開講された。この「芸術」領域における「音楽遂行」という内容は一見すると、運動・スポーツ科学となんら連関性がないように受け取られがちである。実際のところ、「スポーツや運動が苦手だからこそこの分野に傾倒し、専攻を志したにも関わらず、教員免許取得の手段として体育を選択しなければいけないのは、とても重荷である」との音楽科専攻学生の声を頂いてしまっている。彼女が嘆くのも無理は無かろう。しかしこの領域における高いスキルに関し、大築（1994）[*1] は、「芸術は随意運動の極みである」と表現している。この背景として、例えば楽器演奏一つを

例としてみても、まさにクオリティの高い運動スキルをもってしてなければ遂行不可能なのである[*2]。音楽遂行能力を随意運動という視点から少し観察をしていこう。

　まずピアノ演奏にいたっては、指の動きが当然のことながら重要視される。この「指を動かすために使用される関節の数」だけでも指1本あたり指節間関節2個（母指のみ1個）、中手指節関節1個である。よって両手では合計28個にものぼる。さらに左右の肩や肘、手首らの関節を加えていけば、両方の上肢で合計34個もの関節を同時制御しなければいけない。パイプオルガンや電子オルガンになると両手に加え、両足を使う必要がある。よって同時使用される関節数はさらに多くなるだろう。ドラム演奏なども、同様に、（ピアノのような指先端までの制御までいたらずとも）両手両足の多関節同時使用となるため、大変複雑な随意運動スキルを遂行しているといえよう。そして音楽そのもののリズムもコントロールしなければならないため、熟達する上では相当の時間と練習が必要になると考えられる。そして、ただシンプルに鍵盤や打楽器を「叩く」わけではなく、情緒や抑揚を持たせながらの遂行となれば、「力強さを表現する叩き」「やわらかさを表出する抑えかた」というような複雑なコントロールも要求されるだろう。Furuya（2008）ら[*3]は、著名なコンクール出場経験を持つピアノ熟練演奏家と楽譜は読むことができるが熟達度は低いピアノ初心者ら7名ずつに対し、指〜手首〜肘〜肩関節の動きを高速度カメラ及び力センサーによって各関節に生じるトルク（回転力）を産出し、モデリングを行った。その結果、運動依存性トルク[*4]——すなわち慣性力や遠心力などを熟練演奏家らは効果的に利用し、大きな関節におけるトルクは仕事量を増大させ、末端の小さな観察では仕事量を軽減させながら演奏を遂行していることが明らかとなった。そして初心者においてはこのような傾向はみられず、むしろ反対の傾向を示していたという。これはすなわち熟練演奏家は長年の音楽遂行努力によって各関節における関節負担度の分散化を習得することにより、芸術性の高い音楽を奏でていることを示しているのではなかろうか。

　金管楽器におけるトロンボーン演奏なども同様に、熟達した演奏家ほど、関節可動域を最大限に活かし、その関節に付随している筋——腱連合体へ負担をかけないような動作メカニズムを遂行する傾向にあり、その動作のおかげでいわゆる

「やわらかい音の領域」を獲得するようだ[*5]。また金管楽器それぞれの特有のポジションを取るたびに肩関節・肘関節らの前後の動きが伴わない時がないのが熟練者の特徴であるともいわれている[*6]。

このように、何かしらの音楽スキルを遂行することは、まさに複合関節の同時進行運動の表出であり、卓越した熟練演奏家においては運動依存性トルクの最大限の利用により、「力をうまく逃す」ような運動メカニズムを採用しているといえよう。

第2節　関節間制御 → 筋活動の制御 → 筋コンディショニングケアの利用へ…

関節の制御は、実は筋の制御であるともいえる[*7]。図1をみてほしい。京都大学の運動生理学担当の先生が受講学生に対し、「筋が骨にどう付着しているのか」の図を描かせ、どのくらい正答率がみられるのかを調査した結果…最も回答数として多かった図であるのがこの図1である。

筋肉は骨端同士で付着されていると認識した学生が350名中8割強もいたという。この誤認識こそが、「関節制御は筋制御の反映であるから筋コンディショニングを考える必要がある」という本来の思考を不足させるという事態に陥るのではなかろうか。多関節を同時進行的にコントロールするためには、筋の制御が重要となる。

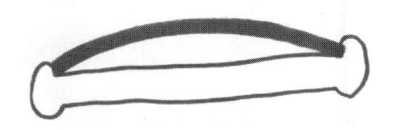

図1　筋肉は骨をまたぐはずが…

そのためには音楽遂行に纏わる筋がいつでも速やかに、スムーズに活動を開始する状態を保たねばならない。よって、常に関節の可動域チェックや筋コンディションを把握することは、良好な音楽パフォーマンスの産出においては欠かせないだろう。

図2は臨床スポーツ医学で用いられている「柔軟性チェックテスト（関節可動域試験）」[*8]の一部である。

音楽家の熟練にあたる人々を対象とした講座参加者らへこのテストを実施して

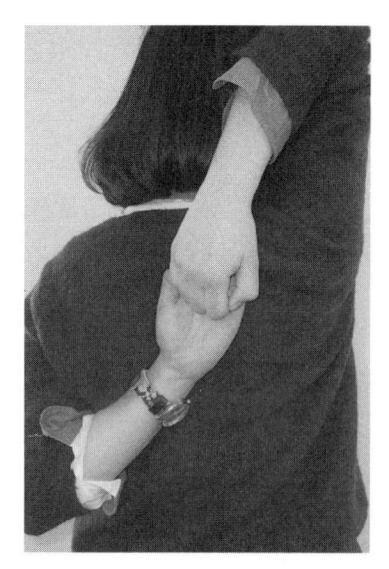

図2 コンディショニングチェックテスト
（肩関節周辺）

もらうと、指先同士がまったくもって触れ合わない、あるいは左右間の差異増大傾向、といった「関節可動域の狭さ」や「左右関節間のアンバランスド」がよく観察されるのである。恐らく熟練者ともなれば、長時間に及ぶ練習で更なるスキル向上を要求されるのは必須であろうから、たとえ（1）（2）で示したような動作メカニズムを有していたとしても、筋疲労状態に陥る機会がないとは言い切れないだろう。「筋の持久性・耐久性」と「演奏を継続するだけのタフな精神力」との比例が真に存在すること、すなわち熟練のさらに熟練の領域に達することは困難を極めるだろう。これに関してはスポーツ競技動作においても同様であり、両者が同時進行的に遂行されていくことでのみ、多大なる功績や結果を提示することとなるやもしれない。

　音楽における高いスキル動作 ― 鍵盤をなめらかに弾く、金管楽器の音階をスムーズに出す ― を表出するには、この「関節 ― 筋の疲労耐性力の向上及びフレキシビリティの獲得」における能力の保持も大切だろう。これらの状況に対応するべく、コンディショニングケア方法としてよく御紹介させていただく内容としては、「ダイナミクスストレッチングによる疲労物質の速やかな除去作業」、「筋 ― 腱連合体の感度を高めるための神経 ― 筋促通トレーニングによる可動域促進アプローチ」、「リラックスをより導くための正しいポジションによる静的ストレッチングケア方法」などが主である[*9]。これらを定期的に実践していくことにより、音楽動作におけるコンディションは少しずつ良好なものへと変化をみせていくかもしれない。

　スポーツ競技遂行と同じように、熟達した演奏家ほど、このような関節 ― 筋の連合体をもってして音楽動作スキルは遂行されているのだ、という「重要な視点」として改めて見つめなおして頂ければありがたい。クオリティの高い音楽

パフォーマンス表出には、関節 ― 筋連合体のフレキシブルな作業が必要[*10]である。そのためには、筋の収縮 ― 弛緩メカニズムや運動依存性トルクと筋出力の関係といった先行研究も一読することをお勧めしたい。近年、音楽パフォーマンスを阻害する筋収縮に関する研究成果の活性化により、熟練者のピアノスキルメカニズムの背景が明らかとなってきた[*11]。今後のこのような音楽遂行に関連した運動科学的アプローチ分析が、音楽家のスキル維持・向上のために大きく貢献していくことを願いたい。また筆者らのように、分析結果をわかりやすく現場に根下ろし、かつ運動スポーツ科学コンディショニング実践活動を主体とした手法によって、音楽遂行スキル向上に少しでも貢献していくことは芸術文化の発展に寄与するだけではなく、芸術とスポーツ文化をつなぐ一手段として認識してもらうことができるのではなかろうか、と感じている。そういった意味でも、音楽家を対象とした講座や講習会において、これらの内容を地道に伝達していくことの大切さを改めて強く認識する次第である。

第3節　motor unit の視点からみた音楽遂行スキル

　優れた音楽家とスポーツ熟練競技者において、強い共通点が二点ある。一点目は「クオリティの高い動作を何度も反復する能力を有していること」、二点目は「膨大なる練習時間をこなさねばならない責務に耐えている」という点[*10]である。長時間の反復練習がなぜスキルを段階的に向上させるのだろうか？　このメカニズムは、神経制御研究の第一人者である伊藤（1986）[*12]が示した「運動単位（moto unit）」というテクニカルタームが関連している。この motor unit とは「1つの運動神経細胞が複数の筋線維群を支配している単位」のことをさす。そのスポーツ活動や音楽遂行スキルに必要な motor unit を選択的に採用することこそが、熟練者へ到達する道のりの一つともいえる[*1]。これには神経制御の観点である「フィードフォワード、フィードバック制御を何度も反復する＝練習」というプロセスが欠かせない[*7]。
　筆者らはよく音楽家に向けた講座等で「音楽家として、皆さんはどの motor unit を採用していますか？」という質問を投げかけている。これは先の（1）（2）で述べた、「音楽は複合関節の同時進行動作であり運動野からの指令が無

ければ遂行不可能である」という見解をさらに掘り下げたものである。「どの motor-unit を採用し、どこを不活動化させていくかは、スキル向上における重要な視点である[*1]」と考えられているのは何もスポーツ競技活動だけではないのである。例えばピアノ演奏時、右手の動きは特に問題なくスムーズに生み出せるのだが、左手の小指・薬指はあまり動かない、さらには同時に左肘周辺がすぐに疲労状態へと陥る、といったケースがあるとする。これは左側指を支配すべき motor unit が採用されておらず、別の unit の過剰採用によって異なる場所が疲労を感じている可能性が考えられる[*13]。ピアノの初心者は、この motor unit 選択性スキルを熟練者ほど獲得できていないため、筋の過剰収縮や過緊張が生み出され、結果的に楽器演奏パフォーマンスを阻害してしまっている可能性も考えられよう[*14]。音楽を奏でる上で必ずしも必要ではない筋活動収縮、がまさにこれに相当し、初心者レベルのピアノ動作メカニズムにおいてはこの状況がよく観察されるようである[*11]。音楽遂行スキル向上において、この motor unit の選択的採用に関する概念を、よりわかりやすく伝達していくことも重要な責務であると示唆されよう。

第4節　動きと呼吸の支えにシンメトリーの概念も

運動単位の過剰採用を回避し、バランスのよい音を奏でていくためには、これまでに述べた背景を一度自身の中で汲み取り、そして今の身体状況と音楽遂行状況とを常に客観視する姿勢が必要になると思われる。これまでたくさんの熟練音楽家のパーソナルトレーニングや講座に関わってきたが、達人と呼ばれるプロでも、左右のシンメトリーのアンバランスや固有筋の過緊張及び強収縮などが観察されていた。

図3に示すのは、講座でよく提示するメンテナンスコンディショニングの基礎概念である。

スポーツスキルにおいては身体コンディショニングケアの重要性がすでに明らかとなっているが[*8]、音楽遂行スキルにおいてもそれは同等であろう。音楽遂行スキルの実行及びそこに伴う呼吸運動には、必ずアンバランスではない姿勢維持能力や身体そのものがもつアライメント状況、また左右の身体バランス状況や

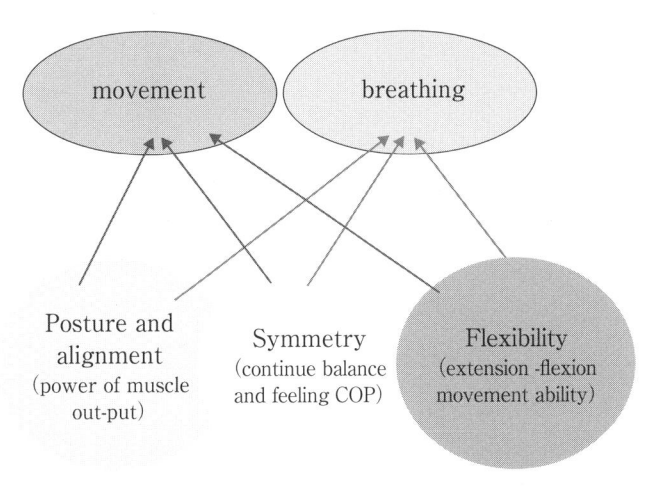

```
        movement              breathing


  Posture and
   alignment        Symmetry           Flexibility
  (power of muscle  (continue balance  (extension -flexion
    out-put)        and feeling COP)   movement ability)
```

図3　スキル維持向上のためのコンディショニングアプローチ概念

フレキシビリティの高さという要素らが大きく関わってくることになるからである。今回は特に身体バランスの左右差や、姿勢維持能力に焦点をあて、簡易的に行うことができる[*15]バランスチェックテスト及び身体重心維持チェックテストを図4に示した。

　例えば閉眼で行う片足立テスト及びその場歩行（1分間）テストにおいては左右のバランス知覚能力（＝重心位置を身体感覚の中でどう捉えているのか）や姿勢維持能力を簡易的に明らかにすることが可能となる。身体コンディショニングケアアプローチの一つとして、これはどの音楽遂行家でも実践可能であるためぜひ試行してほしい。そして、姿勢を維持できない状況や、その場から数メートルも離れた場所へたどり着くという状況が観察された場合は、不要な筋緊張が偏側的に生じている可能性が考えられる。また、日常の生活における歪んだ姿勢がそのまま演奏等に反映されているという可能性も否定できない。このような状況下で、滑らかな音の産出や、深い呼吸を伴った張りのある歌声を生み出すことは、非常に困難であろう。高い動作スキル遂行時の基本である「バランスのよさ」「左右シンメトリー状況の確定」等は、音楽遂行スキルを向上させる上でも非常に重要であると筆者らは考えている。

282　複合文化研究領域

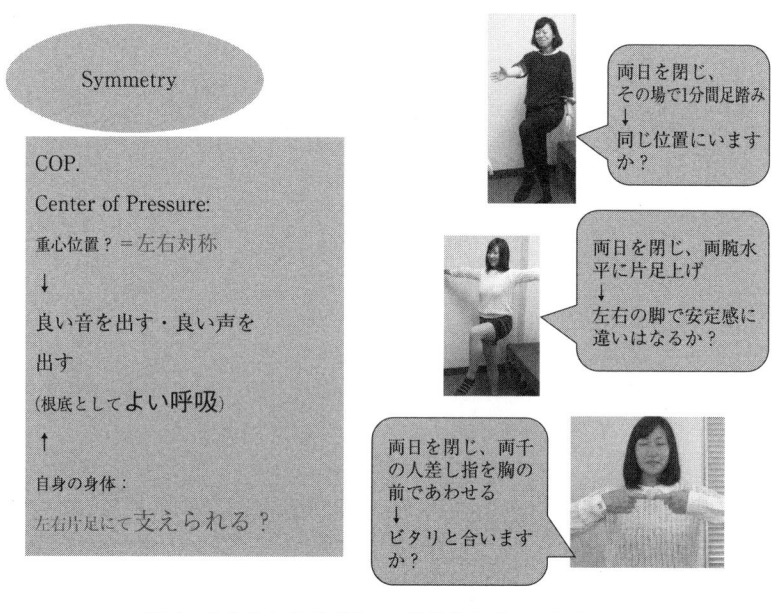

図4　左右差およびバランス維持能力チェックテスト

第5節　コーチングとティーチングは芸術・スポーツスキル向上に不可欠

　第1節～5節にて、音楽家やその団体らに向けた講座で実施させて頂いている一部内容を今回は御紹介した。これらの内容をいっせいに講座参加者へ伝達するという手法はいわゆる「ティーチングアプローチ」にあたる[16]。しかし、講座が終了したあともできる限りその内容を反芻し、かつメンテナンス法などを継続実践してもらうためには、パーソナルな「コーチングアプローチ」要素も織り交ぜていく必要があろう[17]。

　対象者の層やスキルの保持具合などにもよるが、一般的に講座などでは、「教示→モデリング→練習→フィードバック（教示、リードが主体となる）」といったいわゆる「学ぶ機会」と「フィードバック→練習⇔フィードバック→習得（問いかけ、繰り返し、傾聴、直接的助言が主体となる）」という「鍛錬の機会」の両者の融合アプローチこそが、対象者への継続の意欲を促すといわれて

いる[16]。よって学ぶ機会はティーチング要素が、鍛錬の機会はコーチング要素（参加者側のこまめな巡回、一事例の提供など）が活躍をするとも言い換えることができよう。

　このような「あるスキルの向上に携わる」といった教育活動の機会を頂く際に、常に意識しなければいけないのはこの「コーチング・ティーチングの融合」をどう展開していくのか、そして対象者にとって有益な会となるためには最終的にどのようなまとめをしていくのか、といった観点が重要となると考えられる。これらの融合は、動機付け（興味や意欲の喚起）や継続性を促進する可能性もあるといわれており[18]、我々教育活動に携わる者は、改めてティーチング・コーチングアプローチにおける視点を再認識する必要があるだろう。

　そもそもコーチングという語源は 15 世紀のハンガリーにあるコーチェという村で作られていた四輪馬車に始まる。「大切な人をその人の望むところまで送り届けること」、これがその後の 1880 年代のスポーツ世界の確立と共に急激に応用されはじめ、1950 年代からはマネージメントの分野に、そして現在では医療関係領域にもひろがりをみせはじめている[19]。

　ティーチングアプローチのような一斉教育と個々人へ個別に応じた方法で進めるコーチングアプローチとの融合は、なかなか難しいと思われがちである。しかし何らかの動作遂行スキルを伝達し、それらをより広い視野で見つめなおしてもらい、スキルの向上の一手段として継続性をもってして取り組んでもらうためには、両者によるアプローチこそが有益となるだろう[20]。スポーツ分野のみならず、音楽の分野でもこれは同じではなかろうか。「ある音楽コンクールで優勝をしたい」という目的をもった学生を「その目的地まで導く」ことは、まさにコーチングアプローチであり、そのような目的をもった人材育成の広がりをもたせることはティーチングアプローチであろう。

おわりに

　このような芸術文化・スポーツ文化の融合に関わる記載の機会を与えていただいたことは、これまでの筆者らの活動を振り返る意味でも有意義であったと考えられる。筆者らのコーチング・ティーチング活動は、学内講義にとどまらず、様々

な講座や講演等でも活かされていることを紹介させていただいた。さらに運動科学やスポーツ科学の分析やコンディショニングケアアプローチが、音楽活動家に対してのスキル向上へと応用されている事例を紹介させて頂いたことに改めて御礼申し上げたい。そしてスポーツ・芸術の熟練者は、共に「随意運動の達人である！」という視点を改めて認識してくだされば幸いである。

先行研究

* 1　大築立志『巧みの科学』朝倉書店、1994。
* 2　工藤和俊『スキルの発達と才能教育』体育の科学 (63)、2013、187-190。
* 3　S. Furuya, and H. Kinoshita.『Exepertise-dependent modulation of muscular and non-muscular torques in multi-joint arm movements during piano keystroke;』. Neuroscience. (156), 390-402.
* 4　M. Hirashima, et al.『Control of 3D limb dynamics in unconstrained over-arm throws of different speeds performed by skilled baseball players.』. Journal of Neurophysiology. 97 (2), 680-691.
* 5　森利幸『金管楽器奏法における適性について ─ 身体的特徴とアンブシュアの関係 ─ 』中国学園紀要 (9)、2010、125-129。
* 6　Barbara, H. Conable et al.『What every musician needs to know about the body』. Andover Press. 2000.
* 7　宮下充正『トレーニングの科学的基礎 ─ 現場に通じるトレーニング科学のテキスト』ブックハウス・エイチディ、2007。
* 8　山本利春『知的アスリートのためのスポーツコンディショニング』ベースボール・マガジン社、2004。
* 9　寅嶋静香『産後女性に対する産後運動ケアプログラム実例報告及び有用性の検討 ─ 2年間にわたる札幌市市民カレッジ講座における実践事例より ─ 』早稲田大学総合研究機構論文。(1)、2013、81-92。
* 10　S. Sakurai, and T. Ohtsuki.『Muscle activity and performance accuracy of the smash stroke in badminton with reference to skill level and practice effect』. Journal of Sports Sciences. 18 (11), 901-914.
* 11　古屋晋一『楽器演奏のパフォーマンスを阻害する筋収縮』バイオメカニズム学会誌　35 (3)、2011、168-175。
* 12　伊藤正男『脳神経科学』三輪書店、2003。
* 13　トーマス・マーク（著者）小野（監訳）『ピアニストなら知っておきたい「からだ」のこと』春秋社、2006。

＊14　H.Kinoshita et al. Loudness control in pianists as exemplified in key stroke force measurements on different touches. Journal of Acoustical Society of America. 121（5），2007. 2959-2969.
＊15　伊藤昇『気分爽快！身体革命—だれもが身体のプロフェッショナルになれる！』BABジャパン、2005。
＊16　山羽教文『スポーツを通じたライフスキル教育の事例　新しい健康教育』保健同人社、2011。
＊17　皆川興栄『総合的な学習でするライフスキルトレーニング』明治図書、1999。
＊18　鈴木義幸『コーチングの基本』日本実業出版社、2009。
＊19　多羅尾美智代『看護現場に活かすコーチング』経営書院、2005。
＊20　越山賢一　他『スポーツ指導における視点に注目して』北海道教育大学紀要　自然科学編　52（1）、2001、139-146。

社会の劇場化装置としてのイベント論（序説）

高尾　広通

はじめに

　この小論は、「イベント」というテーマを巡るオデッセイである。オデッセイと記したのは、迷走を覚悟しつつも先哲に習い知的冒険の旅のはじまりでありたいとの想いをこめてのことである。

　今日、カラスの啼かない日があってもイベントが開かれていない日はないと言われるくらい、いつもどこかでなにかのイベントが催されている。すべての日が何かの記念日で、また誰かの誕生日であるように、現代のカレンダーは多彩なイベントで埋め尽くされている。

　しかし、イベントは多様性そのものである。可変性豊かな存在感を持っていることもあり、その本質や全体像はなかなか掴みとれない。万国博覧会やオリンピックなどの大規模な国際イベントをはじめ、多種多様な形態や仕組みのイベントが存在する。イベントはまだ全容が見えていない大きな島である。「イベント学」の始まりによって一部のエリアは開かれているが、多くは未踏の地である。この大きな島の輪郭を探り、未踏の地をめざす旅をここからスタートしたい。

　だが、一歩二歩踏みだしただけで、知の巨人たちの足跡の大きさにたじろぐ。イベントの原型のひとつであるカーニバルを辿っていく中で、フランソワ・ラブレー（1483〜1553年）に出会った。ラブレーは『ガルガンチュア＝パンタグリュエル物語』といわれる一連の大作を紡いだルネサンス期最大の小説家である。グロテスク・リアリズムと評され、カーニバル文学を代表するこの物語そのものが、嵌まったら逃れられない深い陥穽のように感じられた。その他、多くの

巨人たちの掌の中でのたうち回った。

だから、この小論はイベントの地図を作成するための旅の途中のドローイングにすぎないのだろう。ただ、イベントを巡る旅程をつくるためのマイルストーン（道標）はいくつか見いだすことができた。

イベントは大きな島と記した。いや、イベントは大陸なのかもしれない。もしかすると、イベントは光の星なのかもしれないとも思う。

第1節　『1955 DAVID OISTRAKH Live in Japan』

2014年6月25日に1枚のライヴ盤CDが発売された。タイトルは『1955 DAVID OISTRAKH Live in Japan』。ヴァイオリンの巨匠ダヴィッド・オイストラフが初来日した時の音源が発掘され、60年の眠りから目を醒ました。収録されているのは、1955年コンサート・ツアーの初日を飾り、2月23日に日比谷公会堂でライヴ録音されたもの。オイストラフはこの時、円熟の47歳だった。

2014年はアムステルダムで客死したオイストラフ没後40周年、ニッポン放送も創立60周年にあたる。当時ラジオで生中継をしていたニッポン放送が本社倉庫から音源を掘りあてたのだ。

1955年というと、第2次世界大戦の終戦から10年に過ぎない。まだ日本とソ連（現ロシア）は国交がなかった。スターリンが1953年に死去したこともあり雪解けムードはあったが、1955年は北大西洋条約機構（NATO）に対抗してワルシャワ条約機構が設立された年である。東西冷戦真っ只中、このオイストラフの初来日は奇跡的招聘として大きな話題になった。

招聘したのはイベントプロデューサー小谷正一（1912～1992年）である。小谷正一は、2011年に発行された『無理難題「プロデュース」します──小谷正一伝説』（早瀬圭一著、岩波書店）に生き生きと描かれている。また、『「エンタメ」

の夜明け　ディズニーランドが日本に来た！』（馬場康夫・ホイチョイプロダクション著、講談社、2007年）の中でも新しい時代を創るキーマンのひとりとして登場する。

　その人生はダイナミックでしかも華やかな彩りをもつ。だから、戦後のメディア史に燦然と輝く。小谷正一は大阪毎日新聞社事業部からスタートし、1946年に夕刊「新大阪」を創刊、プロ野球パ・リーグの創設に尽力し、1951年に毎日オリオンズを立ち上げる。翌1952年には、NHK独占の放送事業に進出し、「新日本放送」を誕生させている。試験電波を民間放送局として日本で初めて発射し、本放送は半日遅れて日本で2番目だった。

　小谷正一の毎日新聞の同期に井上靖がいる。井上靖は1950年に『闘牛』で芥川賞を受賞する。この作品は、「新大阪」時代に新聞拡販の目的で小谷正一が実際に仕掛けたイベントが題材だった。社運を賭け、西宮球場を舞台に、宇和島の牛相撲の規模を拡大して開催された「闘牛イベント」を小説化したものである。

　1952年発行の『貧血と花と爆弾』も小谷正一をモデルに井上靖が描いた。この中に、オイストラフ招聘の予告のように、世界的なヴァイオリニストの独占放送権を得ようと画策する新聞社の事業部長の奮闘が描かれている。小谷正一は、その後、電通第4代社長吉田秀雄に請われ1958年にラジオ・テレビ局長として電通に移籍、東京オリンピックの広報プロデューサーなどを担当した。1966年に独立し、1970年日本万国博覧会（大阪万博）では住友童話館をプロデュース、1985年国際科学博覧会（筑波万博）では広報委員長を務めている。

第2節　日本初のイベントプロデューサー・小谷正一

　イベントの本質に迫る二つのエピソードを添えよう。

　小谷正一の「闘牛イベント」は大失敗だった。四国から特別列車を仕立て22頭の闘牛を関西に輸送する。それは敗戦直後の劣悪な輸送環境の中で無謀な企てだった。予想を上回る経費が掛かり、開催当日の天候不順で集客にも苦戦する。「新大阪」の資本金を超える損出を抱えることとなる。しかし、ここで小谷正一は挫けない。マティス、ゴーギャン、ルノワールなどの「欧州名作絵画展」を阪急百貨店で開催し大ヒットとなり、「闘牛イベント」の損失を一挙に取り戻す。

1955年に来日したオイストラフは、1か月間日本に滞在し、13公演すべてチケットを完売、会場を満席にした。そして、そのうちの1公演は、歴史に残る事業となった。学生と労働者向けに1席100円という破格の料金設定により、東京体育館で開かれ、1万人を集めたのだ。壽屋（現サントリー）のパトロネージを表す大盛況の写真が残っている。「ワンコインコンサート」のひとつの始まりがここにあったと想定される。

　新聞社は新聞記事がキラーコンテンツであるから、編集局に属する新聞記者たちが脚光を浴びる。だが、記者は"お金を稼ぐ人"ではなく、"お金を使う人"である。新聞社も営利企業として営業収入が必要であり、多くの新聞社において収入の二本柱は、「新聞販売」と「新聞広告」になっている。新聞社の「新聞事業」はこの巨大な二本柱の中間に位置する。第84代内閣総理大臣小渕恵三の名言を借りると、まさに「ビルの谷間のラーメン屋」である。

　事業セクションにはふたつの役割が求められる。ひとつは話題や人気を集めそうなイベントを仕掛け、新聞発行部数増という「販売」への貢献、もうひとつはイベントにより新聞媒体としての価値を高めてスポンサー企業を広告出稿に導く「広告」への貢献である。

　小谷正一は飛びぬけていた。マスコミ全般で職種ヒエラルキーとして中位から下位に位置づけられている事業セクションを華のあるセクションに押し上げた。事業は、「永続的で長期発展性も求めての事業」（拡大や営利を求めての主として新規の事業）と、「時限的で短期集中型の事業」（社会性や文化性のあるいわゆるイベント）に大別される。小谷正一は両方向の事業を成し遂げたが、後者の方で多くの功績を遺した。

　小谷正一は、広告及びイベント業界において「日本で初めてのイベントプロデューサー」と称されている。尊称は他でもない。小谷正一はマルチプレックスでスケールが大きい。グローバルでコンテンポラリーな視角を持ち、コンサートやアートはもとより、スポーツ、博覧会、エンターテインメントまでの広がりを持ち、地図に喩えると"イベントの世界地図"を踏破しているのだ。

　文化の社会資本としての公共的空間や施設が一定レベルで整ったといえる現代において、ミュージアム（美術館、博物館、科学館、水族館等）はその存在自体が感動装置とはいえない。モニュメント性やシンボル性を有する稀少のミュー

ジアムをのぞき、自立的存在性が希薄なミュージアムはオープン時がピークで、漸減か急落かいずれにせよ坂を下っていく。ミュージアムも人が来なくなると荒みだす。そして、ミュージアムは閑古鳥が鳴くだけの失楽園へと変わる。

小谷正一の時代、人々は知的好奇心を刺激する文化を渇望していた。紛い物も粗悪品も混ざっていたが、人々の消化能力も高かった。とはいえ、オリジナルでオーセンティックな「本物」を求める人間の心性は、今も昔も変わらない。マスコミの命綱は培われた信頼感にある。小谷正一が巧みだったのはマスコミの最大の財産である信頼感、特に新聞社の社会性、時代性をバックボーンにイベントを組み立てたところにある。

明治時代から、新聞社は文化の旗ふり役だった。文化を先導する水先案内人であり、新聞社自らが新しい文化のフロントランナーともなった。

2013年に公開された映画『風立ちぬ』(宮崎駿監督、スタジオジブリ)は飛行機に魅せられた戦前の設計家の物語である。映画に描かれた時代、朝日新聞社と毎日新聞社は熾烈な部数競争を繰り広げていた。1935年に羽田飛行場が完成し、民間飛行機が普及し始めたばかりである。両社は「飛行機によるイベント」に部数拡張を懸けた。1937年に朝日新聞が「神風号」で東京―ロンドン連絡飛行に成功。これに対抗し1939年、毎日新聞が「ニッポン号」による世界一周55日間5万キロの偉業を達成する。

飛行機イベントを"男性型イベント"とすると、新聞社が仕掛ける美的な"女性型イベント"が大きく開花していくのは、二十世紀を代表するメイド・イン・ジャパンのひとつである百貨店というパートナーの成長と軌を一にしている。「文化を販売する感性劇場」とセゾングループがプレゼンテーションする前から、百貨店が売っているのは文化の二面の表徴であるモノとコトだった。イベントにおいても、百貨店はうまいもの市のような「物販イベント」と共に美術展のような「文化イベント」も提供する。

この文化イベントは、百貨店のストア・ブランドである「店格」の形成や上昇に大いに寄与した。『広告と生きる』(成田豊著、日本経済新聞社、2009年)の中に、電通第9代社長成田豊 (1929〜2011年) が局長時代に命がけで実現した「大ヴァチカン展」のインサイド・ストーリーが載っている。数多のライバルを退け、1981年にそごうで「大ヴァチカン展」が開催された。法王ヨハネ・

パウロ二世に直訴して成し遂げた、そごう創業150周年記念の全国巡回展だった。法王ヨハネ・パウロ二世初来日という相乗効果もあり、そごう社長水島廣雄（1912～2014年）は、「業界の七番バッターがホームランを打った」と歓喜した。

そごうは1983年の東京ディズニーランド（TDL）開園と共に代表的アトラクション「イッツ・ア・スモールワールド」の提供スポンサーを勝ち取る。これらをバネに水島廣雄は「デパート王」へとのしあがっていく。その後の土地神話をベースとしたバブルの崩壊、落日の物語はここでは記さない。

百貨店は文化イベントのスポンサーであると同時に展示会場や関連イベントスペースのサプライヤーであった。特に、イベントの主催者兼イベント情報発信者の新聞社と、スポンサードすることでイベント動員力によるシャワー効果が期待できる百貨店とはWIN－WINの関係にあった。札幌市においても、百貨店が展示型文化イベントをリードした。

北海道開道百年を記念して、総合的博物館である北海道開拓記念館が開館したのは1971年である。北海道立近代美術館（1977年開館）、札幌市民ギャラリー（1982年開館）が誕生するまで、「道展」をはじめとする美術展は丸井今井を一番店として百貨店で開催されていた。札幌市の副都心新札幌に1981年に青少年科学館、1982サンピアザ水族館が開館するまで、この領域の展覧会までも百貨店が担った。1980年代、北海道は博覧会の時代でもあった。公共施設が整ってもなお百貨店は文化イベントのステージであり続けたが、急速に影を薄めていく。

第3節　イベント"学"への道

イベントは、激動する社会の中に生まれる。イベントは人間が造りだすものであり、イベントの存在性を認識する主体が必要という意味においても、社会の中でしか生まれない。イベントは経済活動として、産業の実態及び卵として、また徒花も含めた文化の花として、社会の様々な分野に存在する。社会科学の研究対象としても、多種多様なアプローチが可能である。

イベントを含め現代社会を多角的に研究する社会学は、最も対象範囲の広い学問のひとつである。森下伸也は『社会学がわかる事典』（日本実業出版社、2000

年）で「何でもありの社会学」と称し、人間と人間の関わりのすべてが社会学の研究領域と記す。学問的な関心や魅力をもつ社会現象に接着し、医療社会学、知識社会学、音楽社会学など新しい領域をつくりだす特質を持っている。だが、拡がる社会学の中に「イベント社会学」は生まれていない。

確かに『ライフ・イベントの社会学［新版］』（片瀬一男著、世界思想社、2013年）という名著がある。「ライフ・イベント」をコンセプトに、多くの人々が人生で経験する「出来事」（イベント）を探求した。テーマは、第1章から11章にかけ、名前・遊び・試験・制服・ダイエット・仕事・ラブレター・恋愛・結婚と魅力的に並ぶ。これらの出来事を「人生と社会の交差点で生まれるイベント」と片瀬一男は捉えた。

イベントに近接する観光やツーリズムの分野では、『観光社会学 — ツーリズム研究の冒険的試み』（須田廣・遠藤英樹著、明石書店、2005年）や『観光社会学のアクチュアリティ』（遠藤英樹・堀野正人編著、晃洋書房、2010年）をはじめ、少なからぬ研究者と著書が生まれている。2013年には『n次創作観光アニメ聖地巡礼　コンテンツツーリズム・観光社会学の可能性』（岡本健著、NPO法人北海道冒険芸術出版）が発売になった。著者は出版記念フォーラムで「アニメの聖地巡礼という面白いテーマに誰も手をつけていないのが不思議」と語る。

未開の地に、岡本健は自ら分け入った。コンテンツツーリズムを題材に、情報社会における旅行行動の特徴を北海道大学で研究していた岡本健が、主にアニメの聖地巡礼を調査対象とし研究論文を書いた。その論文をNPO法人北海道冒険芸術出版の堀直人代表理事が書籍化し、北海道から日本へ、日本を越えて世界へ投企した。アニメのシーンに描かれた何でもない場所がオタクに"とって"特別の場所になる。特別の場所はオタク巡礼者に"よって"いつしか聖地へと高まることがある。この発見と伝染そして拡散こそ現代だ。

イベントはアカデミズムの周縁を巡りながらも、このような研究の核にされることはほとんどなかった。それは、イベントが学際的な領域にまたがり、フレキシビリティと曖昧を包含した多義性を持ち、企業が保有、蓄積、改新する実務（実運用の技術）として発展してきたという特質によるものだ。

しかし、イベントの"学"を構築しようとする人々は不在でも黙っていたわけでもない。イベントを対象とする学問は、「イベント学」（英名：Eventology）

と名づけられ1998年に日本で誕生した。イベントに関わりの深い経済、マーケティング、広告、デザイン、都市工学、建築、スポーツ、音楽などの研究者や実務者が集まり、創設された。日本発の新しい知の体系づくりをめざし、初代会長は『「耕す文化」の時代　セカンド・ルネサンスの道』（ダイヤモンド社、1988年）の木村尚三郎（1930～2006）、二代目会長は通産官僚時代に1970年日本万国博覧会（大阪万博）を仕掛けた、元経済企画庁長官の堺屋太一（1935年～）が選ばれた。

「統合の学」、「創造の学」、「人間学」を3つの特徴として掲げて研究活動を続け、10周年記念で出版されたのが『イベント学のすすめ。』（イベント学会編、2008年）である。

第4節　イベントとはなにか

イベントは、「来る」を意味するラテン語の「venire」に由来する。アドベンチャーもイノベーションもここからの派生語であり、「外へ向かう」を意味する「e」が結びつきイベント（event）という言葉が生まれた。本来、イベントは「出来事」を意味する。

出来事には、地震や噴火のように「起こる出来事」と戦争や革命のように「起こす出来事」がある。前者を"神の意志による出来事"、後者を"人間の意思による出来事"と言い換えることもできる。近代化の歴史は、世界の中心の座と軸を巡る神と人間の覇権争いだった。20世紀になっても神は死にはしなかったが、人間の膨張拡大と比例して神は軽量化していく。20世紀は「戦争の世紀」ともいわれる。起こす出来事（人為）が、起こる出来事（神意）をはるかに凌駕した世紀だった。

日本では、博覧会国際事務局（BIE　本部：パリ）が認定する「国際博覧会」がこれまでに5回開催されている。「登録博（一般博）」・「認定博（特別博）」のいずれかの基準をクリアしたものが認定され、「大阪万博」（1970年）、「沖縄海洋博」（1975年）、「筑波科学博」（1985年）、「花の博覧会（大阪）」（1990年）、「愛・地球博」（2005年）が開催された。このすべての万博に参画した泉眞也（1930年～）は『核兵器と遊園地』（徳間書店、1988年）の中でこう問いかける。

「19世紀は、20世紀のために近代オリンピックと万国博を遺してくれた。20世紀は21世紀の人々に核兵器と遊園地（テーマパーク）を遺そうとしている。人類に核のボタンを押させず、遊園地に向かわせるもの。それは、共鳴〈レゾナンス〉の思想である。」

日本最高の博覧会プロデューサー泉眞也は、イベントをなによりも「平和産業」と捉えた。イベントは広告や観光と同じように平和だから成り立つ産業である。核兵器もディズニーランドも20世紀を象徴するアメリカの発明である。戦い争い殺し合うのではなく、遊び歌い手をつなごう。イベントは、共感コミュニケーションをベースとした「地球産業」そして「人間産業」である。「平和産業」とは「幸せ産業」に他ならない。

産業として歴史的視点からみると、『「広告」への社会学』（難波功士著、世界思想社、2000年）が記すように、「広告業界・ディスプレイ業界を中心に、イベントが"産業"となったのは1970年大阪万国博覧会以降であった」。そして、1,600万人を動員し、65億円もの黒字を計上した1981年の「神戸ポートピア'81」の成功により、全国に「地方博」ブームが沸き上がった。このブームは札幌で1988年に開催された「世界・食の祭典」の頓挫、1996年開催予定だった「世界都市博覧会」の中止などによって沈静化していく。

現代の産業の一角を担うイベントは本来出来事であることを忘れてはならない。この出来事という本来性を基に、イベントは大きく3つに分けることができる。ひとつは「①偶発的出来事」、次に「②計画的出来事」、最後に「③博覧会・展覧会・展示会・見本市・祭り・コンベンション・フォーラム・コンサート・コンクール・運動会・オリンピックなどを内包する行・催事とスポーツ」である。イベント学にて主に対象とするイベントは、③の「博覧会・展覧会・展示会・見本市・祭り・コンベンション・フォーラム・コンサート・コンクール・運動会・オリンピックなどを内包する行・催事とスポーツ」である。

この領域において、「イベントは、目的を持って、特定の期間に、特定の場所で、対象となる人々をそれぞれに、個別的に、直接的に、刺激（情報）を体感させるメディアである」と規定されている。

この規定を文節化し、加筆すると以下である。「イベントは目的を達成するための手段に他ならない。イベントは目的達成のためのプログラムとして採択・構

築されるメディアと換言できる。そのメディア特性は、ライヴかつダイレクトに刺激や情報を体感させられることにある。イベントは目的に応じて一定数の参加者によって成り立ち、時間と空間を共有する和集合に共通体験を提供することができる」ということである。

『イベント学のすすめ』の中で、木村尚三郎は、「イベントの本義は出来事である。何だ、何だ、と驚き、楽しさ、夢を求めて人が集まってくるような催しがイベントである」と語る。木村尚三郎は民衆的エネルギーが噴出するカーニバルや祝祭をイメージしている。堺屋太一は、「イベントとは非日常的な情報環境を計画的に創ることで、人々により強烈な心理的効果を与える人間の営み」と解釈する。堺屋太一のイベント観の中心にあるのは万国博覧会である。基軸は異なるが、この両者に共通しているのは、「非日常性」という概念である。

イベントは、日常とは異なる非日常と呼ぶにふさわしい何か特別な「モノ」や「コト」によって構成される。「モノ」は有形で物質的な価値、「コト」は無形の事象的な価値ということができる。柳田國男（1875～1962年）から和歌森太郎（1915～1977年）と連なる日本固有の民俗学的世界観のひとつは「ハレとケ」である。

「ハレ」は"特別のとき"で非日常、「ケ」は"普段のとき"で日常を意味する。人間は日常（ケ）の連続性の中で自らを呪縛し活力を失っていく。乾いた心は感動の窓を閉ざしていき、気は活きる弾力性を弱め、魂は固化していく。このケガレ（日常涸れ）を祓うのが非日常（ハレ）である。日常の重力からの解放、非日常によるケの死と再生こそイベントの本質である。

第5節　イベントのひろがり

「ハレとケ」の世界観は、エミール・デュルケーム（1858～1917年）やミルチャ・エリアーデ（1907～1986年）の「聖俗二元論」と習合し、「非日常＝ハレ＝聖 vs 日常＝ケ＝俗」と結びつけられる。

デュルケームは『宗教生活の原初形態』（古野清人訳、岩波文庫、1975年）の中で、「宗教は、社会における聖と俗の集団表徴であり、社会そのものに根ざす力である」と読み解く。そして、「聖なる存在」は集団的理想が象徴化されたも

のであり、社会が自らを維持するために生み出した装置である」と論ずる。この「聖なる存在」はこの論文のテーマの「イベント」と読み換えることができる。イベントは社会を劇場化し、人間を劇中あるいは劇中劇の存在にする力を有している。その舞台においては、人間は自らある配役を演じていることを意識化せざるをえない。

　原始のイベントは、飢餓や脅威に苦しむ人間の本能的欲望かつ根源的願望として生まれた。踊り、唸り、叫び、格闘、仮装、生贄など原始的パフォーマンスは、実現を引き寄せることを全身全霊で渇望する情念そのものだった。その狂騒にいつしかルールやマナーが生じる。渇望の沸き上がる情念は没我の集団的エクスタシーに転化され、広場に集まり、歌い、踊り、楽器を鳴らす共同体的祭祀へと変貌していく。そして、祭祀はさらにスペクタクルな儀式となる。この感動の共通体験により、人々は社会集団として統合されていく。

　イベントは人間の内なる野性を耕し、野性をなだめ、人間を文化に馴致していく。イベントは人間を"文化化"する装置として機能し、その機能において時代の権力や権威とも折り合いをつけ、社会的存在として確立していくのである。

　「カーニバル」はその象徴のようなイベントである。2014年も3月4日のフィナーレに向かって、「リオのカーニバル」（ブラジル）、「ベネチアカーニバル」（イタリア）、「ニューオーリンズ・マルディグラ」（アメリカ）、「トリニダード・カーニバル」（トリニダード・トバゴ）などで熱狂のダンスや仮装パレードが繰り広げられた。カーニバルの非日常性は反秩序性をもち、混沌や反転を生み出す。しかし、根底からの破壊や逆転には至らない。カーニバルは、ますます演劇性と娯楽性を高め、観光エンターテインメントとしてワールドワイドな商品価値を持っていく。3月4日で陶酔から覚め、カオスの世界は終焉し、民衆は日常の秩序の世界へ戻っていく。

　河合隼雄（1928～2007年）は『青春の夢と遊び』（岩波書店、1994年）で「聖」と「俗」に「遊」を加える。ヨハン・ホイジンガ（1872～1945年）、ミルチャ・エリアーデ（1907～1986年）、ロジェ・カイヨワ（1913～1978年）という知の系譜を踏まえ、「俗」を仕事（経済）、「遊」を遊び（文化）として提示したのだ。

　ホイジンガは人間を「ホモ・ルーデンス」（遊戯人）と呼び、「ホモ・ファーベル」（工作人）よりも先にあり、遊びこそが他の動物と人間を分かつものであ

ると考えた。遊びは決められた時間と空間の中で行われる自発的行為である。遊びには自らが決めた規則が存在する。子どもの遊びに限らず、スポーツをはじめ政治、経済、法律、教育など文化は遊びの精神から発していると考えた。これを発展させて、遊びの文化論の決定打を放ったのがロジェ・カイヨワである。

カイヨワは『遊びと人間』(多田道太郎訳、講談社、1971年) で遊びを4つのカテゴリーに分類した。
 (1) アゴン (競争)：スポーツ、格闘技、徒競走、囲碁、将棋　他
 (2) アレア (偶然)：サイコロ、くじ、じゃんけん、ギャンブル　他
 (3) ミミクリ (模倣)：演劇、コスプレ、物真似、ごっこ遊び　他
 (4) イリンクス (眩暈)：ブランコ、ワルツ、メリーゴーランド　他

さらに、カイヨワはそれぞれの遊びを「パイディア」(遊戯) と「ルドゥス」(競技) に分ける。

カイヨワの偉大さは、競う遊びの「アゴン」と賭ける遊びの「アレア」、真似る遊びの「ミミクリ」に加え、めまいの遊びの「イリンクス」を発見したところにある。遊びは社会的なものであり、イリンクスは現代社会の忘我的現象を映し出す。平衡感覚を狂わす絶叫マシーン、擬死体験のバンジージャンプ、さらにアルコールとドラッグ、映画のスペクタクル、大音響のロックもイリンクスである。トランス状態で超自然と交流する古代のシャーマンは、ミミクリとイリンクスの体現者であった。現代のミミクリとイリンクスの結合を象徴するのは、ロールプレイングゲーム (RPG) そして東京ディズニーランド (TDL) ではないか。

第6節　イベントの分類

イベントは目的をもって行われる手段であるから、イベントを創りだす主体が存在する。目的はゴールである目標よりも大きく、目的はミッションと訳すのがふさわしい。

目的には、「自分ごと」と「みんなごと」と「世の中ごと」がある。防災対策や災害対応として「自助」「共助」「公助」という考え方がある。「自助」とは家族も含め自らの命は自らが守ること、「共助」とは地域住民やボランティア、企業などの連携により近隣の互いが助け合って地域を守ること、「公助」とは個人

や地域社会では解決できない問題について国や地方公共団体などが支援を行うことである。

　この自―共―公の軸でイベントも分類できる。「プライベートイベント」、「コーポラティブイベント」、「パブリックイベント」となる。

　しかし、この分類の網の目からいくつものイベントが零れ落ちていく。もういちど整えてみよう。「プライベートイベント」とは、誕生パーティや結婚式など家族や友人、仲間たちが集うイベント、「コーポラティブイベント」とは、町内会をはじめとした住民グループやNPOなどが協働で行う地域活性化やコミュニティ意識を醸成するイベント、「パブリックイベント」とは、オリンピックや万国博覧会を頂点に国体・植樹祭・生涯学習フェスティバルなど国や地方自治体、公共機関などが行うイベントである。

　学校行事も「パブリックイベント」に包含されそうだが、規模はもとより目的と対象が違う。入学式、学校祭、運動会、遠足、修学旅行、卒業式などの学校行事を「エデュケーショナルイベント」と呼びたい。PTA総会、学校開放、オープンキャンパスさらに学会や研究発表会、アウトリーチ講演会などもエデュケーショナルイベントといえる。

　イベントはコミュニケーション活動と同時に、経済活動でもある。イベントは企業の広告展開においてセールスプロモーションの一環として位置づけられている。話題性のあるイベントで集客し、インフルエンサーにより話題性を増幅させる。このようなマスコミも含む企業や営利団体による販売促進活動を「プロモーショナルイベント」と名づけたい。

　イベントは手段であるが、目的そのもののような存在価値を持つことがある。目的と手段は表裏一体といってもよい。美術展、コンサート、演劇祭、芸能祭など芸術団体、文化団体、劇団、芸能プロダクションなどによって開催されるイベントを「カルチャラルイベント」としたい。最後に、イベントの文化基盤を忘れてはならない。伊勢神宮の式年遷宮、御柱祭、ねぶた祭などの伝統的祭礼、正月から大晦日までの年中行事、二十四節気七十二候、記念日、祝祭日などの「トラディショナルイベント」を根源的中心に据えたい。

開催主体でみるイベントの7分類

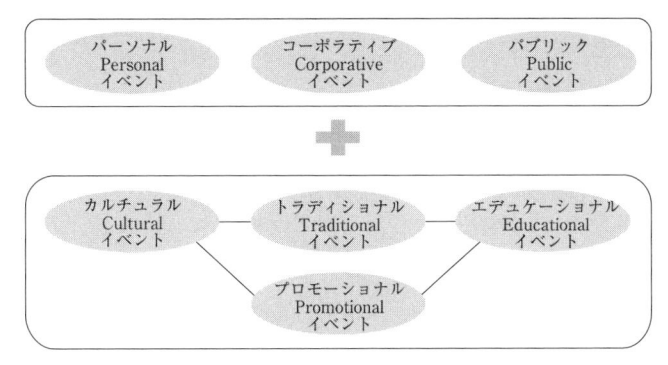

```
┌─────────────────────────────────────────────────┐
│   パーソナル        コーポラティブ      パブリック    │
│   Personal        Corporative      Public      │
│   イベント          イベント          イベント      │
└─────────────────────────────────────────────────┘
                        ＋
┌─────────────────────────────────────────────────┐
│  カルチュラル    トラディショナル   エデュケーショナル │
│   Cultural      Traditional      Educational   │
│   イベント        イベント           イベント       │
│                                                 │
│              プロモーショナル                    │
│               Promotional                       │
│                イベント                          │
└─────────────────────────────────────────────────┘
```

©takaohiromichi：2014

　開催主体で考察すると、以上の7種のイベントが浮き上がってくる。もちろん、イベントは実に多種多様で複合的であり、これらイベントの中間形態も、これらの分類におさまらないイベントも存在する。

　イベントは目的を果たすための手段として仕組まれ、仕込まれたものである。イベントは、時空間を核にフレームとルールは定められ、ライヴ性をエネルギーに、クローズが定められた形でオープンする。イベントは、基底に古来の心性を燃焼させながら時代を呼吸する生きもののような存在である。

　つづいて、開催主体でみる7種のイベントとは違う切り口で考察してみたい。この生きもののようなイベントを、現代社会に外化している形態で分類してみよう。ここでは、個々の解説を省き標本的かつ羅列的抽出に留める。

①　スポーツ系イベント

　スポーツ系イベントは、観戦型と参加型に大別される。アスリートスポーツの観戦からレジャー参加まで裾野が広く、特にトップアスリートによる観戦型スポーツイベントは、「メディア・イベント」としての親和性が高い。

　観戦型スポーツイベントは、オリンピック、FIFAワールドカップ、F1、プロ野球、Jリーグ、プロレス、格闘技、競馬、競輪、駅伝、高校野球などである。街頭テレビ、パブリック・ビューイングやクローズドサーキット、スポーツバーでの観戦も含む。

　参加型スポーツイベントは、国体、インターハイ、チャレンジデイ、コーポレ

イトゲイムズなどの複合型、運動会、体育祭、遠足など学校行事、市民マラソンを代表に、サイクリング大会、フィッシング大会、パークゴルフ大会、昭和新山国際雪合戦などがある。

② 芸術・文化系イベント

この分野は、美術・工芸・音楽・演劇・映像・写真・文芸・芸能などにまたがる。世界の冠たる「美術祭」・「音楽祭」・「映画祭」をはじめ、美術展、書道展、アートフェスティバル、クラフトフェアなどの展覧会、高校生限定の「写真甲子園」や「俳句甲子園」、技能五輪、ロボット・コンテスト、音楽コンサート、演劇祭、ダンスショー、ファッションショー、ストリートパフォーマンス、大道芸などが挙げられる。展覧・上演・上映にとどまらず、コンクールやコンテストという形式をとるものが多いのが特徴である。

③ 博覧会・見本市系イベント

博覧会は万国博覧会、地方博覧会、各種テーマ博覧会に分けられる。日本での「愛・地球博」(2005年)の後には、「サラゴサ国際博覧会」(スペイン：2008年)、「上海国際博覧会」(中国：2010年)、「麗水国際博覧会」(韓国：2012年)の万博が開かれ、2015年にはイタリアで「ミラノ国際博覧会」が計画されている。

見本市や展示会は、本来はトレードショーであり、プレゼンテーションと商談そして市場調査というビジネススタンスがベースである。世界中、日本中で開催され、世界最大の産業技術見本市「ハノーバー・メッセ」(ドイツ)、世界最大のコンピュータゲーム見本市「エレクトロニック・エンターテインメント・エキスポ」(アメリカ)、「東京モーターショー」など枚挙に暇がない。

④ 祭り・観光系イベント

古くからの伝統を継承する祭礼や年中行事の「トラディショナルイベント」に、「観光イベント」と呼称される祭りやフェスティバルも加えたい。「さっぽろ雪まつり」、「YOSAKOIソーラン祭り」、「隅田川花火大会」、「越中おわら風の盆」、「神戸ルミナリエ」、「ひろしまフラワーフェスティバル」、「阿波踊り」、「長崎ランタンフェスティバル」などが挙げられる。また、神奈川県川崎市の「川崎ハロウィン」をはじめ、「砂祭り」(鹿児島県南さつま市)、「秦野たばこ祭り」(神奈川県秦野市)など新しい祭りもぞくぞくと生まれてきている。

⑤　集会・会議系イベント

あるテーマのもとに人が集まり、行われる集会や会議を指す。全国巡回の恒例行事の「植樹祭」、「育樹祭」、「まなびピア」、「豊かな海づくり大会」、「グリーンフェア」などが挙げられる。そして、講演会、シンポジウム、フォーラム、セミナー、スクール、カンファレンス、デモ、サミット、学術会議、株主総会、祝賀会、研修会、販売店会議、招待会などに加え、卒業式、成人式、平和祈念式典、表彰式などの式典がある。また、同窓会、披露宴、異業種交流会、コンパ、婚活パーティ、ダンスパーティなどパーティも含まれる。

⑥　販促PR系イベント

これは企業や団体、自治体などが展開する「プロモーショナルイベント」と合致する。"空中戦"のマスコミ展開に対し、"地上戦"のセールスプロモーション（SP）展開ともいわれる。SP展開が訴求するのは、イベントの力を活用したダイレクトコミュニケーションによる集客や販売促進である。キャンペーンテーマにあわせ、「本屋大賞」や「B1グランプリ」のような仕掛け、キャラクターを創作し着ぐるみやグッズ展開、サンプリング、試飲会、試乗会など店頭展開、抽選会、サイン会などによる店内展開、交通広告などと連動したクイズ展開、キャラバン隊を編成しての街頭デモンストレーションなどがある。

外化の形態でみるイベントの分類

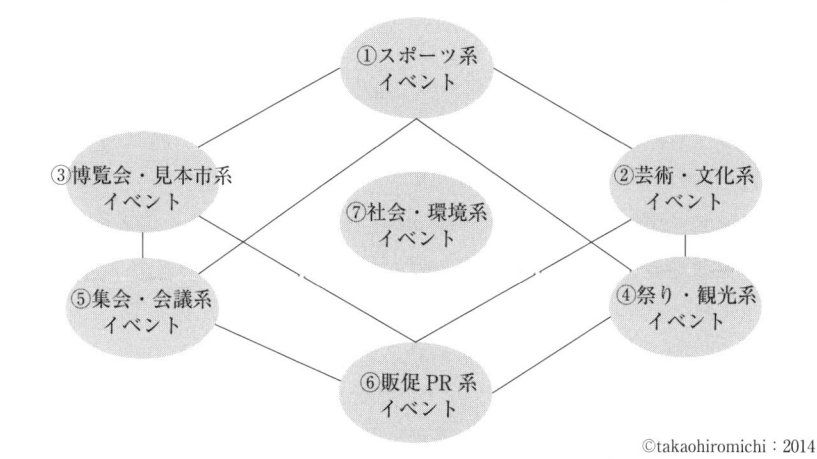

©takaohiromichi：2014

⑦ 社会・環境系イベント

これは「コーポラティブイベント」と「社会実験型イベント」、さらに精神としてはフィランソロフィーと企業CSRを含んでいる。

緑化、植林、水源保護、生物多様性など環境や生態系保護のためのイベントをはじめ、ゴミ拾いウォーク、防災訓練、炊き出し、アースアワー、アースデイ、キャンドル・ナイト、フェアトレードフェスタ、打ち水大作戦なども含まれる。加えて、まちづくり型でパビリオンのない博覧会「えひめ町並博2004」、日本で初めて2006年に長崎市で開催されたまち歩き博覧会「さるく博」（2007年から「長崎さるく」のネーミングで再スタート）など地域資産活用ネットワーキングのイベントも事例に挙げられるだろう。

第7節 万国博覧会とオリンピック

博覧会は、その名の通り「この世の中にある産物や文物を広く集め展覧する」一般公開催事である。この基本的な意味においては、古代から存在したが、今日的な博覧会のはじまりは1798年にパリで開催された「フランス産業展示会」といわれる。産業革命をリードするイギリスに追いつくために計画されたものだった。イギリスとフランスはこの分野においてもしのぎを削り合い、1851年に初めての万国博覧会「ロンドン万国博覧会」がハイドパークで開催される。鉄とガラスで造られた水晶宮（クリスタルパレス）が爆発的な人気を博し、165日間の会期中に600万人を超える入場者を集める。

近未来性・新奇性が人々の心を捕らえ、国威発揚・殖産興業にして最大の娯楽でもある万国博覧会は世界に広がる。1853年に「ダブリン産業博覧会」（アイスランド）、この年から1854年にかけて「ニューヨーク博覧会」、そして1855年にシャン・ド・マルス公園で「パリ万国博覧会」が開催される。この博覧会は、機械や工業製品といった形のあるものばかりではなく、アートやバレエ、オペレッタ、音楽など人間の生み出すものすべてを展覧する"万有博覧会"だった。

19世紀末の欧米は、万国博覧会の時代といえる。日本政府が本格的に参加した初の国際博覧会で1873年にプラーター公園で開催された「ウィーン万国博覧会」（オーストリア）、1876年にフィラデルフィアで開催された「独立100年記

念国際博覧会」（アメリカ）、1885年にアントワープ万国博覧会」（ベルギー）、1889年にエッフェル塔を生んだ「パリ万国博覧会」、1893年に「コロンブス新大陸発見400年記念博覧会」（アメリカ）などが連なる。この400年記念博では、ミシガン湖畔の白一色でネオクラシックなパビリオン群が話題を呼ぶ。後の都市開発に大きな影響を与えると共に、無名だった開催地のシカゴは一躍世界の主要都市へ飛躍していく。

1889年のパリ万国博覧会は、記念碑的な万国博覧会である。この博覧会には、開会式の入場行進、国旗掲揚、国歌斉唱、開催宣言、メダル授与式もあった。このセレモニーに近代オリンピックの父ピエール・ド・クーベルタン男爵（1863〜1937年）が強く感銘を受けたといわれる。金・銀・銅メダルも、万国博覧会に出品された中から、優秀な工業製品に授与していたものだった。

そして、1896年に近代オリンピックの「第1回アテネ大会」がオリンピアの聖地ギリシャにおいて、10日間、13か国、241名の選手を集めて開催される。資金集めに苦労しつつも成功を収めるが、1900年「第2回パリ大会」と1904年「第3回セントルイス大会」は、万国博覧会の「付属大会」になってしまう。

史上最大の規模で万博の中の万博と呼ばれ"芸術のパリ""花のパリ"を確立した「パリ万国博覧会」、セントルイスで開催された「ルイジアナ買収100年記念国際博覧会」の中に埋没し、付録のようになってしまったのである。

しかし、1908年「第4回ロンドン大会」、1912年「第5回ストックホルム大会」から、オリンピックのあるべき形を整えていく。そこに第一次世界大戦が勃発、1916年ベルリン大会は開催中止となる。オリンピックの歴史は、ここからの道のりはさらに険しくドラマチックである。

2013年9月7日、「2020年東京オリンピック」の開催が決定した。そして、2014年1月24日、一般社団法人東京オリンピック・パラリンピック競技大会組織委員会（森喜朗会長）が設立された。2019年竣工をめざし2015年から新国立競技場の建て替えが着工する予定だったが、設計家ザハ・ハデットの周辺の歴史や景観への無理解、巨大モニュメント設計思想に批判が集まり、混迷を深めている。

日本にとってオリンピックイヤーは2020年だけではない。2016年リオデジャネイロオリンピックの終了時から2020東京オリンピック開催までの4年間が、オリンピックイヤーである。オリンピックマーケティングの領域ではさらに早

く、さらに長い。2015年1月1日に向かってすでに激しく動き出している。

オリンピックの権利ビジネスプログラムは、大きく3つに分かれる。それは、①IOC（国際オリンピック委員会）、②OCOG（大会組織委員会）、③NOC（各国オリンピック委員会）によるそれぞれのプログラムである。日本の場合、JOCの「がんばれ！ニッポン！」のオリンピック日本代表応援プログラムが③のプログラムにあたる。

2020年東京オリンピックに向かい、②のOCOGは2015年1月から権利行使期間となる。だから、競争が激化している。しかも、オリンピック開催国では、②と③を別々のパートナーには販売してはいけないというIOCとの契約がある。このため、③のJOCプログラムは2014年12月で終了する。②と③のパッケージは、「ジョイントマーケティングプログラム」と呼ばれる。

このジョイントマーケティングプログラムのスポンサーにならない限り、2020年東京オリンピックをマーケティングに活用することはできない。②と③が合体したために販売数は減り、パートナー企業は限定される。権利期間は、2015年1月1日から2020年12月31日まで6年間にわたる。

このプログラムには、期間中のオリンピック・パラリンピック3大会（2016年リオデジャネイロ、2018年冬季平昌、2020年東京）とユースオリンピック3大会（2016年冬季リレハンメル、2018年ブエノスアイレス、2020冬季〈開催地は2015年に決定〉）の6大会で日本代表を応援する権利が含まれている。

2020年に向け、2014年4月に電通は組織委員会の専任代理店に任命された。マーケティングパートナーとして電通がスポンサーの募集をスタートした。組織委員会が掲げるマーケティング目標は1,500億円以上である。

この電通にマーケティング局が新設されたのは『電通110年物語』によると1964年という。まだ、スポーツマーケティングという言葉さえない時代である。「東京オリンピック大会の開催に協力。国家イベント参画の道を開く」とこの物語に記されている。

アジア初の1964年東京オリンピック開催にかけた費用は1兆800億円であっ

た。1964年の国家予算は3兆4,000億円という時代である。わずか15日間のためにかけた費用は、今の価値に換算すると20兆円を優に超える。東海道新幹線、首都高速道路の開通等を含んだ巨額投資であった。

　東京オリンピックの20年後1984年に開催されたロサンゼルスオリンピックからオリンピックは大きく変わる。ピーター・ユベロスが編み出した放映権料と1業種1社のスポンサー制度、大会マスコットのライセンシーによる商品化などの収入源確保により、史上初めて黒字の大会に転換する。この大会を契機にオリンピックは"儲かるビジネス"の地位も獲得し、誘致合戦が繰り広げられるようになっていく。2000年のオリンピックの開催権をわずか2票の差でシドニーに奪われた北京が2008年をめざして再び立ち上がり、誘致合戦に勝利したロビー活動やPR戦略は教科書に残るような巧みさだった。

　その一方で、2022年冬季オリンピックのような、オリンピックの「持続可能性」を脅かす事態も発生している。立候補を表明していたストックホルム（スウェーデン）、クラクフ（ポーランド）、リヴィウ（ウクライナ）が住民投票、国内情勢などを理由として立候補後に断念。さらに第一次選考を通過したにもかかわらず、2014年10月1日、オスロ（ノルウェー）が政府判断で撤退を決定している。残った都市は、北京（中国）とアルマトイ（カザフスタン）である。2018年の平昌大会につづき、2大会続いてアジアでの開催となる。2016年の大会誘致に向け札幌が動き出したが、開催年を含め戦略自体の見直しが必要な状況になってきている。

　博覧会というイベントは、2010年「上海国際博覧会」のように、経済成長途上にある国や地域の方が適している。外交手段として効果的で、インフラ建設や都市再生など社会資本整備の機会となる。しかし、歴史を猟歩して明らかなのは、博覧会はそのものが近未来空間で、多彩な最先端の技術や情報がエンターテインメント性をもってディスプレイされた、心躍るワクワクドキドキが充満している場だったということだ。今やその機能は都市自体やメディアが受け持ち、新奇性や感動装置性も話題性と集客力のあるテーマパークの後塵を拝している。

　エリア論でいうと地域課題や地域資源と向き合う中でグローカル（グローバル＋ローカル）な博覧会を編み出し、ターゲット論でいうと博覧会はもっと専門に

特化、あるいは分化した専門を統合し、新しいトレードショーへと進化していくべきである。

　オリンピックは、その時点で最先端のアスリートによるライヴ競技である。この時にしか味わえない感動をエモーショナルに共有できる限り、そしてその感動体験がピュアである限り、オリンピックの価値と力は揺るがない。最大のイベントであり続けるだろう。

　2020年東京オリンピックに向け、正だけでなく負の「オリンピック・レガシー」（五輪遺産）にも目を向けたい。その象徴は、1964年東京オリンピックのために日本橋を塞いで建設された首都高速道路である。老朽化した首都高速道路の更新は喫緊の課題でもある。

　ソウルの中心部に清渓川が流れている。かつてこの川の上には、日本の首都高速道路と同様に高架道路があった。しかし、署名運動などにより復元の世論が高まり、2005年に道路を取り壊して川を再生。今では家族が遊べる水辺空間になっている。日本でもできないことはない。三井グループが中心となり、誘致決定以前からムーブメントを起動させていたが、2020年を契機としてさらに官・民・地元が一体となって、景観とアイデンティティを取り戻す「日本橋再生」が動き出すことを期待したい。

第8節　仮設と常設

　イベントの最大の特質は、"非日常・ハレ・聖"の世界をグラウンディング化した「仮設」というところにある。「仮設」とはある期間だけ臨時に設置することであり、常時において設置される「常設」の対極にある。店舗でいうと「仮設」は露天や屋台、「常設」は百貨店である。道路でいうと「仮設」はマラソンコースやパレードなどで特別に限定的に活用される車道、車輌専用として活用されるのが「常設」である。

　発展途上国の道路はもっと可変的でダイナミックである。夜明けから道には朝市や朝食堂の露店・屋台が「仮設」で立ち並ぶ。まもなく朝刊やマガジンを手売りする売り子が声をはりあげる。通勤がラッシュになるころ「仮設」は影も形も無くなる。道路はしばし「常設」に戻る。日が暮れ始めると「仮設」の夜店

が現れる。暮れるとひと時の無法地帯となる。歌が流れ出し踊りが始まる。「仮設」の酒場になり劇場になり賭場になり遊戯場になる。ある時間に計ったように狂騒は幕を降ろす。道は眠る。夜明け前に道は子どもたちの球技場になる。

近世に「楽市」が奨励され、表層であるにせよ自由取引市場が開かれるが、日本においても「市(いち)」は「道(みち)」が交差するところに生まれた物々交換や会合の場であり、さらには祭祀、歌垣などに活用される交流の場所だった。

「仮設」と「常設」は切っても切り離せない関係にある。その関係性を探ると、ひとつは「仮設」から「常設」への転化である。現在、「100円ショップ」は大手4社で約5,500億円（2012年度）というビッグビジネスに成長しているが、始まりは客寄せイベントの小さなアイテムだった。100円で売れる商品を集め、1週間単位で全国のスーパーや百貨店で販売するドサ回り型イベントだった。「100均イベント」は時代の流れをつかみ、催事業者が固定店を全国チェーン展開するに至る。仮設から常設にジャンプアップした好例である。

これ以上の事例は、1983〜1984年、西新宿の都有地空地を借り、テント張りの「仮設劇場」で『CATS』ロングラン公演を成功させ、現在、東京・名古屋・大阪・札幌の4都市に専用劇場を有する劇団四季を創り上げた浅利慶太（1933年〜）の歩みだろう。

次に、「仮設」と「常設」のヒエラルキーにおける分担、その棲み分けによる補完である。「常設」には常設ならではの、「仮設」には仮設ならではの、素材や工法など多様な技術やノウハウがある。2020年東京オリンピックにおいては、施設整備を3つに分けている。新国立競技場の整備は国、これを除く「常設施設」は東京都が整備、「仮設施設」は組織委員会が整備すると仕分けられている。

つづいて、「仮設」と「常設」の中間形態として「仮設的常設」の存在があげられる。流通を含めサービス業の「常設」はきわめて短命になってきている。顧客の共感を獲得し、共感をシェアできないような「常設」は恒常性があやしくなってきている。いつ閉鎖されるかわからない、いつクローズになっても不思議ではない、という時限爆弾を内在したような「常設」になっているのだ。

「24時間都市」は、都市のイベント会場化、都市の

遊園地化を表現したが、この言葉自体が古色を帯びている。コンビニエンスストアの登場と増殖により、眠らない都市は日常であり、多層にわたる眠れない人々が溢れているのが都市なのである。このような環境下で生まれた「ビックロ」を事例としてあげたい。

　新宿に2012年9月に開店したその店舗は、家電量販店ビックカメラとファストファッションユニクロが相乗効果を狙った新業態である。コンセプトは、「素晴らしいゴチャゴチャ感」。プロジェクトは10年間の定期貸借契約だから、日々カウントダウンしていく。この共同出店は、必ずしも成功に至っているとはいえないが、「ビックカメラ×ユニクロ＋常設×仮設＝異次元」をめざしたイベント型業態創造ということができる。

　東京ディズニーランド（TDL）は、「常設」と「仮設」の概念によって解説することが可能である。「常設」とは地に根をはることであり、恒常性・不変性こそベースである。それに対し「仮設」は地に根をおろさず、非再現性・可変性こそが存在価値である。「常設」は日常性にとりこまれ、生命力を失う。イベントも空間もマンネリズムが死に至る病である。TDLは「常設」ではなく永久に「仮設」の空間である。TDLは「不易流行」の日本文化の基盤の上に、「永遠に完成しない夢の国」を建国し、「ゲスト」という名の夢を見続け、夢から醒めない国民を創り出した。

おわりに

　イベントを巡るオデッセイは終わりなき旅である。この小論でいくつかの発見はできたが、見上げるだけの山脈や未踏の地は多く残った。踏み入ると未来を探しだせそうな森にも達していない。

　この小論からまた新たに旅は始まる。いくどか迷宮に迷いこみながら進むべき道を探しつづけたこともあり、深化したいテーマがいくつも生まれた。書きたいものと書かれなければならないものが蠢いている。そのひとつは、「イベントはどこにいくのか」である。さっそく、ネクストステージへの旅支度をしようと思う。

参考文献

早瀬圭一『無理難題「プロデュース」します ― 小谷正一伝説』岩波書店、2011年
馬場康夫『「エンタメ」の夜明け ディズニーランドが日本に来た！』講談社、2007年
井上靖『闘牛』文藝春秋新社、1950年
井上靖『貧血と花と爆弾』文藝春秋新社、1952年
成田豊『広告と生きる』日本経済新聞社、2009年
森下伸也『社会学がわかる事典』日本実業出版社、2000年
片瀬一男『ライフ・イベントの社会学［新版］』世界思想社、2013年
須田廣・遠藤英樹『観光社会学 ― ツーリズム研究の冒険的試み』明石書店、2005年
遠藤英樹・堀野正人『観光社会学のアクチュアリティ』晃洋書房、2010年
岡本健『n次創作観光アニメ聖地巡礼 コンテンツツーリズム・観光社会学の可能性』北海道冒険芸術出版、2013年
木村尚三郎『「耕す文化」の時代 セカンド・ルネサンスの道』ダイヤモンド社、1988年
イベント学会『イベント学のすすめ』ぎょうせい、2008年
泉眞也『核兵器と遊園地』徳間書店、1988年
泉眞也『空間創造楽』電通、1992年
難波功士『「広告」への社会学』世界思想社、2000年
デュルケーム『宗教生活の原初形態』岩波文庫、1975年
河合隼雄『青春の夢と遊び』岩波書店、1994年
ロジェ・カイヨワ『遊びと人間』講談社、1971年
泉眞也『泉眞也の万有博覧会』中日新聞社、2005年
吉澤弥生『芸術は社会を変えるか？』青弓社、2011年
山口有次『ディズニーランドの空間科学』学文社、2009年
玉木剛・本田哲也『影響力』ダイヤモンド社、2004年
猪熊純編『シェアをデザインする』学芸出版社、2013年
飯島洋一『「らしい」建築批判』青土社、2014年
西江肇司『戦略PR代理店』幻冬舎、2014年

芸術・スポーツ団体による
コラボレーション事業の新たな可能性を探る
― P3 HIROSHIMA の事例研究を通して ―

宇田川耕一・閔　鎭京・角　美弥子・福原　崇之

はじめに

　平成26年（2014）4月に、芸術・スポーツ文化を多面的に追求するとともに、地域の活性化及び文化振興に貢献できる人材の育成を目指して、本学岩見沢校に「芸術・スポーツ文化学科」が誕生した。新たに「芸術・スポーツビジネス専攻」が設置されたが、そこでは学生達は芸術・スポーツ文化を活かしたマネジメント知識や、組織の運営に関する実践的能力を身につけることが期待されている。それによって、地域活性化や街づくりに貢献すると同時に、新しい文化ビジネスを創造できる人材を育成することが可能になる。

　では、芸術・スポーツ文化を活かしたマネジメントとは何であろうか。そして、どのようにして新しい文化ビジネスを生み出していけるのだろうか。その問いに対するひとつのアプローチとして、ビジネス専攻4教員（宇田川・閔・角・福原）は、芸術・スポーツ団体によるコラボレーションの新たな可能性を探るために、ある先駆的な地域活性化プロジェクトに注目し「P3 HIROSHIMA 研究会」を立ち上げた。

　芸術・スポーツを文化ビジネスの観点から融合させること、そこには様々な「壁」が存在する。たとえば、使用する道具ひとつ考えてみても、野球におけるバットやグローブ、オーケストラの楽器、アート制作の際の絵筆や工具などは、その性質・機能が全く異なる。それらの成果・パフォーマンスを同一空間で活かすイベントを仮に想像するだけでも、なかなか困難なことである。

　一方で、芸術とスポーツには共通点も多い。特に、プレーヤー自身が高度な

パフォーマンスを発揮することが最初に要求されるという意味で、「プロフェッショナルであるかどうか」という判断基準が明確に存在することが、重要な共通点のひとつと考えられる。

広島交響楽団・サンフレッチェ広島・広島東洋カープというプロ3団体によって構成されるP3 HIROSHIMAについて、本論ではその成立の経緯、組織概要、目的・趣旨、活動内容などについて詳しく見ていくことにする。その過程を通して、芸術・スポーツ団体の融合がきわめてユニークな形態で実現されていることに、私たちは新鮮な驚きを覚えることとなった。

P3 HIROSHIMAの研究を通じて、芸術・スポーツ団体によるコラボレーション事業の新たな可能性を提示してみたいと思う。

第1節　広島市の概要

P3 HIROSHIMAの研究を始めるには、まず広島市の地理的・歴史的条件について概観することが必要であろう。なぜ、広島市でなければならなかったのか、広島市の地理的・歴史的な特殊性とは何か。本節ではこの地で芸術・スポーツビジネスの融合がユニークな形態で実現したことの、地理的・歴史的な背景を探る。

（1）広島市の現在

広島市は、人口130万人（2014年8月末現在）を抱える広島県の県庁所在地であり、かつ中国・四国地方の中心都市でもある。面積は905.41㎢、南は瀬戸内海に面し、北は山県郡、安芸高田市、東は安芸郡、東広島市に接し、西は廿日市市に接する。主要産業は、卸売業、小売業、情報通信業、建設業、不動産業、物品賃貸業である[1]。特産品では牡蠣、お好み焼きやもみじ饅頭などが有名である。

交通では鉄道は南に山陽本線、山陽新幹線が走り、中国の大動脈となっており、北に向かっては芸備線が走る。市中心部にはバス（広島バス、広電バスなど）とともに路面電車（広電）、新交通システムのアストラムラインが走り、市民の足となっている。広島港からは松山に向かう航路があり、中国と四国の橋渡

しをする。近辺の宮島や江田島へ向かうフェリーもある。

　平成26年度の当初予算は一般会計5,856億円、特別会計4,072億円、企業会計1,529億円を合わせ、1兆1,457億円である。前年度当初予算から0.1％のマイナスであるが、一般会計は同2.8％及び特別会計は同7.4％の伸びとなっている。特別会計の伸びについては、公債管理特別会計の増などによるもので、企業会計は、病院事業会計の減などによるものである。平成26年度は「世界に誇れる『まち』の実現に向けての躍動を実感する予算」を見据え、「活力にあふれたにぎわいのあるまち」「ワーク・ライフ・バランスのまち」「平和への思いを共有するまち」の実現を目指す施策を講じている。この中で、スポーツ・文化芸術の振興には5億4千万円を充てている。

　市の木はクスノキ、市の花はキョウチクトウである。いずれも、戦後いち早くその命を吹き返したことに由来する。

　海外の姉妹都市は、ホノルル市（アメリカ）、ボルゴグラード市（ロシア）、ハノーバー市（ドイツ）、大邱広域市（韓国）、モントリオール市（カナダ）、重慶市（中国）であり、さまざまな友好交流活動を行っている。

　広島市内の文化財としては、何よりもまず、世界文化遺産の原爆ドーム（旧産業奨励館）が挙げられる。世界で最初に原子爆弾の災禍を蒙った都市として、いわゆる「負の遺産」としての意義を持つ。太田川の支流本安川の東に位置しており、県内のもう一つの世界文化遺産である宮島（写真1）との間を結ぶクルーズが運行されている。市全体での観光客数は平成

写真1

25年（2013）で年間115万人に上る。広島市の文化財は国指定24（うち国宝1）、県指定35、市指定が98の合計157（うち無形の文化財8）となっている[2]。広島城は国の指定史跡で、「鯉　城（り　じょう）」の別名がある。これが広島東洋カープの由来となっている。

（2）広島市の歴史

　現在、市の中心部である太田川下流域は、かつて海中であり、そのため、縄文時代、弥生時代等の古い時代の遺跡は川沿いの丘陵地や、当時島であった山に残る。律令制度下の地方政治は国府を中心に行われていた。

　中近世からの歴史をたどると、天正 17 年（1589）毛利輝元が太田川の三角州の上に築城を始め、「広島」と名付けたと言われる。毛利氏の本拠地であり、三本の矢の逸話は有名で、今もその精神が随所で見られ、J リーグのサンフレッチェの名づけの由来にもなっている。

　関ヶ原の戦いののち、福島正則が芸備の領主となるが、広島城の無断修築の罪で改易され、元和 5 年（1619）紀州から浅野長晟が入城し、以後浅野氏の城下町となった。江戸時代には広島城下の南方の干潟が干拓されるなどして人口は約 7 万人となり、江戸・大坂・京都・名古屋・金沢に次ぐ大都市となり、当時から商業の中心地であった。

　明治になると、明治 21 年（1888）4 月市制町村制が公布され、翌年、広島は全国で最初の市の一つとして市制を施行した。明治 35 年（1902）の広島高等師範学校の設置をはじめとし、文教施設も充実していく。このように次第に中国地方における政治・経済・文教・交通の中心都市となっていった。

　昭和に入り、昭和 17 年（1942）には人口は 40 万人を超えた。しかし、第二次世界大戦終戦直前の昭和 20 年（1945）8 月 6 日の原子爆弾投下により一瞬にして焦土と化し、都市機能が壊滅状態となった。当時は「70 年間は不毛の地」と言われ、年末までに 14 万人が亡くなったと言われる。

　昭和 24 年（1949）8 月 6 日に公布された日本最初の特別法「広島平和記念都市建設法」により道路・橋梁・住宅などの整備が本格的に進むこととなり、高度経済成長前夜の市域拡張期を迎えた。人口は昭和 33 年（1958）末には、戦前の最高を突破し、昭和 39 年（1964）4 月には人口 50 万人を超え、昭和 60 年（1985）3 月には、佐伯郡五日市町と合併して人口は 100 万人を超えた。なお、昭和 50 年（1975）には山陽新幹線が開通し、広島カープが優勝した。昭和 55 年（1980）4 月 1 日には、全国で 10 番目の政令指定都市となっている。平成 6 年（1994）10 月にはアジア競技大会が開かれるとともに、12 月には原爆ドームの世界遺産一覧表への登録が決定した。平成 21 年（2009）3 月には、新しい広島市民球場（マツ

ダスタジアム）が完成している。

（3）広島市の芸術・スポーツ文化

ここで、近代以降の広島の芸術・スポーツの歩みについて簡単に述べる。

芸術文化については、近代の文化が興隆してきたのは明治末から大正にかけてである。まずは文学、絵画の分野からさかんになった。これらは藩政時代の文化を受け継ぐものでもあった。

音楽分野では、明治40年（1907）の広島高等師範学校の音楽教員を中心に結成された丁未音楽会にはじまる。その公開演奏や招聘公演等により市民の音楽水準の引き上げ、洋楽の普及に功績を遺した。明治41年（1908）には広島市公会堂が完成している。公会堂は文化事業や集会に多く利用されていたものの、和洋折衷の建物で施設的に十分でなく、演劇や大きな集会は寿座・新天座などの劇場で、また洋楽は広島高等師範学校など諸学校の講堂が主に利用されていた[3]。大正9年（1920）には広島フィルハーモニーソサイティが結成され、こちらも広島の音楽活動の推進力となった[4]。その後、第二次世界大戦中は演奏曲目を制限され、昭和13年（1938）には時代を反映した「中国吹奏楽団」も生まれている。昭和18年（1943）にはソサイティの活動は中止した。戦後間もない昭和21年（1946）には広島国際文化協会が生まれ、演奏団体の活動も相次いで始まるとともに、地域の音楽活動も次第に活性化していった。このようなオーケストラに情熱を注いだ市民らによる活動が、昭和38年（1963）の「広島市民交響楽団」誕生につながっていく。

スポーツについては、当初は学校教育の場での運動会から始まっている[5]。明治時代の中期から近代スポーツが導入されるようになり、野球は明治19年（1886）に広島師範学校で始められている[6]。運動場としてはもっぱら師範学校や大学のグラウンドを競技会に使用していた。昭和16年（1941）には厚生省の施策により「広島県総合体練場（現在の広島総合グラウンド）」が県によって設けられたが、戦争のため、終戦まではほとんど利用されることがなかった。野球場では、広島球場が昭和2年（1927）に約8,000坪の広さで設置されている。スポーツ団体も、全国中等学校優勝野球大会や、全日本サッカー選手権大会など、全国規模の排球大会、庭球大会などで全国制覇の歴史がある[7]。このような土壌

が、のちの「広島東洋カープ」や「サンフレッチェ広島」を生み出したといえるだろう。

「広島交響楽団」「サンフレッチェ広島」「広島東洋カープ」各団体のその後の歩みについての詳細は後述する。特にカープは広島のアイデンティティと言う意見すらあるが、その理由についても改めて述べることとする。

第2節　P3 HIROSHIMA について

本節では、P3 HIROSHIMA について具体的に見ていくことにする。最初に概要、組織の目的及びその設立趣旨などを紹介する。次に P3 HIROSHIMA を構成している組織の沿革・歴史を、続いて成立の経緯について述べ、本節の最後に P3 HIROSHIMA の事業内容、活動事例や事業の効果について説明する。

（1）概要、組織の目的及びその設立趣旨

広島3大プロを総称して P3 HIROSHIMA と呼ぶ。広島には、広島交響楽団・サンフレッチェ広島・広島東洋カープの3つのプロ団体が存在し、それぞれが豊かなスポーツと文化の醸成に寄与し、地域に貢献する活動をしているが、この3団体が団結し、P3 HIROSHIMA としてコラボレーション活動をすることで、それぞれのプロ団体が単独ではできなかった新たな価値をスポーツと文化の醸成や、地域貢献活動に付与している。

P3 HIROSHIMA のホームページによれば、広島に本拠地を置く「3大プロは、広島においては『空気のような存在』でありますが、一致協力して動くことによって地域社会の『新しい風』となり、風になれば広島県民・市民の皆様により『身近な存在』として感じていただけるものと考えて」おり、それぞれ単独ではできない特別で新しい活動を行い、地域に貢献することが設立の趣旨である。また、「地元広島に対して『誇り・情熱・期待』を感じていただけるような活動に取り組んでいきたいと考えて」いることから、その活動の目的は P3 の3つの P の頭文字である、"PRIDE（誇り）"、"PASSION（情熱）"、"PROSPECTS（期待）" を広島県民・市民が感じられるようなコラボレーション活動を今後継続的に展開し、広島の元気の創出・地域活性化を図ることであると考えられる。

（2） P3 HIROSHIMA を構成する３大プロ

P3 HIROSHIMA は、広島交響楽団・サンフレッチェ広島・広島東洋カープの３つのプロ団体からなる。この項では、それぞれの歴史および沿革を紹介する。

広島交響楽団

広島交響楽団は、キャッチフレーズとして、"Music for Peace ― 音楽で平和を ―"を掲げ、国際平和文化都市、広島のプロ・オーケストラとして「音楽」に「平和」の願いと祈りを託している。楽団のビジョンは以下の３つである[8]。

(1) 平和貢献

「HIROSHIMA」の名を冠し、被爆地広島で育まれたプロ・オーケストラとして、演奏により平和のメッセージを発信し続けることにより、世界平和に貢献します。

(2) 地域に根ざした楽団

音楽文化の振興を図り、地域文化の発展向上と社会貢献に寄与することにより、地域の皆様から愛され、誇りとなる楽団を目指します。

(3) 世界に通用する楽団

世界に通用する高い演奏水準と、平和のメッセージが込められた"音楽"により、確固たる個性を持つ楽団を目指します。

『日本のプロフェッショナル・オーケストラ年鑑 2013』によれば、昭和 38 年（1963）に「広島市民交響楽団」として発足し、昭和 47 年（1972）にプロ改組し、それ以降国際平和文化都市'広島'を本拠地とする中・四国唯一の常設プロ・オーケストラとして活動している。

創立指揮者として昭和 39 年（1964）、初代常任指揮者に井上一清（現・名誉創立指揮者）、昭和 51 年（1976）、初代音楽監督に田頭徳治が就任し、昭和 59 年（1984）に渡邉曉雄を音楽監督・常任指揮者に迎えるまで、楽団の草創期を支えた。日本音楽界の重鎮であった渡邉曉雄の就任は楽団の根幹を確かなものとし、その後、高関健・昭和 61 年（1986）、田中良和・平成 2 年（1990）、十束尚宏・平成 6 年（1994）の各氏が音楽監督・常任指揮者を歴任した。平成 10 年（1998）に首席指揮者・ミュージックアドバイザーに就任した秋山和慶は、平成 16 年（2004）から音楽監督・常任指揮者を務め、広島交響楽団を全国有数のオーケストラに育て上げた手腕は高く評価されている。平成 7 年（1995）から

14年（2002）の間、飯森範親、小田野宏之、渡邊一正の各氏が正指揮者を、平成14年（2002）から16年（2004）までを金洪才が専属指揮者を務め、平成20年（2008）5月からは、首席客演指揮者にエヴァルド・ダネル、ヘンリク・シェーファーが就任した。

海外公演として、平成3年（1991）「広響国連平和コンサート」（ウィーン、プラハ）、平成9年（1997）フランス「ノルマンディーの10月音楽祭」（ルーアン、ル・アーブル）、平成15年（2003）ロシア・サンクトペテルブルク公演（建都300周年記念事業）、平成17年（2005）10月韓国公演（日韓友情年2005事業としてソウル、釜山、大邱の3都市）など、各地で平和と希望のメッセージを発信し続けている。

平成5年（1993）に初の東京・大阪公演を行い、以後東京公演としてすみだトリフォニーホールでの「地方都市オーケストラフェスティバル」に定期的に参加している。

平成19年（2007）自主制作レーベルである"PEACE RECORD"をスタートし、「チャイコフスキー：3大バレエセレクション」をリリース。その後フォンテックとの共同により、リムスキー＝コルサコフ：シェエラザード、ラフマニノフ：交響曲第2番、シベリウス：交響曲第2番、ドヴォルザーク：交響曲第9番「新世界から」、ドヴォルザーク：スラヴ舞曲集のCDをリリースした。

現在は、年10回の定期演奏会、呉・福山・廿日市・島根での地域定期や「秋山和慶のディスカバリー・シリーズ」をはじめ、広島県内における移動音楽教室、広島市内8区を巡回する「マイタウンオーケストラ広響」、広島市との共催による「平和の夕べ」コンサート、「音楽の花束」名曲シリーズを行っている。他に、文化庁からの指定を受け、全国各地を巡回する学校公演や各種依頼公演、小編成によるアンサンブルを含むと年間約150回に及ぶ公演を行っている。平成13年度（2001）から、文化庁「我が国の芸術水準向上と地域文化を牽引する芸術団体」の指定を受け、我が国の芸術水準向上と地域の文化を牽引する芸術団体として、今後一層の活躍を期待されている。

平成23年（2011）4月より公益社団法人としての認定を受け、学生インターン・シップの受け入れや、各種ワークショップ、講義、楽器教室やセミナー等、幅広い地域社会貢献活動を行っている。

平成24年（2012）、プロ改組40周年としてメシアン「トゥーランガリラ交響曲」を成功させ、25年（2013）の創立50周年にはストラヴィンスキー「春の祭典」や世界的チェロ奏者ミッシャ・マイスキーを招聘した初の定期演奏会2日間公演など、意欲的なプログラムで各方面から高い評価を受けた。これまでに「広島市民賞」、「広島市政功労賞」、「広島文化賞」、「広島ホームテレビ文化賞」、「地域文化功労者賞（文部大臣表彰）」、「第54回中国文化賞」、「第17回県民文化奨励賞」、「第5回国際交流奨励賞」、「文化対話賞（ユネスコ）」を受賞している。

サンフレッチェ広島

サンフレッチェ広島F.C（以下サンフレッチェ広島）は、広島県広島市をホームタウンとし、活動区域を広島県とするプロサッカークラブであり、アカデミーにサンフレッチェ広島F.Cユース（U-18）、サンフレッチェ広島F.Cジュニアユース（U-15）、サンフレッチェ広島F.Cジュニア（U-12）の各年代別のチームを持つクラブである。

クラブの理念[9]は、サッカー事業を通じて、夢と感動を共有し、地域に貢献することであり、具体的には若年世代から、スクールおよびジュニアでは普及・発掘・育成、ジュニアユースでは発掘・育成・強化、ユースでは育成・強化、プロでは強化と、各カテゴリーで成果を上げ市民・県民に親しまれ、愛される「日本一の育成型クラブ」を目指している。また、チームの設立目的は、「広島のサッカー競技レベルの向上」、「『サッカー王国広島』の復活」、「中国地方全域にわたるスポーツ文化の活性化に寄与する」、「地域と地域、人と人との交流を生み、地域社会の活性化に貢献する」の4つが挙げられている。

クラブ名であるサンフレッチェとは、日本語で「さん」と発音する数字の「3」と、イタリア語で「矢」の意味である「フレッチェ」を合わせたもの。広島にゆかりの深い15～16世紀の戦国大名、毛利元就の故事に由来している。彼が、一本の矢は折れやすいが、束ねた三本の矢は折れにくいことを3人の息子たちに示し、結束の大切さを教えたことにちなんでいる。これはすなわち、広島の県民市民・行政・財界の三位一体の力によってクラブが支えられていることを示し、またチームスポーツの基幹をなす「技術・戦術・体力」の三要素、そして個々の選手に必要とされる「心・技・体」の三原則にもつながっているとしている。

さらに、サンフレッチェ広島では、平成17年（2005）シーズンより、クラブ

エンブレムを「クラブ理念」や「クラブ設立の目的」、「広島らしさ」、「役割」などを表現したデザインに変更しており、前述の3本の矢に加え、力強さと強固な守備を示す「盾」、広島市内を流れる6本の川を示す「縦のライン」、クラブを支えるサポーターを表す「つた」、王者を示す「王冠」が描かれたものとなった[10]。ホームスタジアムは、エディオンスタジアム広島（広島県広島市安佐南区大塚西5-1-1：収容人数50,000人　平成26年（2014）シーズン）である。

　サンフレッチェ広島は昭和13年（1938）、東洋工業㈱の蹴球部として創部されたのが始まりである。昭和17年（1942）に休部し、その後昭和22年（1947）に部を再建している。昭和40年（1965）に第1回日本サッカーリーグに参加し、昭和46年（1971）に東洋工業㈱サッカー部と改称した。昭和56年（1981）にマツダスポーツクラブ東洋工業㈱サッカー部と改称、昭和59年（1984）にマツダスポーツクラブサッカー部と改称した。同年、日本サッカーリーグ2部に降格する。昭和61年（1986）日本サッカーリーグ1部に昇格し、チーム名をマツダサッカークラブと改称する。平成3年（1991）、Jリーグ正会員となり、4年（1992）、株式会社サンフレッチェ広島が設立される。チーム名をサンフレッチェ広島F.Cと改称した。

　その後平成15年（2003）にJリーグディビジョン2降格、16年（2004）にJリーグディビジョン1昇格、20年（2008）Jリーグディビジョン2降格、21年（2009）Jリーグディビジョン1昇格とディビジョン間の昇格・降格を繰り返したが、近年では24年（2012）、25年（2013）とJ1リーグを優勝し、また23年（2011）に「高円宮杯U-18サッカーリーグ2011チャンピオンシップ」に優勝、24年（2012）にも「高円宮杯U-18サッカーリーグ2012チャンピオンシップ」に優勝するなど若年層の育成も順調に進み、クラブの理念を実現していると言える。

　Jリーグ加盟以降の歴代監督は、バクスター（イングランド、1992年）、ビム・ヤンセン（オランダ、1995年）、トムソン（オーストラリア、1997年）、ヴァレリー（ロシア、2001年）、ガジエフ（ロシア、2002年）、木村孝洋（2002年7月）、小野剛（2003年）、望月一頼（2006年4月）、ペトロヴィッチ（オーストリア、2006年6月）であり、2012年からは森保一が務めている（2014年12月現在）。

タイトルは、J1リーグ戦では優勝2回（2012・2013年）、ステージ優勝は1回（1994年サントリーシリーズ）、J2リーグ戦優勝1回（2008年）、リーグカップ戦準優勝2回（2010・2014年）、天皇杯優勝3回（1965・1967・1969年）、準優勝11回（1954・1957・1966・1970・1978・1987・1995・1996・1999・2007・2013年）、東洋工業㈱蹴球部時代には、日本サッカーリーグ優勝5回（1965・1966・1967・1968・1970年）、2位1回（1969年）を記録している。

広島東洋カープ

広島東洋カープの歴史は、戦後から始まる。カープがセントラル野球連盟に正式加盟したのは昭和24年（1949）11月28日である[11]。日本プロ野球の歴史は、昭和11年（1936）2月5日に、巨人、大阪タイガース、名古屋、東京セネタース、阪急、大東京、名古屋金鯱の7球団で日本職業野球連盟創立総会が開催され、同年9月18日からこの7球団による本格的な総当たりのリーグ戦が行われたことに端を発する。昭和14年（1939）3月1日には、日本職業野球連盟が日本野球連盟に改称し、1シーズン制の導入を決定した。この日本野球連盟が昭和24年（1949）11月26日に解散したことを受けて、日本のプロ野球は2リーグに分裂することとなる。南海、阪急、大映、東急の4球団は、太平洋野球連盟を結成し、毎日、近鉄、西鉄の加入を承認した。一方、同年12月15日には、巨人、松竹、阪神、中日と新加入の大洋、西日本、そして広島の7球団は、セントラル・リーグを結成することとなった[12]。

昭和24年（1949）12月、カープ球団の経営母体となる「広島野球倶楽部創立準備委員会」が設けられ、広島県議会は球団設立助成を議決した。昭和25年（1950年）1月15日にはカープ結成披露式が西練兵場跡の広島市民球場で行われた。

資本金2,500万円のうち、980万円は広島県と広島・呉・福山・尾道・三原の5市の予算から、残りの1,520万円は個人や会社からの出資を見込んで発足しただけに、特定企業の親会社を持たない郷土チームとして、官民あげての支援が図られ、また市民からの熱烈な応援を受けていたものの、発足当時から経営危機に見舞われた。

また、無名の選手ばかりを集めて発足したため、他のチームとの力の差は大きく、昭和25年（1950）の公式戦は41勝96敗1分けの、セントラル・リーグ最

下位に終わった。選手の給料の遅配も続いていた。

　昭和26年（1951）3月には球団の解散もやむを得ない状況にまで陥ったが、この危機を救ったのは当時の石本監督が企業・官庁・町内会に呼びかけ、支援金を集めることを目的に結成した後援会であった。この呼びかけにより、民間企業、官庁、町内会や町工場にまで年会費200円で支援する後援会作りが進み、同年7月には、後援会支部163か所、1万3,000人あまりの後援会員と270万円あまりの支援金が集まり、カープ後援会が発足した[13]。同年9月には女性カープ後援会も発足し、たる募金、バレエや日本舞踊を含むリリーフ・ショーの開催、カープ選手サイン入り鉛筆の発売など、さまざまな募金活動が行われた。

　カープは、昭和26年（1951）も32勝64敗3分けの最下位に終わるが、後援会からの支援金によって球団は経営危機を脱して持続された。しかし、カープは国税の滞納や銀行の利子で負債が重なり、昭和30年（1955）には後援会の支援金だけでは、球団運営ができなくなってしまったため、同年末で経営母体であった広島野球倶楽部を解散し、広島の有力企業が結束して出資して、財政的に強固な親会社として新たに発足することとなり、昭和31年（1956）1月、新会社の広島カープが誕生した。

　昭和32年（1957）7月22日には、広島財界有志の寄付によって、ナイター施設を備えた広島市民球場が完成したことによって観客動員数が前年に比べて1.5倍にも増え、選手の補強も進められた。しかし、カープの成績は4位以下に低迷し続けた。昭和42年（1967）12月17日には、球団名を、「広島東洋カープ」と改め、経営の一新が図られるという経緯を経て、昭和50年（1975）にセントラル・リーグで初優勝した際の新聞紙面には、「郷土愛」や「郷土の連帯」などの言葉が随所に見られ、単なる地元チームの優勝とは違った思い入れがみられた。平和大通りで行われた優勝祝賀パレードには30万人の市民が押し掛けた。このパレードの盛り上がりが、市民が一体となって参加できる新しい祭りが広島市にも必要という考えを多くの市民に抱かせ、「ひろしまフラワーフェスティバル」が平和大通りと平和公園を中心に開催されるきっかけの一つとなった[14]。

　チームの成績は、上述の初優勝を含むリーグ優勝6回（1975、1979、1980、1984、1986、1991年）を記録し、日本シリーズを3回（1979、1980、1984年）勝利し日本一となっている。また、プロ野球において極めて優秀な成績を残した

選手のみが入会することを許され、社会の恵まれない人々への還元と日本プロ野球界の底辺拡大に寄与することを目的に、チャリティイベント、野球教室、親善試合、講演会などの社会活動を行っている日本プロ野球名球会[15]には、衣笠祥雄、山本浩二、北別府学、野村謙二郎、前田智徳が名を連ねている[16]。

（3） P3 HIROSHIMA の成立の経緯

　P3 HIROSHIMA の成立のきっかけは、今から8年程前の 平成18年（2006）に遡る。当時、広島郵便貯金ホールと広島厚生年金会館という広島を代表する二つの公共施設が、ほぼ同時期に廃止の危機に見舞われた。当時本拠地として広島厚生年金会館で毎月定期演奏会を実施していた広島交響楽団は、活発な存続活動を繰り広げていた。

　その頃、広島東洋カープは平成16年（2004）のプロ野球再編問題の影響を受け、ファンサービスの向上に取り組み、地域への密着を図っていた。その両者の思惑が一致して平成18年（2006）5月、広島東洋カープと広島交響楽団がコラボレーションをスタートした。これが、P3 HIROSHIMA 成立の端緒となった。「カープ坊や」が広島交響楽団のオリジナルTシャツに登場し、広島市民球場での試合前に広島交響楽団メンバーの演奏によるモーツァルトが流れるなど、両者の連携はどんどん加速していった。

　極めつけは、平成20年（2008）11月24日に広島厚生年金会館ホールで開催された「ありがとう広島市民球場！ THE CARP SYMPHONY ～カープ交響曲～」と題した、広島交響楽団と広島東洋カープのコラボレーション・コンサートであろう。13時と16時30分の2回開催された同公演は、広島交響楽団山本章彦管理部長（当時は総務部長兼事業部長）の回想によれば「普段の広響定期公演の客層とはまったく異なる、カープ・ファンがホールを埋めつくしていた」とのことであった。このコンサートのために、カープ応援歌「それ行けカープ ～若き鯉たち～」の作曲者・宮崎尚志の二男である作曲家の宮崎道が、全5楽章からなる交響曲を書き下ろした。さらにコンサート前半には人気歌手の原田真二が広島交響楽団と共演する等、まさにコラボレーションのハイライトともいえる豪華なイベントであった。

　そのような動きが契機となり、平成18年（2006）9月、広島青年会議所「街

の魅力向上委員会」が広島の3つのプロ団体、広島東洋カープ・広島交響楽団およびサンフレッチェ広島を応援するという趣旨により共同でバナーを作成し、市内の商店街などに掲示した。

平成19年（2007）2月、広島東洋カープ・広島交響楽団・サンフレッチェ広島の3者による「広島ユナイテッド」（仮称）の設立が決定した。当初は共通のロゴマークを試合や演奏会で使うほか、監督や選手の応援派遣を行う程度であったが、同年5月、正式に「P3 HIROSHIMA」として始動、潜在的なファンの開拓や地域の活性化を目標として、同年8月から具体的な活動がスタートし現在に至っている。

なお、広島市には異競技連携組織「トップス広島」（NPO法人 広島トップスポーツクラブネットワーク）も存在するが、こちらはスポーツ団体のみの連携であり、交響楽団が加わった「P3 HIROSHIMA」とはその性質が異なっている。

（4） P3 HIROSHIMAの事業内容、活動事例
事業内容

広島県民・市民により身近に3大プロに触れる機会を提供するために、スポーツ・音楽における啓発活動を中心に、継続的に事業を展開している。P3 HIROSHIMAのホームページによれば、その活動の柱は以下の4つである。

① P3 春の招待事業
   広島県民・市民に3大プロを体験していただく事業
② P3 小学生夏休み体験事業
   小学生の夏休み自由研究として3大プロを体験していただく事業
③ P3 小学校訪問事業
   小学校を3大プロが一緒に訪問し、プロの技を感じ、ふれあい活動をする事業。
④ その他社会貢献活動及びイベントへの参加

表1は平成22年（2010）から24年（2012）までのP3 HIROSHIMA関連の活動表（広島東洋カープ提供のデータを基に作成）である。

表 1　P3 関連活動表（2010 ～ 2012 年）

P3 HIROSHIMA 関連活動一覧　2010 年～ 2012 年					実　施　詳　細	
	タイトル	関係先	内　　容		会場	日時
2010 年						
1	春の招待事業	P3 HIROSHIMA	広島へ転居されてきた家族を対象に、広島の良さを知ってもらうために P3 各演奏会、試合へ招待。		マツダスタジアム〈中日戦〉	4/18（日）13:30
2	小学生夏休み体験事業	P3 HIROSHIMA	夏休み期間中の小学生（5 名）を P3 の演奏会や試合へ招待。カープではグラウンド整備や、大型ビジョン操作を体験。		マツダスタジアム〈横浜戦〉	8/22（日）18:00
3	広島 3 大プロふれあい活動	P3 HIROSHIMA	P3 選手・楽団員が合同で小学校を訪問。音楽、サッカー、野球それぞれの実技を指導。参加選手：上野、梅津、林、井生		広島市立飯室小学校	10/25（月）10:30
4	広島県オリジナル・臓器提供意思表示カード	（財）ひろしまドナーバンク	P3 三団体が、臓器提供意思表示カードへの各マスコットキャラクター商標使用に対し無償で協力。12/19 開催「移植医療を考える県民講座」から一般への配布を開始。			12/19（日）～
2011 年						
1	春の招待事業	P3 HIROSHIMA	広島へ転居されてきた家族を対象に、広島の良さを知ってもらうために P3 各演奏会、試合へ招待。参加対象は、県内在住ご家族 6 組。		マツダスタジアム〈ヤクルト戦〉	4/24（日）13:30
2	広島市立中央図書館「広島 3 大プロコーナー」	広島市立中央図書館	図書館内に「広島 3 大プロコーナー」を設置するにあたり、3 大プロ各団体から関連書籍やグッズ・チラシ・ポスターなどの展示品協力を受ける。		広島市立中央図書館	6 月～
3	小学生夏休み体験事業	P3 HIROSHIMA	夏休み期間中の小学生（高学年）を P3 の演奏会や試合へ招待。カープでは、グラウンド整備や、大型ビジョン操作を体験。参加対象は、県内在住小学生（高学年）5 名		マツダスタジアム〈ヤクルト戦〉	8/11（木）18:00
4	広島 3 大プロふれあい活動	P3 HIROSHIMA	P3 選手・楽団員が合同で小学校を訪問。音楽、サッカー、野球それぞれの実技を指導。湯来南小学校を会場とし、湯来東小学校、湯来西小学校 3 校合同で開催。参加選手 5 名：井生、木村（昇）、岩本、松山、安部		広島市立湯来南小学校	11/28（月）10:45
2012 年						
1	広島経済同友会「新年特別例会」	広島経済同友会	新年会特別例会において「広島三大プロ新春談義」開催。（カープ）野村監督、（サンフレ）森保監督、（広響）秋山常任指揮者、3 名が出演。2012 年の抱負などを語り合う。		ホテルグランヴィア広島	1/19（木）16:00
2	春の招待事業	P3 HIROSHIMA	P3 共同事業。広島へ転居されてきた家族や広島に住みながらも 3 大プロ未体験の家族を対象に、各演奏会、試合へ招待し、広島の良さを発見いただく。参加対象は、県内在住ご家族 6 組。カープでは、外野グラウンドでのスラィリーとの CC ダンスなど体験いただく。		マツダスタジアム〈ヤクルト戦〉	4/30（月）・祝 13:30
3	小学生夏休み体験事業	P3 HIROSHIMA	P3 共同事業。夏休み期間中の小学生（高学年）を対象に、自分たちの郷土へ誇りを持つようになることを目的に、P3 の演奏会・試合へ招待。選手へのインタビューや場内アナウンスのほか、外野グラウンドでの CC ダンス体験を実施。		マツダスタジアム〈横浜戦〉	8/23（木）18:00

活動事例

具体的な最新の活動事例として、2014年のP3 HIROSHIMA小学生夏休み体験事業について取り上げる。なお、今年度の体験事業は、抽選で選ばれた5名の小学生とその保護者5名の計10名を招待し、次の通り開催された。

- ・8月5日（火）広島交響楽団「平和の夕べ」コンサート（広島国際会議場フェニックスホール）
- ・8月23日（土）サンフレッチェ広島「セレッソ大阪戦」（エディオンスタジアム広島）
- ・8月26日（火）広島東洋カープ「ヤクルト戦」（マツダスタジアム）

① P3小学生夏休み体験事業（広島交響楽団）

広島交響楽団での体験事業では、公演プログラムへのチラシ折り込み体験、ゲネプロ（最終通しリハーサル）見学、指揮者クリスチャン・アルミンクや首席奏者との記念撮影（写真2）、バック・ステージ・ツアー、来場者へのプログラム配布体験等盛り沢山なプログラムを体験し、最後にコンサート本番を客席で鑑賞した。

写真2

② P3小学生夏休み体験事業（広島東洋カープ）

広島東洋カープの体験事業では、スタメン発表時に選手のかっこいい写真が登場するアストロビジョン操作を体験し、事前に練習した場内アナウンスを放送室で実践した（写真3）。また、野球に関わっている人にインタビューする時間が設けられ、今回はなかなか話を聞けない審判員（審判員歴30年目の橘高 淳さん、審判員歴6年目の芦原 英智さん）に「「アウト！」って言うのを間違えたことはないか？」等、非

写真3

常に鋭い質問が飛んだ（写真4）。最後に試合を観戦し、5回裏終了後にはグラウンドに出て、スラィリーと一緒にCCダンスを披露した。

③ P3小学生夏休み体験事業（サンフレッチェ広島）

　サンフレッチェでの体験事業では、最初にロッカールームに入り、子供に選手のユニフォームを準備しドリンク

写真4

を用意するプログラムを取り組んでいる。また、マネージャーから選手の用具の説明をしてもらい、選手の特徴を知ってもらう。その次はトレーナールームでパワープレート（疲労回復マシン）を使ってみるほか、ピッチ（フィールド）で芝生を体験し、ベンチを経験してもらう。その後は、バスで入ってくる選手たちを出迎え、目の前で選手たちを見ることができる。最後にスタンドで試合を観戦した。

第3節　P3 HIROSHIMA事例のインプリケーション

　ここまで、P3 HIROSHIMAに関して、組織概要、成立の経緯、事業内容、活動事例等をみながら、その活動の背景となる広島市についても、地理的・歴史的な背景について事例研究を行った。以下、芸術・スポーツ団体のコラボレーション事業の実現に関して、P3 HIROSHIMAが意味するものは何か、そして、どのような可能性を示唆しているのかについて考察する。

　まず、なぜ広島市でなければなかったのか、第2節でみたように広島市の平成26年度の予算では「世界に誇れる『まち』の実現に向けての躍動を実感する予算」として「活力にあふれたにぎわいのあるまち」「ワーク・ライフ・バランスのまち」「平和への思いを共有するまち」の実現を目指すという方向性が打ち出されている。

　広島市には、他の都市にはない「平和への思い」というキーワードがある。バンクーバー交響楽団等の音楽監督としても知られた「世界のアキヤマ」こと秋山

和慶が、平成10年（1998）にのちに音楽監督になる広島交響楽団の首席指揮者に就任した際の、以下のインタビューでも明らかである。

「原爆投下という不幸から不死鳥のごとくよみがえり、立派なオーケストラを築いたヒロシマに尊敬の気持ちが強い。平和のためにヒロシマで指揮をとり続けたい」[17]

歴史的に見れば戦国時代の雄・毛利氏の本拠地であり、第2節でみたように「三本の矢」の精神が随所で見られ、サンフレッチェ広島の名づけの由来にもなっている。これは、広島の県民市民・行政・財界の三位一体の力によってクラブが支えられていることを意味しているが、この「県民市民・行政・財界の三位一体」＝「官民一体」という図式も、重要なキーワードである。

平成25年（2013）開業の広島ワシントンホテルに、泊まることで広島の魅力を感じられる「ひろしまRoom」が3室設けられた。その1室に、竹中工務店広島支社のデザイナーの提案によるコラボレーション客室「P3 HIROSHIMA ROOM」（ツインA）が登場したのも、P3 HIROSHIMAの広島での浸透ぶりを象徴する事例である。なお、同ホテルではモーニング・コールが全室広島交響楽団演奏による「リムスキー＝コルサコフ作曲／交響組曲シェエラザード第3楽章」であるというから、徹底している。また、広島電鉄では「カープ電車」（2006年開始）、「サンフレッチェ電車」（2007年開始）[18]、「広響電車」（2012年開始）[19]のラッピング電車を企画し、1号線（広島駅～紙屋町東～広島港）にて毎年運行を行っている。デザインは、各電車車体に「カープ」「サンフレッチェ」「広島交響楽団」のロゴやキャッチフレーズ等をラッピングしており、「P3 HIROSHIMA」の共通ロゴマークを入れるなど、P3 HIROSHIMAに関する認知度向上と普及促進を図っている。

P3 HIROSHIMAの結びつきの強さは、構成する3団体の担当者が原則として毎月定例で集まって、打合せをしていることからもわかる。このように見てくると、P3 HIROSHIMAは「平和の思い」＝「廃墟からの復興」と「県民市民・行政・財界の三位一体」＝「官民一体」という求心力を持った都市「広島」を背景にしたからこそ成立した、先駆的なコラボレーション事例であることがわかる。そして、「広島県民・市民により身近に3大プロに触れる機会を提供する」という方針に徹していることで、地域活性化プロジェクトとしての輝きを失って

いないことも、特筆されるべきであろう。

おわりに

芸術・スポーツ団体によるコラボレーションの新たな可能性を探るために、広島交響楽団・広島東洋カープ・サンフレッチェ広島というプロ3団体によって構成されるP3 HIROSHIMAについて、その成立の経緯、組織概要、目的・趣旨、活動内容などについて探ってみた。

表2は、「第2のP3 HIROSHIMA」が生まれる可能性がある都市はどこかを探る目的で、国内主要都市のプロ野球球団・Jリーグクラブ・交響楽団の分布を調査したものである。

1つの都市に3大プロが揃っているという点で、札幌、仙台、名古屋、福岡の各都市が候補に挙がる。とりわけ札幌市は、「札幌市民交響楽団」(1961年) →「札幌交響楽団」(1962年) と「広島市民交響楽団」(1963年) →「広島交響楽団」と改称 (1970年) →プロ化 (1972年) という、オーケストラ成立の流れが類似している。また、同様に仙台、名古屋、福岡も有力な候補としての条件を備えているようである。

ただし、「はじめに」でも触れたように、芸術・スポーツを文化ビジネスの観点から融合させること、そこには様々な「壁」が存在する。P3 HIROSHIMAにおいては「カープ交響曲」に象徴される、まるで広島風お好み焼きソースのように濃厚な広島交響楽団と広島東洋カープとの関係が、その背骨を形成していた。P3 HIROSHIMAは、確かに「広島」という強いアイデンティティを持った土地において、長い年月をかけて官民一体となってじっくりと浸透していった。

しかし、だからといって他の都市、とりわけ札幌市 (北海道) で実現できないということにはならない。札幌市の上田文雄市長は2014年11月、2026年冬季五輪・パラリンピックの招致を正式表明した。市長メッセージには「招致から開催までの取組は、市民・企業・行政が一体となる、いわば『まちづくり運動』そのものであります。これを成し遂げることで、成熟都市としての都市ブランドとシビックプライドを醸成し、札幌の街を新たなステージへと押し上げ、札幌の未来に通じる『鍛え抜かれた市民力』を築くことになります」という一文がある。

表2　国内主要都市のプロ野球球団・Ｊリーグクラブ・交響楽団一覧

北海道教育大学岩見沢校 P3HIROSHIMA 研究会

都市	プロ野球球団名	Ｊリーグクラブ名	交響楽団名	○定期公演会場(ホール)
仙台市	東北楽天ゴールデンイーグルス(2004年)	ベガルタ仙台(1995年)	市民オーケストラ「宮城フィルハーモニー管弦楽団」(1973年)→プロ化(1978年6月)→「仙台フィルハーモニー管弦楽団」に名称変更(1989年)＊1	仙台市青年文化センター(仙台市青葉区)
所沢市	埼玉西武ライオンズ(1978年)		★プロオケ無し	
千葉市	千葉ロッテマリーンズ(1992年)	ジェフユナイテッド市原・千葉(1991年)	★プロオケ無し	
福岡市	福岡ソフトバンクホークス(1989年)	アビスパ福岡(1995年)	市民オーケストラ「九州交響楽団」(1953年)→プロ化(1973年)	アクロス福岡シンフォニーホール(福岡市中央区)
大阪市	オリックス・バッファローズ(2005年)	セレッソ大阪(1993年)	①大阪市西成区:「関西交響楽団」(1947年)→「大阪フィルハーモニー交響楽団」と改称(1950年) ②大阪市港区:「ヴィエール室内合奏団」(1970年)→「ヴィエール・フィルハーモニック」と改称(1975年)→関西フィルハーモニー管弦楽団」と改称(1982年) ③「大阪シンフォニカー」(1980年)→「大阪シンフォニカー交響楽団」と改称(2001年)→「大阪交響楽団」と改称(2010年) ④大阪センチュリー交響楽団(1989年)→日本センチュリー交響楽団(2011年)＊3	①フェスティバルホール(大阪市北区) ②ザ・シンフォニーホール(大阪市北区) ③ザ・シンフォニーホール(大阪市北区) ④ザ・シンフォニーホール(大阪市北区)、いずみホール(大阪市中央区)
札幌市	北海道日本ハムファイターズ(2004年)	コンサドーレ札幌(1996年)	「札幌市民交響楽団」(1961年)→「札幌交響楽団」(1962年)	札幌コンサートホール Kitara(札幌市中央区)
文京区(都)	読売ジャイアンツ(1935年)			
西宮市	阪神タイガース(1935年)		＊4	＊6
広島市	広島東洋カープ(1950年)	サンフレッチェ広島(1991年)	「広島市民交響楽団」(1963年)→「広島交響楽団」と改称(1970年)→プロ化(1972年)	広島文化学園 HBG ホール(広島市文化交流会館)(広島市中区)
名古屋市	中日ドラゴンズ(1936年)	名古屋グランパス(1991年)	名古屋フィルハーモニー交響楽団(1966年)	愛知県芸術劇場コンサートホール(名古屋市東区)

都市	プロ野球球団名	Jリーグクラブ名	交響楽団名	○定期公演会場(ホール)
横浜市	横浜DeNAベイスターズ (1978年)	横浜F・マリノス (1991年)、横浜FC (1999年)、Y.S.C.C.横浜 (2013年)	*5	*7
新宿区(都)	東京ヤクルトスワローズ (1964年)			

*1：仙台市の政令指定都市移行を機に変更した。
*2：事務局は大阪府堺市にある
*3：事務局は大阪府豊中市にある
*4：兵庫芸術文化センター管弦楽団 (2005年)
*5：横浜市中区：ロリエ管弦楽団 (1970年) → 神奈川フィルハーモニー管弦楽団 (1971年)
*6：兵庫県立芸術文化センター (兵庫県西宮市)
*7：横浜みなとみらいホール (横浜市西区)、神奈川県民ホール (横浜市中区)、神奈川県立音楽堂 (横浜市西区)

　コンサドーレ札幌・北海道日本ハムファイターズという有力なプロスポーツ団体と、市民交響楽団を前身として50年以上の歴史を誇る札幌交響楽団とを有する札幌市は、市民・企業・行政が一体となって「成熟としての都市ブランド」を形成する可能性を大いに秘めているものと思われる。
　「P3 HIROSHIMA研究会」は地域の活性化及び文化振興に貢献するために、今後も、芸術・スポーツを文化ビジネスの観点から融合させることを目標として、研究・実践活動を続けていきたい。

注
1) 総務省、2014
2) 広島市企画総務局企画調整部企画調整課、2014
3) 広島市公文書館、1989、p.151
4) 広島市役所、1961、p.523
5) 明治19年 (1886) に広島で初めての運動会「県立学校・小学校生徒大運動会」が開かれた。広島市公文書館、1989、p.148
6) 広島市公文書館、1989、p.149
7) 全国中等学校優勝野球大会第10、15、16回大会 (1924、1929、1930年) での広島商業学校の優勝、全日本サッカー選手権大会第4、5回 (1924、1925年) での鯉城蹴球団の優勝など。広島市役所、1961、p.525

8) 広島交響楽団　公式ホームページ
9) サンフレッチェ広島　公式ホームページ
10) 斎藤・野辺、2005
11) 広島市、1983、p.211
12) 日本経済新聞社編、2005
13) 高橋、1996、p.173
14) 広島市、1983、p.214
15) 入会資格として、投手として通算200勝利以上、または通算250セーブ以上、打者として通算2,000安打以上の成績を残していることが要求される。この通算成績は、メジャーリーグでの成績も合算されるが、日本プロ野球での記録をスタート地点とする。
16) 日本プロ野球名球会　公式ホームページ。
17) 毎日新聞1998年2月5日付朝刊本紙「ひと人交差点：市民と一体の広響　秋山和慶さん」。
18) 2013年まではシーズン中である4月～10月に運行していたが、2014年から通年運行に変わっている。
19) 「広島電鉄電車開業100周年　広響オーケストラコンサート」の開催（9月2日〈日〉）に合わせて実施したのがきっかけである。9月～翌年3月に運行している。

参考文献

・総務省『総務省報道資料　統計トピックス No.75　経済センサスでみる12大都市の産業特性と主要産業』総務省2013年（2014年2月改訂）
・広島市企画総務局企画調整部企画調整課『平成25年版（2013）広島市勢要覧』広島市企画総務局企画調整部企画調整課、2014年
・広島市史編修委員会『概観広島市史』広島市役所、1955年
・広島市役所『新修広島市史』第四巻「文化風俗史編」広島市役所、1958年
・広島市役所『新修広島市史』第一巻「総説編」広島市役所、1961年
・広島市『広島新史』「市民生活編」広島市、1983年
・広島市公文書館『図説広島市史』広島市、1989年
・公益社団法人日本オーケストラ連盟『日本のプロフェッショナル・オーケストラ年鑑』公益社団法人日本オークストラ連盟、2013年
・斎藤健仁・野辺優子『世界のサッカーエンブレム完全解読ブック』枻文庫、2005年
・広響創立50周年記念誌『ヒロキョウの教科書』公益社団法人広島交響楽団、2013年
・高橋衛監修『街と暮らしの50年』広島市総務局公文書館、1996年
・日本経済新聞社編『球界再編は終わらない』日本経済新聞社、2005年

参考資料

・広島市 ホームページ
　http://www.city.hiroshima.lg.jp/
・P3 HIROSHIMA ホームページ
　http://hirokyo.or.jp/info/katsudou/p3
・広島交響楽団　公式ホームページ
　http://hirokyo.or.jp/
・サンフレッチェ広島　公式ホームページ
　http://www.sanfrecce.co.jp/
・ウィキペディア　P3 HIROSHIMA
　http://ja.wikipedia.org/wiki/P3_HIROSHIMA
・日本プロ野球名球会公式ホームページ
　http://meikyu-kai.org/

芸術・スポーツビジネス研究領域

芸術・スポーツビジネス研究領域

　この領域は、第4のコースとしてのビジネスコースが中心となって展開される研究領域である。経営学的な視点から、先の地域文化研究領域や複合文化研究領域も含め、音楽、美術、スポーツにおける文化活動を支援し、発展させるための活動や、プロジェクトの企画、運営、情報発信とともに、活動の分析、データベース化、実施後の地域からのフィードバックなどの調査活動などが想定されている。

文化・芸術を通して、顧客との絆をつくる
―人びととの共通価値を、地域社会の中で生み出すために―

臼井　栄三

はじめに

　企業と文化・芸術を考えるとき、企業の社会的貢献の側面から語られることが多い。例えば地球環境問題にその企業のやり方で省資源活動や環境の保全に取り組むように、企業は自社の繁栄だけでなく、人びとの豊かさや快適さの実現のためにも貢献する。その一環として、文化・芸術に対しても支援をしていくのが望ましいという考え方である。

　実際に、一般社団法人　日本経済団体連合会の企業行動憲章―社会の共感と信頼を得るために―（2010年9月14日改定）では、第6条に「良き企業市民として、積極的に社会貢献活動を行う」と謳われ、その「実行の手引き」（第6版）には《具体的アクションプランの例》として、⑤文化・芸術（協賛や寄付、アーチストと市民の交流促進など）が挙げられている。

　企業の社会的貢献とよく似た概念に、企業の社会的責任（Corporate Social Responsibility）がある。企業の社会的責任がわが国で広く論議されるようになったのは、1970年代からであろう。生産第一を旗印に高度経済成長路線を突っ走ってきた社会は、70年代に「公害列島」と呼ばれるほどに環境が悪化し、公害問題をきっかけにして企業と市民の間で緊張関係が生まれた。また73年の第1次オイルショックでは買い占め・売り惜しみや闇カルテルなどの、企業による過度の利潤追求姿勢が人々の企業不信を生んだ。その後も地価高騰に代表されるバブル経済時代においての企業行動や産業廃棄物問題への対応などで、企業の社会的責任は常に論じられてきている。現代では、法令遵守から人権、従業員の

あり方、雇用創出など、企業の社会的責任は広くとらえられ、それだけに各企業の取り組みはまちまちになっている。

本稿としましてでは、広い概念になっている企業の社会的貢献と社会的責任という枠を一度取り払い、企業が文化・芸術活動を行う意味とそのあり方、今後の望ましい姿を、事例を通して考えてみたい。

第1節　世の中と顧客を幸せにするために企業活動がある

「はじめに」で述べた企業の社会的貢献と社会的責任は、コインの表裏の関係にあると言えるだろう。どちらも社会の問題に対して、企業がその解決の対応策をメインにしている。二つの相違点は、社会的貢献が本来の企業活動とは直接的な関係を持たない、あるいは関係性の薄い分野についても積極的に社会に関わっていこうという能動的なものであるのに対し、社会的責任は本来の企業活動に関係してくる問題への受動的な対応の意味合いが強いと考えられる。

いずれの場合であっても、社会の問題に対して、その解決策や対応策という文脈で「企業と文化・芸術」を語るのがはたして適切なのか、という疑問を筆者は抱いている。社会的な問題があり、その対応として文化・芸術を「支援」するというのは、あまりにも経済至上主義的な企業論理ではないだろうか。

1990年11月に設立された1％（ワンパーセント）クラブでは、法人なら経常利益の1％以上、個人なら可処分所得の1％以上を目安に社会貢献活動のために拠出することをベースにしている。この視点そのものが、企業の本業と社会貢献の間に一線を画していると筆者には感じられる。このような考え方では、たとえば翌年に経常利益が10分の1になった企業は、その年の社会貢献活動にかける費用が10分の1になってしまうのかという乱暴な話さえも生まれてしまう。

利益の一部を使って社会貢献の事業に取り組むというスタンスは、本業としての企業活動と社会貢献をある面で対立するものとして捉えていないだろうか。主にアメリカの企業や経済活動を視察した後に生まれた1％クラブは、20世紀末に急速にグローバルスタンダードになりつつあったアメリカ企業の価値観を反映したものになっている。社会貢献という、企業が自身も社会の一構成員として本来は当然のように取り組まれるべきものが、「利益の何％」という尺度で決められ

ることに違和感を覚える。

　古くから日本の企業では「世のため、人のため」という基本的な思想が根づき、いたずらに利益を追うことは蔑まれていた。近江商人の心得にある「売り手よし、買い手よし、世間よし、三方よし」の精神が、本来の日本型経営には息づいていた。企業活動そのものが、いい世の中を創り、顧客と社員、そして地域を幸せにする―。そのような日本型経営の基本姿勢が、企業と文化・芸術を考えるうえでの視座になることが必要ではないだろうか。

　一部の企業では、株主利益の最大化を企業経営の中心に置く傾向が見られる。いわゆる「株主資本主義」で、株主重視のコーポレート・ガバナンスがその中心になっているといえるだろう。しかしこの伝統的な株式会社観は、これからの企業市民を考えたとき、あまりにも偏った姿勢といえないだろうか。アメリカ企業の価値観を見直し、むしろ「多くの利益が与えられたということは、その利益を用いてさらに社会貢献せよとの、世の声である」（松下幸之助）といった日本型経営の原点を示すような言葉をもう一度思い出すときがきている。

　社員が働き甲斐を感じ、顧客と世の中を幸せにするために企業活動があり、その本業の一環として文化・芸術にコミットしていく姿を、21世紀の企業像として求めていきたい。「大企業で莫大な利益をあげているから、文化・芸術への貢献もできるのでは…」という声もある。文化・芸術を企業の規模や利益の使い道で語るのではなく、本業の延長線上にある文化・芸術を広めることがこれからの企業には求められていくのではないだろうか。

　北海道に、自ら芸術・文化に深く関わり、それを広めていくことを企業経営の一本の柱にしている企業がある。帯広市に本社のある六花亭製菓株式会社を取り上げて、企業と社会、企業と芸術・文化の望ましい関係を考えてみよう。

第2節　毎月一度、店舗がコンサートホールに変身する

　六花亭製菓株式会社（以下、六花亭と表記）は1933年（昭和8年）創業。和洋菓子製造販売を主な事業としている。後で述べるが、美術館の運営も事業のひとつである。本社工場を帯広市に構え、札幌、帯広、釧路、函館、旭川、富良野など北海道内に67店舗を持つ。従業員数約1,300名（うち正社員908名、2014

年4月現在)、年間売上高は188億円(六花亭主要5社、2014年3月期実績)。製品のマルセイバターサンドは北海道を代表するお菓子であり、ストロベリーチョコ、雪やこんこ、サクサクカプチーノ霜だたみ、マルセイキャラメル、大平原などの商品も人気を集めている。

六花亭の芸術・文化活動で真っ先に取り上げられるべきなのは、六花亭ホールで月一回開催されるコンサートであろう。1982年に創業50周年記念事業「六花亭デセールコンサート」が始まり、現在は札幌市南区にある真駒内六花亭ホール店を会場に開かれている。店舗フロアが毎月一度、壁面のルーバーを閉じてコンサート会場に変身する。店舗がコンサートホールになると聞くと、音響面で不安を感じる人もいるかもしれない。しかし設計段階から室内楽ホールとの併用を前提にされた店舗は、むしろ「コンサートホールが臨時的に店舗になっている」と感じさせるほど確かな音響を保っている。

真駒内六花亭ホール店外観

コンサート会場に変身した店舗

筆者は何回かこのホールで演奏会を聴いた。東京藝術大学名誉教授の岡山潔氏が音楽監督を務めており、会場は120席という席数に対して広く、天井も高い贅沢な空間で音楽に心から浸ることができる。特注の木製椅子は大きくゆったりとして、背面が高く、他に聴衆がいることを忘れてしまうほどだ。

2014年9月10日に開かれたコンサートは、ゼッパール・トリオ(ピアノ/村田千佳、ヴァイオリン/山田麻美、チェロ/加藤陽子)によってハイドン、ベートーヴェン、ブラームス作曲の4作品が演奏された。3,000円のチケットは1か月以上前に売り切れており、聴き手はピアノ三重奏の響きに酔いしれていた。

演奏会が始まる前と休憩時間には、毎回コーヒーとケーキが振る舞われる。日

頃から六花亭を利用するファンへのお礼とも言える毎月のコンサートは、独特の落ち着いた雰囲気を醸し出している。印象深いのは、入場の受付や茶菓の提供などにあたる社員の生き生きしてうれしそうな表情と、きびきびした動作である。全員がこの店舗でコンサートを開けることを心から喜んでいることが伝わってくる。

真駒内ホール店は、コンサートの日には店舗を早い時間に閉めて、演奏会場へと模様替えをする。当然のことながら売上げはその分減るわけだし、採算だけを考えればコンサートは割に合わない。それでもコンサート会場では、お客様の歓びが社員の歓びであることが社員の一挙手一投足から感じられた。お菓子を届けるのと同じように、客に音楽を届けられることが本当にうれしそうだった。

第3節　お菓子から食文化を広め、定着させていく

9月10日のコンサート会場でのことだ。演奏が終了し、客が感動の余韻に包まれているとき、普段は会場の隅で立ち会っている六花亭社長の小田豊氏（以下、小田豊社長と表記）がステージの裾に立ち、遠慮がちに短い挨拶をした。社長がステージに立つのは異例のことだ。その内容は、現在札幌駅近くに建設中の札幌本店ビルの中に誕生する「ふきのとうホール」の案内と、そこで定期的に開催するコンサートへの考え方だった。2015年7月に「ふきのとうホール」は完成し、ここでも自分たちが企画した演奏会を開いていくという。2015年夏から、六花亭は「ふきのとうホール」と真駒内ホール店の二つの会場でコンサートを毎月開催していくことになる。

新しくオープンする「ふきのとうホール」は221席。ゆとりを大切にして、室内楽の息遣いまで伝えるほど、音響をとくに重視したホールになるという。新しいホールを紹介する小田豊社長の表情もまた、お客様に素晴らしい音楽を届けられるうれしさにあふれていた。

なぜ北海道のお菓子の会社が、その時間は営業をストップさせてまで毎月クラシックコンサートを開くのだろうか。一般の人びとには不思議に感じられるかもしれない。大きな理由は、六花亭はお菓子を通して食文化を届けているという考えが企業の基本的な認識として根づいているからだろう。実際に、小田豊社長の

話や文章には「食文化」という言葉がしばしば出てくる。

　ゆったりとした気持ちでお菓子を味わう。そのとき上質の音楽に包まれていれば、いっそう心豊かな時間が流れる。これはお菓子と音楽の関係だけでなく、お菓子と絵画、お菓子と彫刻、お菓子と落語、お菓子と庭園など、多くの組合せが可能だろう。実際、六花亭は札幌、帯広、釧路、富良野市で毎年恒例の寄席も開いているし、後で述べるように美術館や庭園も運営している。つまり、お菓子と文化・芸術が互いに高め合って、人びとの心豊かな時間を創造していくことになる。お菓子から食文化を広め、定着させていくことが六花亭の使命であり、社員の歓びになっている。

　札幌市南区真駒内の住宅街の一角に、食に関する文献を集めた図書施設「六花文庫」がある。蔵書は8,000冊を超える。これも六花亭が食文化を広くとらえ、その発展と浸透を願う文化活動の一環である。ツタに包まれた六花文庫は開放的でありながら落ち着いた閲覧スペースを備え、食文化専門の図書館として地域の人びとに親しまれている。わざわざ本州から訪れてくる人もいる。六花文庫の活動の一部は特定非営利活動法人「小田豊四郎記念基金」に支えられ、人びとがくつろぎながら食文化について学び、知見を広める貴重な場を提供している。

図書施設「六花文庫」

第4節　55年間発行され続けている児童詩誌

　六花亭の文化活動の原点ともいえるものが、1960年（昭和35年）1月に創刊されすでに55年間も発行され続けている児童詩誌『サイロ』である。前社長・小田豊四郎氏の「十勝の子どもたちに詩の発表の場をつくってあげたい」という思いに、十勝地域の小・中学校の先生方が協力して生まれた。2014年（平成26年）3月号で650号を迎えている。

　毎月発刊される『サイロ』に寄せられた詩はこれまで20万編以上、掲載詩は

優に1万編を超える。雄大な十勝の大地で育つ子供たちの純粋でのびのびとした情感の表現に、詩を読む人たちはハッとしたり胸がジーンとしたり…。十勝管内の隅々に『サイロ』が届けられることによって、子どもたちの詩心が育ち、それが十勝ならではの文化と人間形成にも役立っている。

『サイロ』は六花亭の店頭や六花文庫にも置かれており、訪れた人は自由にこの児童詩誌を持ち帰ることができる。(発刊するのはNPO法人小田豊四郎記念基金「サイロの会」。) 2011年のメセナアワードで、六花亭は「50年にわたる月刊児童詩誌『サイロ』の発行」で文化庁長官賞を受賞している。

ここで、1960年の創刊から50年間『サイロ』の表紙を飾った画家・坂本直行氏のことに少しふれておかなければならない。前社長・小田豊四郎氏が坂本直行氏に初めて会ったのは1959年(昭和34年)11月。『サイロ』創刊にあたり、その表紙とカットの絵を依頼するためだった。豊四郎氏は詩誌によって十勝の子どもたちが毎日身近に見る野の花に優しさを感じ、お母さんとの対話の中に喜びを覚え、子どもたちの詩心を育てていく希望を伝えたという。

坂本直行氏は即座に「お引き受けしましょう。ただし一枚いくらというのなら私はお断わりします。あくまでも無料です。もうひとつは、私は元気なうちはいつまでも描きますから、小田さん、あなたも途中で止めたらだめですよ」と釘を刺したという。実際には、坂本氏が1982年に亡くなってからも、彼が描きためた絵が2010年の『サイロ』創刊50周年まで表紙を飾り続けたことになる。(現在は十勝・鹿追町在住の画家・真野正美さんが表紙絵を描いている。)

『サイロ』創刊のための出会いが縁で、六花亭のトレードマークの花柄包装紙が1961年に完成する。六花亭の企業活動が、常に文化の香りを漂わせているのはそんな歴史を持っているのも一因だろう。

第5節　広大な柏林の中に点在する美術館

六花亭が届ける文化・芸術の広がりは、美術の分野にもたしかな実を結んでいる。十勝・中札内村の約145,000平方メートルの広大な敷地に、美術館やレストランが点在する中札内美術村。1987年(昭和62年)に構想が着手され、いまでは柏林が広がる中を散策し、美術館めぐりや地元の農産物を素材にした食事を楽

美術館などを結ぶ枕木の遊歩道

相原求一朗美術館

しむことができる北海道の人気スポットになっている。

北の大地美術館は1992年に開館。北海道大学第二農場に現在も残っている牧牛舎を模して建てられたもので、開拓時代を彷彿とさせるシルエットが特徴だ。当初は前章で述べた坂本直行氏の作品を展示する記念館であったが、2002年に北海道にまつわる展示にふさわしく「北の大地美術館」と改められた。最近では「二十歳の輪郭」自画像コンクール公募作品展が開催されている。

同じく広大な柏林が広がる中札内美術村の中の相原求一朗美術館は1996年に開館。この建物は、もとは1927年（昭和2年）に建てられた銭湯「帯広湯」である。アーチ形の窓が美しく、札幌軟石貼。瀟洒なデザインを活かしてリノベーションされている。展示されているのは、北海道の自然にまさにとりつかれたように描き続けた相原求一朗氏（1999年没）の作品群だ。とくに北海道の名峰を描いた「北の十名山」展示室は圧巻で、明るい光の中で羊蹄山、斜里岳、トムラウシ、十勝岳などの十名山が、見る人をまるで大自然の中に自分が置かれたかのような気持ちにさせる。相原求一朗氏の北海道へのこだわりが、いきいきと伝わってくる美術館だ。

この他に中札内美術村には、東大寺に奉納された蓮の襖絵レプリカなどの代表作品を展示している小泉淳作美術館（2002年開館）がある。また、彫刻家・板東優氏の石膏像を展示した夢想館も建っている。同じく広大な柏林の中には、地元の素材と四季折々の家庭料理にこだわったレストラン「ポロシリ」があり、地

域の食文化と美術のさりげない調和を感じさせる。「ポロシリ」は北海道大学第二農場に残る 1877 年竣工の建築物を模したものになっており、美術村ができてまだ 20 数年しか経っていないのに、全体が明治・大正期の落ち着いた雰囲気を漂わせていることに驚かされる。

第 6 節　北海道の自然が美術と建築を際立たせている

　中札内美術村は柏林の中に美術館が美しく点在し、ゆっくりと美術館めぐりを楽しむ人びとの癒しの空間になっている。当初は、この広大な敷地は六花亭の新しい菓子工場を建設するために取得されたものだったという。菓子工場を中心として美術館やアトリエ、レストランなどがある工場公園（ファクトリーパーク）の構想が進んでいた。しかし、小田豊社長の「先人たちが育んできた景観を後世に残したい」という想いで樹木を伐採することをやめて、現在のような落ち着いた美術村になったのである。

　建設予定だった菓子工場は、同じ中札内村の札内川河畔につくられた。ガラス張りのカフェゾーンが併設された、美しい工場である。さらに 10 万平方メートルの荒れた敷地を、約 10 年かけて北海道の自然によって再生させ、2007 年に「六花の森」がオープンした。六花の森には、六花亭のシンボルになっている花柄包装紙に描かれた北海道・十勝の山野草の花々でいっぱいの世界が広がっている。十勝六花（エゾリンドウ、ハマナシ、オオバナノエンレイソウ、カタクリ、エゾリュウキンカ、シラネアオイ）などが季節ごとに花開き、訪れる人を楽しませている。

　近年ガーデンツーリズムが盛んになり、北海道の景観を大切にしていく動きと相まって、地域の新しい観光文化として注目されている。旭川〜富良野〜帯広を結ぶ「北海道ガーデン街道」は、ガーデン景観づくりをキーにした地域連携の現われで、六花の森は北海道ガーデン街道の南端に位置する。

六花の森

サイロ五十周年記念館の内部

六花の森でも前述の中札内美術村と同じように、美術と建築が北海道の自然を際立たせるのに欠かせないものになっている。逆の見方をすれば、北海道の自然が美術と建築を際立たせている、ともいえる。美術も建築も自然も、それだけでは価値は限定されたものになりがちだが、あるコンセプトのもとでそれらが組み合わされ調和したとき、ひとつの「文化的な世界（ワールド）」が生まれる。醸し出されるそんなワールドを、六花亭は大切にしていると感じられる。

六花の森に点在しているのは、100年以上前に建てられたクロアチアの古民家を移築し、再生した美術館である。坂本直行記念館、直行絶筆展示室、真野正美作品館、花柄包装紙館、サイロ五十周年記念館などは、野草の花々と北海道の美術との心地よい調和を届けている。美術館となった古民家は、なぜか北海道の開拓時代を私たちに連想させるのが興味深い。

とくに坂本直行記念館は、六花亭の創業者と一人の画家の出会いがその後の企業の文化活動に大きな影響を及ぼしたことを考え合わせると、サイロ五十周年記念館とともに地域の中の企業のあり方に大きな示唆を与えている。経営者と美術家の響き合いが、経済活動というレベルを超えて、企業のありようを決定づけていく―。スティーブ・ジョブズ氏のアップル社の例を持ち出すまでもなく、とくにバックボーン面でアートと企業経営は密接な関係にあることを私たちに実感させる。

第7節　企業の活力を生むダイバーシティ・マネジメント

中札内美術村、六花の森は、2009年に財団法人日本建築美術工芸協会よりAACA賞特別賞を受賞。2011年には日本建築学会賞「業績」も受賞している。これまで述べてきた音楽分野や寄席、児童詩誌、そして美術分野、建築でも、六花亭の文化・芸術への関わりの広がりは、北海道に住む人たちだけでなく、その文化に触れる人びとに潤いと彩りを提供している。

企業経営者のみならず、六花亭の活動を少しでも知った人からは「なぜそのようなことまでしているのか？」という声が聞かれることがある。経済合理性から、やや外れた企業活動に映るのかもしれない。しかし、六花亭からの視点では、これらの文化・芸術活動は極めて自然なものなのである。すでに30年以上前に、小田豊四郎・前社長は「名曲を聴いたり、名画を見たりして、よかったなあと酔いしれる気持ちと、美味しいお菓子に出会って味わった幸福感とは同じもの」[1]と表現している。いわば、生活の中の幸福感を届けていくことが六花亭の使命で、その座標軸の中心にお菓子、そして食文化があるというのが基本的な考え方である。その幸福感の提供は、文化・芸術活動に通じていくという点では、きわめて自然な企業活動となっているわけだ。

　六花亭の社内誌を読んでいると、「我が家」という表現にしばしば出くわす。「昭和36年より、我が家の代名詞となっている花柄包装紙の…」「…支える存在となっているメンバーばかりであることに驚くが、これこそが我が家の真骨頂…」「旧相原求一朗デッサン館、六花亭サロンKyuは、我が家の文化活動におけるスタンスを象徴するもの…」[2]といった具合である。

　従業員数1,300人の企業で、自社を「我が家」と呼ぶのは現代では稀有になりつつある。家族主義的経営が、いまも六花亭には脈々と息づいている。家族主義的経営は日本的経営のひとつの代表的なあり方として、1990年頃まで脚光を浴びていた。経営者と社員は家族（のようなもの）であり、会社はひとつの「家」であるという考え方は、日本では1990年代に徐々に衰退していった。衰退の原因はいくつか考えられるが、家族主義的経営では社員に個人としての自立が十分に認められにくかった点が大きな理由として指摘されている。また、経済のグローバル化の進展とともに、アメリカ中心の考え方、すなわち株主利益の極大化追求や成果主義といった流れが強くなったことも影響していると考えられる。

　六花亭に限れば、家族主義的経営が社員の個人としての自立の障壁になるという指摘は全くあたらない。むしろ、日常的に社員一人ひとりの自立を奨励し、そのための環境づくりに努めている。例えば「公休利用制度」では、社員が個人として取り組みたいこと、伸ばしたいことに挑戦する社内公募が行われ、書類選考によって最長2か月間の公休が与えられる。これまでも中国砂漠の植林ボランティア活動への参加、個展の開催、食品研究所での研修、野球コーチ研修、相原

求一朗デッサンの旅など、すでに二桁の社員が個人としてのチャレンジを実現している。

　小田豊社長は常日頃から社員に「自分なりの色、持ち味」を確立することを説いている。社員全員の顔と名前を覚え、社員とのコミュニケーションを図るために自らが編集長となって、1987年（昭和62年）から日刊の社内新聞「六輪」を発行している。パートタイマーを含めすべての従業員が「1人1日1情報」を提出でき、その内容は店での出来事や仕事面での改善提案から個人的な悩みまで、テーマが自由なため実に多岐にわたっている。翌朝には社長が情報のすべてに目を通し、翌日発行の「六輪」に掲載され、提案として検討されたり、商品開発のヒントとなったりする。

　社員の個性を見つけて伸ばすことが、小田豊社長の目標となっている。地域の企業であるがために、新卒社員採用面においては三拍子そろった優秀な社員はなかなか集まりにくい。そのために、社員になってからの自分自身の確立と個性を伸ばすことをトップ自らが社員に問いかけ、奨励している。社員の多様性（ダイバーシティ）に価値を見つけ、それを積極的に活かしていくことで、社内に活気が生まれ、企業文化を向上させていくことができる。

　六花亭のホームページを開くと、新卒社員採用ページの社長からのメッセージには「六花亭は、一人ひとりの持ち味、自分の色を持った人が好きです。自分が自分にならないで、誰が自分になるんですか？」と書かれている。このダイバーシティ・マネジメントが、企業の活力とダイナミズムを生み出す源泉になっている。

第8節　本業を基盤にして、企業の文化的価値を高めていく

　北海道に根をおろす企業として、自分たちの土地である北海道を愛し、北海道ならではの美味しいお菓子をつくり、その美味しさを通して豊かな心を育む「食から始まる文化」が北海道を起点にして広まっていく。音楽、寄席、児童詩、美術、森とガーデン…と向き合うものが広がっても、そこには「食文化」そして「北海道」という確かな核が存在している。本業を大切にし、食文化を深く考え、お客様はじめ社員、地域の人たち、そして北海道を愛する人たちの歓びに正面から向

き合ってきたら、六花亭は必然的に現在のように芸術・文化に関わることになったのだと思う。

　六花亭の商品、そして六花亭が届ける文化を好んでいる人たちは、単なるお菓子好きの人たちではもちろんない。「食」を基盤にして、日常の歓びを共感している人たちが六花亭のファンになっていると考えられる。

　マーケティングでは1990年代に新しい考え方が登場している。関係性マーケティング論（リレーションシップ・マーケティング論）と呼ばれ、企業と顧客を結ぶ絆づくりが最も重視され、市場を超えて企業と顧客が結びついていくプロセスに焦点が当てられている。マーケティングとは、顧客との関係を構築し、それをうまく運営していくことという関係性マーケティングの主張に筆者も共感する一人である。従来のマーケティングは、消費者にとって価値あるものと企業が求める価値（貨幣）との交換をスムーズにさせることに主眼が置かれていた。しかし、これだけの視点では、例えばブランド価値や消費の伴わない企業への好感などはなかなか説明がしにくくなる。

　六花亭は、お菓子を出発点にした食文化、そして文化・芸術活動によって、顧客との結びつきをいっそう深め、新たな顧客とも関係を構築しつつ、歓びと価値観を人びとと共有していると言えるだろう。お菓子という商品による顧客関係づくりだけよりも、文化・芸術活動を通しての絆づくりはより広く、確かなリレーションシップを生み出すのは間違いない。

　「文化で飯は食えない」とは、よく耳にする言葉である。それは、ときには企業が文化活動を行うかの意思決定するうえで、ブレーキ役として働いたこともある。しかし一方では、「文化がなければ美味しいご飯は食べられない」のも事実である。

　「モノからココロへ、時代は変わった」と言われるようになって、久しい。だが、どれだけの企業が本当にその価値観へシフトしているだろうか。企業文化や企業体質も含めて、根本から見直されなければならない。六花亭のあり方は、一地域にある企業だからできるのではない。わが国の多くの企業が、本業を基盤にしてどれだけ文化的な価値を高められるかが、問われている。

第9節　インターナル・マーケティングで従業員の特性を活かす

　企業の文化・芸術活動が、企業と顧客の絆づくりと同時に顧客の創造にも有益であることを、本稿では述べてきた。しかし肝に銘じておかなければならないのは、どんなに時代がそれを求めていても、芸術・文化活動に企業が安易に手を拡げていくことは決して成功の近道にはならないということであろう。

　六花亭を例にとれば、『サイロ』の第1号発刊から55年が経過している。また、最初のデセールコンサートや六花亭寄席からも33年の月日が流れている。最初の坂本直行記念館が開館してからでさえ23年経っているのだ。長い年月の間に、六花亭の文化・芸術活動は静かに人びとの愛着を深め、その裾野を少しずつ広げつつ地域に定着してきたのである。

　あくまでもお菓子づくりの本業を深耕しながら、人びとの生活とそれに潤いを与える文化・芸術に視野を広げて関わっていく。雑誌のインタビュー[3]で小田豊社長は六花亭の精神について、次のように語っている。

> 謙虚に美味しいお菓子をつくること。そのためには、社員みんなが健康でなくては。だから、今もいちばんうれしいのは『六花亭のお菓子は健康な味だね』という言葉をいただくときです。

　原材料はもちろん、作り手の心身の健康がお菓子の味には必ず現れると信じている小田豊社長。そして、自社を「勤勉集団」と表し、徒に流行を追わずにロングセラーを育てつつ、常に商品磨きを行っている。それを実行したうえでの、文化・芸術活動なのである。

　企業の文化・芸術活動がその企業に根づき、地域で支持を受け、広がっていくために重要なのは、インターナル・マーケティングであろう。従業員は一人ひとり特性があり異なるという前提に立ったうえで、従業員の個性やニーズに応じた仕事の場を提供する。それによって、従業員には仕事への誇りも、より高い質のパフォーマンスも醸成されていくことになる。

　六花亭では、どんな文化・芸術活動においてもアーティスト以外は基本的に社員が担当する。もちろん中札内美術村など諸施設の植栽管理も、自然相手の仕事

が向いている社員が行う。社内保育所「ごろすけ保育園」も「お菓子屋さんと保育士さんは小さい頃からの憧れだった」という女性社員が園長になって立ち上げたものだ。また、社内食堂や文化施設内のレストランで腕をふるうのも、料理に才能がある社員である。「社内で人をつくる」が、人財を重視する小田豊社長の基本的な考え方。部門に区別なく、徹底的な内製化を実現しているといえるだろう。その結果、会社自体が広い視野と活動フィールドを持った「文化体」になっているのだ。

おわりに

　成熟化した社会では、「モノ消費」から「コト消費」へと人びとの関心は変わっていく。単にモノの所有を満たすことから、経験や感動、思い出や歓びなどの目に見えないコトへと人びとの関心は移っていく。そのとき、文化・芸術は人びとを惹きつける大きな柱になることは疑いない。問題なのは、それを提供しようとする企業が、経済論理だけにとらわれない企業文化を持っているかどうかであろう。

　本稿では触れなかったが、事例として取り上げた六花亭は、2010年に「第4回ワーク・ライフ・バランス大賞」を受賞している。理由は、年間計画策定と毎月の取得状況チェックにより、100％の有給休暇取得を実現していることであった。1989年（平成元年）から26年間連続で、有給休暇取得100％を達成中なのだ。単に有給休暇を取得させるだけでなく、休暇を「自分磨き」のために有効に活用するためのサポートを行う制度もある。例えば、従業員6人以上の参加で社内旅行として認定し、1人最大年間20万円まで旅行代金を補助している。また、仕事で目覚ましい活躍を見せた社員だけでなく、地域を元気にする活動をした社員を表彰するなど、六花亭という企業自体が文化的な存在になっている。

　「仕事も遊びも一生懸命」が、六花亭の社員の合い言葉である。文字通り実力は北海道内ナンバーワンで、国体などの全国大会でもベストスリーに入るほどの軟式野球部はじめ、さまざまな社員の活動が企業の活力になっている。

　六花亭の本社工場の廊下には「青色青光　黄色黄光　赤色赤光　白色白光」と書かれた額が掛かっている。青い色は青い光を放つ、黄色い色は黄色い光を放つ

ように、それぞれが自分なりの色で輝こうと伝えている。文化・芸術を届ける前に、企業としてそこに働く従業員が自分のカラー、持ち味を活かしていかなければならない。

　地域では、これまで主に行政とそれに関連する団体が文化・芸術の振興を担ってきた面が強い。しかし財政面でも、展開面でも、行政主体だけの文化・芸術への支援では限界があるのも確かである。企業はまず自分たちが文化・芸術を届けるに足る存在となり、社会を構成する主要な一員として人びとに心豊かな経験や感動を届けていくことが求められている。人びととの共通価値とも言える歓びを地域社会の中で創り出していくことが、成熟社会における企業のゴールになるのではないだろうか。

注
1)　北海道新聞夕刊「私のなかの歴史」小田豊四郎　1983 年 2 月 15 ～ 23 日
2)　月刊社内報「大平原」各誌
3)　平松洋子『日本のすごい味⑱』新潮社「考える人」2012 年秋号

参考文献
六花亭製菓株式会社『一生青春一生勉強』六花亭製菓株式会社、1993 年
飯田郷介『美味しい美術館』求龍堂、2012 年
フィリップ・コトラー『マーケティング 10 の大罪』東洋経済新報社、2005 年
日経 CSR プロジェクト編『CSR「働きがいを束ねる経営」』日本経済新聞出版社、2006 年
三戸浩、池内秀己、勝部伸夫『企業論』有斐閣、2006 年
スティーブン P. ロビンス『組織行動のマネジメント』ダイヤモンド社、2009 年
野中郁次郎、遠藤功『日本企業にいま大切なこと』PHP 研究所、2011 年
林雄二郎、今田忠編『フィランソロピーの思想』日本経済評論社、2000 年
石井淳蔵、廣田章光『1 からのマーケティング』碩学舎、2009 年
佐藤正治編『企業メセナの理論と実践』水曜社、2010 年
岩井克人『会社はこれからどうなるのか』平凡社、2003 年

オーケストラ指揮者に学ぶリーダーシップの本質
— 小澤征爾はいかにして世界のオザワになったのか —

宇田川耕一

はじめに

　とても神秘的・かつ魅力的な存在、それがオーケストラの指揮者である。筆者の専門分野は芸術経営学であるが、その幅広い研究対象の中核の存在でもある。オーケストラの指揮者は、「経営者の役割」を論じる文脈ではしばしば登場する。A. マズローの『完全な経営』(2001) では、マズローのインタビューに答えてインポスターズ社ナンシー・オルセンがこのように語っている[1]。

　「リーダーになるのは、音楽の指揮者になるのとよく似ています。－略－楽員は、指揮者がオーケストラ全体をまとめてくれることを、そして、楽曲にこめられた情熱と感情を引き出してくれることを期待しているのです。―略―知識と技能を総動員し、自分の全存在をかけてオーケストラをリードしていくのです」

　経営大学院の MBA コースでは、組織・人事はマーケティング、戦略、財務会計等と並んで重要な分野である。中でもリーダーシップは、組織・人事分野の人材マネジメントでは柱となる項目である。そこでは他の分野と比較すると、科学的なフレームワーク以上にいわゆる精神論の比重が高い傾向がみられる。

　近年は、本格的な実証研究によってリーダーシップを科学的に捉える研究も進んできたが[2]、オーケストラ指揮者の研究こそは、新しい「リーダーシップ理論」の確立に大きく寄与する可能性が高いのではないだろうか。

　本論では、宇田川耕一 (2011)『オーケストラ指揮者の多元的知性研究 ― 場のリーダーシップに関するメタ・フレームワークの構築を通して』(大学教育出版) をベース (base) に一部新たな研究成果を加え、筆者の生涯の研究テーマであ

るオーケストラ指揮者に対する、芸術経営学的アプローチの概略を紹介する。そして、最後に「世界のオザワ」こと指揮者・小澤征爾の成功物語について、科学的なフレームワークに沿って合理的な説明を試みる。

第1節　オーケストラにおける指揮者と楽団員の関係

（1）リーダーシップ研究対象としての指揮者

　調査によって順位は微妙に変わるが、成人男性に「一度はやってみたい職業」というアンケート調査をすると、オーケストラ指揮者はプロ野球の監督と並んで、必ずと言ってよいほど上位にランクされる人気職種の常連である。

　では、プロ野球の監督とオーケストラ指揮者に共通するポイントは何であろうか。まず頭に浮かぶのは、本番（オーケストラではコンサート、野球では試合）で彼らは直接プレーすることはなく「指示するだけ」ということである。それゆえに「自分の采配ひとつで意のままに組織を動かす」というある種の陶酔感がイメージされ、憧れの職業にランクされていると思われる。

　しかし、研究対象としてより重要な両者の共通点は、指揮者や監督が本番で出来ることはほんのわずかで、むしろ「練習で何をしてきたかが問われる職業」ということである。オーケストラでいえば「リハーサル（本番前の練習）」が本当は重要なのだ。指揮者はそこで、本番ではけっして観客に見せることのないさまざまな顔を団員にみせる。ひとことでいえば「いかにリハーサルでリーダーシップを発揮できるか」、指揮者の生命線はそこにある。そして、じつはその部分が経営学に密接につながってくるのである。

　リーダーシップという言葉は、何も経営学だけの用語ではない。経営学のリーダーシップ分野は、人気は高いのだが、他の研究分野と比較して必ずしも研究が順調に進んでいるとはいえない[3]。

　企業などの社会的な組織では、経営者やリーダーによるリーダーシップ発揮の場面が複雑かつ多岐にわたるので、それを研究対象として記録・観察することはかなり困難である。一方でオーケストラ指揮者の場合は、リーダーシップ発揮の場としての「リハーサル」がはっきりと存在するため、直接観察等が可能になってくる。

筆者の研究テーマが「トップマネジメントのリーダーシップ」だったので、その優位性に気付いたのが、芸術経営学的アプローチを模索するきっかけになった。

(2) インタビュー記事による楽団員の意識分析

指揮者と楽団員の関係を探るために、筆者他が実施した楽団員へのインタビュー記事によるキーワード（構成要素）分析結果をみてみよう[4]。

毎日新聞北海道版朝刊の「札響通信」という連載コラムで、2004年3月18日から2005年6月30日まで隔週で掲載された、札幌交響楽団[5]の団員紹介記事を基データとして採用した[6]。なお、楽団員全体の傾向をみるために44人分の記事をテキストデータ化したうえで、全員のデータを一括して形態素解析を行っている。上記データによる分析結果は図1のとおり[7]。

団員紹介のコーナーであることから、自己紹介が主になっている。「先生」「大学」「音大」「高校」「進学」などの出現頻度が高いのは、そのためである。所属集団である「札響」が97と圧倒的に高い閾値である反面、音楽監督の尾高忠明は意外なことに1回しか出現していない[8]。

キーワードとヒストグラム札響団員44人

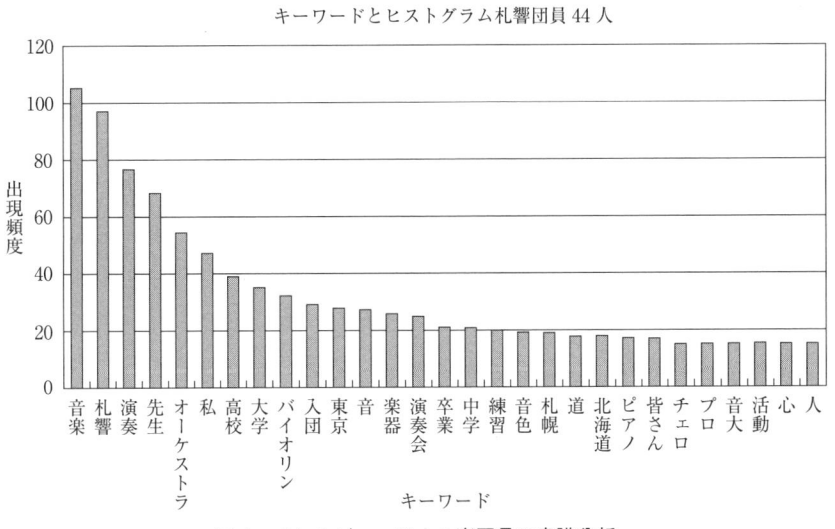

図1　インタビューによる楽団員の意識分析

オーケストラの楽団員は自分自身の演奏でベストを尽くすことが最大の目標で、指揮者の存在をはじめ、楽団全体の「方向性」等には関心が薄いことが、以上の分析から浮かび上がってくる。むしろ、「聴衆」に対する意識の方が高く「演奏会（25）」「演奏（77）」「皆さん（17）」「活動（15）」など、閾値の高い構成要素が多い。

以上のキーワード分析をもとにした、「樹木」のメタファー（暗喩）によるオーケストラ型組織の概念図が図2である。楽団員は舞台上ではスポットライトを浴びているものの、メタファーでいえば「樹木」の「葉」の部分であるという意識が強い。「観客動員数」や「ファンサービス」への意識は前述のようにかなり強いが、「降り注ぐエネルギー」である指揮者＝「太陽」に対してはなかば無意識のうちに対応していることが予想できる。「太陽」によるエネルギーが無ければ、どんなに優れた樹木も成長することは出来ないからである。

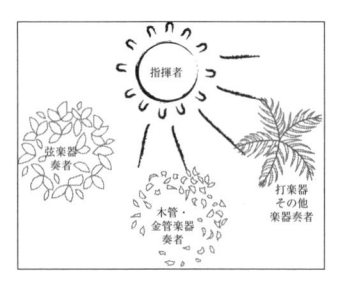

図2 「樹木」のメタファー

演奏会終了後にコンサートホールの裏口に行くと、次々と楽器を持った楽団員たちが帰路につくのを目にすることになる。「太陽」が沈み演奏会が終了してしまえばもう「夜」＝過去のことなので、「葉」を広げる（ホールに残っている）理由が無いのである。

その頃、人気のある指揮者ならば、「太陽」＝指揮者の楽屋には関係者や熱狂的なファンが押しかけてごった返している。時にはロビーでサイン会に応じCDやパンフレットにサインをしながら、ファンサービスに努めることもある。

「太陽」＝指揮者（特に音楽監督）は「樹木」としての楽団の成長＝「組織能力向上」に深く関わる存在である。「太陽光線」＝観客動員数、プログラミングなどを通して「樹木全体」＝オーケストラをコントロールするという、重要な役割を担っていることがわかる[9]。

（3）プロフェッショナル組織としてのオーケストラ

著名な経営学者のミンツバーグ（2001）は「プロフェッショナル組織を生かすリーダーシップ」と題して、カナダ中部のウィニペグ交響楽団の音楽監督プラムウェル・トービーを題材に、オーケストラの指揮者によるリーダーシップについて述べている。注目すべきは、オーケストラのような組織には「時間研究のアナリスト」が不要であるという以下の指摘である[10]。

「みな高度な訓練を積み、するべきことをわきまえ、それをきちんとこなす人々の業務を中心に構成されている。こうした組織のプロフェッショナルたちは、仕事のやり方を教えてくれる一定の作業基準や、効率的な仕事の方法をアドバイスする時間研究のアナリストを必要としていない。この事実は重要であり、マネジメントやリーダーシップについて我々が抱いている多くの先入観を覆そうとするものである。実際、こうした環境においては、あからさまにリーダーシップを発揮するよりも、控えめにリーダーシップを表現するほうが意味を持つのかもしれない」

オーケストラの指揮者を分析して、「暗黙のリーダーシップ」を発揮することこそが、あらゆる管理業務においていかに効果的かを主張していることは、示唆に富む指摘である。ミンツバーグはまた、「完全な支配力を持つ指揮者の神話を拭い去れば、今日のマネジメントのなんたるかをこの事例から学ぶことができるだろう」とも述べている。

第2節　多元的知性 SPEED（スピード）モデル

（1）指揮者の多元的知性 SPEED（スピード）モデルとは

宇田川『オーケストラ指揮者の多元的知性研究』（2011）では、代表的な名指揮者を題材とした事例の分析を行い、指揮者リーダーシップモデルを構成する以下の5つの「多元的知性」＝「頭脳の知的な働き」の抽出を行った[11]。

① 空間的知性（Spatial Intelligence）

空間的な位置関係を心の中にイメージするだけでなく、それを周囲の人々にもはっきりと伝え協働して実行していく能力。

② **哲学的知性**（Philosophical Intelligence）
音楽が人々を「神の啓示」的な「真理」へと導くものと信じ、その根本原理を追求するために自らも弛まぬ努力を重ねる能力。

③ **教育的知性**（Educational Intelligence）
音楽に生きるというよりも、音楽の魅力を人に教えることにより深い意義を見出し、情熱を傾けることが出来る能力。

④ **起業家的知性**（Entrepreneur Intelligence）
常に環境の変化に敏感に対応し、卓越した新規事業のアイディアを継続的に生み出しながら、適切な人材の発掘も行う能力。

⑤ **外交的知性**（Diplomatic Intelligence）
オーケストラと自分自身の置かれている地勢的、社会的、歴史的状況を客観的に把握し、何をするべきかを冷静に察知し実行する能力。

5つの「多元的知性」の頭文字をつなげると「SPEED」となる。指揮者は5つの「多元的知性SPEED」を、オーケスラの「組織能力」向上のために発揮する。その基盤としての「多元的知性SPEEDモデル」を概念図で示したのが図3

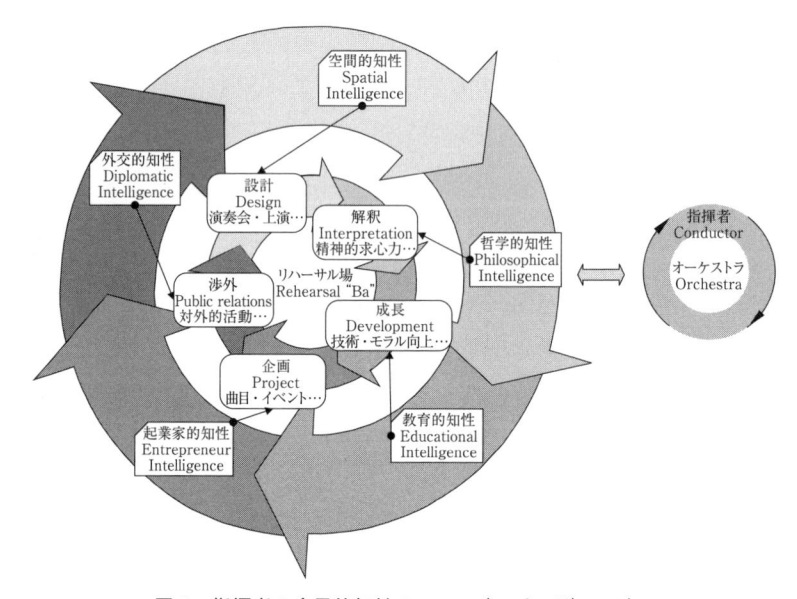

図3 指揮者の多元的知性SPEED（スピード）モデル

である。

（2） 多元的知性 SPEED が発揮されるステージ

　優れた指揮者であれば、5つの「多元的知性」をひととおりは発揮出来る能力がある。楽団員との力関係にもよるが、楽団の弱点・問題点を「楽団員より一歩早く」察知し、それに合わせて自らの「多元的知性」を瞬時に対応させる。

　「**空間的知性**」（Spatial Intelligence）が発揮されるステージは「**設計（Design）**」である。オーケストラの配置をどうするか、ソリストをステージ上のどこに配置するかなど、音響上や視覚上の効果を考えて指示を出す。残響が多いホールでは早めのテンポを採用するなどの判断も含まれる。

　特にオペラは総合舞台芸術であり、オーケストラに加えてソリスト（歌手）、合唱団、演出家、舞台装置、衣装、照明、音響などが公演に関わる。指揮者によるリハーサル場での、演出家や美術等との連携は必要不可欠である[12]。

　「**哲学的知性**」（Philosophical Intelligence）が発揮されるステージは「**解釈（Interpretation）**」である。「精神世界」を意識し、作曲家の意図をも超えた楽譜の裏にあるもの、濃密な精神空間まで抉り出す程の「深さ」が必要である。それに加えて「禅」に代表されるような思想全般への造詣が深いことなどが、精神的「求心力」を生み出していく。

　「**起業家的知性**」（Entrepreneur Intelligence）が発揮されるステージは「**企画（Project）**」である。楽団員が夢中になるようなプログラムや練習上のアイディアを出すことが要求される。常に環境の変化に敏感に対応し、卓越した新規プロジェクトを継続的に打ち出しながら、マンネリズムからの脱却を図り、楽団員を惹きつけていく。

　「**教育的知性**」（Educational Intelligence）が発揮されるステージは「**成長（Development）**」である。「音楽の魅力」を伝えることに情熱を傾け、楽団員全体のアンサンブルやモラルの向上を図る。音楽評論家の吉田秀和の表現を借りれば「楽員を魔法にかけ、ふだん以上の能力を発揮できるようにする」[13]のである。

　「**外交的知性**」（Diplomatic Intelligence）が発揮されるステージは「**渉外（Public relations）**」である。オーケストラのポジショニングを意識し、演奏旅

行や団員募集などにも対外的な「顔」として先頭に立つ。「世界の中の日本」、「日本の中の地方」といった地勢的な感性だけでなく、自らの体験に基づく歴史観も確立している[14]。

第3節　指揮者と楽団員のキャリア形成モデル

宇田川（2011）では、指揮者と楽団員の中長期的な関係性を4つに分類する。これらの関係性から指揮者と楽団員の中長期的な「キャリア形成モデル」を抽出することが可能となる[15]。

(1) 指揮者と楽団員との4つの関係性
① 包含（Inclusion）
指揮者が楽団員を包み込むように接しながら、自分の音楽を浸透させるタイプ。楽団員の心の中に、特定の指揮者が圧倒的な存在感をもつという関係性である。

ヴィルヘルム・フルトヴェングラー（Wilhelm Furtwängler, 1886～1954）は、その典型的な例である。ベルリン・フィルの名ティンパニ奏者だったヴェルナー・テーリヒェンの語る次のエピソードに、その特徴がよく表れている。

「ある日のこと、私はティンパニに向かって腰かけ、ある客演指揮者の稽古が続いている間、前にひろげた総譜を追い、楽器編成の細部に没頭していた。―略―突如として音色が一変した。もう全力を投入する本番ででもあるかのような温かさと充実が現れた。―略―指揮者の身の回りには何一つ変わったことはなかった。次に同僚たちに目を移すと、彼らは皆ホールの端の、扉の方を見ていた。そこにフルトヴェングラーが立っていたのだった[16]」

第二次世界大戦中、多くの名指揮者たちがナチス・ドイツによる迫害を避けて亡命したが、フルトヴェングラーは終戦の直前までドイツにとどまり、ベルリン・フィルハーモニー管弦楽団を指揮していた[17]。そのため、戦後はナチス・ドイツへの協力を指摘され、一時期音楽活動が出来なかった。これはフルトヴェングラーの「政治的感覚の無さ」を示す事例として取り上げられることも多い[18]が、実際は「ベルリン・フィルから離れようとしても、オーケストラの楽団員た

ちのシンボル的存在であったため、到底許されなかった」というのが、真相に近いようである[19]。

② 引率 (Lead)

アルトゥール・トスカニーニ (Arturo Toscanini, 1867〜1957) とその手兵のNBC交響楽団が、この関係性の代表例である。トスカニーニのリハーサルはとにかく苛烈の一語であったと伝えられている。それでも楽団員がついていったのは、ひとえに彼の創り出す「音楽」が素晴らしかったからである。今日残された膨大なトスカニーニの録音は、好き嫌いは別としておよそ駄盤には縁がない。どんなに軽い曲でも常に真剣勝負で、アンサンブルは常に引き締まっていて完成度は抜群である。

ヘルベルト・フォン・カラヤン (Herbert von Karajan, 1908〜89) はそのトスカニーニの後継者を自任していた。しかし、カラヤンはトスカニーニと比較するとより柔軟であり、洗練 (sophisticate) されていた。

「カラヤンはあるオペラを上演するときに、まず演奏会形式[20]でコンサート本番を指揮し、それをライブ録音やセッション録音してしまう。すぐにそのLPレコードやCDが全世界で発売されて、カラヤン人気で爆発的に売れる。その後に同じオペラの舞台上演を手掛け、自ら選んだ歌手達のみならず聴衆にも、その録音で十分に予習をさせる。だからカラヤンの指揮するオペラ公演は準備万端、いつも抜群の名舞台になる……[21]」。

リハーサルでの合意形成を自ら指揮した音源によって歌手達に先取りさせることで、結果的に歌手達を意のままにリードすることに成功した。ここにカラヤンの巧みな操縦術 (聴衆までも対象にした) が読み取れる。

③ 触媒 (Catalyst)

カラヤンの死後、ベルリン・フィルハーモニー管弦楽団は後任の芸術監督にクラウディオ・アバド (Claudio Abbado, 1933〜2014) を選出した。若手音楽家の育成に傾注し、「音楽の喜び」を広く啓蒙することにも熱心な教育者タイプである。ここでの「教育」は、広く一般聴衆への教育だけではなく、楽団員や後進の若手指揮者も対象にしている。

ベルリン・フィルの芸術監督のときに、アシスタントとして当時弱冠20歳の逸材ダニエル・ハーディング (Daniel Harding, 1975〜) を起用、退任後はルツェ

ルン祝祭管弦楽団、グスタフ・マーラー・ユーゲント管弦楽団等、自身が組織した若手中心によるオーケストラを活動の中心に置いていた。

新日本フィルハーモニーの首席ティンパニ奏者・近藤高顯（こんどう・たかあき）は、次のような極めて興味深い体験談を披露している[22]。

「私は幸運にも氏の指揮の下 ─略─ 二回にわたる日本演奏旅行において演奏する機会を得た。─略─ その本番たるやアバドの面目躍如！ 実に良い顔をしてその音楽を表現してゆくマエストロに、それを上回るパワーで応えるベルリン・フィル！ お世辞にも器用とはいえないアバドの棒から生み出される、目の前の崇高な音楽に、私は全身感動の渦につつまれながら『ああっ！ このまま時間が止まってしまえばいいのに！』と、何度も思わずにはいられなかった」。

2014年1月に惜しくも亡くなったアバドは、圧倒的な指揮のテクニックで強引にリードするタイプではなかったが、楽団員の自主性を最大限に活かしながら気づいたら「アバドの音楽になっていた」という、ある種「漢方薬」のアナロジーで表現できるような特殊な能力が備わっていたようである。

④ 同化（Assimilation）

2002年にアバドがベルリン・フィルハーモニー管弦楽団の芸術監督を辞任し、後任選びが行われた。当時若手ナンバー1と評されていたイギリスの指揮者サー・サイモン・ラトル（Sir Simon Rattle, 1955～）と、アルゼンチン生まれの名ピアニストでもあり、一流指揮者としての実績も十分のダニエル・バレンボイム（Daniel Barenboim, 1942～）の一騎打ちになったが、楽団員の投票によりラトルが選出された。

ラトルは27歳の頃に、インタビューに以下のように答えている[23]。

「他人行儀な態度を改めないオーケストラは、私のほうが本音で対応できないので、二度と振りませんね。私に近づいて話しかけようとしない演奏家とでは、触れ合いがもてないのです」

「私は『マエストロ』とか『ミスター・ラトル』と呼ばれるのが、なんだか悪口を言われているみたいで嫌いです。居心地がよくありません。でも、この段階、つまり指揮者とオーケストラを分け隔てる封建的な垣根を乗り越えてしまうと、楽しい関係が始まります」

プロデューサーとして楽団の運営や集客増に対するアイディアを出すことに

長け、音楽的な分野でなくても成功したのでは、と思われるタイプでもある。映画「ベルリン・フィルと子供たち」、「ベルリン・フィル　最高のハーモニーを求めて」の製作協力や、子供たちとの「ダンスプロジェクト」など、新機軸を次々と打ち出し常に注目を集めている。

　2009月1月よりベルリン・フィルは、インターネットでのライブとオンディマンドのブロードバンド配信である「Digital Concert Hall」を有料で開始した[24]。第1回の配信でラトルは「これで世界中に多くの友人を得るだろう」という意味の挨拶をしていた。このような斬新な試みは音楽監督がラトルでなければ、実現したかどうかは微妙である。

（2）指揮者と楽団員のキャリア形成モデル

　オーケストラを構成する指揮者と楽団員との間に、以下の4つの関係性がみられることがわかった。

① **包含**（Inclusion）
指揮者は楽団員を包み込むように接しながら自分の音楽を浸透させる。

② **引率**（Lead）
指揮者が強烈な個性と指導力で楽団員を自分の音楽へと引っ張っていく。

③ **触媒**（Catalyst）
指揮者は楽団員の自主性を尊重しながら刺激を与えて変化を促していく。

④ **同化**（Assimilation）
指揮者が楽団員の中に入り込み自らも変化しながら音楽を創っていく。

　以上の4タイプを、縦軸に「巨匠性の程度（Great master character）」、横軸に楽団員との「精神的な距離（Mental distance）」をとって配置したのが「キャリア形成モデル」である（図4）。

　「巨匠性」とは、いわゆる「マエストロ（maestro）と呼ばれる存在かどうか」の程度を意味する。自ら名乗る称号ではなく周囲の評価で決まるのが特徴である。多くはキャリアや実績に依存するが、老大家とは限らず若くして巨匠と称されるケースもある。

　「精神的距離」とは、楽団員側から見た指揮者が「近寄りがたい存在かどうか」の度合いを意味している。こちらは「巨匠性」とは逆に、指揮者本人のパーソナ

リティーやコミュニケーション・スタイルに拠っている。「キャリア形成モデル」中の「黒矢印」は、オーケストラの成長の方向を表している。

「**包含**」関係は楽団員の居心地は良いが、あまり長くこの状態が続くと指揮者への依存心が芽生え自分を見失いがちになり、「**引率**」へと進むようになる。

「**引率**」関係は緊張感の持続が要求されるので、特にトスカニーニのように強烈な個性の指揮者の場合は、楽団員の側で指揮者に過剰に反応する傾向が強まり、自発性を重んじる「**触媒**」へと向かうようになる。

「**触媒**」関係は自発性が芽生えるために、楽団員側がある程度自立すると、楽団員と指揮者が一体化する「**同化**」へと進むようになる。

「**同化**」関係は指揮者と楽団員とが一体化しているうちは良いが、「慣れ合い」になる危険性もあり、そうなるとそれを避けるために、包み込むような巨匠性の強い大物指揮者を招くようになる。すなわち「包含」関係へと戻ってくる。

「キャリア形成モデル」中の「白矢印」は、成功する指揮者の意識の流れのうち、指揮者のキャリア形成上、特に重要と思われる方向性である。

若手指揮者の多くは経験が乏しく、「**同化**」関係からスタートせざるを得ない。

指揮者としての実力やキャリアの上昇によって、「**引率**」または「**触媒**」の関係性を楽団員との間に築くことになる。しかし、キャラクターによっていずれか

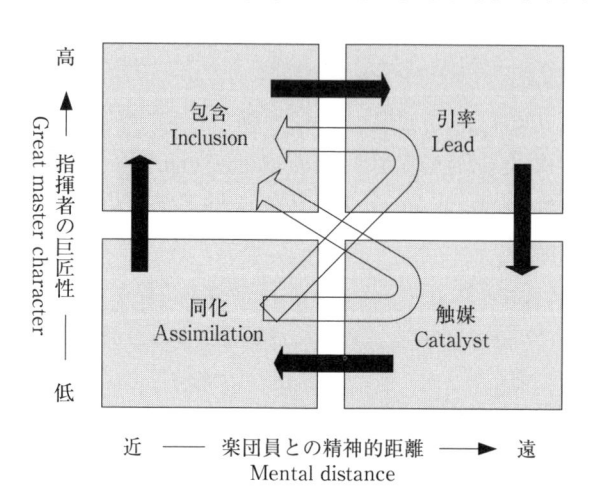

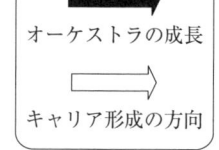

図４　指揮者のキャリア形成モデル

に分かれたとしても「触媒」、「引率」タイプの指揮者は、楽団員の成長が目覚ましいと次第に「打ち手」が狭まるため「同化」に移行しがちである。

そこであえて楽団員の成長の流れに逆らって「包含」＝「巨匠への道」へ舵を切ることで、自身の指揮者としてのキャリアにさらなる厚みと輝きを与えることができる。

（3） 事例研究〈小澤征爾　世界のオザワ〉

小澤征爾（1935～）の子供好き、教育熱心は筋金入りである。超多忙なスケジュールの合い間を縫って、小・中学生のためのコンサートなどに取り組んできた。また、高関健や佐渡裕等、後進の指導にも数えきれないぐらいの実績がある。「サイトウ・キネン・オーケストラ」や「小澤征爾音楽塾」はその集大成であろう。

小澤は並外れて行動的な指揮者で注目率も高いため、インタビュー記事も他の指揮者を圧倒するほど多いが、その中でも「教育」については繰り返し語っている[25]。

「以前から、クラシック音楽が将来どうなるか、危機感を抱き、考えていた。答えは、子供たち、特に今までクラシックを聴いたことのない人に、聴いてもらうこと[26]」

そんな小澤征爾でも、若い頃にはいわゆる「N響事件」と呼ばれるトラブルを経験している。小澤征爾は1961年に、バーンスタイン指揮ニューヨーク・フィルハーモニーの来日公演に副指揮者として同行した直後に、NHK交響楽団から指揮者として招聘された。

初共演は大成功で、若く勢いのある指揮者と日本一を自負する楽団との関係性は急速に高まっていった。

しかし、翌1962年の東南アジアでの演奏旅行中に、小澤の本番での指揮のミスなどで、「キャリア形成モデル」における「引率」の関係性を望まないNHK交響楽団とのあいだに次第に亀裂が生まれた。現在の円熟した小澤征爾からは想像できないが、楽団員の要求との間に大きなギャップが生まれ、同年12月にNHK交響楽団側が小澤征爾との公演及びそのリハーサルをボイコットするという前代未聞のトラブルになった。

当時のNHK交響楽団はドイツ系の名指揮者たちに育てられたために、アメリカで活躍していた小澤とはそのスタンスに大きな隔たりがあった。若き小澤には「多元的知性モデル」における「外交的知性」や「哲学的知性」の面で不足があったことが想像される。

ただし、「キャリア形成モデル」でいう「同化」の関係性へと安易に進まなかったことが、その後、アメリカに戻った小澤征爾が破竹の勢いで世界的な巨匠への道を歩むことにつながっていく。

小澤とともに水戸室内管弦楽団を設立した、日本音楽評論界の長老である吉田秀和は、小澤征爾指揮ボストン交響楽団の1981年来日公演を評して以下のように記している[27]。

「最初の『レオノーレ』序曲第三番は、悪くはないが、もう一つ物足りない。ベートーヴェンとはいえ『オペラ』なのだ。もっと思いきってテンポを動かし、心の底からの感動をじかにぶつけるようにひいても許されるのではないか。今の彼の演奏できくと、ほかの要素はほとんどそろっているが、今後の大成のためには、『深さ』への掘り下げの余地が、まだ残っているような気がする（1981年11月3日・東京文化会館）」

小澤はこの指摘をどう受け止めたのだろうか。少なくとも小澤の「不断の向上心」はNHK・TV「ニュースウォッチ」『世界のオザワ・老境に入りてなお…』（2008年12月16日21時～放映）をみる限りでは、衰えは微塵も無い。そして、画面での小澤の指揮による演奏は、見事なまでにウィーン様式になっていた。

小澤はインタビューでは「僕らは音楽家だから、一瞬が勝負なのね」とよく言う。これはすなわち「多元的知性モデル」の回転スピードが桁違いに速い小澤が、その瞬発力を自身で認識していることを示している。また「キャリア形成モデル」においても、「引率」から「包含」という王道を、まさに登りきろうとしていることがわかる。

おわりに

　2014年5月27日、筆者はミューザ川崎シンフォニーホールで開催された小澤征爾指揮水戸室内管弦楽団のコンサートを聴いた。前半はモーツァルト：オーボエ協奏曲ほか、後半が小澤の指揮によるベートーヴェン：交響曲第7番であった。

　小澤指揮のベートーヴェン7番はもの凄い演奏であった。体ごと持っていかれる感じがした。団員と一緒に小澤がステージに現れると、拍手のボリュームが1段上がる。だが、指揮台はなく、寄りかかれるような椅子と休憩用の椅子が置かれ、チューニングが始まると小澤は椅子に座っている。療養のため指揮から遠ざかっていたので大丈夫なのか、という不安がどうしても頭をよぎる。

　第1楽章は精妙な音量バランスを保ってはいるが、どこか聴き慣れた小澤の音楽とは違う。時折見せる楔を打ち込むようなアクセントが、師匠のバーンスタイン（Leonard Bernstein, 1918～90）を思わせる。小澤は本来、バーンスタインのような本能的な熱情を爆発させるタイプの指揮者なのではないだろうか。しかし、対極的なカラヤンの影響を強く受け、流線形のスマートな音楽を生涯かけて目指すことになった。それが、ここにきて本来の一歩間違えば狂気に近いような熱情が、蘇ってきたように感じられるのである。

　第2楽章は遅めのテンポでじっくりと歌い上げる。フルトヴェングラーの演奏が思い浮かんだ。ここでの地に足の着いた表現が伏線となり、後半の熱狂を支えることになる。演奏を終えると小澤は腰掛ける。かなり消耗している様子がうかがえる。客席全員から「がんばれ」という「気」が送られる様子が見えた気がした。

　第3楽章はリズムの張りがあり、フルートの工藤[28]ほか名人揃いの楽団の贅沢極まりない技の競演が楽しめた。

　そして、小澤の大きな唸り声とともに第4楽章が始まるとたちまち興奮の坩堝である。息をするのも忘れるぐらいの熱狂的な演奏であった。今まで何度聴いたかわからないこの曲だが、間違いなく筆者にとっての「ベートーヴェン7番」の生涯ベスト演奏となるであろう。今後これ以上の演奏に接する可能性は限りなく

低い。

　「世界のオザワ」の軌跡は、クラシック音楽界全体でも何本かの指に入るような奇跡的な「成功物語」である。その背景に小澤征爾の自らを音楽芸術に捧げる真摯な生き方があるのは間違いない。

　しかしながら、一人の人間が病を乗り越えここまでの境地に達するという事実こそ、まさに「多元的知性モデル」の理想的な体現例と言えるのではないだろうか。

注
1) アブラハム・マズロー『完全なる経営』（金井壽宏監訳・大川修二訳）日本経済新聞社、2001、p.218.
2) 沼上幹・軽部大・加藤俊彦・田中一弘・島本実『組織の"重さ"――日本的企業組織の再点検』日本経済新聞出版社など、2007。
3) ある著名な経営学者は筆者に「リーダーシップを本当に学びたければ、そこらの研究書やテキストよりも、司馬遼太郎や池波正太郎の時代小説を読んだ方がよっぽどよくわかる」と言った。そして、それが一面の真実だったりするから、いかにリーダーシップというものが研究しにくい分野であるのかが、わかろうというものである。
4) 宇田川耕一『オーケストラ指揮者の多元的知性研究――場のリーダーシップに関するメタ・フレームワークの構築を通して』大学教育出版、2011、pp.69-73.
5) 公式プロフィール（http://www.sso.or.jp/）から札幌交響楽団の概略を抜粋する。
　札幌交響楽団は1961年7月1日に発足、翌年に財団法人化。以後、人口560万人を超える北海道唯一のプロオーケストラとして、「札響」の愛称で親しまれている。岩城宏之（1932～2006）は、75年から正指揮者、78年から音楽監督・正指揮者、88年から亡くなる2006年まで桂冠指揮者を務めた。その間、岩城は武満徹をはじめとする邦人作品の紹介に力を入れ、日本を代表するオーケストラに成長させた。秋山和慶は88年から98年までミュージック・アドヴァイザー／首席指揮者を務めレパートリーの拡充に努めた。音楽監督の尾高忠明は、81年から86年まで正指揮者、98年からミュージック・アドヴァイザー／常任指揮者、2004年からは第2代音楽監督に就任、現在に至る。正指揮者の高関健は88年から92年まで専属指揮者、2003年に正指揮者に就任、現在に至る。そして2008年4月には首席客演指揮者としてチェコの巨匠ラドミル・エリシュカを迎え、大きな期待が寄せられている。尾高の指揮の下で行った2001年の英国と2005年の韓国公演は絶賛を博した。2005年から定期演奏会を2公演化、聴衆を1万人以上も増やし、完売公演も続出させている。現在団員数75名、年間公演回数120回以上。最高の音響を誇る札幌コンサートホールKitaraを本拠に、透明感のあるサウンドとパワフルな表現力は、雄大な北海道にふさわしい魅力を放つオーケストラとし

て評価がますます高まっている。
6) 計22回の掲載で各回2人ずつ、合計44人のインタビューで、楽器パートの内訳はヴァイオリン＝14人、低弦楽器（ヴィオラ・チェロ・コントラバス）＝11人、木管楽器（フルート・オーボエ・クラリネット・ファゴット）＝8人、金管楽器（ホルン・トランペット・トロンボーン）＝9人、打楽器（ティンパニ等）＝2人である。
7) 宇田川 (2011) P.69。不要品詞の除去後のキーワード出現頻度総数は2,704回。閾値16以上は949回、キーワード全体に占める割合は35.1%であった。
8) 大学の合宿で尾高と出会い札響の入団試験を受けたというチェロ・角野友則が、ただ一人尾高の名を挙げていた。
9) 「太陽」＝指揮者の人気によってその日の「天候の良し悪し」＝観客動員数が決まってしまうことは、どんなに出演料が高くても一握りの人気指揮者に出演依頼が殺到することからも明らかである。弦楽器、管楽器、打楽器といったそれぞれの「枝」（各セクション）は、楽器の特性が異なるので同じ「土壌」＝オーケストラのもとでも、「葉」の茂り方＝演奏方法はそれぞれ大きく異なる。また、それぞれの「葉」（楽団員）は自分自身の成長、つまり技量を高めることや、多様な経験を積むことには貪欲である。そのため、日頃とは違った方向から照らしてくれる「太陽」、すなわち未知の曲目や未経験のプログラムを提供してくれる指揮者を、とりわけ歓迎する傾向にある。
10) ミンツバーグ、H. (2001)「プロフェッショナル組織を生かすリーダーシップ」（ハーバード・ビジネス・レビュー・ブックス『戦略と経営』2001年、ダイヤモンド社所収）
11) 宇田川 (2011)、第5章 リハーサル場の多元的知性モデル を参照。
12) ワインヤード型音楽ホールであるサントリーホールに設計段階から関わった指揮者カラヤンのように、演奏会場の選定や設計・オペラ上演の演出や美術などに自ら携わるケースもある。
13) 吉田秀和『世界の指揮者』（新潮文庫）　新潮社、1982、p.100.
14) この知性だけはリハーサル場よりも対外的な折衝の場で発揮される性質があるため、モデル上（図3）でも「渉外」のステージはリハーサル場の外に配置されている。
15) 宇田川 (2011)、第6章 指揮者と楽団員のキャリア経営モデル を参照。
16) ヴェルナー・テーリヒェン『フルトヴェングラーかカラヤンか』（高辻知義訳）音楽之友社、1988、p.29.
17) ベルリン・フィルハーモニー管弦楽団の当時の団員インタビューでは、必ずといってもよいほどフルトヴェングラーへの敬愛の念が語られている。
18) 中川右介『カラヤンとフルトヴェングラー』幻冬舎新書等を参照、2007。
19) 『ベルリン・フィルと第三帝国 ドイツ帝国オーケストラ』[DVD] 監督：エンリケ・サンチェス・ランチ、Naxos、2008。
20) 歌手には最小限の動きだけをステージ上で演じさせる、通常のオーケストラ・コンサートとあまり変わらないスタイル。

21) 札幌交響楽団主催「記者懇談会」(札幌コンサートホール内・2008年8月29日)での、音楽監督・尾高忠明の証言による。
22) 『指揮者聴き比べ』立風書房、2002、p.83。
23) ヘレナ・マテオプーロス、叢書・20世紀の芸術と文学『マエストロ　第一巻』(石原俊訳) アルファベータ、2004、p.272。
24) ベルリン・フィルのコンサート映像を、ライブ中継およびオンディマンド再生で体験。世界的指揮者・ソリストたちの演奏を、インターネットで配信するという画期的な映像配信サービス。
http://www.digitalconcerthall.com/ja/
25) 小澤の教育観は次のインタビューにも良く表れている。
「日本の学校教育は、音楽を例に挙げますと、技術や勉強方法を教えたり、レパートリーを広げるのは素晴らしい。ところが、音楽はそれでは終わらないんですね。斎藤先生から教わったのは基礎ではありましたが、その先、勉強することがうんとある。斎藤先生は私が外国に行って勉強できるような状態にしておいてくれたのです。― 中略 ― 日本人は教育には熱心です。ただ、その熱心さが学校の数や学生の数で表れている。学生や音楽学校の数はめちゃくちゃ多いんです。だけど、音楽は質だと思うんですね。音楽学生がこれだけ増えたから、たくさんコンクールで入賞しているから大丈夫だと、安心してるんじゃないかな」
(毎日新聞2000年1月15日付朝刊本紙「新教育の森：小澤征爾さんに聞く　人を感動させる人を ― 点数だけでは欠落が」より)。
26) 毎日新聞1999年2月23日付朝刊本紙「おんがく人：ボストン交響楽団音楽監督・小沢征爾 ― 今シーズンで就任25周年」
27) 吉田秀和『音楽 ― 展望と批評 ― (全3冊)』(朝日文庫) 朝日新聞社、1986。
28) 工藤重典 (1954～)。ソロ活動を中心に世界を股にかけて活躍している、日本を代表するフルート奏者の一人である。

参考文献および資料

・アブラハム・マズロー『完全なる経営』(金井壽宏監訳・大川修二訳) 日本経済新聞社、2001
・沼上幹・軽部大・加藤俊彦・田中一弘・島本実『組織の"重さ" ― 日本的企業組織の再点検』日本経済新聞出版社、2007
・宇田川耕一 (2011)『オーケストラ指揮者の多元的知性研究 ― 場のリーダーシップに関するメタ・フレームワークの構築を通して』(2011)　大学教育出版
・ミンツバーグ, H. (2001)「プロフェッショナル組織を生かすリーダーシップ」(ハーバード・ビジネス・レビュー・ブックス『戦略と経営』2001年、ダイヤモンド社所収)
・吉田秀和『世界の指揮者』(新潮文庫) 新潮社、1982
・田村正紀『リサーチ・デザイン ― 経営知識創造の基本技術』白桃書房、2006
・野中郁次郎・紺野登『知識創造の方法論　ナレッジワーカーの作法』東洋経済新報社、2003

・ヴェルナー・テーリヒェン『フルトヴェングラーかカラヤンか』(高辻知義訳) 音楽之友社、1988
・中川右介『カラヤンとフルトヴェングラー』幻冬舎新書、2007
・ヘレナ・マテオプーロス、叢書・20世紀の芸術と文学『マエストロ　第一巻』(石原俊訳) アルファベータ、2004

Ｊリーグクラブの順位と収入の関係[*]
― パネル分析を用いて ―

福原　崇之

はじめに

ヨーロッパでは、欧州サッカー連盟（以下「UEFA」と略す）が、欧州フットボールクラブの将来的な財政健全化を目的として、2013-14 シーズンより段階的なファイナンシャル・フェアプレー（FFP）規則の導入を決定した。FFP 規則は、段階的な導入を経て 2018-2019 シーズンには、各クラブに収入以上の支出を行わないことを義務付けるブレーク・イーブン要件が導入され、この要件を遵守できなかったクラブには、クラブライセンスの交付を行わないなどの制裁措置が取られることが決まっている。

日本サッカー協会（2010）によれば、クラブライセンスの交付を決定するクラブライセンス制度は、元々はドイツサッカー協会が所属する全クラブに対して行われていたリーグ戦への参加資格の基準を定めたライセンス制度である。この制度を元に UEFA は、主催大会である UEFA チャンピオンズリーグ（以下「CL」と略す）の参加資格として、2004-2005 シーズンからクラブライセンス制度を導入した。同制度は、クラブの財政面での透明性確保等を通じて CL の価値向上に寄与したことから、国際サッカー連盟（以下「FIFA」と略す）も 2007 年 10 月に同制度を承認し、2008 年 1 月からの導入を決めている。

FIFA の決定を受けて、アジアサッカー連盟（以下「AFC」と略す）は、2010 年 3 月、2013 年シーズンの AFC チャンピオンズリーグ（ACL）の参加資格としてのクラブライセンス制度の導入を承認した。

そのため我が国の J リーグでも、AFC の決定を受けてクラブライセンス制度

にあたるJリーグクラブライセンス制度を、2012年2月から施行している。同制度の目的は、①日本サッカーのさらなる水準の向上、②クラブ経営のさらなる安定化および組織運営体制の充実、③JFAおよびJリーグの諸規程のほか、各種法令、諸規則の遵守、④安全で充実した機能を備え、サービスの行き届いた観戦環境及びトレーニング環境の整備、⑤シーズンを通じた国内および国際的な競技会の継続性の維持、⑥競技会における、財務上のフェアプレーの監視[1]である。そして、ライセンスの交付を審査するためのライセンス基準は、大きく5つの基準と3つの等級に分けられている。5つの基準とは、①競技基準、②施設基準、③人事体制・組織運営基準、④法務基準、⑤財務基準であり、3つの等級とはA等級、B等級、C等級である。このうちB等級基準は達成が必須のものであり、ライセンシー（Jライセンスを交付されたクラブ）またはライセンス申請者（Jライセンスを申請するクラブ）に未充足があった場合、下位ディビジョンへの降格を含む制裁[2]が科される可能性がある。

　Jリーグでは、規約によってJリーグに参加しているクラブ（以下「Jクラブ」と略す）に対する経営の健全性と安定性が要求されている[3]。しかし、2010年度（平成22年度）Jクラブ個別情報開示資料によれば、2010年シーズンにJリーグに所属していた37クラブのうち、債務超過に陥っているクラブは10クラブあり、その内訳はJ1リーグ（以下「J1」と略す）で4クラブ、J2リーグ（以下「J2」と略す）で6クラブである。また、営業利益で赤字を計上しているクラブをみると、J1で11クラブ、J2で9クラブの計20クラブにも上り、今後深刻な経営危機に陥る可能性のあるクラブも見受けられる。Jリーグクラブライセンス制度の導入に際しては、クラブの財務基盤の強化が要求されていると同時に、経営管理の重要性も高まっているため、個々のクラブの経営上の問題点を明らかにし、経営状態の改善と向上を目指すべく、公開されているデータを客観的に分析する必要性が高まっている。

第1節 目 的

　本研究における分析の対象のひとつである営業収入は、2010年度（平成22年度）Jクラブ個別経営開示資料によると、J1平均で30億3,000万円、J2平均で9億2,600万円とディビジョン間で大きな差が存在している。また、J1で最も大きな営業収入を上げているクラブは浦和レッズで、その大きさは56億2,500万円であるのに対し、最も少ない営業収入にとどまっているモンテディオ山形は12億2,900万円であり、その差は約44億円である。一方、J2で最大の営業収入を上げているクラブは柏レイソルで27億4,300万円であるのに対して、最も少ない営業収入にとどまっている水戸ホーリーホックは3億6,600万円と、約7.5倍の差が存在し、ディビジョン間のみならず同一ディビジョン内であっても大きな差があるのが現状である。
　このように、Jリーグではトップリーグであるj1とその下のリーグであるj2でのディビジョン間の平均的な収入の差と、同一ディビジョン間でのクラブごとの収入に厳然とした差が存在する。本研究では、この実務上の課題を裏付ける検証を行うことを目的とする。
　具体的には、クラブの経営の安定化を保証する最大の要因である営業収入の要因を、そのクラブのリーグ戦での順位とクラブのホームタウンのある地域特性を中心にしたパネルデータを用い、クラブの個体効果および時間効果に特に焦点を当てて検証する。さらに、営業収入の50％近くを占める広告料収入についても取り上げて同様の分析を行う。
　福原（2011）は、Jクラブのパネルデータを用いた分析により、クラブの順位と営業収入との間には、クラブ個別の個体効果である固定効果がみられる[4]ことを明らかにしたが、営業収入の構成要素のうちで大きな部分を占める広告料収入に固定効果が存在するのかという点については明らかにされなかった。本研究では、この点を明らかにするため、Jクラブのパネルデータを用いて営業収入および、その構成要素である広告料収入のそれぞれにおいて個体効果と時間効果が存在するかについて検証することで、Jクラブのマネジメントに有益な情報を提供できると考える。

本研究の構成は、次の通りである。まず第2節において先行研究のレビューを行い、第3節では、パネル分析のための理論的枠組みについて議論する。第4節では、推定結果とその解釈を示し、最後に本研究のまとめと今後の課題を示す。

第2節 先行研究

海外においては、収入と順位の関係、あるいはクラブの財政危機に関する研究がいくつかみられる。プロサッカークラブの収入と順位の関係についての研究には、Szymanski and Smith（1997）、Szymanski（1998）、Garcia-del-Barrio and Szymanski（2006）、Kuper and Szymanski（2009）などがある。

Szymanski and Smith（1997）は、クラブの支払う年俸総額 W を、賃金率で調整した選手の質 w と、クラブの雇う playing skill [5] の量 L の関数として $W = wL$ と定義した。この式を用いると、あるシーズンのクラブ i の利用可能な playing skill のシェア $\dfrac{L_{it}}{\sum_{i=1}^{N} L_{it}}$ は、以下の（1）式のように変形が可能で、シーズン t のクラブ i の年俸総額のシェアと等しくなることを示した。

$$\frac{L_{it}}{\sum_{i=1}^{N} L_{it}} = \frac{w_t L_{it}}{w_t \sum_{it}^{N} L_{it}} = \frac{W_{it}}{\sum_{i=1}^{N} W_{it}} \tag{1}$$

これによりクラブの生産関数を、以下の（2）式で定義した。

$$Q_{it} = C_i + dW_{it} \tag{2}$$

（2）式は、クラブの質 Q が、年俸総額の関数であると同時に、クラブ固有の潜在的な成績（performance potential）の関数となることを示している。クラブ固有の潜在的な成績に影響を与える要因としては、クラブの歴史、本質的なマネジメントの差異、地域人口、年齢と性別構成、富（wealth）が挙げられている。

クラブの収入には、入場料収入、TV放映権収入や広告料収入、選手の移籍による移籍金収入などがある。この場合の移籍金とは、厳密には選手が契約期間中

に他のクラブに移籍する際に、移籍先のクラブから移籍元のクラブに対して支払われる契約違約金とみなされる。

入場料収入をクラブの質Qの関数とし、TV放映権収入や広告料収入をクラブの成績に依存しない収入であるとし、選手の移籍によるネットの収入を年俸総額Wの関数であると仮定することでクラブの収入Rを、以下の(3)式で表した。

$$R_{it} = a_i + bQ_{it} \tag{3}$$

Szymanski and Smith (1997) は、この (3) 式をもとに、イングランドの48クラブを対象とした1974年シーズンから1989年シーズンまでの15シーズンにわたるパネルデータ[6]を用いて、前期の順位が次期の順位に影響を及ぼすと仮定して、操作変数法 (instrumental variable method) を行った結果、前期の収入と昇格・降格ダミーが収入に有意に影響を及ぼすことを明らかにした。

またSzymanski (1998) では、イングランドの69クラブを対象とし、1996-1997シーズンのデータを用いて分析を行い、クラブの成績が良くなるほど収入も大きくなるが、その一方で利益は大きくはならないことを示している。

Garcia-del-Barrio and Szymanski (2006) では、Szymanski and Smith (1997) のモデルを援用し、独自に定義したperformance equationから、説明変数に、今期の順位 (の対数オッズ)、前期の平均収入に対する相対的収入をおき、被説明変数を今期の平均収入に対する相対的収入とした推計式を作り、推計を行っている。この推計式を、OLS、固定効果モデル、操作変数法を用いた固定効果モデルの3通りの方法で1994年から2004年シーズンまでの期間のデータを用いて分析を行ったところ、いずれの方法においても順位と前期の収入は今期の収入に有意に影響を与えることを明らかにした。

上述のSzymanski and Smith (1997) とGarcia-del-Barrio and Szymanski (2006) では、パネルデータを用いて分析を行っているものの、どちらもクラブごとの個体効果には注目していない。

また、西欧におけるサッカークラブの財政危機に関する研究には、スペインのクラブの財政状況を分析したGuido and Gagnepain (2006) やヨーロッパの5大リーグ (イングランド、イタリア、スペイン、ドイツ、フランス) のリーグにおける財政上の包括的な議論を展開している Lago, Simmons and Szymanski

（2006）などがある。

　国内においては、プロサッカークラブの収入と順位の関係について先行研究に該当するものは、Jクラブを対象に勝率と利益の関係をパネル分析によって検証した福原（2009）と、Jクラブの順位と収入、人件費と順位の関連性等をパネル分析によって検証した福原（2011）があるが、その他の研究はほとんど見られない。これは、2004会計年度までJクラブの詳細な財務データが公開されておらず、データの蓄積が不足していることがその原因の一つであると考えられる。

第3節　モデルの理論的枠組みおよび実証分析

　本節では、クラブの成績と収入の関係について、国内外の先行研究の成果との比較を行った。これらを踏まえ、本節では2005年シーズンから2010年シーズンのクラブ別経営パネルデータを用いて、クラブの成績と収入の関係を検証する。（1）項において、パネル分析を用いる利点について述べたのち、推計するモデルを特定化する。（2）項において、推定に用いるデータについて説明する。

（1）モデルの特定化

　本項では、まずパネルデータの特徴を横断面データに対する利点、時系列データに対する利点、ミクロデータとしての利点の三点から概観する。次にパネル分析を本研究で用いる利点について述べ、最後に推計モデルの特定化を行う。

　パネルデータの特徴については、樋口・太田・新保（2006）にまとめられている。樋口・太田・新保（2006）によると、経済データには調査時点数や調査対象の広がりによって、大きく「横断面データ（クロスセクション・データ：cross-section data）」と「時系列データ（タイムシリーズ・データ：time series data）」に分けられる。

　横断面データとは、ある1時点における多数の個体、および多数の集計単位を調査したデータである。また、時系列データとは、一般には時点が複数にわたるデータをいうが後述するパネルデータと区別するため、ここでは1個体あるいは1集計値の時点が複数にわたるデータを意味するものとする。

　これらに対し、パネルデータは複数の主体を複数時点にわたって調査したもの

であり、横断面データと同時に時系列データの特性を持ち合わせているため、これらのデータと比較して情報量が多く、バイアス（偏り、bias）の少ない分析が可能となる。

　パネルデータの横断面データに対する利点としては、3点ある。第1に、パネルデータが複数時点での情報、すなわち変化に対する情報を持っているために2時点あるいはより多数の時点での比較ができる点である。第2に、パネルデータは時間的な前後関係が明らかであるため、家計や企業の行動モデルを動学モデルとして導くことも容易になる点である。最後に、パネルデータの複数時点の情報を用いることで、個体間の異質性によって生じる計測バイアスを除去しやすい点である。

　パネルデータの時系列データに対する利点としては、2点ある。第1に、時点間の変化の仕方について複数のサンプル間で比較できることである。第2に、パネルデータは主体ごとの変化という変化というミクロ（マイクロ）情報を持っているため、意思決定主体である個人などのミクロ経済主体の動学的な行動を分析することが可能である。集計時系列データでの分析に伴う集計バイアス（aggregate bias）の可能性を排除することができる。

　また、Baltagi（2005）は、パネル分析を行う主な利点として以下を挙げている。

① 標本数が増えることで自由度が大きくなり、推計の信頼性が高まる。
② 標本数が増えることによって変数間の変動がより起こり、多重共線性の問題が回避できる。
③ 経済主体の行動を動学的に分析できる。
④ ある変数が及ぼす効果をより正確に識別できる。
⑤ 個体の異質性を制御した上で個体共通の変数間の関係を抽出できる。

　以上のようなパネル分析を行う主なメリットを踏まえ、Jクラブの分析にパネル分析を用いることによる利点は、特に以下の3点にあると考えられる。

　第1に、本研究で用いるJクラブの経営データは、2005会計年度からJリーグに参加する全てのクラブに公開が義務付けられたデータであり、時系列データとしての蓄積は浅く、また情報公開の対象となるJクラブも40クラブ程度であるため横断面データとしての経済主体の数も多くはない。しかし、これらのデー

タをパネルデータとして分析に用いることにより、推計の信頼性を確保することが可能となる。

第2に、パネルデータを用いることで、横断面データからのみでは得られない情報を加えて分析することが可能となる。例えば、本研究での分析対象期間中に、あるクラブがタイトルを獲得するといった動学的情報を加えて分析を行うことで、タイトル獲得の効果をより正確に分析することが可能となる。

最後に、パネル分析では、個体固有の異質性や地域ごとにみられる特殊性などに代表される時間に関して不変である効果を固定効果として制御した上で、個体共通の変数間の関係を抽出できるためバイアスのない推計値を得ることができる。本研究では、クラブごとの固定効果の存在とその大きさにも着目して分析を進めていくため、この点は特に重要である。これらの利点を踏まえ、本研究ではパネル分析を用いて分析を行う。

本研究では、Garcia-del-Barrio and Szymanski（2006）をベースに、収入と順位について以下の（4）式のように想定する。

$$ln\left(\frac{R_{it}}{\overline{R_t}}\right) = a + \beta_1 ln\left(\frac{L_t - P_{it} + 1}{P_{it}}\right) + \beta_2 ln\left(\frac{R_{it-1}}{\overline{R_{t-1}}}\right) + \mu_i + \theta_t + \varepsilon_{it} \qquad (4)$$

ここで、R_{it}はクラブiのシーズンtにおける収入を、$\overline{R_t}$はシーズンtにおけるリーグの平均収入を、P_{it}はクラブiのシーズンtにおけるクラブの順位を、L_tはシーズンtにJリーグに参加しているクラブの総数をそれぞれ表している[7],[8]。そして、この式は、クラブの相対的な収入の大きさが、前期の相対的な収入の大きさやリーグ順位の他に、観察不可能な個体の異質性によって生まれる個体効果である固定効果（μ_i）と、時間上の特性を表す時間効果（θ_t）に依存することを示している。

実際に本分析において推定するモデルは、（4）式に地域固有の要因（$local_{it}$）とクラブ固有の要因（$club_{it}$）を加えた以下の（5）式で示される線形モデル、

$$ln\left(\frac{R_{it}}{\overline{R_t}}\right) = a + \beta_1 ln\left(\frac{L_t - P_{it} + 1}{P_{it}}\right) + \beta_2 ln\left(\frac{R_{it-1}}{\overline{R_{t-1}}}\right) + \beta_3 lnlocal_{it} + \beta_4 lnclub_{it} + \mu_i + \theta_t + \varepsilon_{it} \quad (5)$$

である。ただし、ε_{it}は誤差項であり、$\varepsilon_{it} \sim (0, \sigma_\varepsilon^2)$であるとする。本研究では、Jクラブの時系列データと横断面データの両方からなるパネルデータを用いるこ

とから、クラブごとの属性の他に時間による変化についても加味した分析が必要であると考え、時間効果も同時に分析している。

（2）データ

Jクラブ個別情報開示資料によれば、クラブの営業収入の内訳は、大きく分けて広告料収入・入場料収入・Jリーグ配分金・その他の4つの項目からなる。このうちJリーグ配分金は、ディビジョンの差異や成績の優劣によって主にその配分額がリーグにより定められるが、それ以外の放映権やグッズ収入の配分等においては裁量的にその大きさが定められる部分があるため、本研究では、Jリーグ配分金とその他の収入を除き、営業収入とその構成要素の一つである広告料収入の分析に焦点を当てる。

（5）式の推定にあたっては、サンプル期間を2005年シーズンから2010年シーズンの6シーズンとし、期間中に通算3シーズン以上Jリーグに在籍した33のJクラブ[9]のアンバランスド・パネルデータを用いて分析を行う。

本研究では使用するデータのサンプル期間がSzymanski and Smith（1997）やGarcia-del-Barrio and Szymanski（2009）と比較して短いが、動学的な影響についても考慮するため、これらの先行研究を踏襲し、前期のラグを用いてパネル分析を行う。推定は、クラブの持つ個体効果のみを想定したモデルと個体効果と時間効果の両方を想定したモデルの二種類のモデルを作り、検定の結果、最も適切なモデルをそれぞれ選択する。被説明変数は、営業収入・広告料収入とし、説明変数は、地域固有の要因を一人当たり県民所得と都市別人口とし、クラブ固有の要因を順位、1試合平均入場者数、同伴者数、観戦頻度、男性比率、平均年齢、タイトル数とする。

個々のデータについては、以下のものを用いた。順位、1試合平均入場者数、タイトル数については、Jリーグ公式サイト[10]から得られるシーズンごとの最終順位と、ホーム主催試合1試合あたりの平均入場者数、タイトル数のデータを用いた。営業収入、広告料収入、入場料収入については、各年版のJクラブ個別経営情報開示資料からデータを得た。同伴者数、観戦頻度、男性比率、平均年齢のデータは、各年版のJリーグスタジアム観戦者調査報告書を用いた。一人当たり県民所得は、平成22年度版の県民経済年報から得た。都市別人口は、各都市

のウェブページで提供されているデータを用いた。

第4節　推定結果とその解釈

　本節ではパネル分析にもとづく推定結果を示す。まず営業収入と順位に関する推定を行ったのち、追加的に広告料収入と順位に関する推定を行い、それらの推定結果をそれぞれ示している。

　順位が営業収入に及ぼす影響に関する推定結果は、表1に示されている。モデル［1］は個体効果のみを考慮したモデルであり、モデル［2］は個体効果と時間効果を考慮したモデルの推定結果である。これらは、すべての変数を用いた推定結果から、有意でない変数を順次取り除いたモデルの推定結果である。これらの推定結果をもとに、モデルの定式化に対する検定を行う。

　モデル［1］ではF検定の結果、F値が大きく、有意水準1％でプーリング推定モデルが正しいとする帰無仮説が棄却されることから、固定効果モデルが採択される。Hausman検定統計量に着目すると、P値が0％であり、ランダム効果モデルが正しいとする帰無仮説が棄却されることから、ランダム効果モデルよりも固定効果モデルのほうがより望ましいモデルであると判断される。

　パネルデータでは一般に不均一分散の問題が存在している[11]ため、そのまま推定を行うと一致推定は得られるが有効推定ではなく、推計パラメータは推計誤差のロバスト推定を行わなければバイアスが残ることが知られている。そのため、本研究ではすべての推定結果に同時相関誤差の修正をすることにより標準誤差の修正を行っている。

表1　営業収入の推計結果

Variable	モデル [1] 係数	Std. Error	t値	モデル [2] 係数	Std. Error	t値
定数項	2.83	2.44	1.16	−4.38	2.75	−1.6
順位	0.02	0.02	0.84	0.01	0.02	0.38
前期の相対的営業収入	−0.09	0.12	−0.77	−0.13	0.13	−1.01
1試合平均入場者数	0.48***	0.09	5.31	0.52***	0.11	4.96
平均年齢	−0.75***	0.23	−3.25	−0.84**	0.4	−2.07
一人当たり県民所得	−0.65**	0.28	−2.34	0.25	0.53	0.47
タイトル数	0.05***	0.01	3.4	0.04**	0.02	2.3
DW	2.3			2.31		
Adjusted R-squared	0.97			0.97		
Estimated Method	Fixed effect			Two-way fixed effect		
Cross-section F	3.92 (32, 86)			3.98 (32, 83)		
	0			0		
Cross-section Chi-square	112.52 ⟨32⟩			116.30 ⟨32⟩		
	0			0		
Period F				1.99 (3, 83)		
				0.12		
Period Chi-square				8.69 ⟨3⟩		
				0.03		
Cross-Section/Period F				3.88 (35, 83)		
				0		
Cross-Section/Period Chi-square				121.22 ⟨35⟩		
				0		
Hausman 検定統計量	102.73 ⟨6⟩					
	0					
AIC	−0.95			−0.97		
サンプル数	125			125		

注1：* は両側10％の有意水準、** は両側5％の有意水準、*** は両側1％の有意水準であることを示す。
注2：推定結果はすべて、同時相関誤差を修正する処理を施している。（出所）筆者作成

以上のモデルの定式化に対する検定結果を受けて、パラメータの有意性について検討する。モデル［1］では、1試合平均入場者数とタイトル数の係数推定値はそれぞれ0.48（t値は5.31）、0.05（t値は3.40）とプラスに有意となった。また、平均年齢と一人当たり県民所得の係数推定値はそれぞれ、−0.75（t値は−3.25）、−0.65（t値は−2.34）とマイナスに有意となった。一方、順位と前期の相対的収入の係数推定値ははともにt値が低く有意な変数ではなかった。

モデル［2］では、Redundant検定の結果、(1) クロス項の固定効果を除外する、(2) 時間項の固定効果を除外する、(3) クロス項と時間項の固定効果を除外するという帰無仮説のうち、(2) は有意水準10％で帰無仮説を棄却できないが、(1) と (3) は有意水準1％で帰無仮説が棄却されるため、これら2つのモデルのAICの比較を行ったところ、two-way fixed effect model（2方向固定効果モデル）のAICがより小さかったため、2方向固定効果モデルが選択される。

パラメータの有意性について検討すると、モデル［2］では、1試合平均入場者数とタイトル数の係数推定値はそれぞれ0.52（t値は4.96）、0.04（t値は2.30）とプラスに有意となった。また、平均年齢の係数推定値は、−0.84（t値は−2.07）とマイナスに有意となった。一方、順位、前期の相対的収入、一人当たり県民所得の係数推定値はt値が低く有意な変数ではなかった。

推計結果をまとめると、以下の通りである。

① 1試合平均入場者数は、モデル［1］とモデル［2］において、1％の有意水準でプラスに有意となっており、営業収入に対する1試合平均入場者数の影響力は非常に高く、入場者の増加が営業収入を増加させる。

表2　営業収入の時間効果（モデル［2］）

シーズン	時間効果
2006	−0.02
2007	−0.05
2008	−0.02
2009	0.09

② 平均年齢は、モデル［1］では1％の有意水準で、モデル［2］では5％の有意水準でマイナスに有意となっている。若いファンの支持を多く集めてい

るクラブが収入をより多く上げる傾向があることが示唆される。また、若いファンを増やすことで収入を拡大させる可能性があることも同時に示唆している。

③ 一人当たり県民所得は、モデル［1］で5％の有意水準でマイナスに有意となっている。オージーフットボールのAFLを対象としたBorland and Lye（1992）で指摘されているように、所得が増加するほど多様な娯楽を消費することが可能になるため、一人当たり県民所得の増加は、スタジアムでの観戦需要の低下を通じて営業収入の減少をもたらすと考えられる。

④ タイトル数は、モデル［1］では1％の有意水準で、モデル［2］では5％の有意水準でプラスに有意となっている。タイトルを獲得することによってファンが増加し、入場料収入やグッズ売り上げ等が増大することによって営業収入を増加させると考えられる。

⑤ 順位と前期の相対的営業収入は総じて有意ではなく、営業収入に対する影響力はない。これは、Garcia-del-Barrio and Szy-

表3　営業収入および広告料収入の固定効果

クラブ	営業収入	広告料収入
千葉	0.07	1.22
C大阪	−0.35	3.39
愛媛	−0.61	−1.07
FC東京	0.78	−1.62
福岡	−0.09	1.87
岐阜	−0.83	−1.89
G大阪	0.56	−0.60
広島	−0.39	1.44
磐田	−0.06	−2.45
鹿島	−0.20	−4.91
柏	0.49	−0.06
川崎F	0.55	2.51
神戸	0.22	2.05
甲府	−0.10	−2.46
熊本	−0.63	−0.09
草津	−0.50	−1.72
京都	0.50	2.75
水戸	−0.78	−2.92
名古屋	0.91	3.88
新潟	0.10	0.54
大分	0.01	−2.42
大宮	0.84	2.58
札幌	−0.09	2.22
仙台	0.01	0.67
清水	0.40	0.64
湘南	−0.60	−2.29
徳島	−0.23	−1.84
東京V	0.19	−3.07
鳥栖	−0.63	−5.38
浦和	−0.15	1.45
山形	−0.58	−3.24
横浜FC	0.19	4.25
横浜FM	−0.26	4.02

manski（2006）と反する結果である。リーグ戦の順位が営業収入に影響を及ぼさないという結果は、ファンがクラブに対して一体感や帰属意識、愛着等のブランド・ロイヤルティを抱き、クラブの勝敗に関わらずクラブを応援するためにスタジアム観戦に訪れたり、グッズを購入している可能性を示唆する。また、営業収入にはリーグ戦の収入だけでなく、カップ戦（ナビスコカップ、アジアチャンピオンズリーグ、天皇杯）の収入を含むために、カップ戦の成績や出場権の有無によっても営業収入は変動し、前期の相対的営業収入の営業収入に与える影響を限定的なものにしている可能性がある。

⑥ 営業収入の時間効果を表した表2から、時間の経過につれて時間効果の水準は上昇している。クラブ経営を通じて経験を蓄積させることによる学習効果が存在し、それが経営の効率化に結びついていることを示唆している。

⑦ 表3の営業収入の固定効果の大きさの比較から、三大都市圏や政令指定都市のような人口の多い都市にホームタウンを置くクラブやJ1に長く在籍しているクラブに固定効果が正であるクラブが多い一方、J2に参加しているクラブや人口の少ない都市にホームタウンを置くクラブ、ホームタウンにプロ野球チームの本拠地があるクラブは、固定効果が負であることが多い傾向が明らかになる。

クラブの順位が営業収入に与える影響についての推定結果は、以上のようにまとめられる。営業収入を構成する項目の中で、営業収入に占める割合が低くホームスタジアムの収容人数によって制限される入場料収入や裁量的に分配される要素のあるJリーグ分配金と比べ、営業収入のうち平均して4割強と大きな割合を占めている広告料収入について分析を加えることは、親企業に経営を依存せず地域密着を図ろうとするプロサッカークラブのマネジメントを考える上で有益であると考える。そのため、広告料収入についても営業収入と同様の分析を加える。

順位が広告料収入に及ぼす影響に関する推定結果は、表4に示されている。モデル［3］は個体効果のみを考慮したモデルであり、モデル［4］は個体効果と時間効果を考慮したモデルの推定結果である。これらの推定結果をもとに、モデルの定式化に対する検定を行う。

モデル［3］ではF検定の結果、F値が大きく、有意水準1％でプーリング推

384 芸術・スポーツビジネス研究領域

表4 広告料収入の推計結果

	モデル [3]			モデル [4]		
Variable	係数	Std. Error	t値	係数	Std. Error	t値
定数項	30.92	23.9	1.29	38.23	25.29	1.51
順位	0.04*	0.02	1.82	0.04	0.03	1.47
前期の相対的広告料収入	0.11	0.16	0.69	0.08	0.15	0.54
1試合平均入場者数	0.34**	0.13	2.59	0.36***	0.13	2.74
都市別人口	−2.17	1.74	−1.25	−3.45*	1.79	−1.93
一人当たり県民所得	−0.71***	0.19	−3.79	0.49	0.35	1.42
タイトル数	0.03*	0.02	1.72	0.02	0.02	1.08
DW	2.1			2.13		
Adjusted R-squared	0.975			0.984		
Estimated Method	Fixed effect			Two-way fixed effect		
Cross-section F	4.51 (32, 85)			4.55 (32, 82)		
	0			0		
Cross-section Chi-square	123.14 ⟨32⟩			126.58 ⟨32⟩		
	0			0		
Period F				1.78 (3, 82)		
				0.16		
Period Chi-square				7.83 ⟨3⟩		
				0.05		
Cross-Section/Period F				4.39 (35, 82)		
				0		
Cross-Section/Period Chi-square				130.97 ⟨35⟩		
				0		
Hausman 検定統計量	108.03 ⟨6⟩					
	0					
AIC	−0.73			−0.75		
サンプル数	124			124		

注1：* は両側10％の有意水準、** は両側5％の有意水準、*** は両側1％の有意水準の有意水準であることを示す。
注2：推定結果はすべて、同時相関誤差を修正する処理を施している。

表5　広告料収入の時間効果（モデル[4]）

シーズン	時間効果
2006	－0.05
2007	－0.07
2008	0.01
2009	0.11

定モデルが正しいとする帰無仮説が棄却されることから、固定効果モデルが採択される。

　Hausman検定統計量に着目すると、P値が0%であり、ランダム効果モデルが正しいとする帰無仮説が棄却されることから、ランダム効果モデルよりも固定効果モデルのほうがより望ましいモデルであると判断される。

　以上のモデルの定式化に対する検定結果を受けて、パラメータの有意性について検討する。モデル[3]では、順位、1試合平均入場者数、タイトル数の係数推定値はそれぞれ0.04（t値は1.82）、0.34（t値は2.59）、0.03（t値は1.72）とプラスに有意となった。また、一人当たり県民所得の係数推定値は－0.71（t値は－3.79）とマイナスに有意となった。一方、前期の相対的収入と都市別人口の係数推定値ははともにt値が低く有意な変数ではなかった。

　モデル[4]では、Redundant検定の結果、(1)クロス項の固定効果を除外する、(2)時間項の固定効果を除外する、(3)クロス項と時間項の固定効果を除外するという帰無仮説のうち(2)は、有意水準10%で帰無仮説を棄却できないが、(1)と(3)は有意水準1%で棄却されるため、これら2つのモデルのAICの比較を行ったところ、two-way fixed effect model（2方向固定効果モデル）のAICがより小さかったため、2方向固定効果モデルが選択される。

　パラメータの有意性について検討すると、モデル[4]では、1試合平均入場者数の係数推定値は、0.36（t値は2.74）とプラスに有意となった。また、都市別人口の係数推定値は、－3.45（t値は－1.93）とマイナスに有意となった。一方、順位、前期の相対的広告料収入、一人当たり県民所得およびタイトル数の係数推定値は、t値が低く有意な変数ではなかった。

　推計結果をまとめると、以下の通りである。

① 1試合平均入場者数は、モデル[3]では5%の有意水準で、モデル[4]

では1％の有意水準でプラスに有意となっており、広告料収入に対する1試合平均入場者数の影響力は非常に高く、スタジアム観戦者の増加がクラブの広告価値を高め、広告料収入を増加させることを示唆している。

② 順位は、モデル［3］では10％の有意水準で、プラスに有意となっている。この結果は、順位の上昇によってメディア露出が増加し、広告媒体としてのクラブの価値が上昇することによりスポンサードされる額やスポンサーの数自体が増加すること、またスタジアム観戦者（およびテレビ観戦者）に向けたスタジアムの広告の数自体も増えていくことを示唆している。

③ 一人当たり県民所得は、モデル［3］で1％の有意水準でマイナスに有意となっている。営業収入の推計結果と同様に、県民所得の上昇はスタジアム観戦者の多様な娯楽への消費を導き、サッカー観戦への需要が減少するため、クラブの広告価値が低下し、広告料収入が減少すると考えられる。

④ タイトル数は、モデル［3］では10％の有意水準で、プラスに有意となっている。タイトルを獲得することによって、クラブの人気が上昇し、メディアへの露出が増加することでクラブの広告価値が高まり、広告料収入を増加させると考えられる。

⑤ 広告料収入の時間効果を表した表5から、近年スポンサーシップの重要性が増大していることがうかがえる。

⑥ 表3の広告料収入の固定効果の大きさの比較から、大都市にホームタウンを置くクラブや出資会社に大企業を持つクラブが広告料収入の面で有利となる一方、J2のクラブや人口の少ない都市にホームタウンを置くクラブは、広告料収入の面でも不利となっている。これは、人口の比較的多い都市では、地元に本社が置かれている企業も多いと考えられ、地元企業からスポンサードを受けることが人口の少ない地方に比べて容易であることや、地元のクラブのスポンサーになってCSR（Corporate Social Responsibility：企業の社会的責任）活動を行いたいと考える企業も多いことが有利に働く一方で、地方圏の特に人口の少ない地域では大企業の本社や地元有力企業も少ないためにスポンサーの獲得が難しいことを示している。

おわりに

　本研究は、Jクラブを対象として、クラブの成績が営業収入および広告料収入にいかなる影響を与えるのかを、クラブごとの個体効果の有無と時間効果に焦点を当てて検証した。その結果、被説明変数に営業収入と広告料収入をおいたどちらのモデルでも固定効果モデルと2方向固定効果モデルが選択された。これは、クラブごとに異質性が存在し、その個体効果が固定パラメータであることを示しており、クラブごとの収入の違いを生み出す要因の一つとなっている。また、この固定効果にはクラブが持つブランドエクイティが含まれると考えられる。ブランドエクイティとは、原田編（2008）によると、形がなく目に見えない信頼感や知名度など無形の価値に裏付けられたブランドの資産価値のことで、数量的に把握することが困難な概念であるとされている。

　また、時間効果が営業収入と広告料収入の双方でみられ、広告料収入の重要性が近年高まってきていることも明らかにされた。

　営業収入の増加には、入場者数の増加と平均年齢の低下、タイトル数が有意に影響を及ぼす一方、その他のクラブ要因や地域要因、クラブの順位は統計的に有意な影響を及ぼさないことが示された。そのためクラブは、タイトルの獲得に注力するとともに、新たなファンの獲得に向けて学生や若い親子連れなどを対象とした地域貢献活動やイベントをより精力的に行い、これらの人々をスタジアムに導くマネジメントを行っていくことが営業収入を増加させるために効果的であると考えられる。

　広告料収入に関する推定では、個体効果のみに着目したモデル［3］で、順位の上昇と1試合当たりの平均入場者数、タイトル数、一人当たり県民所得が広告料収入に有意に影響を与えることが明らかとなった。モデル［4］の時間効果を鑑みると、今後ますます広告料収入の重要性が高まってゆくことが予想されるため、クラブ側もスポンサーとなる企業側にもスポーツ・スポンサーシップに対して、より慎重な対応が求められると考えられる。

　また、クラブの収入を増やし経営を安定化させるためには、スタジアムでの観戦者を増加させることが最も重要であるが、クラブ固有の要因として分析に加え

た同伴者数、観戦頻度、男性比率が営業収入および広告料収入に有意に影響を与えないことから、クラブのホームタウンの特徴や地域特性等を生かした画一的でない自由な集客マネジメントが可能であることが示唆された。特に、観戦頻度のパラメータが有意でないことから、スタジアム観戦の経験のない者に対する、スポーツ観戦への関心を高める戦略や、スポーツ観戦に関心を持つ者をスタジアムに導く新規マーケット獲得戦略にクラブのスポーツマーケターはより注力することが望まれる。

　最後に、本稿での研究の課題を述べる。本研究の推定結果では、経済的要因として導入した都市別人口のパラメータがクラブの営業収入に対して有意な変数ではなく、広告料収入に対しては有意に負となる結果も示されたが、都市の大きさや特徴がクラブの強さに影響を与える点に関しては、Kuper and Szymanski (2009) でも指摘されていることから、ホームタウンのおかれている都市が収入にいかなる影響を与えるのかをより精査する必要がある。また本研究は、クラブの収入面から分析を行ってきたが、支出面の分析は行っていない。Jリーグを含めたほとんどのプロサッカーリーグでは、昇格・降格制を採用しているために、クラブは収入のほとんどを内部留保せず主に選手の年俸として支出している。そのため、選手への年俸など支出面でクラブごとの個体効果が存在するのかを検討することも今後の課題である。

＊　本稿は、福原・原田（2014）を加筆・修正したものである。

注
1) Jリーグクラブライセンス交付規則　第4条　[Jリーグクラブライセンス制度の目的]
2) Jリーグクラブライセンス交付規則　第8条　[ライセンス制度上の制裁]
3) Jリーグ規約　第3章　第15条[入会]
4) パネルデータとは、複数の同一経済主体について複数時点のデータを集めたものである。パネルデータを用いることの利点として、シャオ（2007）と北村（2005）は、以下のような点などを挙げている。
　　①経済主体間の異質性をコントロールすることができる、②サンプル数が増え自由度が増す。変数間の変動がより起きて多重共線関係が起こりにくい。
　　パネルデータ分析では、経済主体特有の効果と各時点特有の効果の存在を分析することができる。経済主体特有の効果が固定パラメータであるモデルが固定効果モデルであり、確率

変数であるモデルが変量効果モデルである。また各時点特有の効果についても同様に時間固定効果モデル、時間変量効果モデルが存在する。経済主体特有の効果と時点特有の効果がともに固定パラメータであるモデルが2方向固定効果モデルであり、これらの効果がともに確率変数であるモデルを2方向変量効果モデルという。

5) playing skill は、フォワード、ミッドフィールダー、ディフェンダー、ゴールキーパーなどポジションごとの選手の数を表していると解釈できる。
6) 1974-1975 シーズンのデータはラグとして用いている。
7) Garcia-del-Barrio and Szymanski (2006) では、イングランドの4つのディビジョンにまたがる92クラブの順位を、連続する変数であるとみなし、$-\log(position/(93-position))$ によって線形近似し、イングランドのクラブの順位と相対的な収入の間に正の相関があることを示している。
8) ここでは Garcia-del-Barrio and Szymanski (2006) にならい、J2の順位をJ1から連続した変数であるとみなしている。本研究における分析の対象期間を通じて、J1は常に18クラブで構成されているため、例えばJ2の1位のクラブを19位、2位のクラブを20位であるとして分析を行っている。
9) パネル分析を行うにあたり、2009年シーズン以降Jリーグへ加盟したSC栃木、カターレ富山、ガイナーレ鳥取、ファジアーノ岡山、ギラヴァンツ北九州の5クラブのデータは推定上の問題を回避するため除いている。
10) http://www.j-league.or.jp/
11) 北村、2005、p.65

参考文献

Borland, J. and Lye, J. Attendance at Australian rules football: a panel study. Applied Economics, 24: 1992, 1053-1058.
チェン・シャオ：国友直人訳『ミクロ計量経済学の方法：パネル・データ分析』東洋経済新報社、2007
福原崇之『プロサッカーリーグの勝率と利益の関係：パネル分析による検証』青山経済論集、61(1): 2009, 1-22.
福原崇之『Jリーグクラブの順位と選手年俸・収入のパネル分析』経済研究、3: 2011, 33-58.
福原崇之・原田宗彦『Jリーグクラブにおける順位と収入の関係：パネル分析を用いて』スポーツマネジメント研究、6 (1): 2014, 3-15.
Garcia-del-Barrio, P., and Szymanski, S. (2006) Goal! Profit maximization and win maximization in Football leagues. International Association of Sports Economics Working Paper Series, 6 (21).
Guido, A., and Gagnepain, P. Spanish Football. Journal of political Economy, 58: 2006, 211-221.

原田宗彦編・藤本淳也著・松岡宏高著『スポーツマーケティング』大修館書店、2008
北村行伸『パネルデータ分析』岩波書店、2005
Kuper, S., and Szymanski, S. Soccernomics. Nation Books.: New York, NY, USA. 2009
マダラ , G.S.: 和合肇訳『計量経済分析の方法（第2版）』シーエーピー出版、1996
Lago, U., Simmons, R., and Szymanski, S. The Financial Crisis in European Football: An Introduction. Journal of Sports Economics, 7（1）: 2006, 3-12.
Szymanski, S. and Smith, R. The English Football Industry:profit,performance and industrial structure. International Review of Applied Economics, 11（1）: 1997, 135-153.
Szymanski, S. Why is Manchester United So Successful? Business Strategy Review, 9（4）, 1998, 47-54.

資料

社団法人日本プロサッカーリーグ（2012）『Jクラブ個別情報開示資料』
http://www.j-league.or.jp/aboutj/document/pdf/management.pdf
社団法人日本プロサッカーリーグ（2012）『Jリーグ規約・規程集』
 http://www.j-league.or.jp/aboutj/document/2012kiyakukitei/all.pdf
社団法人日本プロサッカーリーグ（2012）『Jリーグクラブライセンス交付規則』
http://www.j-league.or.jp/aboutj/document/2012kiyakukitei/26.pdf
公益財団法人日本サッカー協会（2010）『クラブライセンス制度について』
http://www.jfa.or.jp/jfa/rijikai/2010/20100520/pdf/k20100520_07.pdf
内閣府経済社会総合研究所国民経済計算部（2010）県民経済年報：平成22年度版.
社団法人日本プロサッカーリーグ（2006）『2006 Jリーグスタジアム観戦者調査報告書』
社団法人日本プロサッカーリーグ（2007）『2007 Jリーグスタジアム観戦者調査報告書』
社団法人日本プロサッカーリーグ（2009）『2008 Jリーグスタジアム観戦者調査報告書』
社団法人日本プロサッカーリーグ（2010）『Jリーグスタジアム観戦者調査2009：サマリーレポート』
社団法人日本プロサッカーリーグ（2011）『Jリーグスタジアム観戦者調査2010：サマリーレポート』

アスリートの2次的活用に関する
有効性と将来性

曽田　雄志

第1節　日本におけるスポーツ競技環境と欧米の比較

（1）　日本の実業団スポーツとプロスポーツの比較

　日本において、スポーツと企業というのは、非常に密接な関係を続けてきている。その代表的な形態である実業団は、学校のクラブ活動と同様に、昭和期の日本のアマチュアスポーツを牽引したチーム形態で、その元々の目的は、社員の余暇、健康増進が主であった。しかし、その競技性が高まるにつれて、実業団チーム自体が企業の宣伝、従業員の士気高揚、人材育成と経営として有益なものとして存在するようにもなっていった。（龍谷大学小椋教授）スポーツ選手は、選手のみの活動では、十分な収入を得られるとは限らず、また引退してもその種目の指導者等の職につける者は極少数のため、引退後の生活に対して不安を抱えていたが、実業団では、会社員としてプレーすることを可能とし、技術、体力の向上、大会出場のみならず、昭和期の終身雇用観念が強まったこともあり、引退後も会社員として残り、働くことができる環境が提供されるようになっていった。しかし、日本経済のバブル崩壊後、1997年あたりから、当初の目的よりも、広告的存在が強くなってしまっていた企業から、実業団チームへの出資を打ち切り、チームが解散するということが増えていった。

　一方プロ化という意味では、1684年に職業としての団体結成と、年寄による管理体制の確立を条件として、興行が幕府により許可され、1909年に両国国技館落成、様々なルール改正により国技となった相撲と、第一次世界大戦後の1936年に発足した日本プロ野球と、日本におけるプロ化したスポーツはしばら

くこの2競技だった。しかし、欧州のクラブスポーツを模範とし、「地域密着」を合い言葉に1993年に発足したプロサッカーリーグのJリーグ、それに続き、1994年にVリーグとして発足し、一時は凍結したが、2004年に再びプロ選手を含むプレミアリーグとなったバレーボール、2005年に発足した日本プロバスケットボールリーグ（JBL）、そこから派生した日本バスケットボールリーグ（bjリーグ）、2007年より開幕したフットサルのFリーグなど、様々な競技による挑戦が続いていった。ただ、国技である大相撲、そして近年では視聴率低下により放映数が減ったものの、「準国技」として依然認知され、人気の高いプロ野球を除き、自主経営により財源を確保し、「プロ選手」に対し給与を提供し続けることが非常に困難である競技が多いことも事実である。それは、興行としてのメディア露出への難しさから、チケット収入以上に重要な企業からの協賛を受けるに当っての広告的な価値付けが難しいためである。

（2）欧米におけるクラブスポーツの意義

ここでは、欧米におけるクラブスポーツの代表、ドイツを例にあげることとする。歴史は第二次世界大戦後の1950年代まで遡る。主にスポーツ連盟と種目別競技連盟からなるドイツスポーツ連盟が組織され、そこで社会のスポーツの目覚ましい発展の基礎が築かれた。ナチス時代の反省から、「自由なる市民のイニシアチブ」を合言葉とし、政治は「援助すれど支配せず」という立ち位置から外れず、スポーツは公共の福祉のために運動し、特定の党派に与しないという精神が原理を支えるようになった。1956年には、440万人（人口比8.2%）だったスポーツクラブの会員も1976年には、3倍以上の1,420万人（人口比21.0%）、2006年には全人口の33%を越える、2,730万人（女性比30%）が登録するようになった。

ドイツの平均労働時間は週36.7時間（日本男性52.41時間）で、平日の平均自由時間は3～4時間、土日祝日の自由時間は10時間となっている。そこに対し、16州で約9万のスポーツクラブがその市民の余暇時間の受け皿となり、様々なスポーツ活動が実施されている状況となっている。

図1、2により、スポーツを月1度以上する人が全体の55%と、ドイツにおい

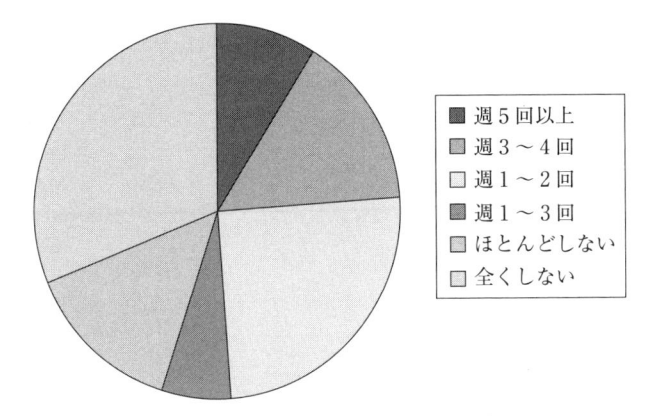

図1 ドイツにおけるスポーツ実施率
Eurbarrometer334. Sports and Phisical Activity（2010）

州	州スポーツ連盟会員数	州スポーツ連盟登録クラブ数
バーデンヴュルテンベルグ	3,775,136	11,436
バイエルン	4,259,609	12,033
ベルリン	560,834	2,152
ブランデンブルグ	311,510	2,976
ブレーメン	163,852	421
ハンブルグ	533,981	799
ヘッセン	2,068,798	7,780
メクレンブルグフォアボメルン	230,076	1,879
ニーダーザクセン	2,784,696	9,656
ノルトラインヴェストファーレン	5,087,354	19,748
ラインハルトプファルツ	1,470,087	6,328
ザールラント	404,490	2,152
ザクセン	573,413	4,451
ザクセンアンハルト	340,064	3,172

州	州スポーツ連盟会員数	州スポーツ連盟登録クラブ数
シュレースビッヒホルシュタイン	832,968	2,693
テューリンゲン	374,504	3,472
合計	23,771,372	91,148

図2　州スポーツ連盟登録会員数、クラブ数（2010）
DOSB / Bestandserhebung（2010）

てスポーツが生活に入り込んでいることが分かる。日本の部活動のように、スポーツをする人間を限定するのではなく、いつでも触れることができる環境を提供しているということが数値にも表れている。

第2節　種目におけるアスリートの特性差

（1）種目による性質差

　スポーツにおいて「ルール」というものが、スポーツをスポーツ足らしめているのだが、その元来の意義は、暴力性の排除が主であった（ノルベルト・エリアス）。そして、スポーツを競技として多様なものにしていく上で、例えば、手を使うか使わないかというルールの導入で、サッカーとラグビーが差別化されたような（1830年代）、変化としても重要な役割を担っていた。
　そして、そのルールに基づいたスポーツの特性が、それをプレーする選手へ習慣的に影響を与えているのである。
　ここで、スポーツの種類を分類し、それぞれの特性を記すことにする。
　ボール・タイプの中でも、「サッカー・タイプ」は基本戦術がありつつも、動きが非常に流動的で、1人でのプレーということがほぼなく、相手との接触が非常に多い競技である。だから、プレーヤーは他者を常に意識しながらプレーする必要があり、周辺環境の中で、いかに自分の能力を発揮するかということが、チームに貢献することができるかと密接な状態にある。また、相手との接触により、自由な状態で技術を発揮できることが少ないため、ミスが多い競技でもある故、ミスに対して助け合い、そのミスを致命的なものとしないような習慣がある。敵、味方などの周辺状況に応じて、選択肢を見出し、そこから目的に応じた

ボール・タイプ	サッカー・タイプ　ラグビー、バスケット等	役割が流動的であり、1つのゴールを目指す
	テニス・タイプ　バレー、バドミントン等	対面式でネットを境に陣地を取り合う。接触はない。
	クリケット・タイプ　野球等	守備は役割がほぼ固定され、攻撃は順番で回る
記録タイプ	陸上、水泳、自転車、スケート等	自己の肉体、技術と向き合う。接触がほぼない
格闘タイプ	相撲、柔道、レスリング、ボクシング等	原始スポーツに近く、接触が強い
鑑賞タイプ	体操、馬術、フィギュ・アスケート	得点が審査員によるもので、感性が加わる

図3

最良であると思われる行動を取る、という意味では、状況判断に優れ、空気が読め、行動力がある人材が多い可能性が高いと思われる。

「テニス・タイプ」は、相手との接触が全くない競技なので、相手からのボールに対する技術が顕著に出る競技である。だから、ミスに対して言い訳ができない状況が多いことから、相手との力関係がそのまま現れることも多い。ゲームの特性上では、「ラリー」という状態があり、そこからどうリズムを変えて、優位に立つかという駆け引きがあるため、相手の状況、状態を観察するという「格闘タイプ」に近い資質を持つことが多いと思われる。よって、相手の様子を察知する能力、ミスに対して責任を持てる人材が多いが、バレーを除いて、2人以下の競技が多いため、チームビルディングに対する資質という意味では、サッカー・タイプには及ばない部分も多いかと思われる。

「クリケット・タイプ」は、役割がはっきりしているため、「サッカー・タイプ」のような流動的な動きというよりも、1つのことを極めて行うという職人的な資質を持っている。また、分業がはっきりしていて、ミスに対してはその責任の所在がはっきりするため、自分は自分という境界線を引いて、気持ちを切り替えるという習慣もあると思われる。また、チームスポーツのため、それぞれの立ち位置、状況を見ながら動くことができ、競技上の成果を数値化できることが多いため、数値として表れる結果に対する意欲というものも高いと思われる。

記録タイプは、相手との競争という意味もあるが、記録との競争になるため、自分自身と向き合うということが活動の主となる。それ故、自分のペース、リズムというものを大事にしがちで、マイペースな人材が多いと思われる。また、結果に対して、言い訳ができないことから、責任から逃げないという資質も持ち合わせているとも言える。ただ、団体性は無いので、周辺状況を見た上で判断、行動するということに関しては、不得手な可能性が高い。

　格闘タイプは、生死を賭けた闘いという、原始的な暴力性を消しきらず競技化しているため、闘争本能というものが他の種目と比べて高い。それ故、集中力に危機感というものが添加されている。また、対峙するのは1人の相手なので、文字通り白黒がはっきりし、結果に対する責任、評価は内容に関わらず、非常な厳しさをもって目の前に現れる。階級とカテゴリー分けをされているため、その制限に対し減量をしなくてはならないことも多々あり、その肉体を切り詰める訓練から、言い訳をせず、精神的にも非常に強く、自分への責任感、力を出し尽くすという習慣のある人材が多い傾向が強いと思われる。

　鑑賞タイプは、その他のタイプと違い、対戦相手との勝敗を記録、得点差（ゴールを奪った事実）で決するのではなく、技術に対する採点方式ではあるが、複数の第三者の「評価」によって決められるという最も、アートやダンスに近い存在である。だから、結果に対して、自分の中で完結できないことも多いことから、気持ちを切り替えるという資質と、それとは逆に、勝利に対して、明確なものがないため、常に挑戦、成長を続けなくてはいけないという意識が芽生えることが多い可能性がある。また、採点で「表現力」という評価も加味されることから、コミュニケーション能力というものも高い可能性が高い。自分の想い、考えを素直に伝えられるという資質は現代では非常に重視されているため、貴重な資質を身に付けられる可能性があるスポーツでもある。

（2）アマチュアとプロフェッショナルの性質差

　元々、スポーツの起源としての社会における重要な役割の一つでもある「暴力性の排除」と共に、信仰されてきたのがアマチュアリズムであり、現代におけるスポーツマンシップに近い概念で、競技に対する純粋性が表れたものというだけでなく、オリンピック創始者である、ピエール・ド・クーベルタンのオリン

ピック運動の理念でもあった、「オリンピックにおける経済的な報酬を受けるべきではない」というものを反映している。ここから長らくアマチュアリズムが残っていたが、政治との関わり、スポーツのアメリカナイズによる大衆化、スポーツのプロ化などで、そのクーベルタンが描いた理想は徐々に崩れ去っていった。

さて、現代におけるアマチュアとプロフェッショナルの差異を問われた時に、真っ先に頭に浮かぶのが、「報酬」である。純粋なスポーツ活動で報酬を得るのがプロフェッショナルで、得ないのがアマチュアという見方である。しかし、純粋なスポーツ活動をしていても、実業団のように、企業に所属している場合はプロフェッショナルとは認識されない。あくまで、そのスポーツのみで活動している状態をプロフェッショナルと呼ぶことが多い。ただ、アルバイトをしながら生計を立てていた選手も多数存在していた、設立当初のJ2リーグや、所属する大多数の選手が、プロ契約を結んでいないフットサルのFリーグも、一般的にはプロフェッショナルと見なされているので、ここでは、環境上生じるアマチュアとプロフェッショナルの性質差と、意識の上での性質差というのも考察する。立場上でのアマとプロの決定的な差は、選手としての価値がパフォーマンスの低下、怪我などで下がってしまった時に、解雇されるということである。アマチュアは、実業団含め、スポーツ選手としての価値がなくなったとしても職を失わないという状態で、スポーツを収入の主としない状態のことである。

	環境	意識
アマチュア	・スポーツが主の職業ではない ・引退と職業が連動しない ・マイナースポーツが多い ・観客から観られる機会が少ない ・結果に対する責任範囲が狭い	・社会性がある ・結果、引退に対する危機感が少ない ・エンターテインメント意識が少ない ・変化より安定を求める傾向が強い
プロフェッショナル	・引退と転職が直結 ・国内、国外に関わらない ・結果に対する責任範囲が広い ・スポーツしかしてきていない ・多数の観客に観られる	・向上心と危機感が共存 ・自己成長意識が高い ・応援者、支援者への意識が高い ・社会性が足りない ・競争意識が高い

図4

（3）アスリートの長所、短所

　前段では、スポーツの種目によっての特異性、プロ、アマによっての特異性を記してきたが、ここでは、アスリートであることで身に付いている長所、短所に関して考察していきたい。

　その前にまず、日本のスポーツ育成、部活動事情について簡単ではあるが述べる。日本のスポーツ育成、部活動に関しては、欧米とは違い「1人1種目」が原則的であった。これは、学校での部活動の影響が大きく、戦績がよい、競争の高い部活動であればある程、スポーツ本来の楽しさを重視し切れず、「荒行」を兼ねたものになり、「選別、選抜」「淘汰」というスポーツに対してのマイナスイメージを持ちかねない要素を生んでいる。しかも、学校単位で行っているため、卒業と同時に辞めてしまうことも多い状況であった。この状況は、競争というアスリートの特性を伸ばすためには重要な一面を持つが、スポーツ愛好家を増やすことに関しては、貢献しているとは言えない環境であることから、近年、「総合型地域スポーツクラブ」推進が全国的に広がっている。これは、ドイツを中心とするヨーロッパを模範とした、「スポーツを地域における生涯学習とし、世代に関係なくより身近な存在にするクラブ」で、競争とはまた違った視点で、スポーツを捉える動きである。

　また、文武両道という言葉とは裏腹に、日本では将来アスリートになることができる能力を持っている生徒は、スポーツに注力し、学習を軽視する傾向が高い。そのことがアスリートの短所に繋がることにも、社会からアスリートに対する価値についても大きな影響を及ぼしていると思われる。このような環境は特に短所の特徴として表れることが想定される。長所の特徴に関しては、レベルの高い中で経験する「競争」、「勝敗」、「追求」、「チームワーク」、「ハードワーク」等に起因することが想定される。逆に短所の特徴に関しては、「進学推薦制度」、「勝敗」、「上下関係」、「専門職」等に起因することが想定される。

　アスリートのみならず、人間にとって長所を伸ばすこと、短所を補うことでいうと、圧倒的に短所を補うことの方が難しい。それは、どちらにしても必要なトレーニングの質と量が違うからである。しかも短所を補うということは、「悪い癖」「性格」にも由来するものだからである。しかし、アスリートは短所を補えない状況が続くと、アスリートとして存在できない可能性が高くなっていくの

	起因	特徴
長所	競争 勝敗 上下関係 追求 チームワーク ハードワーク	他者との競争の前に、自分と戦っているため、精神的に強い 勝利に関しては共有し、敗北に関しては人のせいにしない 礼儀、マナー意識の定着 目標設定が容易にできる 自分の能力、立ち位置を把握できる 結果に対してどん欲であり、あきらめない
短所	進学推薦制度 勝敗 上下関係 専門職	学習をしないことでの、社会性不足、自意識過剰 立ち位置での差別意識 命令的な管理資質が強い、指導者に対して服従的 1つのことしかやらない、こだわりを捨て切れない

図5

で、その取り組みに関しては非常に必死であり、短所を補うために様々な工夫をしている。その工夫が無意識的であるため、今後はこの短所を補うための工夫というものを社会で生かすことができるよう、通訳力、言語力を上げるトレーニングをしていく必要がある。

（4）社会のニーズと元アスリートが持つ可能性

現在、日本の教育では、「生きる力」「グローバル」「コミュニケーション能力」というものが求められていて、文部科学省でも「グローバル人材育成推進事業」「スーパーグローバル大学等事業」など、これらを高めるために教育の見直し、開発が盛んに行われている。企業における新入社員に対しても、従来型の学歴優

社会のニーズ	アスリートの資質
生きる力	短期契約による危機感と、成長意欲による向上心、ハードワーク
グローバル	外国人との接触、海外でのキャンプ、海外クラブへの所属経験
コミュニケーション能力	自分の意志、役割をチームメイトに伝える
語学に強い	海外クラブへの所属経験
リーダーシップ	グループにおけるキャプテンシー、ポジション別ディスカッション
チームビルディング	戦術理解、チームメイトの能力理解
夢、目標	好きなことへのこだわり、向上心による目標設定と問題解決

図6

先だけではなく、「コミュニケーション能力が高い」「語学に強い」というような変移可能な資質に対するニーズが高まっている。これ以外にも、企業に対しては「リーダーシップ」「チームビルディング」、子どもに対しては「夢」「目標」などが求められている。これらのニーズとアスリートの資質を照らし合わせてみる。

この図6から、アスリートが持っている可能性の高い資質と社会のニーズの一致が見られる。しかし残念なことに、アスリートであることが、必ずしも社会で活躍できる資質とイコールにはなっていないのが現状である。その理由として、専門職性が強く1つのことしかやらない傾向が高いことと、推薦入学制度により学習を疎かにしてきたことによる、通訳力、言語力、表現力の未開拓が要因として予測される。この指摘に関しては、「トップアスリートの能力と評価の把握」にても記されている（吉田章）。

これらの現状を打破し、スポーツをすること、アスリートになることが、体力向上や単に知名度が上がること、その競技のパフォーマンスの質が上がることとして捉えられるのではなく、人生をたくましく、豊かに生きていく上で有益なこととして捉えられると、スポーツが真に日常に入り込み、文化として定着するスタートになると思われる。

（5） スポーツ教育の可能性

「体育」は、1850年代に、イギリスのH.スペンサーが提唱した三育主義の「Mental Training」「Religious Training」「Physical Training」に基づき、それぞれが、「Intellectual Education」「Moral Education」「Physical Education」に改良され、日本には「知的教育（知育）」「道徳教育（徳育）」「身体教育（体育）」として訳され、伝わった。

「体育」という言葉は、昭和22年のアメリカ占領政策のもと、学校体育指導要領が定められ、それまでの「体練科」が「体育科」として改められたのが始まりである。体練とは、戦時体制のもと作られた用語であり、体を鍛錬するという戦時体制下での役割を担うものであった。しかし、体練から体育に変わっても、指導者は体練として捉えていたため、「体育とは何か」という重要な問題に答えられないできていた。

体育自体が、身体の鍛錬としてのもの、スポーツ、体育を文化と捉えて教育す

るものなど、定まっていない状況が続いているため、スポーツ指導、運動指導とスポーツ教育の違いを明確にできていないのが現状である。

　そこで、既存の教員に加え、アスリートが関わり「スポーツ指導」を「スポーツ教育」に変換していくことは非常に重要であり、今後新しい産業を生む可能性を秘めていると思われることから、スポーツ教育に関して考えていきたい。まず、スポーツ指導とスポーツ教育の違いを認識したい。スポーツ指導というのは、スポーツを競技と捉え、その競技力を高めることに対する優先順序が高く、競争、勝ち負けというものとの接点が多いものである。目的の大部分が、勝つため、上手くなるためということになる。一方スポーツ教育は、ルールがあり、そこに必ず相手が存在し、社会としても見なすことができるスポーツを教材と捉え、人間育成としての能力を発揮するものである。他者との比較よりも、過去の自己との比較による充実感を優先する。

　アスリートのアスリートになるまでの経験、アスリートになってからの経験が子どもにとって有益なのは、好きなことに執着し、実力による差別経験があり、他者との競争と同時に、自己との闘いをしてきているからで、自分ができていないことに対して、トレーニングをし、トレーニングをやった分だけ、いや、やらなければ上達しないという経験を多数しているからである。また、チームプレーや、自然環境等で、必ずしも自分のパフォーマンスと結果が伴わないことがあるということも挙げられる。スポーツには、正に実のある社会があり、将来社会に出る前の模擬体験とも言えるのである。

　このスポーツ教育にとって最も重要なのは、アスリートが自身の経験を、非経験者に対して分かりやすく伝えるということである。よって、アスリートの言語能力、通訳力、コミュニケーション能力を高める仕組み、更にその指導者育成の仕組みを作ること、また、学校教育、地域振興、企業研修等へアスリートを受け入れる仕組みをつくることを一つの産業として捉え、創造することは社会にとっても有意義なことである可能性は高い。

第3節　キャリアサポートの充実によるスポーツ産業活性の可能性

（1）キャリア形成システムの現状

　アスリートへのセカンドキャリアサポートとして、平成22年度に文部科学省では、「世界の強豪国では、競技者の育成方法として、ジュニア期からの計画的な競技者育成を図る一貫指導システムが主流となっており、我が国においても、近年、同システムによるトップレベル競技者の育成に取り組んでいる。しかし、このような新たな取組の下、ジュニア期からの高度な指導が継続して行われることにより、学業の停滞が生じ、引退後の生活に支障をきたす恐れがある。この点については、本来的には競技団体又は学校等により支援が行われることが望ましいが、一貫指導システムの定着を図るためには、当面の間、国がキャリア意識の啓発等を図り、ジュニア競技者の自らのキャリアデザイン形成の契機を与えることが必要である」と解釈し、競技者、指導者等のキャリア形成支援事業というものが立ち上がり、①スポーツキャリア大学院プログラム、②キャリアデザイン支援プログラム、③国際的スポーツ人材養成プログラム、④企業アスリート支援プログラムが実施された。本研究に特に強く関わる②キャリアデザイン支援プログラムにおいては、JOC補助により、現役のトップレベル競技者を対象としたキャリア形成支援を行い、①トップレベルで活躍できる競技者は限られていること、②スポーツ分野に限らないキャリアの多様性を確保する必要があることから、競技生活初期からキャリア意識の向上やキャリアデザインの重要性等についての理解を図る必要があるとした。また、ジュニア競技者のキャリア意識の向上等には、保護者や指導者など周囲の理解が重要な役割を果たす。このため、ジュニア競技者（ユースエリート）、指導者、保護者、競技団体のスタッフ等に対して、教育啓発を図るためのガイダンス等を開催する必要も高いと判断した。その手法としては、毎年500人を目標としたガイダンス参加人数の調査により、量的な面での効果を把握するとともに、参加者に対するアンケートにより、講習内容に関する質的な効果を把握した（文部科学省Web siteより）。また、1999年にJリーグ選手協会（JPFA）が選手を対象に行ったアンケートで、8割の選手が、引退後の生活について不安を抱いていたことから、引退した選手がその後も

自立して社会生活を営んでいけるように、また、現役で活躍している間も充実した選手生活を送ることができるように、Jリーグは、JPFAと手を組んで選手の将来をバックアップできる体制を構築、2002年4月、Jリーグキャリアサポートセンター（CSC）を設立した。設立当初はCSCでは、新人研修のほか、英会話、パソコン検定等の無料受講権提供や、各種資格取得おける費用の減免、また、企業インターンシップ機会の提供、サポート等を行っていた。しかし、選手自身が、セカンドキャリアに対する意識が高くなく、目的が明確ではないため本来の機能を生かし切れなくなっていった。そのため、現在では、「若手選手教育」に取り組み、新加入直後の「新人研修」に始まり同年中のフォローアップ研修、2年目、3年目の選手に対するリフレッシュ研修を行っている（JリーグWeb siteキャリアサポートセンターより）。

　これらのプログラムの意図としては、キャリア形成（セカンドキャリアも含む）への気づき、意識調査であるが、このプログラムを選手にとっての日常にどう落としこむかが、必要と思われる。また、文部科学省では、企業アスリート支援プログラムとして、「国の国際競技力は、多くのトップレベル競技者が企業の運動部に所属してトレーニング活動を行うなど、企業の支援に支えられてきた。しかし、昨年来の世界的な経済危機の中で、企業の運動部の休廃部が続いており、トップレベル競技者がトレーニング活動に専念できない事態が生じている。このような状況は我が国の国際競技力の向上に大きな影響を及ぼすことから、トップレベル競技者が安心して競技活動に専念できる環境を構築する必要がある」ということから、アスリートへの活動支援等を実施し、国際競技力を支える企業アスリートが安心して競技活動に専念できる環境を構築する、という目標を立てた。

　しかし、これらのプログラムでは、アスリートを保護、サポートするという姿勢でしかなく、アスリートが自主的にキャリアの準備をするという行動への動機付けとしては足りないものであると考えられる。

（2）アスリートの自立のためのキャリア形成サポートによる産業創造

　文部科学省の施策も国際競技力の向上という観点では、スポーツを外交、プロモーションと捉え、アスリートの活動に対してサポートすることは問題ないが、

一人間として自立して生きていくことを目的としたときには、「保護」が強い印象を受ける。保護は安全性の確保、基盤にはなるが、人間が成長するための重要因子ではないように思う。

そして、高橋ら（2010）によると、記述的ではあるもののJリーグキャリアサポートセンターへの選手の反応を下記のように報告した。「多くの選手が不快感を示し、『現在の自分には関係のない話』という雰囲気をあからさまに漂わせていた。『引退を迎えるまさにその時が来たら考えればよい』といった意見や、『Jリーグキャリアサポートセンターも、実際に引退を迎えることになった時にサポートすればよいではないか』と口にする選手がいた。」このように、キャリアサポートを受けることにそもそもネガティブな反応を示している。同様に、Petitpas et al.（1992）によると、現役選手へのキャリアトランジッションへのサポートプログラムの提供は、練習やパフォーマンスの邪魔なものとして認識され参加することに抵抗を受けているとの報告がある。（守山隆司）

これらの報告により選手は、「サッカーを自己実現の手段としての競技」として捉え、「社会性が含まれたルールを保持する、人間成長に有益なもの」とは捉えおらず、自分の人生の大部分がサッカーという認識を持っていることが予想される。「成長には、①よい機会に恵まれること②経験から学ぶ力を持っていること③よい機会を積む機会が多く、学ぶ力を養ってくれる組織に所属していることが必要」（小樽商科大学 松尾）としていることからすると、サッカー選手には、「よい機会」「よい機会を積む機会」には恵まれていると推測されることから、「経験から学ぶ力」「学ぶ力を養ってくれる組織」ということが不足していると指摘できる。

今後は、アスリートが成長するために必要なことを競技力に留めるのではなく、人間として成長するために必要なことというように、広義にすることによって「学びのための気付き」を引き出していき、図7のように、アスリートの価値を気付きと学びによって人間的な成長の源とし、その成長を言語化することにより、キャリア形成の準備に活かすという好スパイラルにする必要がある。

しかし、アスリートの教育システムが確立すると、様々な可能性が生まれる。それは、アスリートが関わることができる範囲が、子どもから高齢者、学校教育から企業研修までと思ったよりも広いからである。「アスリート」という資産を

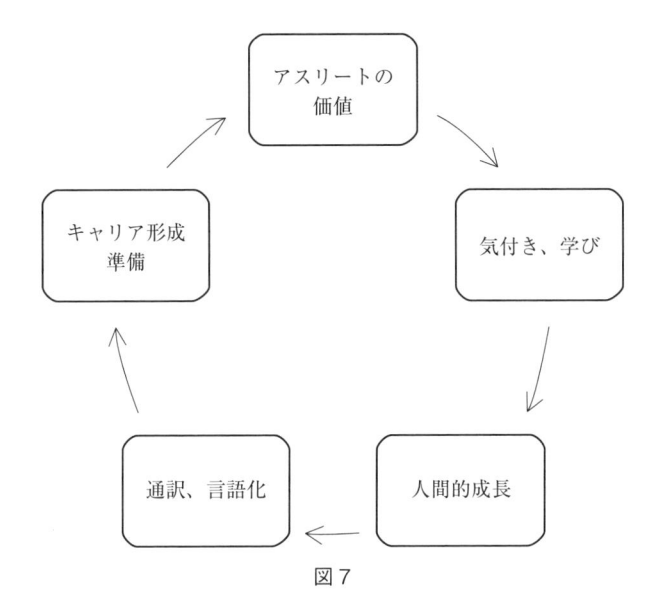

```
       アスリートの
         価値
    ↗           ↘
キャリア形成        気付き、学び
  準備              
    ↑              ↓
  通訳、言語化 ←  人間的成長
```

図7

上手く運用することは、今後日本の社会にとって非常に重要な意味があると思う。

おわりに

　本稿では、アスリートの2次的活用に関しての有効性と将来性について論じてきた。その結果、アスリートを取り巻くスポーツ環境や社会情勢、そして日本におけるスポーツの文化度などの外的要因と、アスリート本人の意識等の内的要因による改善の必要性が見て取れた。外的要因に関しては、文化や歴史と繋がる部分のため、ある程度長い時間が掛かることが予想されるが、2020年東京オリンピック・パラリンピック開催決定により、その時間が短縮するような変化があると思われる。内的要因に関しても、今までの習慣というものを変えるということは、一朝一夕での改善は難しいが、生涯アスリートとして存在し続けることができないという全選手共通の現実から、意識せざるを得ないというのが現状である。しかしその際、「スポーツを自分の人生を豊かにするもの」と捉えることができたら、その成長のための新しい行動も負荷ではなく、有意義なものになる

可能性があるのではないかと思う。そして、そのアスリートの心身の意識の高さが、今後更に国際化が進む世界において、重要な意味を持ってくるのではないかと思う。

参考文献および資料

・文部科学省　www.mext.go.jp
・Jリーグキャリアサポートセンター　www.j-league.or.jp/csc/about/
・http://www.shp.taiiku.otsuka.tsukuba.ac.jp/tacs/?p=365
・多木浩二　『スポーツを考える──身体・資本・ナショナリズム』ちくま新書、1995
・吉田晃、渡部厚一、平田しのぶ「トップアスリートの能力と評価の把握」

あとがき

　本書は、2014年度よりスタートした北海道教育大学岩見沢校 芸術・スポーツ文化学科における研究概要を広く公開する事を目的としている。

　そもそも芸術・スポーツ文化学とは何か？ どのような学問体系を持つべきか？ 今より数年前、新学科の構想にあたり岩見沢校教員有志によって芸術・スポーツ文化学ワーキンググループが発足して以来、この問いかけをもとに様々な角度から検討がなされてきた。本書で柱として用いた文化資源研究、指導研究、地域文化研究、複合文化研究、芸術・スポーツビジネス研究の5つの研究領域もその学問的構造の議論から生まれたものである。

　文化学WGは一部メンバーが入れ替わり、今年度より芸術・スポーツ文化学研究編集部会として本書の出版に携わる事となった。投稿募集を開始した段階では一体どのくらい原稿が集まってくるのか、内容的な偏りがあったらどうするかなど、不安材料には事欠かなかったが、結果的に多くの教員が募集に応じ、またその原稿量も予想を遥かに上回った。内容的にもヴァラエティに富み、現時点での芸術・スポーツ文化学の姿を総観する事ができたと思う。

　しかしながら芸術・スポーツ文化学という新しい学問領域は、まだ産声を上げたばかりであり、構想の段階から実践学として実動の段階へと移行しつつあるとも捉えられよう。芸術とスポーツの社会における文化的可能性をより高め、拡げてゆくためには今後とも各研究領域が相互に関連を持ちながら発展、充実してゆく事が望まれる。なかでも複合文化研究領域や芸術・スポーツビジネス研究領域は先行研究も少なく、これからの展開が期待されるものである。

　最後に本書の出版にあたり理解と協力を得た多くの方々、特に後ろ盾となって協力いただいた本学の佐川正人理事、芸術やスポーツ文化をこれからの時代の衝迫に応えるものとして、協力いただいた大学教育出版の佐藤守氏、そして呼びかけに応じ原稿を執筆いただいた本学教員の方々に謝意を申し上げたい。

北海道教育大学岩見沢校 芸術・スポーツ文化学研究編集部会
岩澤　孝子・越山　賢一・佐藤　徹・柴田　尚・能條　歩・三橋　純予
代表：前田　英伸

著者紹介

新井　義史　ARAI Yoshifumi
　　　　　美術文化専攻　メディア・タイムアートコース　デジタル絵画研究室
尾藤　弥生　BITOH Yayoi
　　　　　音楽文化専攻　音楽教育・音楽文化コース　音楽教育研究室
福原　崇之　FUKUHARA Takayuki
　　　　　芸術・スポーツビジネス専攻　スポーツ経済学研究室
濱谷　弘志　HAMATANI Hiroshi
　　　　　スポーツ文化専攻　アウトドア・ライフコース　自然体験活動研究室
岩澤　孝子　IWASAWA Takako
　　　　　音楽文化専攻　音楽教育・音楽文化コース　音楽文化研究室
キーンレ　フリーデリケ　KIENLE Friederike
　　　　　音楽文化専攻　弦楽器（チェロ）・室内楽研究室
越山　賢一　KOSHIYAMA Kenichi
　　　　　スポーツ文化専攻　スポーツ・コーチング科学コース　チームコーチング研究室
倉重　哲二　KURASHIGE Tetsuji
　　　　　美術文化専攻　メディア・タイムアートコース　アニメーション研究室
松永加也子　MATSUNAGA Kayako
　　　　　音楽文化専攻　鍵盤（ピアノ）第5研究室
閔　　鎭京　MIN Jinkyung
　　　　　芸術・スポーツビジネス専攻　芸術文化政策研究室
三橋　純予　MITSUHASHI Sumiyo
　　　　　美術文化専攻　美術文化教育コース　アートマネジメント美術研究室

著者紹介

水田　香　MIZUTA Kaori
　　音楽文化専攻　鍵盤（ピアノ）第1研究室
能條　歩　NOJO Ayumu
　　スポーツ文化専攻　アウトドア・ライフコース　環境教育学研究室
大山　祐太　OYAMA Yuta
　　スポーツ文化専攻　スポーツ・コーチング科学コース　アダプテッド・スポーツ研究室
曽田　雄志　SODA Yushi
　　芸術・スポーツビジネス専攻　スポーツマーケティング研究室
角　美弥子　SUMI Miyako
　　芸術・スポーツビジネス専攻　地域文化政策研究室
高尾　広通　TAKAO Hiromichi
　　芸術・スポーツビジネス専攻　イベントマネジメント研究室
寅嶋　静香　TORASHIMA Sizuka
　　スポーツ文化専攻　スポーツ・コーチング科学コース　ヘルスプロモーション研究室
宇田川耕一　UDAGAWA Koichi
　　芸術・スポーツビジネス専攻　アートマネジメント音楽研究室
臼井　栄三　USUI Eizo
　　芸術・スポーツビジネス専攻　文化マーケティング研究室
山田　亮　YAMADA Ryo
　　スポーツ文化専攻　アウトドア・ライフコース　野外教育学研究室
山本　理人　YAMAMOTO Rihito
　　スポーツ文化専攻　スポーツ・コーチング科学コース　スポーツ教育学研究室

芸術・スポーツ文化学研究
━━━━━━━━━━━━━━━━━━━━━━━━━━
2015 年 4 月 20 日　初版第 1 刷発行

■ 編　　者 ──── 北海道教育大学岩見沢校
　　　　　　　　　芸術・スポーツ文化学研究編集部会
■ 発 行 者 ──── 佐藤　守
■ 発 行 所 ──── 株式会社 大学教育出版
　　　　　　　　　〒 700-0953　岡山市南区西市 855-4
　　　　　　　　　電話（086）244-1268　FAX（086）246-0294
■ 印刷製本 ──── モリモト印刷㈱

Ⓒ2015, Printed in Japan
検印省略　　落丁・乱丁本はお取り替えいたします。
本書のコピー・スキャン・デジタル化等の無断複製は著作権法上での例外を除き禁じられています。本書を代行業者等の第三者に依頼してスキャンやデジタル化することは、たとえ個人や家庭内での利用でも著作権法違反です。

ISBN978 － 4 － 86429 － 320 － 4